Also Sprach Zarathustra

Friedrich Nietzsche

두행숙(杜幸俶)은 서강대학교 독어독문학과를 졸업한 후 독일 뒤셀도르프 대학교로 유학하여 독일문학으로 박사학위를 취득했다. 그 후 서강대, 명지전문대, 한국교원대, 충북대, 중앙대 등에서 독일문학과 철학을 강의했다. 현재는 서강대에서 독일문화사와 독일어 등을 강의하면서 번역 분야에서 활동하고 있다. 창작소설로 《길들여진 고독》이 있으며, 주요 번역서로는 《헤세, 내 영혼의 작은 새》, 《시간이란 무엇인가》, 《타이타닉의 침몰》, 《디지털 보헤미안》, 《거대한 도박》, 《의사결정의 함정》, 《은하수를 여행했던 천재들의 역사》, 《신의 반지》, 《헤겔의 미학강의》, 《밤이 가장 깊어질 때》, 《젊은 베르테르의 슬픔》, 《차라투스트라는 이렇게 말했다》, 《오레스테이아》, 《스마트한 생각》, 《데미안》, 《너는 나에게 상처를 줄 수 없다》, 《다시 살아갈 이유 – 치유의 심리학》 등 다수가 있다. E-Mail: dhs2kr@yahoo.co.kr

차라투스트라는 이렇게 말했다

초판 1쇄 발행 2011년 12월 29일
초판 3쇄 발행 2013년 8월 9일
개정판 1쇄 발행 2016년 9월 23일

지은이 | 프리드리히 니체
옮긴이 | 두행숙
발행인 | 신현부

발행처 | 부북스
주소 | 04601 서울시 중구 동호로17길 256-15 (신당동)
전화 | 02-2235-6041
팩스 | 02-2253-6042
이메일 | boobooks@naver.com

ISBN   979-11-86998-44-1 04160

이 도서의 국립중앙도서관 출판예정도서목록(CIP)은 서지정보유통지원시스템 홈페이지(http://seoji.nl.go.kr)와 국가자료공동목록시스템(http://www.nl.go.kr/kolisnet)에서 이용하실 수 있습니다.(CIP제어번호: CIP2016021097)

부클래식

020

———

차라투스트라는 이렇게 말했다

모두를 위한, 그러면서도 그 어느 누구를 위한 것도 아닌 책

프리드리히 니체

두행숙 옮김

부북스

니체가 1881년부터 자주 찾아가 지내며 《차라투스트라는 이렇게 말했다》를 구상했던 스위스의 실스-마리아(Sils-Maria)에 있는 숙소. 오늘날 '니체의 집(Nietzsche Haus)' 기념관이 되었다.

차례

제1부

차라투스트라의 서설(序說) • 11

차라투스트라의 가르침

◆ 1. 세 가지 변화에 대하여 • 39

◆ 2. 덕의 강좌에 대하여 • 43

◆ 3. 배후세계론자에 대하여 • 47

◆ 4. 육체를 경멸하는 자들에 대하여 • 53

◆ 5. 환희와 열정에 대하여 • 56

◆ 6. 창백한 범죄자에 대하여 • 59

◆ 7. 독서와 저술에 대하여 • 63

◆ 8. 산 위의 나무에 대하여 • 66

◆ 9. 죽음의 설교자들에 대하여 • 71

◆ 10. 전쟁과 전사(戰士)들에 대하여 • 74

◆ 11. 새로운 우상에 대하여 • 77

◆ 12. 시장의 파리 떼에 대하여 • 81

◆ 13. 순결에 대하여 • 86

◆ 14. 친구에 대하여 • 89

◆ 15. 천 개의 목표와 한 개의 목표에 대하여 • 92

◆ 16. 이웃 사랑에 대하여 • 96

◆ 17. 창조하는 자의 길에 대하여 • 99

◆ 18. 늙은 여자와 젊은 여자에 대하여 • 104

◆ 19. 독사에게 물린 상처에 대하여 • 108

◆ 20. 자식과 결혼에 대하여 • 111

◆ 21. 자유로운 죽음에 대하여 • 114

◆ 22. 나누어 주는 덕에 대하여 • 118

제2부

◆ 1. 거울을 가진 어린아이에 대하여 • 129

◆ 2. 행복의 섬에서 • 133

◆ 3. 동정하는 자들에 대하여 • 137

◆ 4. 성직자들에 대하여 • 142

◆ 5. 덕이 있는 자들에 대하여 • 146

◆ 6. 천민들에 대하여 • 152

◆ 7. 독거미에 대하여 • 156

◆ 8. 유명한 현자들에 대하여 • 162

◆ 9. 밤의 노래 • 166

◆ 10. 춤의 노래 • 169

◆ 11. 무덤의 노래 • 174

◆ 12. 자기 극복에 대하여 • 179

◆ 13. 고고한 자들에 대하여 • 184

◆ 14. 교양의 나라에 대하여 • 189

◆ 15. 때 묻지 않은 인식에 대하여 • 193

◆ 16. 학자들에 대하여 • 198

◆ 17. 시인들에 대하여 • 202

◆ 18. 큰 사건들에 대하여 • 207

◆ 19. 예언자 • 213

◆ 20. 구원에 대하여 • 220

◆ 21. 인간적인 현명함에 대하여 • 227

◆ 22. 가장 조용한 시간 • 232

제3부

◆ 1. 방랑자 • 241

◆ 2. 환상과 수수께끼에 대하여 • 246

◆ 3. 원치 않는 행복에 대하여 • 254

◆ 4. 해뜨기 전에 • 259

◆ 5. 왜소하게 만드는 덕에 대하여 • 264

◆ 6. 올리브 동산에서 • 273

◆ 7. 스쳐 지나감에 대하여 • 278

◆ 8. 배신자들에 대하여 • 283

◆ 9. 귀향 • 290

◆ 10. 세 가지 악(惡)에 대하여 • 296

◆ 11. 무거운 정신에 대하여 • 303

◆ 12. 낡은 가치표와 새로운 가치표에 대하여 • 310

◆ 13. 회복되어 가는 자 • 341

◆ 14. 커다란 동경에 대하여 • 352

◆ 15. 또 다른 춤의 노래 • 356

◆ 16. 일곱 개의 봉인(封印) (또는 예와 아멘의 노래) • 363

제4부 — 최종부

◆ 1. 꿀의 제물 • 371

◆ 2. 절박한 외침 • 377

◆ 3. 왕들과의 대화 • 383

◆ 4. 거머리 • 389

◆ 5. 마술사 • 394

◆ 6. 실직 • 405

◆ 7. 가장 추악한 인간 • 412

◆ 8. 자진해서 거지가 된 자 • 420

◆ 9. 그림자 • 427

◆ 10. 정오에 • 433

◆ 11. 인사 • 438

◆ 12. 만찬 • 446

◆ 13. 더 높은 인간에 대하여 • 450

◆ 14. 우울의 노래 • 465

◆ 15. 학문에 대하여 • 473

◆ 16. 사막의 딸들 사이에서 • 477

◆ 17. 깨어남 • 487

◆ 18. 나귀 축제 • 492

◆ 19. 밤에 취한 노래 • 498

◆ 20. 징후(徵候) • 510

읽는 이를 위하여

◇ 철학자 니체의 삶과 작품 • 517

◇ 《차라투스트라는 이렇게 말했다》에 대하여 • 531

◇ 니체 연보 • 539

제1부

_____ 일러두기

1. 참고한 원서: Nietzsche, Friedrich Wilhelm: *Also sprach Zarathustra.*

Ein Buch für alle und Keinen. (1883~1885). Insel Verlag. 1982.

차라투스트라의 서설(序說)

1

차라투스트라가 서른 살이 되었을 때, 그는 그의 고향과 고향의 호수를 떠나 산 속으로 들어갔다. 여기서 그는 스스로의 정신과 고독을 누렸으며, 그렇게 보낸 10년 동안[1] 조금도 지루함을 느끼지 않았다. 그런데 마침내 그의 심정에 변화가 일어났다.─그리하여 어느 날 아침, 먼동이 트자 그는 일어나 태양[2]을 향해 걸어 나가 이렇게 말했다.

"그대, 위대한 천체여! 만일 그대가 비춰 주어야 할 대상이 존재하지 않는다면, 그대의 행복이란 대체 무엇이겠는가!

지난 십 년 동안 그대는 여기 내 동굴을 찾아 올라와 비춰 주었다. 나와 나의 독수리 그리고 뱀이 없었더라면[3], 그대는 그대의 빛과 그

---

1. 《차라투스트라는 이렇게 말했다》의 내용 가운데 차라투스트라의 많은 행보는 《신약성경》 안에서 나타나는 예수의 행보와 대조되는 장면들이 자주 등장한다. 여기서 차라투스트라가 산을 내려가는 장면은, 예수가 40일간 황야에서 시험받은 후에 다시 설교를 하기 위해 마을로 내려가는 장면과 비교해서 생각하면 흥미로울 것이다.

2. '차라투스트라'는 원래 페르시아의 종교인 조로아스터교를 창시한 인물로, 고대 그리스에서 '조로아스터'로 번역되어 불린 이래로 영어권에서는 '조로아스터'로 부른다. 이 조로아스터교는 빛의 세계를 대표하는 '아후라 마즈다(Ahura Maz-da)'라는 신을 섬기는 종교로서, 태양이 상징으로 등장하곤 하였으므로 일반인에게는 태양 숭배교로 알려져 있기도 하다.

3. 독수리와 뱀은 서양 신화에서 일반적으로 각각 긍지와 지혜를 상징한다.

대의 행보(行步)에 싫증이 났으리라.

그러나 우리는 아침마다 그대를 기다려 그 넘치는 풍요를 받아들였으며, 그 대가로 그대를 축복하였다.

보라! 너무 많은 꿀을 모은 꿀벌[4]이 그러하듯이, 나는 나의 넘치는 지혜에 지쳤다. 내게는 그 지혜를 갈구하며 내미는 손들이 필요하다.

나는 베풀어주고 싶고 나눠주고 싶다. 사람들 중에서 현명한 자들이 다시 한 번 그들의 어리석음을 깨달아 기뻐하고, 가난한 자들이 다시 한 번 그들의 넉넉함에 대해 기뻐할 때까지.

그러기 위해서 나는 저 깊은 밑바닥으로 내려가야 한다. 저물 무렵 그대가 바다 저편으로 떨어져 아래의 세상을 비춰 줄 때 그러하듯이, 그대 풍요로운 천체여!

나는 그대와 마찬가지로 하강(下降)[5]하지 않으면 안 된다, 내가 내

---

4. 플라톤의 저서 〈이온(Ion)〉에 "시인들은 뮤즈의 정원과 골짜기에서 흐르는 꿀에서 그들의 노래를 빨아 마시고, 꿀벌처럼 날아서 그들의 노래를 우리에게 가져다준다"는 구절이 있는데, 철학자 니체는 이 구절을 염두에 두었을 수도 있다. 시인들이 모으는 꿀이 '노래'라면 차라투스트라가 모으는 꿀은 '지혜'이다.

5. '하강'이라는 말은 이 책에서 자주 등장하며, 중요한 의미와 울림을 갖고 있다. 독일어의 동사 'untergehen'은 '내려가다', '하강하다', '해가 지다', '멸망하다', '몰락하다' 등의 여러 가지 뜻을 갖고 있다. 니체는 이 책에서 'untergehen', 또는 이것의 명사형인 'Untergang'을 자주 사용하는데, 이 말은 상징적 의미를 가질 수도 있지만, 또 한편으로는 표현을 강조하고 표현 효과를 극적으로 높이기 위해서 니체가 자기도취적으로 쓰는 표현법이라고도 볼 수 있다. 즉 그것은 때로는 당시 유럽의 세기말 분위기인 데카당스(décadence, 퇴폐)를 암시하기도 하고, 때로는 차라투스트라가 철저한 자기 인식에 몰두하였던 생활을 떠나 인간세계로 '내려가' 기꺼이 스스로 자신을 '몰락' 시킨 후에 새로운 인식으로 거듭 나는 것을 암시하기도 한다. 따라서 옮긴이는 이러한 분위기를 감안해 이 단어를 필요에 따라 '하강'이나 '몰락'으로 번역했다.

려갈 세상의 인간들이 그렇게 부르듯이.

그러니 나를 축복해 다오, 지극히 큰 행복조차도 시기함이 없이 바라볼 수 있는 그대, 고요한 눈동자여!

바야흐로 넘쳐흐르려는 이 잔을 축복해 다오, 잔 속에서 물이 황금빛으로 흘러 나와 거기에 비친 그대의 환희에 찬 모습을 온 누리에 실어 나르도록!

보라! 이 잔은 다시 비워지기를 원하며, 차라투스트라는 다시 인간이 되고자 한다.[6]"

—이리하여 차라투스트라의 하강은 시작되었다.

2

차라투스트라는 홀로 산을 내려갔으며, 그와 마주친 사람은 아무도 없었다. 그러나 그가 숲속으로 들어섰을 때, 갑자기 한 노인[7]이 그의 앞에 나타났다. 숲속에서 풀뿌리를 구하려고 자신의 성스러운 암자에서 나와 있던 노인이었다. 그런데 그 노인은 차라투스트라에게 이렇게 말했다.

"이 방랑자는 내게 낯설지 않구나. 여러 해 전에 그가 이곳을 지나간 적이 있다. 그의 이름은 차라투스트라였다. 그러나 그는 모습이 변했구나.

---

6. 차라투스트라가 오랫동안 동굴 속에서 머물며 충만하게 깨달은 것을 인간세계로 내려가 다시 그들에게 나누어 주고 싶다는 것을 비유적으로 표현하고 있다.

7. 세속을 떠나 은둔생활을 하는 노인으로서 여기서는 기독교의 성자(聖者)이다.

그 당시 그대는 그대의 재(灰)[8]를 짊어지고 산으로 올라갔는데, 오늘 그대는 자신의 불(火)을 골짜기로 날라 가려고 하는가? 그대는 방화범이 받는 형벌이 무섭지 않은가?

그렇다. 나는 알아볼 수 있다. 분명히 차라투스트라다. 그의 눈은 순결하고 그의 입 언저리에는 아무런 혐오의 빛도 숨겨져 있지 않구나. 그러므로 그는 흡사 춤추는 사람처럼 걸어가고 있지 않은가?

차라투스트라는 변했다. 차라투스트라는 어린아이가 되었다. 차라투스트라는 눈을 떠 깨달은 사람이 되었다. 이제 그대는 잠들어 있는 사람들에게 가서 무엇을 하려고 하는가?

바닷속에서 사는 것처럼 그대는 고독 속에서 살았고, 바다는 그대를 품어 주었다. 슬프구나, 그대는 육지로 올라가려고 하는가? 슬프구나, 그대는 스스로 다시 육신의 짐을 이끌고 다니려 하는가?"

차라투스트라는 대답했다.

"나는 인간을 사랑한다."

"무엇 때문에," 그 성자(聖者)는 반문했다. "나는 숲속과 황무지로 들어갔던가? 인간을 너무나 사랑했기 때문이 아니었던가?

그러나 지금 내가 사랑하는 것은 신(神)이다. 나는 인간을 사랑하지 않는다. 인간은 내게는 너무나 불완전한 존재다. 인간에 대한 사랑은 나를 파멸시키고 말리라."

차라투스트라는 대답했다. "내가 사랑에 대해서 무슨 말을 했다

---

8. 과거에 인간세계에 머물면서 인간에 대해 좌절하고, 자신의 이상마저 불타 버리고 남은 잔재를 말한다.

는 것인가!⁹ 나는 인간에게 선물을 갖다 주려는 것이다!"

"그들에게는 아무것도 주지 말라." 성자는 말했다. "오히려 그들에게서 뭔가 빼앗아 그것을 그들과 함께 나누어 짊어져라. —그것이 그들에게는 가장 기쁜 일이 될 테니까. 그 일이 그대에게도 기쁨이 된다면!

그리고 만일 그대가 그들에게 주고 싶은 것이 있다면, 적선(積善)하는 것 이상은 하지 말라. 그것도 그들도 하여금 애걸하도록 하라."

"아니다." 차라투스트라는 대답했다. "나는 적선을 베풀지는 않는다. 나는 그 정도로 가난하지는 않다."¹⁰

성자는 차라투스트라를 비웃으며 이렇게 말했다. "그렇다면, 그들이 그대가 주는 소중한 선물을 받는지 시험해 보라! 그들은 홀로 있는 자들을 불신하고, 우리가 선물을 주기 위해서 왔다는 것을 믿지 않는다. 거리를 지나쳐 가는 우리의 발걸음 소리는 그들에게는 너무나 쓸쓸하게 들린다. 그리고 마치 해가 뜨기에는 아직도 먼 한밤중에 그들이 잠자리에서 어떤 사람이 걸어가는 소리를 들었을 때처럼, 그들은 아마도 스스로에게 물어볼 것이다. '저 도둑은 어디로 가고 있을까?'라고.

인간들이 있는 곳으로 가지 말고 숲속에 머물러라! 차라리 동물들에게로 가는 것이 나으리라! 왜 그대는 나처럼—곰들 중의 한 마

---

9. 차라투스트라는 여기서 노인이 말하는 '인간에 대한 사랑'과, 자신이 생각하는 '인간에 대한 사랑'은 본질적으로 다르다는 것을 암시하고 있다.

10. 인간들에게 겨우 '적선'을 하는 하찮은 도움이 아니라, 더 큰 것을 나누어 주겠다는 뜻이다.

리 곰, 새들 중의 한 마리 새[11]가 되려고 하지 않는가?"

"그렇다면 그대 성자는 숲속에서 무슨 일을 하고 있는가?"라고 차라투스트라가 물었다.

성자는 대답했다. "나는 노래를 지어 부른다. 노래를 지을 때 웃고, 울고, 중얼거린다. 이렇게 나는 신(神)을 찬미한다.

노래하고 울고 웃고 중얼거리면서 나는 나의 신을 찬미한다. 그런데 그대는 우리에게 어떤 선물을 갖고 왔는가?"

차라투스트라는 이 말을 듣자 성자에게 인사를 하면서 말했다.

"내가 그대들에게 줄 무엇을 갖고 있겠는가! 아니, 내가 그대들에게서 아무것도 빼앗아 가지 않도록 빨리 이곳을 떠나게 해 다오!"

이리하여 두 사람, 노인과 젊은이는 마치 소년들처럼 마주보고 웃으면서 헤어졌다.

그러나 차라투스트라는 혼자가 되자, 자신의 마음을 향해 이렇게 말했다.

'도대체 이런 일이 있을 수 있을까! 저 늙은 성자는 숲속에 살면서 아직도 이것을 전혀 듣지 못했구나. '신(神)은 죽었다'는 사실을!"[12]

---

11. 인간 세계에 구속되지 않고 자연 속에서 자유로이 날아다니는 새처럼 자유롭게 사는 인간을 비유한 것.

12. 여기서의 신(神)은 기독교의 신을 가리킨다. 이것이 바로 니체가 이 책 전체에 걸쳐서 설파하는 니힐리즘(Nihilismus)의 시작이다. 그러나 물론 니체의 니힐리즘은 염세적인 것이 아니다. 그는 차라투스트라를 통해 이 니힐리즘에 머물지 않고, 초인(超人)의 등장을 통해 그것을 극복하여 새로운 방향으로 나아가려고 시도한다.

3

차라투스트라가 숲가에 있는 가장 가까운 도시에 이르렀을 때, 그곳의 시장에 많은 사람들이 모여 있는 것이 보였다. 외줄 타는 광대가 공연을 한다는 예고가 있었기 때문이었다. 그러자 차라투스트라는 군중을 향해 이렇게 말했다.

나는 그대들에게 초인[13](超人, 위버멘쉬)을 가르치노라. 인간은 극복되어야만 할 그 무엇이다. 그대들은 인간을 극복하기 위해 무엇을 했는가?

지금까지 모든 존재자는 자신을 넘어서는 무엇인가를 창조해 왔다. 그런데 그대들은, 이 위대한 조수(潮水)의 썰물이 되어 인간을 넘어서기보다는 오히려 동물로 되돌아가기를 바라는가?

인간에게 있어 원숭이란 무엇인가? 하나의 웃음거리, 혹은 괴로운 수치다. 그러니 초인에게는 인간 또한 그러할 것이다. 하나의 웃음거리가 아니면, 괴로운 수치인 것이다.

그대들은 벌레로부터 인간이 되는 길을 걸어왔는데, 그대들 내부의 많은 것들은 여전히 벌레다. 일찍이 그대들은 원숭이였는데, 지금도 역시 인간은 그 어떤 원숭이가 원숭이인 것보다도 더 원숭이다.

그리고 그대들 중의 가장 현명한 자라 할지라도, 역시 식물과 유령(幽靈) 사이의 불협화음이고 잡종에 지나지 않는다. 그러나 내가

---

13. '초인(超人)'은 독일어로 '위버멘쉬)'이다. 초인은 《차라투스트라는 이렇게 말했다》 전체에 걸쳐서 니체의 핵심 사상으로 등장한다. 즉 초인은 비관적이고 노예적인 기독교적 세계관에서 벗어나 영원회귀의 사상을 받아들여 이를 다시 인간 세계에 실현시킬 미래의 인간을 의미한다.

그대들에게 유령이나 식물이 되라고 명하겠는가?

보라, 나는 그대들에게 초인을 가르치노라!

초인이란 대지(大地)의 의미다. 그대들의 의지(意志, Wille)는 이렇게 말해야 한다, '초인은 대지의 의미'여야 한다고!

그대들에게 간절히 바라노니, 형제들이여, 대지에 충실하라. 그리고 초지상적(超地上的)인 희망에 대해 말하는 자들을[14] 믿지 말라! 그들은 스스로 알고 있든 모르고 있든 독을 뒤섞어 뿌리는 자들이다.

그들은 삶을 비웃는 자들이고, 사멸해 가는 자들이며, 스스로 독에 중독된 자들이다. 대지는 이런 자들에게 지쳐 버렸다. 그러므로 그들은 죽어 없어져 버려도 좋다!

예전에는 신에 대한 모독이 최대의 모독이었으나, 신은 죽었다. 이와 더불어 신을 모독하는 자들도 죽었다. 지금은 대지에 대한 모독이, 그리고 탐구할 수 없는 것의 내장(內臟)을 대지의 의미보다 더 높이 평가하는 것이야말로 가장 무서운 것이다!

예전에는 영혼이 육체를 경멸의 눈으로 바라보았다. 그리고 그 당시는 이런 경멸이 최고의 것이었다. 영혼은 육체가 야위어 끔찍해지고 굶주리기를 바랐다. 그렇게 해서 영혼은 육체와 대지로부터 벗어나려고 했다.

오, 이 영혼 자신도 역시 야위어 끔찍해지고 굶주려 있었다. 그리고 잔인성은 그 영혼이 누리는 기쁨이었다![15]

그러나 형제들이여, 그대들도 역시 나에게 말해 다오. 그대들의

---

14. 종교적 또는 형이상학적인 초월의 세계에 대해 이야기하는 자들.

15. 여기서 자신의 육신을 학대하는 수도자의 생활을 생각해볼 수 있다.

육체는 그대들의 영혼에 대해 무엇을 알려 주는가? 그대들의 영혼은 가난이고, 더러움이며, 가련한 안락(安樂)이 아니던가?

진실로, 인간이란 하나의 더러운 강물이다. 스스로 더럽혀지지 않은 채 더러운 강물을 받아들일 수 있으려면, 우리는 먼저 하나의 참된 바다가 되지 않으면 안 된다.

보라, 나는 그대들에게 초인을 가르치노라. 초인은 이런 바다이며, 그 속에서야 그대들의 커다란 경멸은 가라앉을 수 있다. 그대들이 살아 체험할 수 있는 가장 위대한 것은 무엇인가? 그것은 커다란 경멸의 시간(時間)이다. 그대들의 행복도, 그리고 그대들의 이성과 덕(德)도 역겹게 느껴지는 시간이다.

그 시간에 그대들은 이렇게 말하리라. "나의 행복이 무슨 소용인가! 그것은 가난과 더러움이며, 가련한 안락일 뿐이다. 그러나 나의 행복은 존재 자체를 정당화시키는 어떤 것이어야 한다!"

그 시간에 그대들은 이렇게 말하리라. "나의 이성(理性)이 도대체 무슨 소용인가! 그것은 사자가 먹이를 탐내듯 지식을 갈망하는 것인가? 그것은 가난과 더러움이며, 가련한 안락일 뿐이다!"

그 시간에 그대들은 이렇게 말하리라. "나의 덕(德)이 도대체 무슨 소용인가! 그것은 아직껏 나를 열광하게 만든 적이 없었다. 나는 나의 선(善)과 악(惡)에 얼마나 지쳤나! 그것은 가난과 더러움이며, 가련한 안락일 뿐이다!"

그 시간에 그대들은 이렇게 말하리라. "나의 정의(正義)가 무슨 소용인가! 나는 내가 정의에 활활 타오르는 숯불이라고는 보지 않는다. 그러나 정의의 인간이란 정열을 불태우는 숯불인 것이다!"

그 시간에 그대들은 이렇게 말하리라. "나의 동정(同情)이[16] 무슨 소용인가! 동정이란 인간을 사랑하는 자가 못 박히게 되는 십자가[17]가 아닌가? 그러나 나의 동정은 결코 십자가에 못 박혀 죽는 것이 아니다."

그대들은 이미 이와 같이 말한 적이 있는가? 이와 같이 외친 적이 있는가? 아, 그대들이 이렇게 외치는 것을 내가 들은 적이 있다면!

하늘을 향해 외치는 것은 그대들의 죄가 아니라, 그대들의 자족(自足)이다. 그대들의 바로 그 탐욕이 그대들이 죄를 지을 때도 하늘을 향해 외치는 것이다.

자신의 혀로 그대들을 핥아줄 번개는 대체 어디에 있는가? 그대들에게 접종(接種)되어야 할 광기(狂氣)는 어디에 있는가?

보라, 나는 그대들에게 초인을 가르치노라. 초인이야말로 그 번개요, 그가 바로 그 광기다!

차라투스트라가 이렇게 말했을 때, 군중 속에서 한 사람이 나와 다음과 같이 외쳤다. "이제 우리는 줄 타는 사람에 대해서는 충분히 들었다. 이제 그 사람을 우리에게 보여 달라!"

그러자 모든 사람들이 차라투스트라를 비웃었다. 그러나 줄을 타

---

16. '동정(同情)'은 독일어로 'Mitleid'라고 한다. 이는 '함께(mit)' '고뇌하다(leiden)'라는 뜻을 지니고 있다. 니체는 이 책에서, 동정은 과거에 기독교의 중요한 이념 가운데 하나였으나 그것은 오히려 해로운 것이라고 비판하고 있다. 섣부른 동정은 오히려 인간의 자존심과 독립심을 해치고 자유로운 인간이 되려는 의지를 꺾는 것으로서, 초인(超人)을 향해 가는 길에 방해가 된다는 것이다. 니체는 이 책의 뒤에 가서 '동정하는 자들에 대하여'라는 한 장을 따로 할애하고 있다.

17. 십자가에 못 박혀 처형당한 예수를 암시하고 있다. 니체는 여기서 기독교적인 동정을 비난하고 있다.

기로 되어 있는 사람은, 그 말이 자기에게 해당되는 것이라고 믿고 재주를 부리기 시작했다.

4

그러나 차라투스트라는 군중을 바라보며 의아하게 생각했다. 그리하여 그는 이렇게 말했다.

인간은 동물과 초인 사이에 놓인 하나의 밧줄, 심연 위에 매어진 하나의 밧줄이다.

저쪽으로 건너가는 것도 위태롭고, 지나가는 도중도 위태로우며, 뒤돌아보는 것도 위태롭고, 그 위에 떨면서 머물러 있는 것도 위태롭다.

인간의 위대성은, 인간이 하나의 다리일 뿐 목적이 아니라는 데 있다. 인간이 사랑스러울 수 있는 것은, 인간이 하나의 과정(過程)이며 몰락(沒落)[18]이라는 데 있다.

나는 사랑한다, 몰락하는 자로서 살 뿐 그밖의 삶을 모르는 자들을. 그들이야말로 피안(彼岸)을 향해 건너가는 사람들이기 때문이다.

나는 사랑한다, 마음껏 경멸하는 자들을. 왜냐하면 그들이야말로 마음껏 숭배하는 사람들이며, 저편 물가를 향해 날아가는 동경(憧憬)의 화살이기 때문이다.

---

18. 독일어로 '과정(過程, Übergang)'과 '몰락(沒落, Untergang)'은 둘 다 방향성을 나타내는 단어로서, 여기서는 살아 있는 것은 끊임없이 변하고, 사멸되고, 다시 생성되며, 인간도 그러한 존재 가운데 하나라는 것을 의미한다.

나는 사랑한다, 몰락하고 희생자가 될 근거를 별〔星〕들[19]의 배후에서 찾지 않고 언젠가는 대지가 초인의 것이 되도록 대지를 위해 스스로 희생하는 사람들을.

나는 사랑한다, 인식(認識)하기 위해 사는 사람을, 그리고 언젠가는 초인으로 살기 위해 인식하려는 사람을. 그리고 이와 같이 그는 자신의 몰락을 바라고 있다.

나는 사랑한다, 초인에게 집을 지어 주고 그에게 대지와 동물과 식물을 마련해 주기 위해 일하고 궁리해내는 사람을. 그는 이와 같이 자신의 몰락을 바라고 있기 때문이다.

나는 사랑한다, 자신의 덕(德)을 사랑하는 사람을. 덕이란 몰락하려는 의지이며 동경의 화살이기 때문이다.

나는 사랑한다, 자신을 위해서는 한 방울의 정신도 남겨 두지 않고 고스란히 자신의 덕의 정신이고자 하는 사람을. 이렇게 해서 그는 정신으로서 다리를 건너간다.

나는 사랑한다, 자신의 덕을 자신의 애착이 되게 하고 자신의 운명이 되게 하는 사람을. 이렇게 해서 그는 자신의 덕을 위해 살고 또 죽으려 하는 것이다.

나는 사랑한다, 너무 많은 덕을 소유하려 하지 않는 사람을. 한 개의 덕은 두 개의 덕보다 더 낫다. 한 개의 덕은 운명이 매달릴 수 있는 더 좋은 매듭이기 때문이다.

나는 사랑한다, 아낌없이 주는 영혼을 소유하고, 답례를 받거나

19. 여기서 별은 비(非)지상적인 것, 초월적인 이상(理想)을 상징한다.

보답하려 하지 않는 사람을. 그는 항상 남에게 주며 스스로 간직하려 하지 않기 때문이다.

나는 사랑한다, 주사위를 던져 행운을 얻었을 때 이를 수치로 여기고 "나는 사기 도박사가 아닌가?"라고 묻는 사람을. 그는 몰락을 바라고 있기 때문이다.

나는 사랑한다, 자신의 행동에 앞서 황금과 같은 말을 던지고 언제나 자신이 약속한 것 이상으로 행하는 사람을. 그는 자신의 몰락을 바라고 있기때문이다.

나는 사랑한다, 미래에 올 사람들을 정당화하고 과거의 사람들을 구제하는 사람을. 그는 현재의 사람들 때문에 몰락하고 싶어 하기 때문이다.

나는 사랑한다, 자신의 신(神)을 사랑하기 때문에 그 신을 징벌하는 사람을. 그는 자기 신의 분노 때문에 몰락하지 않으면 안 되기 때문이다.

나는 사랑한다, 상처를 입었을 때도 그 영혼의 깊이를 상실하지 않으며 사소한 체험에서도 몰락할 수 있는 사람을. 이렇게 해서 그는 즐겁게 다리를 건너간다.

나는 사랑한다, 자기 자신을 잊고 모든 것들을 자기 안에 간직할 수 있을 만큼 넘쳐흐르는 영혼을 가진 사람을. 이렇게 해서 모든 것은 그의 몰락이 된다.

나는 사랑한다, 자유로운 정신과 자유로운 가슴을 가진 사람을.

이렇게 해서 그의 머리는 그의 심장의 내장이 될 뿐이지만,[20] 그의 심장은 그를 몰락으로 이끌어 간다.

나는 사랑한다, 인류의 머리 위에 드리워진 검은 구름에서 한 방울씩 떨어져 내리는 무거운 빗방울과 같은 모든 사람들을. 그들은 번개가 칠 것을 알려주고, 예고자로서 역시 몰락해 간다.

보라, 나는 번개가 칠 것을 예고하는 자요, 구름에서 떨어지는 무거운 빗방울이다. 그러나 이 번개야말로 초인이라고 불린다.

5

차라투스트라는 이렇게 말을 하고 나자, 다시 군중을 바라보며 침묵에 잠겼다.

"저기에 저 사람들은 서 있다." 그는 마음속으로 말했다. "저 사람들은 저기서 웃고 있다. 그들은 나를 이해하지 못한다. 나는 이런 자들의 귀를 위해서 말하는 입이 아니다.

눈으로 듣는 법을 배우도록 먼저 저들의 귀를 쳐서 떼어 내버려야 할까? 큰 북으로 치듯이, 참회를 설교하는 사람처럼 고함을 쳐야 할까? 아니면 저들은 말더듬는 자의 말만을 믿는 것일까?

저들에게는 저들 나름대로 자랑스러워하는 것이 있다. 그런데, 그들은 그들을 자랑하게 만드는 것을 무엇이라고 부르는가? 바로 교양(教養)이라고 부른다. 이것이 그들을 양치기들보다 더 우월하게 구별해 주는 것이다.

---

20. 진정한 자유로운 정신의 소유자에게는 의지를 조종하는 심장이 더 중요하고, 이성(理性)을 다스리는 머리는 덜 중요하다는 의미이다.

그러므로 그들은 자신들에 대해 '경멸'이라는 말을 하는 것을 듣기 싫어한다. 그렇다면 나는 그들의 긍지를 향해 말하리라.

그러므로 나는 그들에게 가장 경멸스러운 자에 대해 말하리라. 그것은 다름 아닌 종말(終末)의 인간[21]이다.

그리고 차라투스트라는 군중을 향해 이렇게 말했다.

지금은 인간이 자신의 목표를 세워야 할 때이다. 지금은 인간이 자신의 가장 높은 희망의 씨앗을 뿌려야 할 때이다.

아직도 인간의 토양은 충분히 그럴 만큼 비옥하다. 그러나 이 토양은 언젠가는 피폐하고 활력을 잃을 것이며, 더 큰 나무들은 거기에서 다시는 자라 나오지 못할 것이다.

슬프다! 장차 사람이 인간들 저 너머로 자신의 동경(憧憬)의 화살을 쏘아 보내지도 못하고, 활시위가 떨리는 소리도 듣지 못할 때가 오리라!

내가 그대들에게 이르노니, 인간은 하나의 춤추는 별을 탄생시킬 수 있기 위해서는 자신의 내부에 혼돈(Chaos)을 간직하고 있어야 한다. 내가 그대들에게 이르노니, 그대들은 여전히 그대들의 내부에 혼돈을 간직하고 있다.

슬프다! 장차 인간이 아무런 별도 탄생시키지 못하는 때가 오리라! 슬프다! 더 이상 자기 자신을 경멸할 줄 모르는 가장 경멸스러운 인간의 시대가 오리라!

---

21. '종말의 인간'은 독일어로 'der letzte Mensch'라고 한다. 독창성 없는 교양만을 지닌 채 현실에 만족하는 자들로서, 니체가 주장하는 '초인(超人)'에 반대되는 인간을 가리키는 것으로 볼 수 있다.

보라! 나는 그대들에게 종말의 인간을 보여주련다.

"사랑이란 무엇인가? 창조란 무엇인가? 동경이란 무엇인가? 별이란 무엇인가?" 종말의 인간은 이렇게 물으면서 눈을 깜박거린다.

그때 대지는 왜소해지고, 그 위에서 모든 것들을 왜소하게 만드는 종말의 인간이 날뛴다. 그 종족은 벼룩과 같아서 근절되지 않는다. 종말의 인간은 가장 수명이 길다.

"우리는 행복을 발명해 냈다."—종말의 인간은 이렇게 말하면서 눈을 깜박거린다.

그들은 살기 힘든 고장을 떠났다. 인간에게는 온기가 필요하기 때문이다. 인간은 여전히 이웃을 사랑하면서 이웃에게 몸을 비벼 대고 있다. 온기가 필요하기 때문이다.

병에 걸리는 것과 의심을 품는 것은 그들에게는 죄악에 빠지는 거나 다름없다. 그들은 걸음걸이도 조심한다. 아직도 돌부리에 걸리거나 인간과 부딪쳐서 비틀거리는 자는 바보다!

이따금 복용하는 소량의 독(毒).[22] 그것은 그들에게 안락한 꿈을 꾸게 해준다. 그리고 마지막에 가서는 다량의 독을 마신다, 안락한 죽음을 맞이하기 위해서.

사람들은 여전히 일을 하고 있다. 일은 일종의 오락이기 때문이다. 그러나 그들은 이 오락이 몸을 해치지 않도록 조심한다.

사람들은 이제 더 이상 가난해지지도 않고 부자가 되지도 못한다. 둘 다 너무 번거로운 일이 되었다. 누가 아직도 지배하기를 원하는

---

22. 인간이 일상적으로 즐겨 일시적으로 쾌락을 주지만 결국 인간의 몸을 무력하게 만드는 술이나 약물 따위를 말한다.

가? 누가 아직도 복종하기를 원하는가? 둘 다 너무 번거로운 일이다.

양치기는 없고 한 떼의 양의 무리만이 있을 뿐이다! 모두가 같아지고 싶어하며 모두가 평등하다! 다르게 생각하는 사람은 자진해서 정신병원으로 간다.

"예전에는 온 세상이 미쳤었다."—가장 세련된 자들은 이렇게 말하면서 눈을 깜빡거린다.

사람들은 영리해져서 세상에 일어나는 모든 일을 알고 있다. 그래서 그들의 조소는 끝이 없다. 사람들은 여전히 다투면서도 곧 화해한다. —그렇지 않으면 복통이 일어나기 때문이다.

사람들에게는 낮을 위한 작은 쾌락과 밤을 위한 작은 쾌락이 따로 있지만, 그들은 자신의 건강을 중히 여긴다.

"우리는 행복을 발명해 냈다."—종말의 인간은 이렇게 말하고는 눈을 깜박거린다.

그런데 여기서 사람들이 '서설(序說)'이라고 부르기도 하는 차라투스트라의 첫 번째 설교는 끝났다. 왜냐하면 바로 이때 군중의 고함소리와 환호가 그의 말을 막았기 때문이다.

"오, 차라투스트라여, 우리에게 종말의 인간을 달라."—군중은 외쳤다.

"우리를 이 종말의 인간으로 만들어 달라! 그러면 우리는 그대에게 초인을 선사해 주겠다!"

그러면서 모든 군중은 환호성을 지르며 혀를 찼다. 그러나 차라투스트라는 서글퍼져 자신의 마음에 대고 이렇게 말했다.

"저들은 나를 이해하지 못하는구나. 나는 저들의 귀를 위한 입이 아니다. 너무 오랫동안 내가 산 속에 살면서 시냇물과 나무들에 지나치게 귀를 기울였나 보다. 이제 내가 저들에게 말을 거는 것은 마치 양치기들에게 말을 거는 것과 같구나.

나의 영혼은 흔들림이 없고, 아침나절의 산(山)처럼 환하다. 그러나 저들은 나를 차갑고 무섭고 기괴한 짓을 하는 냉소자(冷笑者)라고 생각하고 있다.

그래서 지금 그들은 나를 바라보며 비웃고 있다. 또한 비웃으면서 여전히 나를 증오하고 있다. 그들의 웃음 속에는 얼음이 들어 있다."

6

그런데 그때, 모든 사람의 입을 다물게 하고 눈을 휘둥그렇게 만드는 일이 일어났다. 그동안에 줄 타는 광대가 재주를 부리기 시작한 것이다. 그는 작은 문에서 나와 두 개의 탑 사이에 뻗쳐 있는, 즉 사람들이 있는 장터 위로 걸려 있는 밧줄을 타기 시작했다. 그 광대가 막 밧줄의 중간쯤에 이르렀을 때 아까의 그 작은 문이 다시 열리더니, 알록달록한 옷을 입은 익살꾼 같은 사내가 튀어 나와 빠른 걸음으로 앞서간 사내 뒤를 따라갔다.

"앞으로 나아가, 절름발이야." 그자의 무시무시한 목소리가 소리쳤다.

"앞으로 가란 말이야, 게으름뱅이, 밀수군, 얼굴이 창백한 녀석아! 내 발뒤꿈치에 채이지 않으려면 말이다! 여기 이 두 탑 사이에서 뭘 하고 있는 거냐? 너는 탑 속에나 있어야 어울린다. 더 나은 자의 자유로운 앞길을 너는 가로막고 있단 말이다!" 그렇게 말하고서 그는 점점 더 가까이 다가갔다. 그러나 줄광대의 뒤로 불과 한 걸음 떨어진 곳에 이르자, 모든 사람의 입을 다물게 하고 모든 사람의 눈을 휘둥그레 하게 만든 끔찍한 일이 벌어졌다. ─그가 악마처럼 소리를 내지르더니 그의 앞을 가로막고 있는 사람을 뛰어 넘은 것이다. 그러나 줄광대는 자신의 경쟁자가 승리한 것을 보자 제 정신을 잃고 밧줄도 놓쳐 버렸다. 그는 들고 있던 장대를 내던져 버리고는 그 장대보다도 더 빠른 속도로 손발을 허우적거리면서 밑으로 떨어지고 말았다. 장터와 거기에 모인 군중은 마치 폭풍에 휘말린 바다와 같았다. 모든 사람들이 뿔뿔이 또는 서로 짓밟으면서 흩어져 도망쳤다. 특히 줄광대의 몸이 떨어진 자리가 가장 심했다.

그러나 차라투스트라는 그대로 가만히 서 있었다. 그리고 바로 그 옆으로 줄광대의 몸뚱이가 떨어졌는데, 무참하게 상처 입고 찢겨졌지만 아직 목숨이 붙어 있었다. 잠시 후에 온몸이 깨진 그 남자는 의식이 돌아오자 자기 옆에 무릎을 꿇고 있는 차라투스트라를 보았다.

"거기서 뭘 하고 있소?" 남자가 마침내 말했다. "나는 벌써 오래 전부터 악마가 다리를 걸어 나를 넘어뜨리게 되리라는 것을 알고 있었소. 이제 악마가 나를 지옥으로 끌고 갑니다. 그대가 그 악마를 막아 주겠소?"

"내 영예를 걸고 말하건대, 친구여" 차라투스트라는 대답했다. "그대가 말한 것 따위는 존재하지 않는다. 악마도 없고, 지옥도 없다. 그대의 영혼은 그대의 육신보다 더 빨리 죽을 것이다. 그러니 이제 더 이상 아무것도 두려워하지 말라!"

그 사내는 의심스러운 듯이 쳐다보았다. 그리고는 말했다.

"그대가 말한 게 진실이라면, 나는 목숨을 잃더라도 잃는 게 아무것도 없다는 말이군요. 나는 인간에 의해 매질과 보잘 것 없는 음식으로 춤추는 것을 배운 한 마리 동물에 지나지 않는다오."

"그렇지 않다." 차라투스트라는 말했다.

"그대는 위험한 일을 그대의 천직으로 삼았고, 거기엔 경멸할 게 아무것도 없다. 이제 그대는 그대의 천직으로 인해 파멸을 맞았다. 그러니 나는 그대를 내 손으로 묻어 주겠다."

차라투스트라가 이렇게 말했을 때, 죽어 가는 사내는 더 이상 아무런 대답도 하지 않았다. 그러나 마치 감사의 표시로 차라투스트라의 손을 잡으려는 듯이 그의 손이 까딱거렸다. ―

7

그러는 사이에 저녁이 되어 장터는 어둠에 싸였다. 이윽고 군중은 흩어졌다. 그들은 호기심과 두려움 자체도 시들해졌기 때문이었다. 그러나 차라투스트라는 땅 위에 누워 있는 죽은 사내의 옆에 꿇어앉은 채 깊은 생각에 잠겼다. 그렇게 그는 시간을 잊고 있었다. 그러나 이윽고 밤이 되자 그 홀로 있는 자의 머리 위로 찬바람이 스쳐 갔다. 차라투스트라는 몸을 일으켜 세우며 마음속으로 이렇게 말했다.

"참으로, 차라투스트라는 오늘 멋진 고기잡이를 했구나! 사람은 하나도 낚지 못하고 송장을 하나 낚았으니.

인간이라는 존재는 섬뜩하면서도 무의미한 것이다. 한 명의 익살꾼조차도 인간에게는 재앙이 될 수 있다니.

나는 인간들에게 그들 존재의 의미를 가르쳐 주고 싶다. 그 의미란, 바로 초인이다. 인간이라는 검은 먹구름을 뚫고 나오는 번개이다.

그러나 나는 아직도 그들에게서 멀리 떨어져 있고, 나의 뜻은 그들의 마음에까지 미치지 못한다. 나는 인간들에게 아직은 바보와 시체의 중간자에 지나지 않는다.

밤은 어둡고 차라투스트라가 갈 길도 어둡다. 가자, 그대 차갑고 뻣뻣한 길동무여! 내 손으로 그대를 묻어 줄 그곳까지 그대를 메고 가리라."

8

차라투스트라는 이렇게 마음속으로 말하고 나서, 등에 그 송장을 짊어지고 길을 떠났다. 그러나 채 백 걸음도 가지 않았을 때, 어떤 사람이 슬그머니 다가와서 그의 귀에다 대고 속삭였다. ―그런데 보라! 말을 건 자는 아까 탑에서 나왔던 그 익살꾼이었다.

"이 도시에서 떠나라, 오, 차라투스트라여." 그가 말했다.

"여기선 너무 많은 사람들이 그대를 미워한다. 선하고 의로운 자들은 그대를 미워하고, 그대를 자기들의 적이며 경멸하는 자라고 부른다. 올바른 신앙을 믿는 사람들도 그대를 미워하면서, 그대를 군중에게 위험한 자라고 부르고 있다. 사람들이 그대를 비웃은 것은 차라리 그대에게는 다행한 일이었다. 그리고 사실, 그대는 마치 익살꾼처럼 말을 했다. 그대가 저 죽은 개[23]와 한패가 된 것도 오히려 그

---

23. 줄을 타다가 떨어져 죽은 광대를 비하해서 이렇게 부르고 있다.

대에게는 다행한 일이었다. 그대가 그렇게 스스로 몸을 낮춤으로써 오늘 하루 동안 그대 목숨을 구했으니까. 그러나 이 도시에서 떠나라. —그렇지 않으면 내일은 내가 그대를, 곧 살아있는 자가 죽은 자 위를 뛰어 넘을 것이다."

그 사내는 이렇게 말하고 나서 사라져 버렸다. 그러나 차라투스트라는 어두운 골목길을 계속해서 걸어갔다.

그 도시의 성문 앞에서 그는 무덤 파는 사람들과 마주쳤다. 그들은 횃불로 그의 얼굴을 비춰 보더니, 그가 차라투스트라라는 것을 알아보고는 그를 비웃었다.

"차라투스트라가 죽은 개를 짊어지고 가는구나. 잘됐군, 차라투스트라가 무덤 파는 사람이 되었다니! 이런 고깃덩어리를 만지기엔 우리의 손은 너무 깨끗하니까 말이야. 차라투스트라가 악마에게서 그 먹이를 빼앗으려는 건가? 이제 좋다! 맛있게 먹어라! 악마가 차라투스트라보다 더 교활한 도둑놈이 아니기만 하다면 말이야! —악마는 그대들 둘 다 훔쳐다가 둘 다 먹어치울 거야!"

그러고 나서 그들은 머리를 한 데 모으고 서로 희희덕거렸다.

차라투스트라는 그 말에 아무런 대꾸도 하지 않고 자신의 길을 갔다. 숲과 늪이 있는 곳을 지나쳐 두 시간 가량 걸어갔을 때, 굶주린 늑대들의 울음소리가 여러 번 들려왔고, 그 자신도 배가 고파졌다. 그리하여 그는 불빛이 새어나오는 어느 외딴 집 앞에 멈춰 섰다.

"굶주림이 도둑처럼 나를 엄습하는구나." 차라투스트라는 말했다.

"숲과 늪 가운데서 허기가 몰려오는구나. 그것도 깊은 밤에.

나의 배고픔은 이상한 변덕을 지니고 있다. 흔히 나의 배고픔은 식사 시간이 지난 후에야 찾아오는데, 오늘은 종일 배가 고프지 않았으니. 대체 나의 배고픔은 어디에 가 있었던 것인가?"

그렇게 말하고 나서 차라투스트라는 그 집의 문을 두드렸다. 한 노인이 모습을 나타냈다. 그는 손에 등불을 들고 있었다. 그가 물었다.

"누가 나를 찾아와 내 편찮은 잠을 깨우는 거요?"

"한 명의 산 사람과 한 명의 죽은 사람이오." 차라투스트라는 말했다.

"먹을 것과 마실 것을 좀 주시오. 온종일 그것을 잊고 지냈소. 배고픈 자에게 음식을 대접하는 사람은 자신의 영혼을 맑게 한다고 현자들은 말하지요."

노인은 안으로 들어갔다가 곧 다시 나와 차라투스트라에게 빵과 포도주를 주었다.

"굶주린 자에게는 이 근처는 좋지 않은 곳이오." 그는 말했다.

"그래서 나는 여기에 살고 있다오. 동물들과 사람들이 홀로 은둔하고 있는 나를 찾아오지요. 그런데, 그대 동료에게도 먹고 마시라고 하시오. 그는 그대보다 더 지쳐 있구려."

차라투스트라는 대답했다. "내 길동무는 죽었소. 그러니 그에게 먹고 마시라고 권하기는 어렵지요."

"그건 나와 상관없는 일이오." 노인은 퉁명스럽게 말했다. "내 집 문을 두드린 사람은 내가 주는 것을 받아야만 하오. 먹고서 잘들 가시오!"

그 뒤에 차라투스트라는 길과 별빛에 의지하여 두 시간을 더 걸어갔다. 밤길을 걷는 것에 익숙해져 있었고, 또 잠든 모든 사람들의 얼굴을 바라보기를 즐겨했기 때문이다. 그러나 먼동이 틀 무렵에, 차라투스트라는 깊은 숲속에 들어와 있었고 더 이상 갈 길이 보이지 않았다. 그는 죽은 사람을 속이 빈 나무 둥치 속에 내려놓고, 늑대들의 습격에서 보호하기 위해, 자신의 머리맡에 두었다. 그리고 자신은 이끼가 낀 땅바닥에 누웠다. 그리고 곧바로 잠이 들었다. 몸은 지쳐 있었으나, 영혼은 편안한 상태였다.

9

오랫동안 차라투스트라는 잠을 잤다. 그리하여 아침노을뿐만 아니라, 오전의 햇살도 그의 얼굴 위를 스쳐 갔다. 그러나 마침내 눈을 떴을 때, 차라투스트라는 의아한 눈으로 숲속과 숲속의 정적을 바라보았고, 놀라서 자신의 내면을 들여다보았다. 그러다가 돌연 육지를 발견한 선원처럼, 그는 벌떡 일어나 환성을 올렸다. 왜냐하면 그는 새로운 진리를 깨달았기 때문이었다. 그래서 그는 자신의 마음에 대고 이렇게 말했다.

"한 줄기 빛이 내게 떠올랐다. 길동무가 나는 필요하다, 그것도 살아 있는 길동무가. —내가 가고자 하는 곳으로 나와 함께 갈 사람은 죽은 길동무도 시체도 아니다. 나는 나를 따를 살아 있는 길동무가, 내가 가고자 하는 곳으로 스스로 따라갈 그들이 필요하다.

한 줄기 빛이 내게 떠올랐다. 차라투스트라는 민중이 아니라 길동무들에게 말할 것이다! 차라투스트라는 짐승 떼를 지키는 양치기나 개가 되어서는 안 된다!

짐승들의 무리에서 많은 짐승들을 꾀어내기 위해서—그러기 위해서 나는 왔다. 군중과 짐승 떼는 나에게 화를 낼 것이다. 차라투스트라는 양치기에게 강도라고 불리기를 바라고 있다.

그들을 나는 양치기들이라고 말하지만, 그들은 스스로를 선한 자, 의로운 자들이라고 부른다.

그들을 나는 양치기들이라고 말하지만, 그들은 스스로를 의로운 신앙을 믿는 자들이라고 부른다.

보라, 저 선한 자들과 의로운 자들을! 그들이 가장 미워하는 자는 누구인가?

소위 그들의 가치표(價値表)를 부수는 자, 그것의 파괴자와 범죄자이다. ―그러나 그는 바로 창조하는 자(der Schaffende)다.

보라, 저 온갖 신앙을 가진 신도들을! 그들이 가장 미워하는 자는 누구인가?

소위 그들의 가치표(表)를 부수는 자, 그것의 파괴자와 범죄자다. ―그러나 그는 바로 창조하는 자다.

창조하는 자가 구하는 것은 동반자이지 시체가 아니다. 또한 그는 짐승 떼나 신도들을 구하지도 않는다. 창조하는 자는 함께 창조할 사람들을 구한다. 새로운 표(表) 위에 새로운 가치들을 써 넣을 자들을 구한다.

창조하는 자는 동반자를, 그리고 함께 수확을 거둬들일 자들을 구한다. 그에게는 모든 것이 무르익어 수확을 기다리고 있기 때문이다. 그러나 그에게는 수확에 쓰일 백 개의 낫이 없으므로,[24] 그는 이삭들

---

24. 창조하는 자도 혼자서 모든 것을 수확할 수는 없고 많은 협조자가 필요하다는 의미이다.

을 쥐어뜯으며 화를 낸다.

창조하는 자는 동반자를, 바로 자신들의 낫을 갈 줄 아는 동반자를 구한다. 사람들은 그들을 파괴자라고 부르고 선과 악을 경멸하는 자라고 부르리라. 그러나 그들은 바로 수확하는 자요, 축제를 벌이는 자인 것이다.

차라투스트라는 함께 창조할 사람들을 구하며, 함께 축제를 벌일 사람들을 구한다. 짐승들과 양치기들과 시체들과 더불어 무엇을 창조할 수 있겠는가!

그리고 너, 나의 최초의 길동무여, 잘 있어라! 속이 빈 그 나무 둥치 속에 나는 너를 잘 묻어 주었다. 늑대들로부터 너를 잘 숨겨 놓았다.

그리고 나는 너와 작별한다. 때가 되었다. 아침놀이 뜨고 아침놀이 지는 사이에 새로운 진리가 나를 찾아 왔노라.

나는 양치기가 되어서도 안 되고, 무덤 파는 사람이 되어서도 안 된다. 또한 나는 민중에게도 다시는 말을 걸지 않으련다. 내가 죽은 자와 말을 한 것도 이것으로 마지막이다.

창조하는 자, 수확을 거두는 자, 축제를 벌이는 자들과 나는 함께 하리라. 그들에게 나는 무지개를 보여주고, 초인을 향해 올라가는 모든 계단들도 보여주리라.

홀로 있는 자와 단 둘이 있는 자에게 나는 나의 노래를 불러 주리라. 그리고 일찍이 들어보지 못했던 것에 귀를 기울이는 자에게는, 그들의 마음을 나의 행복으로 무겁게 채워 주리라.

나의 목표를 향해 나는 가련다. 나는 나의 길을 가는 것이다. 주저하는 자들과 지체하는 자들을 나는 뛰어 넘으리라. 그리하여 내가 가는 길은 그들의 몰락의 길이 되리라!

10

차라투스트라가 자신의 마음에 대고 이렇게 말했을 때, 정오(正午)의 태양이 빛나고 있었다. 이때 그는 의아스러운 눈으로 하늘을 쳐다보았다. ―머리 위에서 한 마리 새의 날카로운 울음소리가 들려왔던 것이다. 그러자, 보라! 한 마리의 독수리가 허공을 헤치며 커다란 원을 그리고 있었고, 그 독수리에게는 한 마리 뱀이 매달려 있었다. 먹이가 아니라 마치 친구처럼. 뱀이 독수리의 목에 칭칭 감겨져 있었던 것이다.

"저들이 나의 동물들이다!"[25] 차라투스트라는 말하면서 마음속으로 기뻐하였다.

"태양 아래 가장 긍지 있는 동물과 태양 아래 가장 영리한 동물―저들은 정찰을 나왔구나. 차라투스트라가 아직도 살아 있는지 살펴보려는 것이다. 진실로, 나는 아직도 살아 있는가?

짐승들 사이에서보다 인간들 사이에 있는 것이 더욱 위험하다는 것을 나는 발견했다. 차라투스트라는 위험한 길을 가고 있는 것이다. 나의 동물들이여, 나를 인도해다오!"

이렇게 말했을 때 차라투스트라는 숲속의 그 성자가 한 말이 생각나, 한숨을 쉬며 자신의 마음에 대고 이렇게 말했다.

"나는 더 영리해지고 싶다! 나의 뱀처럼 철저하게 영리해지고

─────

25. 긍지를 상징하는 독수리와 지혜를 상징하는 뱀은 이 책에서 차라투스트라의 동반자로서늘 그와 함께 하게 된다.

싶다!

그러나 불가능한 것을 나는 빌고 있지 않은가. 그러므로 나의 긍지가 항상 나의 영리함과 더불어 나아가기를 나는 바란다!

그리고 만일 언젠가 나의 영리함이 나를 떠나 버린다면—아, 영리함이란 언제나 달아나 버리기를 얼마나 좋아하는가!—그때는 나의 긍지도 나의 어리석음도 사라져 버리기를!

—이렇게 차라투스트라의 하강은 시작되었다.

차라투스트라의 가르침

◆ 1. 세 가지 변화에 대하여

정신의 세 가지 변화[26]에 대해서 나는 그대들에게 말해 주겠다. 곧 정신이 어떻게 낙타가 되고, 낙타가 어떻게 사자(獅子)가 되며, 마지막으로 사자는 어떻게 어린아이가 되는지를.

정신에게는, 경외심이 깃들어 있어 강하고 잘 견디는 정신에게는 많은 무거운 짐이 주어진다. 정신의 강인함은 더 무거운 짐을, 가장 무거운 짐을 요구한다.

무엇이 무거운가! 잘 견디는 정신은 이렇게 묻고 낙타처럼 무릎을 꿇어 짐을 잔뜩 싣기를 원한다.

내가 그것을 맡아 짊어지고서 내 억센 힘을 즐길 만큼 가장 무거운 것은 무엇인가, 그대들 영웅들이여? 잘 견디는 정신은 이렇게 묻는다.

가장 무거운 짐이란, 자신의 자존심에 상처를 주기 위해 스스로

---

26. 니체가 이 책에서 말하는 '세 가지 변화'란 인간이 참된 자기로 변화되어 가는 정신적 단계로서, 낙타에서 사자로, 그리고 사자에서 다시 어린아이로 변해 가는 단계를 가리킨다. 즉 맨 처음은 자기를 버리고 전통이나 타자(他者)의 가치에 복종하는 '낙타'의 단계이며, 그 다음은 타자의 가치관을 부정하는 '사자(獅子)'의 단계이다. 앞의 단계를 모두 거치면서 부정한 다음에 순수한 자기 자신으로 돌아가는 단계가 '어린아이'의 단계이다.

를 낮추는 것이 아닌가? 자신의 지혜를 조롱하기 위해 자신의 어리석음을 훤히 드러내는 것이 아닌가?

아니면, 우리가 한 일이 승리를 자축할 때 그것과 결별하는 것이 아닌가? 유혹하는 자를 유혹하기 위해 높은 산으로 올라가는 것이 아닌가?

혹은 인식의 도토리와 풀로 연명하면서 진리를 위해 영혼의 굶주림을 겪는 것이 가장 무거운 짐인가?

혹은 병이 들었는데 위로하러 온 자들을 되돌려 보내고, 그대 자신이 원하는 것을 결코 듣지 못하는 귀머거리와 사귀는 것이 가장 무거운 짐인가?

혹은 진리의 물이라면 더러운 물에도 들어가고, 차가운 개구리나 뜨거운 두꺼비들도 쫓아 버리지 않는 것이 가장 무거운 짐인가?

혹은 우리를 경멸하는 자들을 사랑하고, 우리를 위협하는 유령에게 손을 내미는 것이 가장 무거운 짐인가?

가장 잘 견디는 정신은 이 가장 무거운 것들 모두를 맡아 짊어진다. 짐을 싣고 사막을 달리는 낙타처럼. 그렇게 그는 자신의 사막으로 달려간다.

그러나 가장 외로운 그 사막에서 두 번째의 변화가 일어난다. 여기서 정신은 사자(獅子)가 되는 것이다. 정신은 자유를 획득하고 자신의 사막에서 주인이 되고자 한다.

정신은 여기서 자신의 최후의 주인을 찾는다. 정신은 그 주인, 즉 자신의 마지막 신(神)에게 적대하고, 그 거대한 용(龍)과 싸워 승리를 거두고자 한다.

정신이 더 이상 주인으로 여기지 않고 신이라 부르려 하지 않는 그 거대한 용이란 무엇인가? "너는 마땅히 해야 한다"는 것이 그 거대한 용의 이름이다. 그러나 사자의 정신은 "나는 하고자 한다"라고 말한다.

"너는 마땅히 해야 한다"는 황금빛을 번뜩이면서 정신의 길을 가로막는다. 그것은 비늘 달린 짐승이며, 그 비늘 하나하나마다 "너는 마땅히 해야 한다"가 황금빛으로 번뜩거린다.

이 비늘들에는 수천 년 동안 지속되어 온 가치들이 매달려 번뜩거리고 있다. 그리하여 용들 중에서 가장 세력이 강한 그 용은 이렇게 말한다.

"만물의 모든 가치가—내 몸에서 빛나고 있다"라고.

"모든 가치는 이미 창조되었으며, 창조된 모든 가치, 그것은 바로 나다. 진실로, '나는 하고자 한다'는 말은 이제 더 이상 있어서는 안 된다!" 이렇게 그 용은 말한다.

형제들이여, 무엇 때문에 정신에게는 사자가 필요한가? 체념한 채 경외심으로 가득 찬, 짐 싣는 짐승으로는 충분하지 않은 것은 무엇 때문인가?

새로운 가치들을 창조하는 것, 그것은 사자도 아직은 할 수 없는 일이다. 그러나 새로운 창조를 위해 스스로 자유를 창조하는 것, 그 일을 사자의 힘은 할 수 있다.

스스로 자유를 창조하고 의무 앞에서도 신성한 부정(否定)을 말하는 것, 그것을 위해서 사자가 필요한 것이다, 형제들이여.

새로운 가치들에 대한 권리를 스스로 획득하는 것, 그것이야말로 가장 잘 견디고 경외심에 가득 찬 정신이 획득할 수 있는 가장 무서운 것이다. 진실로, 그런 정신에게는 그것은 하나의 약탈이며, 약탈하는 짐승의 일인 것이다.

그 정신도 일찍이 "너는 마땅히 해야 한다"를 자신의 신성한 것으로 가장 사랑했었다. 그러나 이제 그 정신은 자신의 사랑으로부터 자유를 탈취하기 위해, 그 가장 신성한 것 속에서도 환상(幻想)과 자의(恣意)를 찾아내지 않으면 안 된다. 이런 탈취를 위해 그에게는 사자가 필요한 것이다.

그러나 말해 보라, 형제들이여, 사자도 할 수 없었던 일로서 어린아이가 할 수 있는 일이 있을까? 어째서 약탈하는 사자는 다시 어린아이가 되지 않으면 안 되는가?

어린아이란 순진무구함이고 망각(忘却)이며, 하나의 새로운 출발, 유희, 스스로 굴러가는 수레바퀴, 최초의 운동, 신성(神聖)한 긍정[27]이다.

그렇다, 창조의 유희를 위해서는, 형제들이여, 신성한 긍정이 필요한 것이다. 이제 정신은 자신의 의지(意志)를 원하고, 세계를 잃어버리는 자는 스스로 자신의 세계를 획득하는 것이다.

정신의 세 가지 변화에 대해서 나는 그대들에게 말했다. 정신이 어떻게 낙타가 되고, 낙타가 어떻게 사자가 되며, 마지막으로 사자는 어떻게 어린아이가 되는지를.—

---

27. 천진난만한 어린아이에게는 선악의 구별이 없고, 세계와 삶을 있는 그대로 받아들인다. 바로 이러한 긍정이 모든 것의 새로운 시작이 될 수 있고, 새로운 창조의 기반이 될 수 있다는 의미이다.

차라투스트라는 이렇게 말했다. 그리고 그즈음 그는 '얼룩소'라고 불리는 도시에 머물고 있었다.

◆ 2. 덕의 강좌에 대하여

차라투스트라는 사람들이 어느 현자에 대해 칭찬하는 소리를 들었는데, 그자는 잠〔睡眠〕과 덕(德)에 대해 설교를 잘한다는 것이었다. 그 덕분에 그 현자는 대단한 존경과 보수를 받았으며, 모든 젊은이들이 그의 강단 앞에 나아가 앉아 듣는다고 했다. 차라투스트라도 그를 찾아가 모든 젊은이들과 더불어 그 현자의 강단 앞에 앉았다. 그러자 현자는 이렇게 말했다.

"잠에 대한 경외감과 수치심! 이것이 첫 번째다! 그러니 잠을 잘 자지 못하고 한밤중에도 깨어 있는 모든 사람들을 피하라!

도둑조차도 잠에 대해서는 수치심을 갖고 있다. 도둑은 언제나 밤에 몰래 가만가만 돌아다닌다. 그러나 야경꾼은 수치심이 없다. 그는 부끄러움도 없이 호각을 갖고 다닌다.

잠을 자는 것은 결코 보잘 것 없는 기술이 아니다. 잠을 자기 위해서는 온종일 그것을 기다리며 깨어 있어야 한다.

너는 하루에 열 번은 너 자신을 극복하지 않으면 안 된다. 그것은 충분한 피로를 가져오고 영혼을 마취시킨다.

너는 하루에 열 번은 새삼 너 자신과 다시 타협하지 않으면 안 된다. 자기를 극복한다는 것은 고통이고, 타협하지 못하는 자는 잠을 제대로 잘 수 없기 때문이다.

너는 하루에 열 가지의 진리를 발견하지 않으면 안 된다. 그렇지 않으면 너는 밤에도 진리를 찾게 되고, 영혼은 굶주리게 된다.

너는 하루에 열 번은 웃어야 하고 쾌활해야 한다. 그렇지 않으면 밤이 되어 고뇌의 아버지인 위장(胃腸)이 너를 괴롭히게 된다.

이것을 아는 자는 별로 없다. 그러나 잠을 잘 자기 위해서는 모든 덕을 갖추고 있어야 한다. 나는 과연 거짓 증언을 하게 될까? 나는 간음(姦淫)을 하게 될까?

나는 이웃집 하녀에게 욕정을 품게 될까?[28]

이런 모든 것들은 숙면(熟眠)에는 적합하지 않다.

그리고 모든 덕을 갖추고 있더라도, 한 가지 더 알아야 할 것이 있다. 알맞은 때 그런 덕들 자체도 잠재워야 한다는 것을.

얌전한 여인들 같은 그 덕들이 서로 다투지 않도록! 그것도 불행한 자인 너를 두고서!

신(神)과 더불어 그리고 이웃과 더불어 화목할 것, 숙면은 이것을 원한다. 또한 이웃의 악마와도 화목하기를! 그렇지 않으면 악마는 밤마다 그대의 곁에 나타나게 된다.

상사(上司)를 존중하고 복종할 것, 설사 뒤틀린 상사라고 할지라도! 숙면은 그것을 바란다. 설사 권력이 뒤틀린 다리로 걸어 다니더

---

28. 이 세 가지 내용은 《구약성경》의 '출애굽기' 20장 16절과 17절에 나오는 다음과 같은 내용을 시사하고 있다: "네 이웃에 대하여 거짓 증언하지 말라."(16절), "네 이웃의 집을 탐내지 말라. 네 이웃의 아내나 그의 남종이나 그의 여종이나 그의 소나 그의 나귀나 무릇 네 이웃의 소유를 탐내지 말라."(17절)

라도, 내가 어찌 할 수 있겠는가?

자신의 양 떼를 가장 푸른 초원으로 이끌어 가는 자를 나는 언제나 가장 좋은 양치기라고 부를 것이다. 그것은 숙면과 잘 어울린다.

많은 영예를 나는 바라지 않으며, 커다란 재산도 바라지 않는다. 그것은 비장(脾臟)에 염증을 일으킨다. 그러나 좋은 평판과 자그마한 재산이 없이는 잠을 잘 자지 못한다.

나쁜 교제보다는 조촐한 교제가 내게는 더 반갑다. 그러나 그런 교제들은 알맞은 때 오고가야 한다. 그것은 숙면과 잘 어울린다.

마음이 가난한 자들도 아주 내 마음에 든다. 그들은 잠을 촉진시킨다. 그들은 행복하다, 특히 사람들이 늘 그들이 옳다고 여길 때면.

덕이 있는 자에게는 이렇게 하루가 지나간다. 이제 밤이 오면, 나는 잠을 부르지 않도록 몹시 조심한다! 덕의 주인인 잠은 부르는 것을 싫어한다!

오히려 나는 낮 동안에 내가 행하고 생각했던 것들을 생각해본다. 한 마리 암소처럼 참을성 있게 되새김질 하면서 나는 스스로에게 묻는다. 네가 열 가지 극복한 것은 어떤 것이었는가? 라고.

그리고 내 마음을 즐겁게 해준 열 가지 타협과 열 가지 진리와 열 가지 웃음은 어떤 것이었는가? 라고.

이런 것들을 헤아리면서 내가 마흔 가지의 사상(思想)에 흔들리다 보면, 부르지 않았던 잠이, 덕의 주인이 갑자기 나를 엄습한다.

잠은 내 눈을 두드린다. 그러면 눈이 무거워진다. 잠이 내 입을 어루만지면 그 입은 벌어진다.

진실로, 도둑 가운데서도 가장 사랑스러운 도둑인 잠은 부드러운 발끝으로 다가와 나의 생각들을 훔쳐 간다. 이때 나는 이 강단의 의자처럼 멍하니 서 있게 된다.

그러나 나는 더 이상 오래 서 있지 못하고, 이미 자리에 눕고 만다.—

그 현자가 이렇게 말하는 것을 들었을 때, 차라투스트라는 혼자 마음속으로 웃었다. 이때 그에게 한줄기 빛이 떠올랐기 때문이었다. 그래서 그는 마음속으로 이렇게 말했다.

마흔 가지 사상을 갖고 있는 이 현자는 내가 보기에는 바보이다. 그러나 그가 잠에 대해서는 잘 이해하고 있다고 생각된다.

이 현자 가까이에 사는 사람은 그것만으로도 이미 행복하리라! 그런 잠은 전염된다. 비록 두꺼운 벽일지라도 뚫고 전염된다.

그의 강단의 의자에까지도 마력이 깃들어 있다. 따라서 젊은이들이 그 덕의 설교자 앞에 앉아 있는 것도 헛된 일은 아니다.

그의 지혜는, 잠을 잘 자기 위해서 깨어 있어야 한다는 것이다. 그리고 사실, 만일 삶이 무의미하고 그래서 내가 무의미함을 선택해야만 한다면, 나에게도 역시 이것이 가장 선택할 가치가 있는 무의미함일 것이다.

이제 나는 분명히 알겠다. 일찍이 사람들이 덕의 스승을 구하고자 했을 때 그들이 무엇보다도 먼저 구하려 한 것이 무엇인지를. 사람들은 숙면을, 그리고 그것을 위해 아편과도 같은 덕을 구했던 것이다!

찬양받는 강단의 모든 현자들에게 있어 지혜란 꿈이 없는 잠이었던 것이다. 그들은 삶의 더 나은 의미를 알지 못하였다.

오늘날에도 여전히 덕을 이야기하는 이 설교자와 같은 사람들이 더러 있다. 더구나 언제나 그다지 정직하지 못한 사람들이. 그러나 그들의 시대는 지났다. 그리고 그들은 더 이상 오래 서 있지 못한다. 그들은 이미 누워 있다.

이들 졸린 자들은 행복하리라. 그들은 곧 꾸벅꾸벅 선잠이 들 것 이므로.—

차라투스트라는 이렇게 말했다.

◆ 3. 배후세계론자에 대하여

일찍이 차라투스트라도, 모든 배후세계론자[29]들과 마찬가지로 인간 의 피안(彼岸)에 대해 자신의 환상을 품고 있었다. 그때 내게 세계란 괴로워하고 번민에 시달리는 신(神)의 작품으로 보였다.

그때 나에게 세계란 신의 꿈이요, 신의 시작(詩作)으로 보였다. 만 족하지 못하는 신적(神的)인 존재의 눈앞에 피어오르는 다채로운 빛 깔의 연기로 보였다.

선(善)과 악(惡), 쾌락과 고통, 그리고 나와 너—이런 것들은 내게

---

29. 독일어로는 "Hinterweltler"이다. 이 말은 니체가 스스로 만든 조어(造語)로서, 세계의 배후에 초월적이거나 형이상학적인 것, 또는 종교적인 무엇이 있다고 믿는 사람들을 경멸적으로 가리키고 있다.

는 창조자의 눈앞에 피어오르는 알록달록한 연기처럼 생각되었다. 창조하는 자기 자신으로부터 시선을 돌리고 싶어 했고,─그래서 그는 세상을 창조한 것이라고.

고뇌하는 자에게는 자신의 고통으로부터 시선을 돌리고 자기 자신을 잃어버리는 것은 도취적인 즐거움이다. 일찍이 내게는 세계란 도취적인 즐거움이요, 자기 상실로 생각되었다.

이 세계, 영원히 불완전한 세계, 영원한 모순의 모상(模像)이자 불완전한 모상─불완전한 창조자에게는 도취적인 즐거움─일찍이 나에게 세계란 이런 것으로 생각되었다.

그래서 나도 일찍이 모든 배후세계론자들과 마찬가지로 인간의 피안에 대해 나의 환상을 품고 있었다. 그러나 정말로 인간의 피안에 대해서였던가?

아, 그대 형제들이여, 내가 창조해 낸 이 신(神)은 다른 모든 신들과 마찬가지로, 인간이 만들어 낸 작품, 인간의 광기였던 것이다!

그 신은 인간이었고, 보잘 것 없는 한 조각 인간, 바로 '나'였다. 나 자신이 타오르고 거기에서 남은 재에서 이 유령은 나에게 다가온 것이며, 실로! 그것은 피안으로부터 나에게 온 것이 아니었다!

무슨 일이 일어났을까, 형제들이여? 나는 고뇌하는 나 자신을 극복했고, 나 자신의 재를 산중으로 가져갔으며, 더욱 활활 타오르는 불꽃을 나 자신에게 만들어 주었다. 그러자 보라! 그 유령은 나에게서 달아나고 말았다.

이제 회복되고 있는 내게는 그런 유령들을 믿는다는 것은 고통이자 고뇌가 될 것이다. 이제 내게 그것은 고통과 굴욕이 될 것이다. 그래서 나는 배후세계론자들에게 이렇게 말한다.

모든 피안의 세계를 창조한 것은—고뇌와 무능력(無能力)이었다. 그리고 가장 고뇌하는 자만이 체험하게 되는 저 짧은 행복의 광기(狂氣)였다.

단 한 번의 도약으로, 필사의 도약으로 궁극적인 것에 이르고자 하는 피로(疲勞), 더 이상 원하는 것조차 바라지 않는 가련하고 무지(無知)한 피로, 그것이 모든 신들과 배후세계들을 창조해 낸 것이다.

내 말을 믿어라, 형제들이여! 육체에 절망한 것은 바로 육체였다.—현혹된 정신의 손가락으로 최후의 벽을 더듬은 것은 바로 육체였다.

내 말을 믿어라, 형제들이여! 대지에 절망했던 것은 육체였다.— 그것은 존재의 배[腹部: 가장 내적인 본질—옮긴이]가 자신에게 말하는 것을 들었던 것이다.

그리고 그때 육체는 머리로써, 그리고 단지 머리로써뿐만 아니라—최후의 벽을 뚫고 '저 세상'으로 넘어가려고 했다.

그러나 그 '저 세상'이란 것, 인간이 사라진 저 비(非)인간적인 세계, 천상의 무(無)는 인간에게 교묘하게 감춰져 있다. 그리하여 존재의 배는 인간적인 형태[30]를 띠고서만 인간에게 말하지, 그렇지 않고서는 결코 인간에게 말하지 않는다.

---

30. 독일어 원문에서는 'als Mensch'라고 되어 있다. 여기서 '인간적인 형태'라고 번역했는데, 인간의 감각이 파악할 수 있도록 '인간의 형태를 빌려서'라는 뜻으로, 옮긴이의 생각에 이는 인간의 형태를 띤 그리스도의 형상을 내세워 천국의 세계를 말하는 기독교 같은 피안(彼岸)의 종교들을 비판하고 있는 것으로 보인다.

진실로, 모든 존재를 증명하는 일은 어렵고, 또 말하도록 유도하는 것도 어렵다. 나에게 말해다오, 그대 형제들이여, 모든 사물 중에서 가장 불가사의한 것이 그래도 가장 증명이 되는 것이 아니겠는가?

그렇다, 이 자아(自我)와, 자아의 모순과 혼란이 자기 자신의 존재에 대해 그래도 가장 솔직하게 이야기한다. 이 창조하며 의욕하고 평가하는 자아, 만물의 척도이며 가치인 자아가.

그리고 이 솔직한 존재인 자아—그것은 육체에 대해 말한다. 그리고 시를 짓거나 몽상에 빠지거나 부러진 날개로 파닥거리며 날아갈 때조차도 육체를 원한다.

자아(自我), 그것은 점점 더 정직하게 이야기하는 법을 배우게 된다. 그리고 자아는 더 많이 배우면 배울수록, 육체와 대지에 합당한 말과 존경을 발견한다.

나의 자아는 나에게 새로운 긍지를 가르쳤고, 그 긍지를 나는 사람들에게 가르친다. 머리를 더 이상 천상적(天上的)인 일의 모래 속에 파묻지 말고 자유롭게 쳐들라고. 대지에게 의미를 부여하는 지상의 머리를 쳐들라고!

나는 사람들에게 새로운 의지(意志)를 가르친다. 인간이 무턱대고 곧장 달려온 이 길을 원하고 그것을 선(善)이라 부를 것을. 그리고 병자들이나 죽어 가는 자들처럼 그 길을 회피하지 말라고!

육신과 대지를 경멸하고 천상의 것과 구원의 핏방울[31]을 고안해

---

31. 예수가 인류의 원죄를 속죄하기 위해 흘린 피를 암시하는 것으로 보인다.

낸 자들은 병자들과 죽어 가는 자들이었다. 그러나 이 달콤하고 음울한 독물조차도 그들은 육체와 대지로부터 빌려왔던 것이다!

그들은 자신들의 비참함으로부터 벗어나고자 했으나, 그들에게 별들은 너무나 멀리 떨어져 있었다. 그러자 그들은 탄식하며 말했다. "오, 만일 다른 존재와 행복 속으로 남몰래 들어갈 수 있는 천상(天上)의 길이 있다면!"—그래서 그들은 스스로 샛길과 핏빛 음료를 고안해 내었다!

이제 그들 배은망덕한 자들은 그들의 육체와 이 대지로부터 벗어났다고 망상했다. 그러나 그들의 이탈의 발작과 희열은 누구의 덕이었던가? 바로 그들의 육체와 이 대지의 덕이었던 것이다.

차라투스트라는 병든 자들에게 너그럽다. 진실로, 그는 그들 식의 위안과 배은(背恩)에도 화를 내지 않는다. 그들이 부디 병에서 회복되어 극복하는 자가 되고 스스로 더 나은 육체를 창조하게 되기를 바랄 뿐이다!

차라투스트라는 병에서 회복되어 가는 자가 자신의 지난날의 환상을 연연한 눈길로 바라보고 한밤중에 자기 신(神)의 무덤 주위를 남몰래 서성거리더라도 그에게 화를 내지 않는다. 그러나 그의 눈물은 내게는 여전히 병이며 병든 육체로 보인다.

이야기를 꾸며내고 신(神)을 열망하여 찾는 사람들 가운데는 항상 병든 자들이 많았다. 그들은 인식(認識)하는 자들과 덕 중에서 가장 새로운 덕인 정직(正直)을 격렬하게 증오한다.

그들은 언제나 어두운 시대를 회상한다. 그 당시에는 물론 환상과 신앙은 지금과는 다른 것이었다. 이성(理性)의 광란은 신(神)에 가까

운 것이었고, 의심은 죄악이었다.[32]

이런 신과 닮은 자들을 나는 너무나 잘 알고 있다. 그들은 자신들이 신앙의 대상이 되기를 바라며, 의심은 죄악이라고 한다. 나는 또한 그들 자신이 가장 잘 믿고 있는 것이 무엇인지도 알고 있다.

사실, 그들은 배후세계와 구원의 핏방울을 믿지 않는다. 그들 역시 오히려 육체를 가장 잘 믿고 있으며, 그들 자신의 육체가 그들에게는 그들의 물자체(物自體)[33]인 것이다.

그러나 그들에게는 육체란 병든 것이다. 그래서 그들은 기꺼이 그것으로부터 탈피하고 싶어 한다. 그 때문에 그들은 죽음의 설교자들에게 귀를 기울이고 그들 스스로가 배후세계를 설교하는 것이다.

차라리, 형제들이여, 나의 건강한 육체의 목소리에 귀를 기울여라. 그것이 더 정직하고 더 순수한 목소리다.

건강한 육체, 완전하고 잘 짜인 육체는 더 정직하고 더 순수하게 말한다. 그리고 그것은 대지의 의미에 대해서 말하는 것이다.

차라투스트라는 이렇게 말했다.

---

32. 유럽인들은 과거, 특히 고대 그리스를 잃어버린 '황금시대'로 여기곤 하였다. 고대 그리스는 이성(理性)을 과잉 신봉했기 때문에 이를 의심하는 것은 죄악으로 여겨져 처벌을 받았다. 니체는 이것을 비판하고 있다.

33. '물자체(物自體, Ding an sich)는 독일의 철학자 칸트가 사용한 용어로서, 현상을 초월해
궁극적으로 존재하지만 우리가 알 수 없는 실재(實在)를 의미한다. 그러나 니체는 칸트의 이런 사상도 비판하고 있다.

◆ 4. 육체를 경멸하는 자들에 대하여

육체를 경멸하는 자들에 대하여 나는 내 할 말을 하고자 한다. 나는 그들이 새로 배우고 새로 가르칠 것이 아니라, 다만 그들 자신의 육체에 작별을 고하기를 바랄 뿐이다.―그리하여 그들이 침묵하기를.

"나는 육체이며 영혼이다."―이렇게 어린아이는 말한다. 그렇다면 사람들은 왜 어린아이처럼 말해서는 안 되는가?

그러나 깨달은 자, 아는 자는 말한다. "나는 전적으로 육체이며 그 외에는 아무것도 아니다"라고. 그리고 "영혼이란 육체에 딸린 무언가를 나타내는 말에 지나지 않는다"라고.

육체는 하나의 큰 이성(理性)이며, '하나의' 의미를 가진 다양성이고, 전쟁이자 평화이며, 짐승의 무리이자 양치기이다.

나의 형제여, 그대가 '정신'이라고 부르는 그대의 작은 이성(理性)도 그대의 육체의 도구이다. 그대의 큰 이성의 작은 도구이자 노리개인 것이다.

'나(我)는'이라고 말하면서 그대는 이 말을 자랑스러워한다. 그러나 그대가 믿고 싶지 않더라도 더 위대한 것, 그것은 바로 그대의 육체와 육체의 큰 이성(理性)이다. 그 이성은 '나'에 대해 말하지 않고 '나'를 실행하는 것이다.

감각이 느끼고 정신이 인식하는 것, 그것은 결코 그 자체 안에 목적을 갖고 있지 않다. 그러나 감각과 정신은 자신들이 모든 사물의 목적이라고 너를 설득하고 싶어 한다. 그토록 감각과 정신은 허영심이 강하다.

감각과 정신은 도구이며 노리개다. 그 배후에는 여전히 '자아(自我, das Selbst)'가 있다. 그 자아도 역시 감각의 눈으로 찾고 정신의 귀로 듣는다.

자아는 항상 귀를 기울이며 찾는다. 그것은 비교하고, 제압하고, 정복하고, 파괴한다. 그것은 지배하며, 또한 '나'의 지배자이기도 하다.

나의 형제여, 그대의 사고(思考)와 감정 뒤에는 힘센 명령자, 알려지지 않은 한 현자가 있으니, 그것은 자아라고 불린다. 그대의 육체 속에서 그것은 살아 있으며, 그것은 바로 그대의 육체다.

그대의 육체 속에는 그대의 최선의 지혜 속에 들어 있는 이성보다 더 많은 이성이 들어 있다. 그러므로 왜 그대의 육체에 꼭 그대의 최선의 지혜가 필요한지 누가 알겠는가?

그대의 자신은 그대의 '나'와 그 '나'의 자랑스러운 도약을 비웃는다. "나에게 있어 이런 사상(思想)의 도약과 비약이 무엇이란 말인가?"라고 그것은 스스로에게 말한다. "나의 목표를 향해 빙 둘러 가는 길일뿐이다. 나는 '나'를 이끄는 끈이며, 그것의 개념들에게 암시를 해주는 자이다"라고.

자아가 '나'에게 "여기 고통을 느껴라!"고 말한다. 그러면 이때 '나'는 괴로워하고, 그러면서 어떻게 하면 더 이상 고뇌를 느끼지 않을지에 대해 깊이 생각한다. 바로 그 때문에 그것은 생각해야 하는 것이다.

자아가 '나'에게 "여기서 쾌락을 느껴라!"고 말한다. 그러면 이때 '나'는 쾌락을 느끼면서 어떻게 하면 더 자주 쾌락을 느낄지에 대해

숙고한다.—바로 그 때문에 그것은 생각해야 하는 것이다.

육체를 경멸하는 자들에게 나는 한마디 하련다. 그들이 경멸하는 일은 그들이 존중하는 일이 만들어 낸 것이다. 무엇이 존중과 경멸, 그리고 가치와 의지를 창조해 냈는가?

창조하는 자신이 스스로 존중과 경멸을 창조하였고, 스스로 쾌락과 고통을 창조하였다. 창조하는 육체가 스스로 자기 의지의 수족(手足)으로서 정신을 창조한 것이다.

그대들 육체를 경멸하는 자들이여, 그대들의 어리석음과 경멸 속에서까지도 그대들은 그대들 자신을 섬기고 있는 것이다. 내가 그대들에게 말하건대, 그대들 자신이 스스로 죽기를 원하여 삶으로부터 등을 돌린 것이다.

이미 자아는 스스로 가장 바라고 있는 일을—자기 자신을 초월하여 창조하는 일을—더 이상 할 수 없다. 자기 자신을 초월하여 창조하는 것이야말로 자신이 가장 바라는 일이며, 자신의 열정의 전부인 것이다.

그러나 그러기에는 이제 때가 너무 늦었다.—그래서 그대들 육체를 경멸하는 자들이여, 그대들의 자아는 몰락하기를 원하고 있다.

그대들의 자아는 몰락하기를 원하며, 그 때문에 그대들은 육체의 경멸자가 되었다! 그대들은 더 이상 스스로를 초월하여 창조할 능력이 없기 때문이다.

그리고 그 때문에 그대들은 지금 육체와 대지에 대해 분노를 느끼고 있다. 그대들의 흘겨보는 경멸의 시선 속에는 무의식적인 질투가 들어 있다.

나는 그대들이 가는 길을 따라가지 않는다, 그대들 육체를 경멸하는 자들이여! 그대들은 내게는 결코 초인을 향해 나아가는 다리가 아니다!—

차라투스트라는 이렇게 말했다.

◆ 5. 환희와 열정에 대하여

나의 형제여, 그대가 하나의 덕(德)을 갖고 있고 그것이 그대의 덕이라면, 그대는 그 덕을 누구하고도 공유하는 것이 아니다.

물론, 그대는 그것에 이름을 붙이고 그것을 애무하고 싶어 하리라. 그대는 이 덕의 귀를 잡아당기면서 그것과 희롱하고 싶어 하리라.

그러나 보라! 이제 그대는 그 덕의 이름을 군중과 더불어 공유하고 있으며, 그대는 그대의 덕과 함께 군중이 되고 짐승의 무리가 되었다!

그대가 이렇게 말했더라면 더 나았을 것이다. "내 영혼에게 고통과 달콤함을 만들어 주고 내 뱃속의 배고픔이기도 한 그것은 말로 표현할 수 없고 이름도 없다"라고.

그대의 덕은 친숙한 이름 지을 수 없을 만큼 높은 것이어야 하리라. 그러므로 만일 그대의 덕에 대해서 말해야 한다면, 그것에 대해 더듬거리며 말하더라도 부끄러워하지 말라.

즉, 다음과 같이 더듬거리면서 말하라.

"이것은 나의 선(善)이며, 이것을 나는 사랑한다. 그것은 전적으로 내 마음에 들며, 오직 이런 선을 나는 원한다.

나는 그것을 어떤 신의 율법(律法)으로서 바라지 않는다. 나는 그것을 인간의 규정이나 인간의 임시변통으로 원하지도 않는다. 그 덕은 내게는 결코 대지를 초월하는 세계나 천국으로 인도하는 길안내 표지가 아니다.

내가 사랑하는 것은 지상적(地上的)인 덕이다. 그 속에 현명함은 적게, 그리고 누구나 갖고 있는 이성(理性)은 가장 적게 들어 있다.

그런데 이 새가 내 곁에 자신의 보금자리를 지었다. 그래서 나는 그 새를 사랑하고 포옹하니,—이제 그 새는 내 곁에서 자신의 황금알을 품고 있다."

이렇게 그대는 말을 더듬으면서 그대의 덕을 찬미해야 한다.

일찍이 그대는 열정을 갖고 있었고 그것을 악(惡)이라 불렀다. 그러나 이제 그대는 오로지 그대의 덕만을 가지고 있으니, 그것은 그대의 열정으로부터 자라난 것이다.[34]

그대는 이런 열정을 그대의 마음속에 최고의 목표로 품었었다. 그러자 그 열정들은 그대의 덕이 되고 그대의 기쁨이 되었다.

그리고 설령 그대가 화를 잘 내는 자, 음탕한 자, 광신적인 자 또는 복수심에 불타는 자의 혈통에 속하더라도, 결국 그대의 모든 정열은 덕이 되고 그대의 모든 악마는 천사가 되었다.

일찍이 그대는 그대의 지하실에 들개를 기르고 있었으나, 결국에

---

34. 진정한 새로운 덕은 미적지근한 세속적인 덕이 아니라, 정열에서 우러나는 것이어야 하며, 때로는 파멸의 근원이 되기도 하는 것이다.

그들은 변하여 새가 되고 사랑스러운 가희(歌姬)로 변했다.

그대는 그대의 독(毒)으로부터 그대 자신의 향유(香油)를 빚어냈으며, 비애(悲哀)라고 하는 그대의 암소로부터 젖을 짜냈다.—이제 그대는 감미롭게 흘러나오는 그 젖을 마신다.

그리하여 이후로는 그대로부터 악한 것은 더 이상 자라나지 않는다. 그대의 여러 덕들 간의 싸움에서 생겨나는 악을 제외하고는.

나의 형제여, 만약에 그대가 운이 좋다면, 그대는 '하나의' 덕을 가질 뿐, 그 이상은 갖지 않으리라. 그렇게 해서 그대는 좀 더 수월하게 다리[35]를 건너가리라.

많은 덕을 갖는 것은 뛰어난 일이기는 하지만, 그것은 견디기 힘든 운명이다. 그래서 많은 사람들이 사막으로 가서 스스로를 죽였으니, 이는 그들이 지닌 덕들 간의 싸움과 싸움터가 되는 데 지쳤기 때문이다.

나의 형제여, 전쟁과 싸움은 과연 악한 것인가? 그러나 이런 악은 필연적이며, 그대의 덕들 사이의 시기와 불신과 비방은 피할 수 없는 것이다.

보라, 그대의 덕들이 제각기 얼마나 최고의 위치를 탐내고 있는지를. 그 덕들은 각기 그대의 정신을 자신의 전령(傳令)으로 삼으려고 그대의 온 정신을 요구한다. 그것들은 저마다 분노하고, 미워하고, 사랑하는 데 있어 그대의 온 힘을 요구한다.

모든 덕들은 저마다 다른 덕을 질투하는데, 질투란 무서운 것이다. 덕들은 질투로 인해 파멸할 수도 있다.

---

35. 초인에게로 건너가는 다리.

질투의 화염에 휩싸인 자는, 마침내 전갈처럼 독 묻은 침을 자기 자신에게로 돌리고 만다.

  아, 나의 형제여, 덕이 자신을 비방하고 찔러 죽이는 것을 그대는 본 적이 없는가?

  인간은 극복되어야만 하는 무엇이다. 그러기 위해서 그대는 그대의 여러 덕들을 사랑해야 한다. 그 덕들로 인해 그대는 몰락하게 될 것이기 때문이다.—

  차라투스트라는 이렇게 말했다.

  ## ◆ 6. 창백한 범죄자에 대하여

  그대 재판관들, 그리고 희생의 제물을 바치는 자들이여, 그대들은 제물로 바치는 동물이 머리를 숙이기 전에는 죽이려 하지 않는가? 보라, 창백한 범죄자가 목을 숙였다. 그의 눈에서는 커다란 경멸이 이렇게 말하고 있다.

  "나의 자아는 극복되어야 할 무엇이다. 나의 자아는 내게는 인간에 대한 커다란 경멸이다." 이렇게 그의 눈은 말하고 있다.

  그가 자기 자신을 심판한 것은 그에게는 최고의 순간이었다. 높은 자를 다시 그의 저급한 상태로 되돌아가게 하지 마라!

  그처럼 자기 자신에 대해 고뇌하는 자에게는 구원이란 없다. 빨리 죽는 것 외에는.

그대 재판관들이여, 그대들이 그를 사형에 처하는 것은 동정(同情)이어야 하지 복수(復讐)가 되어서는 안 된다. 그리고 그대들이 그를 죽임으로써 그대들 스스로가 삶을 정당화한다는 것을 보라!

그대들이 사형에 처하는 사람과 화해하는 것으로는 충분하지 않다. 그대들의 슬퍼함이 초인에 대한 사랑이 되게 하라. 그럼으로써 그대들은 스스로 아직도 살아 있음을 정당화하라!

그대들은 '적'이라고 말해야 하지 '악한'이라고 말해서는 안 된다. 그대들은 '병든 자'라고 말해야 하지 '불량배'라고 말해서는 안 된다. 그대들은 '바보'라고 말해야 하지 '죄인'이라고 말해서는 안 된다.

그리고 그대, 붉은 법복(法服)을 걸친 재판관이여, 만일 그대가 이미 생각 속에서 저지른 모든 일들에 대해 큰 소리로 이야기하려 한다면, 모든 사람들이 이렇게 외쳐댈 것이다, "이 더러운 자, 독벌레를 내쫓아라!"라고.

그러나 생각과 행위는 별개의 것이요, 그 행위에 대한 표상(表象)도 별개의 것이다. 이들 사이에는 인과(因果)의 수레바퀴가 돌아가지 않는다.

어떤 표상이 이 창백한 인간을 창백하게 만들었다. 그는 스스로 행동을 했을 때는 이 행위와 함께 자라났다. 그러나 그는 행동을 하고 난 후에는 그 행위에 대한 표상을 견디지 못했다.

이제 그는 자신을 언제나 지나간 '한' 행위를 실행한 사람으로 보게 되었다. 이것을 나는 광기(狂氣)라고 부른다. 그에게 있어서는 예외가 본질로 뒤바뀐 것이다.

땅에 그어 놓은 선(線)이 암탉을 묶어 놓듯이, 그가 그린 선이 그의 빈약한 이성을 묶어 놓은 것이다.—이것을 나는 행위 이후의 광기라고 부른다.

들어라, 그대 재판관들이여! 그 밖에도 광기가 또 하나 있으니, 그것은 행위 '이전의' 광기다. 아, 내가 보기에 그대들은 이 광기의 영혼 속으로 깊이 들어가지 못했구나!

붉은 법복(法服)을 걸친 재판관은 이렇게 말한다. "이 범죄자는 도대체 왜 살인을 했는가? 그는 강탈하려 했던 것이다"라고. 그러나 내가 그대들에게 말하건대, 그의 영혼이 원한 것은 강탈이 아니라 피였다. 그는 칼자루의 행복을 갈망했던 것이다!

그러나 그의 빈약한 이성은 이런 광기를 이해하지 못한 채 그를 설복시켰다. "피가 어떻다는 말이냐! 그대는 그러면서 최소한 강탈할 생각을 하지 않느냐? 복수를 하려 하지 않느냐?" 이성은 말했다.

그러자 그는 자신의 빈약한 이성의 말에 귀를 기울였다. 이성이 하는 말은 그를 납덩이처럼 짓눌렀다.—그리하여 그는 강탈을 하고 살인을 했다. 그는 자신의 광기를 부끄러워하고 싶지 않았던 것이다.

그러자 이제 다시 그의 죄가 무거운 납덩이가 되어 그를 짓눌렀다. 그리고 그의 빈약한 이성은 또 다시 굳어지고 마비되어 몹시 무거워졌다.

그가 머리를 흔들 수만 있다면 그의 짐은 굴러 떨어지련만. 그러나 누가 이 머리를 흔들 것인가?

이 사람은 무엇인가? 정신을 통해서 세상 밖으로 손을 뻗쳐 거기에서 먹이를 찾으려 하는 한 무더기의 질병이다.

이 사람은 무엇인가? 서로 화목한 일이 별로 없이 서로 뒤얽혀 있는 사나운 뱀들이다.—그리하여 그 뱀들은 저마다 혼자서 세상으로 나가 먹이를 찾는다.

이 빈약한 육체를 보라! 그 육체가 괴로워하고 갈망했던 것을 이 가련한 영혼은 저 혼자서 해석하였다.—영혼은 그것을 살인의 쾌락과 칼자루의 행복에 대한 갈망으로 해석한 것이다.

지금 병들어 있는 자를 지금 악한 것인 악(惡)이 덮친다. 그 사람은 자신에게 고통을 주는 어떤 것으로써 남에게 고통을 주고 싶어한다. 그러나 그와는 다른 시대가 있었고, 또 다른 선과 악이 있었다.

일찍이 의심을 하는 것과 자기 자신에 대한 의지(意志)를 갖는 것은 악이었다. 그 당시엔 병든 자는 이단자와 마녀가 되었다. 이단자로서, 마녀로서 그는 고통을 받았고 남에게 고통을 일으키려 하였다.

그러나 이런 말은 그대들의 귀에 들어가지 않으리라. 그것은 그대 선한 자들을 해친다고 그대들은 내게 말한다. 그러나 그대 선한 자들이 나와 무슨 상관인가!

진실로, 그대 선한 자들이 가진 많은 점들이 내게 구역질을 일으킨다, 그대들이 가진 악이 구역질을 일으키는 것이 아니라. 그러나 나는 그들이 이 창백한 범죄자처럼 그들을 몰락하게 할 광기를 가질 것을 바라노라!

진실로, 나는 그들의 광기가 진실이나 성실, 또는 정의(正義)라 불리기를 바랐었다. 그러나 그들은 오래 살기 위해서, 가련한 안일 속에 살기 위해서 그들의 덕을 가지고 있는 것이다.

나는 강 위에 걸쳐져 있는 난간이다. 나를 붙잡을 수 있는 사람은 나를 붙잡아라! 그러나 나는 그대들의 목발은 아니다.―

차라투스트라는 이렇게 말했다.

◆ 7. 독서와 저술에 대하여

글로 쓰인 모든 것들 중에서 나는 오직 피로 쓰인 것만을 사랑한다. 피로 써라. 그러면 그대는 피가 정신이라는 것을 경험하게 될 것이다.

타인의 피를 이해한다는 것은 쉬운 일이 아니다. 나는 안일하게 독서하는 자들[36]을 증오한다.

독자(讀者)를 아는 사람은 그 독자를 위해 더 이상 아무것도 하지 않는다. 독자에게 또 한 세기를 부여한다면 정신 자체는 악취를 풍기게 될 것이다.

모든 사람들이 다 읽을 줄 알게 되면, 오랜 뒤에 가서 그것은 저술뿐만 아니라 사고(思考) 작용까지도 망쳐 놓으리라.

일찍이 정신은 신(神)이었다. 그 후에 그것은 인간이 되었고, 지금은 심지어 천민(賤民)이 되어 가고 있다.

피와 경구(警句)로 글을 쓰는 사람은 읽히는 것이 아니라 암송되기를 원한다.

산맥 속에서 가장 가까이 가는 길은 산봉우리에서 산봉우리까지

---

36. 책을 읽지만 지식을 습득하기만 할 뿐, 스스로 능동적이고 창조적인 정신을 갖고 있지 못한 자를 가리킨다.

이다. 그러나 그러기 위해서 그대는 긴 다리를 가지고 있어야 한다. 잠언(箴言)은 산봉우리여야 한다. 그래서 그 잠언을 듣는 자들은 키가 크고 몸집이 큰 사람들이어야 한다.

공기는 희박하고 순수하며, 위험은 가까이 있고, 정신은 즐거운 악의로 가득 차 있는 것, 이런 것은 서로 잘 어울린다.

나는 내 주위에 요괴(妖怪)를 갖고 싶다. 나는 용감하기 때문이다. 유령을 쫓아내는 용기는 스스로 요괴를 만들어 낸다.—용기는 웃고 싶은 것이다.

나는 더 이상 그대들이 느끼듯이 느끼지 않는다. 내 발밑에 펼쳐진 이 구름, 내가 비웃고 있는 이 검고 무거운 구름, 바로 이것이 그대들에게는 뇌운(雷雲)인 것이다.

그대들은 높아지기를 갈망할 때 위를 바라본다. 그러나 나는 높아졌기 때문에 내려다본다.

그대들 중에 누가 웃으면서 동시에 높아질 수 있는가? 가장 높은 산 위에 오르는 사람은 모든 비극적인 유희나 비극적인 진지함을 비웃는 것이다.

용감하고, 냉담하고, 조소적이고, 과단성이 있는 것, 그것을 지혜는 우리에게 바라고 있다. 지혜는 여인으로서 항상 투사(鬪士)만을 사랑하는 것이다.

그대들은 내게 말한다. "삶은 감당하기 힘들다"라고. 그러나 무엇 때문에 그대들은 오전에는 긍지를 가지고 있고 저녁에는 체념을 하는가?

삶은 감당하기 힘들다. 그러나 그래도 나에게 그렇게 유약하게 굴지 말라! 우리는 모두가 짐을 잘 짊어질 수 있는 나귀들인 것이다.

제 몸에 한 방울의 이슬이 떨어져도 가늘게 흔들리는 장미꽃 봉오리가 우리와 무슨 공통점이 있는가?

우리가 삶을 사랑하는 것은, 우리가 삶에 익숙해져 있기 때문이 아니라 사랑에 익숙해져 있기 때문이다. 이것은 진리다.

사랑 속에는 언제나 얼마간의 광기가 들어 있다. 그러나 광기 속에도 역시 얼마간의 이성(理性)이 들어 있다.

그리고 삶을 사랑하는 나에게도 나비와 비눗방울들이, 그리고 사람들 사이에서 나비와 비눗방울 같은 자들이 행복에 대해 가장 많이 알고 있는 것처럼 보인다.

이 가볍고 어리석고 섬세하고 민첩한 작은 영혼들이 파닥거리며 나는 것을 보는 일은 차라투스트라로 하여금 눈물을 흘리고 노래를 부르게 만든다.

나는 오로지 춤추는 것을 이해하는 신만을 믿으리라.

그리고 나는 나의 악마를 보았을 때, 그가 심각하고, 철저하고, 심오하고, 엄숙하다는 것을 알았다. 그것은 '무거운 정신'[37]이었다.— 그것에 의해서 모든 사물은 아래로 추락하고 만다.

사람은 분노가 아니라 웃음으로 죽인다. 자, 우리는 무거운 정신을 죽여 버리자!

나는 걷는 법을 배웠다. 그때부터 나는 달려가고 있다. 나는 나는

---

37. '무거운 정신'은 독일어 원문에 'der Geist der Schwere'로 되어 있다. 이것은 마치 물리적인 중력처럼 모든 것을 땅 아래로 끌어내려 삶의 모든 밝고 자유로운 활동을 방해하는, 정신적인 탐욕, 야심 등을 가리킨다.

법을 배웠다. 그때부터 나는 움직이도록 떠밀린 후에야 그 자리를 뜨는 법이 없다.

지금 나는 몸이 가볍고, 지금 나는 날고 있다. 지금 나는 내 발밑으로 나 자신을 내려다본다. 지금 나를 통해서 어떤 신(神)이 춤을 추고 있다.

차라투스트라는 이렇게 말했다.

◆ 8. 산 위의 나무에 대하여

차라투스트라의 눈에 한 청년이 자신을 피하는 모습이 들어온 적이 있었다. 그런데 어느 날 저녁, 그가 '얼룩소'라고 불리는 도시를 둘러싸고 있는 산을 혼자서 지나가고 있을 때, 보라, 그는 가는 도중에 그 젊은이가 나무에 기대앉아 지친 눈길로 골짜기를 바라보고 있는 것을 발견했다. 차라투스트라는 그 젊은이가 앉아 있는 그 나무를 붙잡고서 이렇게 말했다.

"내가 이 나무를 내 손으로 흔들고 싶어도 내게는 그럴 힘이 없을 것이다.

그러나 우리가 눈으로 보지 못하는 바람은, 이 나무를 괴롭히고 마음대로 그것을 굽어지게 한다. 우리야말로 보이지 않는 손에 의해 가장 심하게 구부러지고 괴롭힘을 받는 존재다."

그러자 그 젊은이는 깜짝 놀라 몸을 일으키며 말했다.

"차라투스트라의 목소리가 들리는구나. 막 그를 생각하고 있었는데."

차라투스트라가 대답했다.

"그 때문에 그대는 깜짝 놀랄 건 무엇인가?—그러나 인간의 경우도 이 나무와 같다.

높은 곳으로, 밝은 곳으로 올라가려고 하면 할수록 그 뿌리는 더욱더 강하게 땅속으로, 아래로, 어둠 속으로, 심연 속으로, 악(惡) 속으로 뻗어 나가려 하는 법이다."

"그래요, 악 속으로!" 젊은이가 외쳤다. "당신이 내 영혼을 발가벗기다니, 어떻게 그럴 수가 있습니까?"

차라투스트라는 미소를 지으며 이렇게 말했다. "대체로 인간은 많은 영혼들을 결코 발가벗기지는 못할 것이다. 그런 영혼들을 만들어 내지 않는 한은."

"그래요, 악 속으로!" 젊은이는 다시 한 번 외쳤다.

"차라투스트라, 당신은 진리를 말했습니다. 나는 높은 곳으로 올라가고자 한 그때부터 이 이상 나 자신을 믿지 못합니다. 그리고 또한 아무도 나를 더 이상 믿지 않습니다.—대체 어째서 이런 일이 일어나는 걸까요?

나는 너무 빠르게 변했습니다. 나의 오늘이 나의 어제를 반박합니다. 나는 위로 오르려 할 때면 자주 여러 계단을 뛰어 넘는데, 어떤 계단도 나의 이런 행동을 용서하지 않습니다.

높은 곳에 올라가 있으면, 나는 언제나 혼자인 나 자신을 발견합니다. 내게 말을 거는 사람은 아무도 없고, 서릿발 같은 고독이 나를 떨게 합니다. 도대체 나는 높은 곳에서 무엇을 하려는 걸까요?

나의 경멸과 나의 동경은 서로 함께 커 갑니다. 나는 더 높이 올라가면 갈수록 올라오는 자를 더욱더 경멸합니다. 도대체 그는 높은 곳에서 무엇을 바라고 있을까요?

나는 올라가면서 비틀거리는 내 자신이 얼마나 부끄러운지요! 내가 심하게 숨을 헐떡이는 것을 얼마나 경멸하는지 모릅니다! 나는 날아다니는 자들을 미워합니다! 이 높은 곳에서 나는 몹시도 지쳐 있습니다!"

이렇게 말하고서 젊은이는 입을 다물었다. 그러자 차라투스트라는 그들이 기대 서 있는 나무를 바라보면서 이렇게 말했다.

"이 나무는 여기 산 위에 홀로 서 있다. 그러나 그것은 인간과 짐승을 굽어보며 높이 자랐다.

그리고 이 나무가 말을 하고 싶어도 그의 말을 이해할 사람은 아무도 없을 것이다. 그렇게 높이 이 나무는 커버린 것이다.

이제 이 나무는 기다리고 또 기다릴 뿐이다.—대체 무엇을 기다리고 있는 것일까? 이 나무는 구름이 거처하는 곳 너무 가까이에서 살고 있다. 혹시 그는 최초의 번개를 기다리고 있는 것이 아니겠는가?"

차라투스트라가 이렇게 말하자, 젊은이는 격한 몸짓으로 외쳤다.

"그래요, 차라투스트라. 당신은 진리를 말하고 있습니다. 나는 높은 곳으로 오르고자 했을 때, 나의 몰락을 갈망했습니다. 그리고 당신이야말로 내가 기다리던 번개입니다! 보십시오, 그대가 우리들 앞에 나타난 이후로 내가 어떻게 되었습니까? 나를 파멸시킨 것은 당신에 대한 질투입니다!"—이렇게 젊은이는 말하고서 비통하게 울었다. 그러자 차라투스트라는 젊은이의 몸을 팔로 감싸 안으면서 그를 데리고 떠났다.

그리하여 둘이서 함께 잠시 걸어갔을 때, 차라투스트라는 이렇게 말하기 시작했다.

"나는 가슴이 찢어지는 것 같다. 그대의 말보다는 그대의 눈이 그대가 처한 모든 위험을 말해 주고 있다.

그대는 아직도 자유롭지 못하며 아직도 자유를 찾고 있다. 그대의 탐색이 그대를 잠 못 들게 하고 극도로 긴장하게 만들었다.

자유롭고 높은 곳으로 그대는 가려하고, 그대의 영혼은 별들을 갈망한다. 그러나 그대의 사악한 충동도 자유를 갈망하고 있다.

그대의 들개들은 자유를 바라고 있다. 그대의 정신이 모든 감옥을 부숴 열고자 할 때면, 그대의 들개들은 지하실에서 기쁜 나머지 짖어 댄다.

아직도 그대는 내가 보기에 자유를 상상하면서 감옥에 갇혀 있는 자다. 아, 그렇게 갇혀 있는 자들에게 그 영혼은 영리해지지만, 그러나 또 교활하고 비열해진다.

정신이 자유로워진 자라 해도 또한 자기 자신을 정화(淨化)시켜야 한다. 그 속에는 아직도 많은 감옥과 곰팡이가 남아 있다. 그의 눈도 역시 순수해져야 한다.

그렇다, 나는 그대의 위험을 알고 있다. 그러나 나의 사랑과 희망으로 그대에게 간청하니, 그대의 사랑과 희망을 저버리지 말라!

그대는 아직도 그대 자신이 고귀하다고 느끼고 있으며, 그대를 싫어하고 그대에게 사악한 눈길을 보내는 다른 사람들도 역시 그대가 고귀하다고 느낀다. 고귀한 자는 다른 사람들에게 방해가 된다는 것을 알라.

선한 사람들에게도 고귀한 자는 방해가 된다. 그리고 비록 그 선한 자들이 고귀한 자를 선한 자라고 부를 때도 고귀한 자는 방해가 된다. 그들은 그렇게 부름으로써 고귀한 자를 제거하려 하는 것이다.

고귀한 자는 새로운 것을 창조하고, 새로운 덕을 창조하려고 한다. 선한 자는 옛것을 원하고, 옛것이 계속 보존되기를 원한다.

그러나 고귀한 자의 위험은 그가 선한 자가 되는 것이 아니라, 파렴치한 자, 조롱하는 자, 파괴하는 자가 되는 데 있다.

아, 나는 자신들의 최고의 희망을 상실한 고귀한 자들을 알고 있었다. 이제 그들은 모든 높은 희망을 비방하였다.

이제 그들은 짧은 쾌락에 싸여 부끄럼도 모르고 살았고, 오늘을 사는 것 외에는 거의 아무런 목표도 두지 않았다.

'정신도 쾌락이다.'—이렇게 그들은 말했다. 그러자 그들의 정신의 날개는 부러졌다. 이제 이 정신은 기어 돌아다니며 이것저것을 물어뜯고 더럽힌다.

일찍이 그들은 영웅이 되려고 생각했다. 이제 그들은 탕아(蕩兒)가 되었다. 그들에게 영웅이란 원망과 두려움의 대상이 되었다.

그러나 나의 사랑과 희망으로 그대에게 간청하니, 그대의 영혼 속에 있는 영웅을 버리지 말라! 그대의 최고의 희망을 신성한 것으로 간직하라!—

차라투스트라는 이렇게 말했다.

◆ 9. 죽음의 설교자들에 대하여

죽음을 설교하는 자들이 있다. 그리고 대지(大地)는 삶으로부터 등을 돌리라는 설교를 들을 수밖에 없는 그런 자들로 가득 차 있다.

대지는 쓸데없는 자들로 가득 차 있으며, 삶은 너무 많고도 많은 자들 때문에 황폐해졌다. '영생(永生)'에 홀린 자들이 이 지상(地上)의 삶으로부터 사라져 버리기를!

죽음의 설교자들은 '황색분자' 또는 '흑색분자'로 불린다. 그러나 나는 그대들에게 또 다른 색깔의 그들을 보여주고자 한다.

자기 자신 속에 사나운 맹수를 품은 채 돌아다니는 무서운 자들이 있다. 그들에게는 쾌락과 자학(自虐)말고는 다른 선택이 없다. 그리고 자학하는 것 또한 그들에게는 쾌락이다.

이 무서운 자들, 그들은 아직까지도 인간이 되지 못했다. 그들이 삶으로부터 등을 돌리라고 설교하다가 제발 그들 스스로 사라져 버리기를!

영혼이 폐병에 걸린 자들이 있다. 그런 자들은 태어나자마자 이미 죽기 시작하고, 피로와 체념의 가르침을 듣기를 갈망한다.

그들은 죽어 있고 싶어 하니, 우리는 그들의 그런 뜻을 옳다고 불러 줘야 한다! 이 죽은 자들을 깨워 일으키지 않도록, 이 살아 있는 관(棺)들을 훼손하지 않도록 조심하자!

병든 자나 노인이나 시체와 맞닥뜨리면 그들은 곧 이렇게 말한다. "삶은 의미가 없다!"라고.

그러나 정작 의미가 없는 것은 그들과, 삶의 한 면밖에 보지 못하는 그들의 눈이다.

그들은 짙은 우수에 휩싸여, 그리고 죽음을 초래하는 사소한 우연들을 갈망하고 기다리면서 이를 악문다.

그렇지 않으면 그들은 단것에 손을 내밀면서 동시에 자신들의 유치함을 비웃는다. 그들은 그들의 지푸라기 같은 삶에 매달리고, 그러면서 자신들이 아직도 지푸라기에 매달려 있음을 비웃는다.

그들의 지혜란 "계속 살아가는 자는 바보이다. 그러나 우리들 자신이 그런 바보다! 그리고 그것이야말로 삶이 갖고 있는 가장 어리석은 것이다!"라는 것이다.

"삶이란 괴로움일 뿐이다."—그들 중 어떤 사람들은 이렇게 말하는데, 그들이 거짓말을 하는 것은 아니다. 그렇다면 이렇게 말하는 그대들은 끝내 버리도록 하라! 괴로움에 불과한 삶을 끝내 버리도록 하라!

그리하면 그대들의 덕의 가르침은 이러하리라. "그대는 그대 자신을 죽여야 한다! 그대는 그대 자신을 몰래 떠나보내야 한다!"—

"쾌락은 죄악이다." 죽음을 설교하는 어떤 사람들은 이렇게 말한다. "우리는 비켜 가고 아이를 낳지 말자!"

"출산(出産)은 수고스런 일이다." 또 다른 사람들은 이렇게 말한다. "뭣 때문에 또 출산을 하는가? 오직 불행한 자를 낳을 뿐이다!" 이렇게 말하는 자들도 역시 죽음의 설교자들이다.

"동정(同情)이 필요하다." 세 번째 사람들은 말한다. "내가 갖고 있는 것을 가져가라! 지금 있는 그대로의 나를 가져가라! 그땐 그만큼 나는 삶에 덜 구속될 것이다!"

만일 그들이 마음 밑바닥으로부터 동정하는 사람들이라면, 자기 이웃 사람들로 하여금 삶을 혐오하게 하리라. 사악해지는 것, 그것이야말로 그들의 진정한 선(善)일 것이다.

그러나 그들은 삶으로부터 벗어나려고 한다. 그들이 다른 사람들을 그들의 쇠사슬과 선물로써 더욱 단단히 구속한다 하더라도, 그것이 그들에게 무슨 상관이랴!

그리고 삶은 고달픈 노동이며 불안한 것이라고 보는 그대들. 그대들도 역시 몹시 삶에 지쳐 있지 않은가? 그대들도 바야흐로 죽음의 설교를 하려는 것이 아닌가?

고달픈 노동을 사랑하며 재빠른 것, 새로운 것, 낯선 것을 사랑하는 그대들 모두는 서로를 잘 견디지 못하며, 그대들의 근면함은 도피이고, 또한 자신을 망각(忘却)하려는 의지이다.

만일 그대들이 삶을 좀 더 믿는다면, 그대들 자신을 순간에 내맡기는 일도 더 적으리라. 그러나 그대들의 마음속에는 기다리기에 충분한 내용이 들어 있지 않다.—심지어 게으르기에 충분한 내용조차도 없다!

죽음을 설교하는 자들의 목소리가 도처에 울려 퍼지고 있다. 그리고 대지는 죽음의 설교를 들을 수밖에 없는 그런 자들로 가득 차 있다.

혹은 '영원한 삶'에 대한 설교를 하더라도 내게는 마찬가지다.— 그들이 어서 사라져 주기만 한다면!

차라투스트라는 이렇게 말했다.

◆ 10. 전쟁과 전사(戰士)들에 대하여

우리는 우리의 적들 중에서 가장 훌륭한 자들이 우리를 아껴 주기를 바라지 않으며, 또 우리가 진심으로 사랑하는 자들이 우리를 아껴 주기를 바라지도 않는다. 그러므로 나로 하여금 그대들에게 진실을 말하게 하라!

전쟁에 나가 싸우고 있는 형제들이여! 나는 그대들을 진심으로 사랑한다. 나는 그대들과 같은 사람이었고 지금도 그러하다. 그리고 나는 그대들의 가장 좋은 적(敵)이기도 하다. 그러므로 나로 하여금 그대들에게 진실을 말하게 하라!

나는 그대들 마음속의 증오와 질투에 대해 잘 알고 있다. 그대들은 증오와 질투를 알지 못할 만큼 위대하지 않다. 그러니 그런 것을 수치로 여기지 않을 만큼만 위대해져라!

그리고 그대들이 인식(認識)의 성자(聖者)가 될 수 없다면, 적어도 인식을 위해 싸우는 전사(戰士)는 되어라. 인식의 전사는 인식의 성스러움의 반려자이며 선구자이다.

나는 많은 병사들을 본다. 그러나 나는 많은 전사들을 보고 싶다! 그들이 입고 있는 것은 '동일한 제복'이라고 사람들은 말하지만, 그러나 그들이 제복으로 가리고 있는 것마저 획일적인 것이 아니기를 바란다!

그대들은 눈으로 항시 하나의 적을 찾는 사람이 되어야 한다.—그대들의 적. 그리고 그대들 중 어떤 사람에게는 첫눈에 증오가 일어나기도 한다.

그대들의 적을 그대들은 찾아야 하고, 전쟁을, 그것도 그대들의 사상(思想)을 위해서 전쟁을 치러야 한다!

그리고 비록 그대들의 사상이 패배하더라도, 그대들의 정직함은 그것을 초월하여 여전히 승리의 함성을 질러야 한다!

그대들은 새로운 전투를 위한 수단으로서 평화를 사랑해야 한다, 그리고 오랜 평화보다는 짧은 평화를.

그대들에게 나는 노동이 아니라 전쟁을 권한다. 그대들에게 나는 평화가 아니라 승리를 권한다. 전투가 그대들의 노동이기를! 승리가 그대들의 평화이기를!

사람은 활과 화살을 지니고 있을 때만 침묵을 지키며 가만히 앉아 있을 수 있다. 그렇지 않으면 부질없이 지껄이고 말다툼을 하게 된다. 승리가 그대들의 평화가 되기를!

그대들은 전쟁까지도 신성하게 만드는 것은 좋은 명분이라고 말하는가? 내가 그대들에게 말하건대, 어떤 명분도 신성하게 만드는 것이야말로 좋은 전쟁인 것이다.

전쟁과 용기는 이웃 사랑보다 더 위대한 일을 많이 이룩해 놓았다. 그대들의 동정이 아니라 그대들과 용기가 지금껏 불행에 빠진 자들을 구해 온 것이다.

"선(善)한 것이란 무엇인가?"라고 그대들은 묻는다. 용감해지는 것이 선한 것이다. 다음과 같은 말은 어린 소녀들이나 하게 내버려 두라. "선이란 것은 아름답고 동시에 감동적인 것이다."

사람들은 그대들을 무정하다고 말한다. 그러나 그대들의 마음은 진실하다. 그리고 나는 그대들이 다정한 마음이 되기를 부끄러워하는 것을 사랑한다. 그대들은 그대들이 밀물이 되는 것을 부끄러워하고, 다른 사람들은 자신들이 썰물이 되는 것을 부끄러워한다.

그대들이 추악하다고? 그럼 좋다, 형제들이여! 그렇다면 추악함의 외투인 숭고함을 그대들의 몸에 걸쳐라!

그러나 그대들의 영혼이 위대해지면, 그것은 오만해지고 그대들의 숭고함 속에는 악의(惡意)가 깃든다. 나는 그대들을 잘 알고 있다.

악의 속에서 오만한 자와 허약한 자가 만난다. 그러나 그들은 서로를 잘못 알고 있다. 나는 그대들을 잘 안다.

그대들은 증오할 적만을 갖되 경멸할 적은 갖지 말아야 한다. 그대들은 그대들의 적에 대해 긍지를 가져야 한다. 그러면 그대들의 적의 성공이 그대들의 성공이 되기도 하는 것이다.

반항—그것은 노예가 지닌 고귀함이다. 그대들의 고귀함은 복종이어야 한다! 그대들의 명령까지도 복종이어야 한다!

훌륭한 전사에게는 "나는 하고 싶다"보다 "너는 마땅히 해야 한다"라는 말이 더 기분 좋게 들린다. 그러므로 그대들은 그대들이 좋아하는 모든 것으로 하여금 먼저 그대들에게 명령하도록 해야 한다.

삶에 대한 그대들의 사랑이 그대들이 지닌 최고의 희망에 대한 사랑이 되게 하라. 그리고 그대들의 최고의 희망이 삶에 대한 최고의 사상(思想)이 되게 하라!

그러나 그대들은 나로 하여금 그대들의 최고의 사상을 명령하도록 해야 한다.—그것은 바로 이런 것이다. 인간은 극복되어야 할 그 무엇이다.

이와 같이 그대들은 복종하고 투쟁하는 삶을 살아가라! 오래 사는 것이 무슨 가치가 있는가! 어떤 전사가 수고를 아끼기를 바라겠는가!

나는 그대들을 용서하지 않는다. 나는 그대들을 진심으로 사랑한다, 투쟁하는 형제들이여!—

차라투스트라는 이렇게 말했다.

◆ 11. 새로운 우상에 대하여

지금도 어딘가에는 여전히 민족과 무리들이 존재하지만, 우리에게는 없다, 나의 형제들이여. 거기에는 국가(國家)가 있다.

국가? 국가가 무엇이냐고? 자! 이제 그대들은 내 말에 귀를 기울여라. 이제 나는 그대들에게 민족들의 죽음에 대해 말하겠으니.

국가란 모든 냉혹한 괴물들 중에서도 가장 냉혹한 괴물이다. 이 괴물은 또 냉혹하게 거짓말을 한다. "나, 국가는 다시 말해 민족이다"라는 거짓말이 그 입으로부터 나온다.

그것은 거짓말이다! 민족이라는 것을 창조하고, 그들의 머리 위에 신앙(信仰)이라는 것을 매달아 놓고, 그것을 사랑하게 한 것은 소위 창조하는 자들이었다. 그렇게 그들은 삶의 대의명분에 봉사했다.

많은 사람들을 잡기 위해 덫을 놓고 이 덫을 국가라고 부른 것은 파괴하는 자들이다. 그들은 사람들의 머리 위에 칼과 백 가지의 욕망을 매달아 놓는다.

민족이 아직 존재하는 곳에서 그 민족은 국가라는 것을 이해하지 못하며, 그것을 사악한 눈, 또는 관습과 법에 어긋나는 죄로서 증오한다.

민족의 표지(標識)를 나는 그대들에게 보여 주겠다. 제 각기 민족은 선과 악에 대해서 자신들의 이야기를 말한다. 그 이야기를 이웃 민족은 이해하지 못한다. 민족은 스스로의 이야기를 스스로의 관습과 법으로써 창조해 냈기 때문이다.

그러나 국가는 선악에 대해 모든 말을 써서 거짓말을 한다. 그러므로 국가가 무슨 말을 하던 그것은 거짓말이며, 또한 국가가 무엇을 갖고 있든 그것은 훔쳐 온 것이다.

국가에 있어 모든 것은 가짜다. 물어뜯기를 잘 하는 국가는 훔친 이빨로 물어뜯고 으르렁거린다. 헐뜯는 존재인 국가는 그 오장육부까지도 가짜다.

선과 악에 대한 말의 혼란. 이것을 나는 국가의 표시로 그대들에게 보여주겠다. 진실로, 죽음에의 의지(意志)를 이 표시는 보이고 있다! 진실로, 그것은 죽음의 설교자들에게 눈짓을 보내고 있다!

너무나도 많은 사람들이 태어나고 있다. 이 잉여 인간들을 위해서 국가가 만들어진 것이다!

보라, 국가가 그들을, 너무 많은 자들을 어떻게 유혹하는가를! 국가가 그들을 어떻게 삼키고, 씹고, 또 다시 되새김질하는가를!

"지상에서 나보다 더 위대한 것은 없다. 나는 통치하는 신(神)의 손가락이다."—이렇게 그 괴물은 부르짖는다. 그리고 그 앞에 무릎을 꿇는 것은 귀가 긴 자[38]들이나 근시안적인 자들만은 아니다!

아, 그대 위대한 영혼들이여, 국가는 그대들의 귀에도 그 음산한 거짓말을 속삭인다! 아, 국가는 기꺼이 스스로를 낭비하고 몸을 버리는 부유한 심장을 지닌 자들을 꿰뚫어 보고 있다!

그렇다, 낡은 신을 정복한 그대들의 마음까지도 국가는 꿰뚫어 보고 있다! 그대들은 전쟁에서 지쳤고, 이제 그대들의 권태가 이 새로운 우상(偶像)을 섬기고 있다!

영웅들과 존경스러운 인물들을 자기 주위에 진열시켜 놓고 싶어 한다, 이 새로운 우상은! 국가는 양심(良心)이라는 햇볕 속에서 얼마나 자신을 즐기고 있는가.—이 냉혹한 괴물은!

국가라는 이 새로운 우상은 그대들이 그것을 숭배할 때 그대들에게 모든 것을 주려고 한다. 이렇게 국가는 그대들이 지닌 덕(德)의 휘광과 그대들의 자랑스러운 시선(視線)을 매수한다.

국가는 그대들을 미끼로 수많은, 너무나 많은 사람들을 유혹해 들이려고 한다! 그렇다, 그때 지옥의 요술이 발명된 것이다, 신성하게 빛나는 영예의 장식품으로 꾸며져. 그 장식품들이 서로 부딪혀 딸랑딸랑 소리를 내는 그 죽음의 말(馬)이 발명된 것이다!

그렇다, 많은 사람들을 불러들이는 죽음이 발명된 것이다. 그 죽음은 스스로를 '삶'이라고 예찬한다. 진실로 그것은 죽음을 설교하는 모든 자들을 충실하게 섬기는 짓이다!

선한 자든 악한 자든, 모든 자들이 독(毒)을 마시는 곳, 그곳을 나

는 국가라고 부른다. 선한 자든 악한 자든, 모든 자들이 자신을 상실하는 곳, 모든 자들이 서서히 자살을 하고 이것을 "삶"이라고 부르는 곳, 여기가 국가이다.

이 잉여 인간들을 똑바로 보라! 그들은 발명가들의 작품과 현자들의 보물을 훔쳐 자기 것으로 만들고, 이런 도둑질을 교양(敎養)이라고 부른다. 그리고 모든 것이 그들에게는 병이 되고 재앙이 된다!

이 잉여 인간들을 똑바로 보라! 그들은 언제나 병들어 있으며, 뱃속의 담즙을 토해 내 이것을 신문(新聞)이라고 부른다. 그들은 서로를 꿀걱 삼켜 버리지만 자신들을 제대로 소화시키지도 못한다.

이 잉여 인간들을 똑바로 보라! 그들은 치부(致富)를 하고 그럼으로써 더욱 가난해진다. 그들은 힘을 원하며, 그러기 위해 먼저 힘의 지렛대인 많은 돈을 원한다.—이 무능한 자들은!

그들이 기어오르는 것을 보라, 이 재빠른 원숭이들을! 그들은 서로 앞을 다투어 기어오르고, 그러다가 진흙탕과 심연 속으로 떨어지고 만다.

그들은 모두가 왕좌(王座)에 오르려 한다. 마치 행복이 왕좌 위에 앉아 있기라도 하는 듯이 여기는 것, 그것이 그들의 광기다! 흔히 왕좌 위에 놓여 있는 것은 진흙탕이고, 또 진흙탕 위에 왕좌가 놓여 있기도 하다.

그들은 내가 보기에는 모두가 미친 자들이고, 기어오르는 원숭이들이며, 과열된 자들이다. 그들의 우상, 그 냉혹한 괴물은 내게 악취를 풍긴다. 이 우상숭배자들도 모두 한결같이 내게 악취를 풍긴다.

형제들이여, 그대들은 이제 그들의 아가리와 욕망이 내뿜는 악취

속에서 질식하려는가! 차라리 창문을 부수고 밖으로 뛰어나오라!

어쨌든 추악한 냄새를 피하라! 잉여 인간들이 벌리는 우상숭배로부터 빠져나오라!

추악한 냄새를 피하라! 이런 인간 희생의 입김으로부터 벗어나라!

위대한 영혼에게 대지는 아직도 열려 있다. 홀로 있는 자와 단 둘이 있는 자를 위해서 아직 비어 있는 자리는 많이 있다. 그들 주위에는 고요한 바다의 향기가 감돌고 있다.

위대한 영혼에게 자유로운 삶은 아직도 열려 있다. 진실로, 적게 소유하는 자는 그만큼 남에게 덜 소유 당한다. 청빈함이여, 찬양 받을지어다!

국가가 종말을 고하는 곳, 거기에서 비로소 잉여 인간이 아닌 인간이 시작된다. 거기에서는 없어서는 안 될 사람의 노래, 다른 것으로 대신할 수 없는 유일한 선율이 시작된다.

국가가 종말을 고하는 곳, 거기에―보라, 형제들이여!―그대들은 무지개와 초인(超人)을 향해 나아가는 다리가 보이지 않는가?―

차라투스트라는 이렇게 말했다.

◆ 12. 시장의 파리 떼에 대하여

달아나라, 친구여, 그대의 고독 속으로! 나는 그대가 위인(偉人)들의 떠드는 소음으로 귀가 먹고 소인(小人)들의 가시에 마구 찔리는 것이 보인다.

숲과 바위는 그대와 더불어 기품 있게 침묵할 줄 안다. 다시 그대가 사랑하는, 넓은 가지를 펼치고 있는 나무를 닮아라. 그 나무는 말없이 귀를 기울이며 바다 위에 드리워져 있다.

고독이 끝나는 곳에서 시장(市場)이 시작된다. 그리고 시장이 시작되는 곳에서 위대한 배우들이 내지르는 소음과, 독파리 떼들의 윙윙거림도 시작된다.

세상에서 제아무리 훌륭한 것이라 해도, 그것을 먼저 무대에 올리는 자가 없으면 아무 소용이 없다. 이렇게 무대 위에서 보여주는 자들을 군중은 위인(偉人)이라고 부른다.

군중은 위대한 것, 다시 말해 창조적인 것이 무엇인지를 거의 이해하지 못한다. 그러나 군중은 큰 사건을 연기하는 자들과 배우들에 대한 감각은 갖고 있다.

새로운 가치를 고안해 내는 자들을 중심으로 세계는 돌고 있다.―눈에 띄지 않게 회전한다. 그러나 배우들을 중심으로 돌고 있는 것은 군중과 명성이다. 세상의 움직임이란 이런 것이다.

배우는 영혼을 갖고 있으나, 영혼의 양심은 조금밖에 갖고 있지 않다. 그가 항상 믿는 것이란, 사람들에게 가장 강력하게 믿게 만드는 것, 바로 자기 자신을 믿게 만드는 것이다!

내일이면 그 배우는 하나의 새로운 신앙을 가질 것이고, 모레가 되면 또 다른 새로운 신앙을 가질 것이다. 그는 군중처럼 민첩한 감각과 변하기 쉬운 감각을 지니고 있다.

뒤집는 것, 그것이 그에게는 증명한다는 것을 의미한다. 열광시키는 것—그것은 그에게는 확신시킨다는 것을 의미한다. 그리고 피야 말로 그에게는 모든 근거들 중에서 가장 좋은 근거가 된다.

섬세한 귀에만 들리는 진실을 그는 거짓말, 또는 무의미라고 부른다. 진실로, 그가 믿는 것은 다만 세상에서 커다란 소란을 불러일으키는 신(神)들뿐이다!

시장은 거드름을 피우는 익살꾼들로 가득 차 있다.—그리고 군중은 그들의 위인들을 칭송한다! 그들은 군중에게는 '현재'의 주인인 것이다.

그러나 현재는 그들을 가만히 있게 내버려 두지 않고 몰아댄다. 이와 같이 그들도 그대를 가만히 두지 않고 몰아댄다. 그러면서 그들은 그대에게서 '예'나 '아니오'를 요구한다. 슬프다, 그대는 찬성과 반대 사이에서 그대의 자리를 차지하려는가!

이 무조건적으로 몰아대는 자들 때문에 질투를 하지는 마라, 그대 진리를 사랑하는 자여! 진리가 무조건적인 자의 팔에 매달린 적은 이제껏 없었다.

이 조급한 자들을 피해서 그대의 안전한 곳으로 돌아가라. 오직 시장에서만 사람들은 '예'나 '아니오' 중에서 선택하도록 공격받는다.

모든 깊은 샘물에서는 체험이 완만하게 일어난다. 샘물의 밑바닥에 무엇이 떨어졌는지 알기까지는 오래 기다려야 한다.

모든 위대한 일은 시장과 영예를 떠난 곳에서 일어난다. 예로부터 새로운 가치의 창안자는 시장과 영예를 떠난 곳에서 살았다.

달아나라, 친구여, 그대의 고독 속으로. 나는 그대가 독파리 떼에 쏘이는 것이 보인다. 달아나라, 거칠고 힘찬 바람이 부는 곳으로!

그대의 고독 속으로 달아나라! 그대는 보잘 것 없고 가련한 자들에게 너무 가까운 곳에서 살고 있다. 눈에 보이지 않는 그들의 보복으로부터 달아나라! 그대에게 그들은 오로지 복수를 꾀하고 있을 뿐이다.

더 이상 그들에 맞서 팔을 들어 올리지 마라! 그런 자들은 헤아릴 수 없이 많다. 그리고 파리채가 되는 것은 그대의 운명이 아니다.

이 보잘 것 없고 가련한 자들은 헤아릴 수 없이 많다. 그리고 작은 빗방울들과 잡초에 시달려 당당한 건물들이 무너진 경우도 많다.

그대는 돌이 아니다. 그러나 이미 그대는 수많은 빗방울에 의해 움푹 파였다. 내가 보기에 그대는 아직도 무수한 빗방울에 의해 부서지고 갈라지게 될 것이다.

나는 그대가 독파리 떼에 의해 시달리고 있는 것을 본다. 그대가 백여 군데나 찢겨 피투성이가 된 것이 보인다. 그런데도 그대의 긍지는 결코 화를 내려 하지 않는다.

그들은 천연덕스럽게 그대의 피를 빨고 싶어 한다. 핏기 없는 파리의 영혼들은 피를 갈망한다.—그래서 그들은 천연덕스럽게 그대를 쏘아 대는 것이다.

그러나 그대 심오한 자여, 그대는 조그마한 상처에도 너무나 심하게 고통 받는다. 그래서 아직 상처가 낫기도 전에 똑같은 독벌레가 다시 그대의 손 위를 기어 다녔다.

단것을 탐내는 이런 것들을 죽이기엔 그대의 긍지는 너무나 높다. 그러나 그 모든 해로운 부당함을 견디는 것이 그대의 숙명이 되지 않도록 조심하라!

그들은 찬사를 보내면서 그대의 주위에서 윙윙거리기도 한다. 그들의 찬사는 뻔뻔스럽게 치근댄다. 그들은 그대의 살가죽과 그대의 피 가까이에 있고 싶어 한다.

그들은 어떤 신이나 악마에게 아첨하듯이 그대에게 아첨한다. 그들은 어떤 신이나 악마 앞에서 그러하듯, 그대 앞에서 울며 애걸복걸한다. 그것이 뭐란 말인가! 그들은 아첨하고 울며 애원하는 자들일 뿐 그 이상은 아니다.

그들은 또한 때때로 그대에게 상냥한 모습을 보이기도 한다. 그러나 그것은 언제나 비겁한 자의 영리함이었다. 그렇다, 비겁한 자들은 영리하다!

그들은 그 편협한 영혼으로 그대에 대해서 많은 생각을 한다.—그대는 그들에겐 늘 의심스런 존재다! 생각을 많이 하게 하는 것은 무엇이든 의심스러운 것이다.

그들은 그대가 지닌 모든 덕 때문에 그대를 처벌한다. 그들이 진심으로 그대를 용서해 주는 것은 오직—그대의 과오일 뿐이다.

그대는 온화하고 바른 마음을 지니고 있기 때문에 이렇게 말한다. "저 보잘 것 없는 자들은 죄를 짓지 않는다." 그러나 그들의 편협한 영혼은 이렇게 생각한다. "모든 위대한 것들은 죄이다"라고.

그대가 그들에게 온화할 때도 그들은 자신들이 그대로부터 여전히 멸시를 당했다고 느낀다. 그래서 그들은 그대의 친절에 대해 남몰래 해를 끼치는 것으로 보답한다.

그대의 말없는 긍지는 언제나 그들의 비위에 거슬린다. 그대가 행여 아무것도 아닐 만큼 겸손해지면 그들은 쾌재를 부를 것이다.

우리가 한 인간에 대해 인식하는 것이 그의 마음을 격분하게 할 수도 있다. 그러니 소인들을 조심하라!

그대 앞에서 그들은 스스로 왜소하게 느끼므로, 그들의 저열함은 숨겨진 복수심으로 변해 그대를 향해 눈에 보이지는 않지만 활활 타오른다.

그대가 그들 곁으로 가까이 갈 때, 그들이 때때로 입을 다물어 버리고 마치 꺼져 가는 불꽃의 연기처럼 그들에게서 힘이 빠져나가는 것을 그대는 알아차리지 못했는가?

그렇다, 친구여, 그대는 그대의 이웃들에게는 양심의 가책이 된다. 그들은 그대에게 부끄러운 존재들이기 때문이다. 그래서 그들은 그대를 증오하고 그대의 피를 빨고 싶어 한다.

그대의 이웃들은 언제나 독파리 떼일 것이다. 그대의 위대한 점 — 바로 그것이 그들을 더욱 독하게 만들고 더욱 파리처럼 만드는 것이다.

달아나라, 친구여, 그대의 고독 속으로. 그리고 거칠고 힘찬 바람이 부는 곳으로. 파리채가 되는 것은 그대의 운명이 아니다.—

차라투스트라는 이렇게 말했다.

◆ 13. 순결에 대하여

나는 숲을 사랑한다. 도시는 살기가 좋지 않다. 도시에는 음탕한 자들이 너무 많다.

음탕한 여자의 꿈속에 빠지는 것보다는, 살인자의 손아귀에 걸려드는 것이 더 낫지 않은가?

그리고 여기 이런 남자들을 보라. 그들의 눈은 이렇게 말한다.—그들은 지상에서 여자와 자는 것보다 더 좋은 일은 모른다고. 그들의 영혼의 밑바닥에는 흙탕물이 깔려 있다. 더구나 그들의 흙탕물이 여전히 정신이라는 것을 갖고 있다니, 슬픈 일이다!

그들이 최소한 동물로서라도 완전하다면! 그러나 동물에게는 순진함이라도 있다.

나는 그대들에게 그대들의 관능(官能)을 죽이라고 권하는가? 내가 그대들에게 권하는 것은 관능의 순진무구함(Unschuld der Sinne)이다.

나는 그대들에게 순결을 권하는가? 순결은 어떤 사람들에게는 덕이지만, 많은 사람들에게는 악덕에 가깝다.

이런 자들은 금욕을 잘한다. 그러나 그들이 하는 모든 일에는 육욕(肉慾)이라는 암캐가 질투의 눈빛을 번득거린다.

그들이 지닌 덕(德)의 꼭대기까지, 그리고 그들의 싸늘한 정신의 밑바닥까지 이 육욕이라는 짐승과 그 불만은 따라다닌다.

그리고 육욕이라는 암캐는 자신에게 한 조각의 고기가 거절됐을 때 한 조각의 정신을 구걸하는 방법을 얼마나 교묘히 알고 있는가!

그대들이 비극을 사랑하고 또 모든 가슴 아픈 것들을 사랑한다고? 그러나 나는 그대들의 암캐를 믿지 못한다.

내가 보기에 그대들의 눈은 너무 잔인하고, 고뇌하는 사람들을 음란한 눈으로 쳐다본다. 그대들은 그대들의 육욕을 위장시켜 동정(同情)이라고 부르고 있는 것은 아닌가?

그리고 또 이런 비유(譬喩)를 나는 그대들에게 이야기해 주겠다, 적지 않은 사람들이 자신들의 악마를 쫓아내려 하다가, 오히려 그들 스스로 돼지 떼에 섞이고 말았다고.[39]

순결을 지키기 어려운 사람에게는 순결을 단념하라고 권해야 한다. 순결은 지옥을 통하는 길—즉 영혼의 흙탕물과 음탕함으로 가는 길—이 되지 않도록 하기 위해서.

나는 더러운 일들에 대해 말하고 있는가? 그렇더라도 그것은 내게는 최악의 것이 아니다.

인식하는 자가 진리의 물속으로 들어가기를 꺼리는 것은 진리가 불결해서가 아니라 얕기 때문이다.

진실로, 세상에는 근본적으로 순결한 자들이 있다. 그들은 마음이 온유하며 그대들보다 더 다정하고 더 진심으로 웃는다.

그들은 또한 순결을 비웃으며 이렇게 묻는다. "순결이 무엇인가!"

순결이란 어리석음이 아닌가? 그러나 이 어리석음이 우리에게로 온 것이지, 우리가 이 어리석음에게 간 것은 아니다.

"우리는 이 손님에게 쉴 곳을 주고 마음을 주었다. 이제 이 손님은 우리와 함께 살고 있다. 이 손님이 원할 때까지 머물러 있기를!"

차라투스트라는 이렇게 말했다.

---

39. 《신약성경》에서 악마를 쫓다가 돼지 떼에게 쏠려 가는 자의 일화를 비유해서 이야기한 듯하다.

◆ 14. 친구에 대하여

"내가 있는 곳에는 언제나 여분의 사람이 하나 있다." 이렇게 홀로 있는 자는 생각한다.

"하나 곱하기 하나는 늘 하나이지만, 그것은 언젠가는 둘이 된다!"[40]

나는 항상 나 자신과의 대화에 너무 열중한다. 만일 나에게 친구가 하나도 없다면, 그것을 어찌 견뎌낼 수 있겠는가?

홀로 있는 자에게 친구란 언제나 제 삼자(三者)이다. 제 삼자는 둘의 대화가 심연으로 깊이 가라앉는 것을 막아 주는 부표(浮漂)이다.

아, 모든 홀로 있는 자들에게는 언제나 너무 많은 심연이 있다. 그 때문에 그들은 친구를 그리워하고 또 드높은 곳을 그리워하는 것이다.

타인에 대한 우리의 믿음은 곧 우리가 우리 자신을 믿고 싶어 한다는 것을 폭로하는 것이다. 친구를 그리워하는 것은 우리 자신을 드러내고 싶다는 것이다.

그리고 때때로 사람들은 사랑으로써 질투를 극복하고 싶어 한다. 그리고 때때로 사람들은 자기들이 공격당할 수 있다는 것을 감추기 위해 공격하고, 적을 만든다.

"최소한 나의 적이라도 되어다오!"—감히 우정을 요구하지 못하는 참된 경외심은 이렇게 말한다.

---

40. 고독한 은둔자는 결국 자기 자신을 친구로 삼아 대화하게 된다. 일종의 자기 분열을 일으키는 것을 시사하고 있다.

만일 친구를 갖고 싶다면, 그 친구를 위해서 기꺼이 싸울 각오를 하지 않으면 안 된다. 그리고 전쟁을 치르기 위해서는 남의 적이 될 수도 있어야 한다.

사람은 자신의 친구 속에 들어 있는 적까지도 존중해야 한다. 그대는 그대의 친구에게 너무 접근해서 그에게 넘어가지 않을 수 있겠는가?

사람은 자기의 친구 속에 최선의 적(敵)을 가지고 있어야 한다. 그대가 친구와 대적할 때, 그대의 마음은 그에게 가장 가까이 다가가 있어야 하는 것이다.

그대는 그대의 친구 앞에서 아무런 옷도 걸치지 않으려는가? 그대가 있는 그대로의 모습을 그에게 보인다고 해서, 그것이 그대의 친구를 존중하는 것이 되겠는가? 그러나 그대가 그렇게 하면 그는 오히려 그 때문에 그대를 악마에게 내주고 싶어 하리라!

자기 자신을 조금도 숨기지 않는 사람은 다른 사람을 격분시킨다. 그만큼 그들은 적나라한 것을 두려워할 이유를 갖고 있는 것이다! 그렇다, 만일 그대들이 신(神)들이라면, 그대들은 그대들이 걸친 옷을 부끄러워해도 될 것이다!

그대는 그대의 친구를 위해서 아무리 근사하게 치장을 해도 지나치지 않다. 왜냐하면 그에게 그대는 하나의 화살이며 초인에 대한 동경이어야 하기 때문이다.

그대는 그대의 친구가 잠들어 있는 것을 본 일이 있는가?—그가 어떤 모습을 하고 있는지 알아보기 위해서? 그러나 그런 경우가 아니면 그대의 친구의 얼굴은 어떤 모습인가? 그것은 거칠고 불완전한 거울에 비친, 그대 자신의 모습인 것이다.

그대는 그대의 친구가 잠들어 있는 모습을 본 적이 있는가?—친구의 그런 얼굴을 보고 놀라지 않았는가? 오, 친구여, 인간이란 극복되어야 할 무엇인 것이다.

친구란 추측과 침묵의 대가여야 한다. 그대는 모든 것을 보려고 해서는 안 된다. 그대는 그대의 친구가 깨어 있을 때 하는 일을 그대의 꿈을 통해 알아내야 한다.

그대의 동정(同情)은 추측이어야 한다, 그대의 친구가 동정을 원하는지 아닌지를 먼저 알아보기 위해서. 어쩌면 그가 사랑하는 것은 그대의 탁하지 않은 눈과 영원의 눈빛일지도 모른다.

친구에 대한 동정은 단단한 껍질 속에 숨겨 두어라. 그 동정을 물어뜯으려다가 그대의 이빨 하나쯤 부러뜨릴 정도가 되어야 한다. 그리하면 동정은 섬세하고 달콤한 맛을 지니게 될 것이다.

그대는 그대의 친구에게 맑은 공기이고, 고독이며, 빵이고, 약인가? 자기 자신의 쇠사슬은 풀지 못하면서 자기 친구에게는 구원자가 되는 사람들은 많다.

그대는 노예인가? 그렇다면 그대는 친구가 될 수 없다. 그대는 폭군인가? 그렇다면 그대는 친구를 가질 수 없다.

여자의 내면에는 너무 오랫동안 노예와 폭군이 숨겨져 있었다. 그때문에 여자에게는 아직도 우정을 가질 능력이 없다. 여자가 아는 것은 오직 사랑뿐이다.

여자의 사랑 속에는 자신이 사랑하지 않는 모든 것에 대한 불공평함과 몽매함이 들어 있다. 그리고 깨어 있는 여자의 사랑 속에도, 여전히 빛과 함께 기습과 번개와 밤이 들어 있다.

여자에게는 아직도 우정의 능력이 없다. 여자들은 여전히 고양이요, 새다. 아니면 기껏해야 암소다.

여자에게는 아직도 우정의 능력이 없다. 그러나 말해 보라, 그대 남자들이여, 그대들 중에서 도대체 누가 우정의 능력을 갖고 있는가?

오, 그대 남자들이여, 그대들의 가난함이여, 그대들의 영혼의 인색함이여! 그대들이 친구에게 줄 수 있는 정도는 나 역시 나의 적에게 줄 수 있을 것이다. 그렇더라도 나는 그 때문에 더 가난해지지는 않을 것이다.

동지(同志)관계라는 것은 있다. 이제 우정이 있게 하라!

차라투스트라는 이렇게 말했다.

◆ 15. 천 개의 목표와 한 개의 목표에 대하여

수많은 나라와 수많은 민족을 차라투스트라는 보았다. 그리하여 그는 수많은 민족에게서 각각의 선과 악을 발견했다. 차라투스트라는 지상에서 선악보다 더 큰 강한 힘을 보지 못했다.

우선 가치판단을 하지 않으면 어떤 민족도 살아갈 수가 없다. 그러나 어떤 민족이 스스로 존속해 나가려면, 이웃 민족의 가치판단과 똑같이 판단해서는 안 된다.

어떤 민족에게는 선(善)하다고 불리는 많은 것들이 다른 민족에게는 경멸과 치욕거리로 불렸다. 이것을 나는 발견했다. 여기서는 악(惡)하다고 불리는 많은 것들이 저기서는 자줏빛 영예로 장식되는 것을 나는 보았다.

한 이웃이 다른 이웃을 이해한 적은 결코 없었다. 그의 영혼은 언제나 다른 이웃의 광기와 악의를 괴이하게 생각하였다.

모든 민족의 머리 위에는 선(善)의 목록이 적힌 표가 걸려 있다. 보라, 그것은 그들이 극복해야 하는 표이다. 보라, 그것은 그 민족의 힘에의 의지(Wille zur Macht)[41]에 대한 목소리인 것이다.

각 민족에게 무겁고 어려운 일로 여겨지는 것이 찬양할 만한 것이 되고, 꼭 필요하면서도 힘든 일이 선하다고 불린다. 그리고 가장 큰 고통으로부터 해방시켜 주는 것, 즉 희귀하고 가장 어려운 것, 그것을 그들이 신성한 것으로 찬양한다.

그것은 한 민족으로 하여금 지배하고 승리하고 빛나게 해주고 이웃 민족에게는 두려움과 질투를 불러일으키는 것, 드높은 것, 으뜸가는 것, 척도이자 삼라만상의 의미로서 인정된다.

진실로, 나의 형제여, 만일 그대가 먼저 한 민족의 고난과, 땅과 하늘 그리고 그 이웃에 대하여 인식했다면, 그대는 아마 그들이 극복하

---

41. 여기서 니체가 말하는 '힘에의 의지'란 인간이 자신의 생명을 보존하는 데 필요한 힘일 뿐 아니라, 더 나아가 자기 자신을 더 증대시키려고 하는 의지이다. 이 말의 독일어 표현은 'Wille zur Macht'인데, 이는 우리나라에서 종종 '권력에의 의지'로 번역되곤 하였다. 그러나 니체가 말하는 것은 어떤 집단적이거나 국가적인 '권력'의 의미가 아니라 개인이 갖는 생명력을 뜻하기 때문에, 여기서는 '힘'으로 번역하였다.

는 법칙을 추측할 수 있을 것이며, 어째서 그들이 이 사다리를 타고 그들의 희망을 향해 올라가는지 추측할 수 있을 것이다.

"그대는 언제나 첫째가 되어 다른 사람들을 능가해야 한다. 질투에 불타는 그대의 영혼으로는 아무도 사랑해서는 안 된다, 그대의 친구일지라도."—이것이 그리스인들의 영혼을 뒤흔들었고, 그래서 그들은 그들의 위대한 길을 걸어갔다.

"진리를 말하고 활과 화살을 능숙하게 다루는 법을 배워라."—내이름[42]이 유래한 저 민족[43]에게 이것은 소중하면서도 어려운 일로 생각되었다. 나에게도 나의 이 이름은 소중하면서도 동시에 어렵게 느껴진다.

"어버이를 존경하고 영혼의 뿌리에 이르기까지 그들의 의지대로 따르라."—어떤 민족은 이런 극복의 목록을 자신들의 머리 위에 내걸고, 그것으로 강력하고 영원한 존재가 되었다.

"충성을 바치고 충성을 위해서는 악하고 위험한 일에도 영예와 생명을 걸라." 어떤 민족은 스스로 이런 가르침에 의해 다른 민족을 지배하였고, 이렇게 지배하면서 큰 희망을 품으며 거대해졌다.

진실로, 인간은 모든 선과 악을 자기 자신에게 부여했다. 진실로, 인간의 선과 악은 인간이 어디서 받아들인 것도 아니고, 찾아낸 것도 아니며, 하늘의 목소리로 인간에게 떨어진 것도 아니다.

먼저 인간은 자신을 보존하기 위해 사물들에 가치를 부여했다.—

---

42. '차라투스트라'라는 이름을 말한다.

43. 고대에 매우 호전적이어서, 무력으로 수백 년 동안 중동 지역을 지배했던 페르시아 민족을 가리킨다.

인간은 먼저 사물들의 의미를, 인간의 의미를 창조했다! 그러므로 인간은 스스로를 '인간', 즉 평가자라고 부른다.

평가한다는 것은 창조하는 것이다. 들어라, 그대 창조하는 자들이여! 평가하는 것 자체가 모든 평가된 사물들의 가치이며 보배인 것이다.

평가하는 것을 통해 비로소 가치가 생겨난다. 그리고 평가하는 것이 없다면 존재의 핵심은 텅 비게 될 것이다. 이 말을 들어라, 그대 창조하는 자들이여!

가치의 변화—그것은 창조하는 자들의 변화이다. 창조자가 되지 않을 수 없는 사람은 언제나 파괴한다.

처음에는 여러 민족이 창조하는 자들이었고, 뒤에 가서 비로소 개인들이 창조하는 자가 되었다. 진실로, 개인이라는 것 자체가 가장 최근의 창조물이다.

일찍이 여러 민족들은 선(善)의 목록을 자기들 머리 위에 내걸었다. 지배하려는 사랑과 복종하려는 사랑이 합심해서 그런 목록을 만들어 냈다.

군중 속에의 기쁨이 '나' 속에서의 기쁨보다 더 오래전에 생겨났다. 그리하여 '양심에 거리낌이 없다'는 것과 '군중 속에' 있다는 말이 같은 뜻이었던 동안에, 오직 '꺼림칙한 양심'만이 '나'라는 것을 이야기했었다.

진실로, 다수의 이익을 구실로 자신의 이익을 도모하려는, 사랑 없는 교활한 자아, 그것은 군중의 근원이 아니라 군중의 몰락이다.

선과 악을 창조한 자들은 언제나 사랑하는 자들이었으며, 창조하는 자들이었다. 모든 덕의 이름 속에는 사랑의 불길과 분노의 불길이 타오르고 있다.

수많은 나라와 수많은 민족을 차라투스트라는 보았다. 차라투스트라는 지상에서 사랑하는 자들이 만들어 놓은 성과보다 더 큰 위력을 발견하지 못했다. 그 이름은 바로 '선'과 '악'이다.

진실로, 이 칭찬과 비난이 갖고 있는 위력은 하나의 괴물이다. 말하라, 그대 형제들이여, 누가 나를 위해 이 괴물을 제압해 주겠는가? 말하라, 누가 이 괴물이 지닌 천 개의 목 위에 사슬을 묶을 수 있는가?

이제까지는 천 개의 민족이 있었기 때문에, 천 개의 목표가 있었다. 다만 이 천 개의 목표 위에 씌울 한 개의 사슬이 부족할 뿐이다. 단 한 개의 목표가 부족하다.[44] 인류는 아직도 목표를 갖지 못하고 있는 것이다.

그러나 나에게 말해 다오, 형제들이여, 만약에 인류에게 목표가 없다면, 인류 자체도 아직 없는 것이 아닌가?—

차라투스트라는 이렇게 말했다.

◆ 16. 이웃 사랑에 대하여

그대들은 이웃 사람들에게 몰려가면서 그것을 아름다운 말로 치장

---

44. 수많은 사소한 목표들보다, 차라리 인류 전체를 위한 하나의 진정한 목표가 필요하다는 것을 말하고 있다.

한다. 그러나 내가 그대들에게 말하건대, 그대들의 이웃 사랑은 그대들 자신에 대한 그릇된 사랑이다.

그대들은 자기 자신을 피하여 이웃에게로 달아난다. 그리고 이것을 덕(德)으로 삼고 싶어 한다. 그러나 나는 그대들의 소위 그 '이타(利他)'라는 것의 정체를 빤히 들여다본다.

'그대'라는 호칭이 '나'라는 호칭보다 더 오래 되었다. '그대'라는 호칭은 신성한 것으로 불리지만, '나'는 아직 그러지 못하다. 그래서 사람들은 이웃에게로 몰려가는 것이다.

나보고 그대들에게 이웃에 대한 사랑을 권하라는 것인가? 오히려 나는 그대들에게 이웃으로부터 도피하라고 권하고, 가장 멀리 있는 사람을 사랑하라고 권하겠다!

이웃에 대한 사랑보다는 가장 멀리 있는 자, 미래에 올 인간[45]에 대한 사랑이 더 높은 사랑이며, 인간에 대한 사랑보다는 사물과 유령에 대한 사랑이 더 높은 사랑이다.

그대의 앞에서 달려오는 이 유령은, 나의 형제여, 그대보다도 더 아름답다. 왜 그대는 그대의 살과 뼈를 이 유령에게 주지 않는가? 그러나 그대는 두려워하면서 그대의 이웃에게로 달아난다.

그대들은 자기 자신을 견디지 못하며 자기 자신을 충분히 사랑하지 않는다. 이제 그대들은 이웃을 현혹시켜 사랑하게 만들고 싶어 하고, 그가 저지르는 과오로 그대들을 도금하고 싶어 한다.

나는 그대들이 그대들의 모든 이웃들과 그 이웃의 이웃들을 견뎌

---

45. '가장 멀리 있는 자, 미래에 올 인간에 대한 사랑'이란 곧 '초인'에 대한 사랑을 의미한다.

내지 못하기를 바란다. 그럴 때 그대들은 자신들에게서 그대들의 친구와 그 친구의 넘쳐흐르는 심정을 창조해 내지 않을 수 없으리라.

그대들은 자기 자신에 대해 좋게 말하고 싶어 할 때 증인을 불러들인다. 그리고 그를 현혹시켜 그가 그대들에 대해 좋게 생각할 때, 그대들은 그대들 자신을 좋게 생각하는 것이다.

자신이 알고 있는 것과 다르게 말하는 사람만이 거짓말을 하는 것이 아니라, 자신이 알지 못하는 것을 잘못 말하는 사람이야말로 더 큰 거짓말을 하는 것이다. 이처럼 그대들은 다른 사람들과 교제할 때 그대들 자신과 그대들의 이웃을 함께 속이는 것이다.

바보는 이렇게 말한다. "사람들과의 교제는 성격을 그르친다, 특히 자신이 아무런 성격도 갖고 있지 않을 때는."

어떤 사람은 자신을 찾기 위해서 이웃에게로 달려가고, 어떤 사람은 자신을 잃기 위해서 이웃에게로 달려간다. 그대들 자신들에 대한 그릇된 사랑은 고독을 감옥으로 만들어 준다.

이웃에 대한 그대들의 사랑에 대가를 치르는 사람은 보다 멀리 있는 사람들이다. 그래서 그대들 다섯 명이 모여 있으면, 여섯 번째 사람은 언제나 죽을 수밖에 없는 것이다.

나는 그대들이 벌이는 축제도 좋아하지 않는다. 거기에 너무 많은 배우들이 있는 것을 나는 보았고, 관객들도 흔히 배우처럼 행동하였다.

나는 그대들에게 이웃을 갖도록 가르치는 것이 아니라, 친구를 갖도록 가르친다. 그대들에게 친구가 대지(大地)의 축제가 되고 초인(超人)의 예감이 되게 하라고.

나는 그대들에게 친구와 친구의 흘러넘치는 마음을 가르친다. 그러나 만일 그대가 흘러넘치는 가슴으로부터 사랑을 받고 싶으면 스펀지처럼 그것을 받아들일 줄 알아야 한다.

나는 그대들에게 내부에 완성된 세계를 갖고 있는, 선(善)이 들어 있는 그릇인 친구를 가르친다. 다른 사람에게 줄 완성된 세계를 언제나 갖고 있는 창조적인 친구를.

그리하여 그에게서 세계가 흩어져 나갔던 것처럼, 그것은 다시 그에게로 되돌아온다, 악을 통해 선이 생성되듯이, 우연으로부터 목적이 생성되듯이.

미래와 가장 먼 것이 오늘 그대가 있는 이유가 되게 하라. 그대는 그대의 친구의 내부에 있는 초인을 그대의 원인으로서 사랑해야 한다.

형제들이여, 나는 그대들에게 이웃 사랑을 권하지 않는다. 나는 그대들에게 가장 멀리 있는 자들을 사랑하라고 권한다.

차라투스트라는 이렇게 말했다.

◆ 17. 창조하는 자의 길에 대하여

나의 형제여, 그대는 고독 속으로 들어가려 하는가? 그대는 그대 자신에게로 향하는 길을 찾고 싶은가? 잠시 멈추어 내 말을 들어보라.

"찾는 자는 자신을 잃어버리기 쉽다. 모든 고독은 죄이다." 군중은 이렇게 말한다. 그리고 그대는 오랫동안 군중 속에 머물러 있었다.

군중의 목소리가 아직도 그대 마음속에서 울리고 있을 것이다. 그래서 만일 그대가 "나는 더 이상 당신들과 같은 양심을 갖고 있지 않다"라고 말한다면, 그것은 탄식이며 고통이 될 것이다.

보라, 이런 고통 자체를 낳은 것도 바로 그와 같은 양심이었다. 그리고 이 양심의 마지막 꺼져 가는 빛은 아직도 그대의 고뇌 위에서 깜박거리고 있다.

그러나 그대는 그대 자신에게로 향하는 고뇌의 길을 가려는가? 그렇다면 나에게 그렇게 할 수 있는 그대의 권리와 힘을 보여다오!

그대는 새로운 힘이며 새로운 권리인가? 최초의 운동인가? 스스로 굴러가는 수레바퀴인가? 그대는 별들로 하여금 그대 주위를 돌도록 제압할 수 있는가?

아, 높은 곳으로 향하려는 욕망은 너무나 크도다! 야심가들이 일으키는 발작은 너무나 심하도다! 그대가 탐욕스런 자도 야심가도 아님을 나에게 보여다오!

아, 요란한 소리를 내는 풀무 노릇밖에 하지 못하는 위대한 사상가들이 너무나 많도다. 그런 자들은 부풀려 더욱 공허하게 만든다.

그대는 자신이 자유롭다고 말하는가? 내가 듣고 싶은 것은 그대의 지배하려는 사상이지, 그대가 굴레를 벗어났다는 이야기가 아니다.

그대는 굴레로부터 벗어날 자격이 있는 사람인가? 자신의 예속을 벗어던지자마자 자신이 지닌 마지막 가치마저 내던져 버린 사람들은 많다.

무엇으로부터 자유로워졌는가? 그것이 차라투스트라와 무슨 상관인가! 그러나 그대의 눈은 나에게 분명히 알려줘야 한다. 무엇을 위해 자유로워졌는가?

그대는 그대 자신에게 그대의 선과 악을 부여하고, 그대 자신의 의지를 그대의 머리 위에 율법처럼 내걸 수 있는가? 그대는 그대 자신에 대한 재판관이 되고, 그대의 율법을 위해 복수하는 자가 될 수 있는가?

자기 율법의 재판관인 동시에 복수하는 자인 자기 자신과 홀로 머물러 있다는 것은 두려운 일이다. 그것은 황량한 공간 속에, 차디찬 고독의 숨결 속에 내던진 별과 같다.

오늘도 그대는 다수의 사람들로 인해 괴로워한다, 그대 홀로 있는 자여. 오늘도 역시 그대는 그대의 용기와 희망을 고스란히 지니고 있다.

그러나 언젠가 고독은 그대를 지치게 만들고, 언젠가 그대의 긍지는 꺾이고 그대의 용기는 삐걱거릴 것이다. 언젠가 그대는 외치리라, "나는 혼자이구나!"라고.

언젠가 그대는 그대의 높이를 더 이상 보지 못하고 그대의 낮음만을 너무 가까이 보게 될 것이다. 그대의 고상함 자체가 유령처럼 그대를 두렵게 만들 것이다. 언젠가 그대는 외치리라, "모든 것이 거짓이다!"라고.

고독한 사람을 죽이고 싶어 하는 여러 감정들이 있다. 만일 그런 감정들이 성공을 하지 못하면 이제 그것들 스스로가 죽어야 한다!

그러나 그대는 살해자가 될 수 있는가?

나의 형제여, 그대는 이미 '경멸'이라는 말을 알고 있는가? 그리고 그대를 경멸하는 자들에게까지 공정해야 하는 그대의 정의(正義)가 지닌 고뇌를 알고 있는가?

그대는 많은 사람들에게 그대 자신에 대해 새로이 해석하도록 강요한다. 그대의 그런 점을 그들은 심하게 책망한다. 그대는 그들에게 가까이 다가갔지만, 그들을 지나쳐 갔다. 그런 그대를 그들은 결코 용서하지 않는다.

그대는 그들의 위로 지나간다. 그러나 그대가 높이 올라가면 올라갈수록, 시기에 찬 눈은 그대를 더욱더 작게 본다. 그러나 날아가는 자가 가장 미움을 받는다.

"당신들이 어떻게 나에게 공정할 수 있겠는가!" 나는 당신들의 불의(不義)를 나의 몫으로 선택한다"라고 그대는 말해야 한다.

그들은 홀로 있는 자에게 불의와 오물을 끼얹는다. 그러나 나의 형제여, 만일 그대가 하나의 별이고자 한다면, 그들이 그렇게 한다고 해서 그들을 비춰 주는 빛을 희미하게 해서는 안 된다!

또한 선한 자들, 의로운 자들[46]을 조심하라! 그들은 스스로 자신의 덕을 만들어 내는 자를 즐겨 십자가에 매단다.─그들은 홀로 있는 자들을 미워한다.

'신성한 단순함'도 조심하라! 이런 단순함에게는 단순하지 않은 것은 모두 불경스런 것이다. 이 단순함은 또 불장난을, 화형(火刑)시

---

46. 기독교도들은 흔히 자신들을 이렇게 부른다.

키는 일[47]을 특히 좋아한다.

또한 그대의 사랑이 일으키는 발작도 조심하라! 홀로 있는 자는 그와 만나는 사람에게 너무나 쉽사리 손을 내민다.

많은 사람들에게 그대는 그대의 손을 내밀어서는 안 되고, 오히려 앞발로 때려야 한다. 그리고 나는 그대의 앞발에 발톱이 있기를 바란다.

그러나 그대가 마주칠 수 있는 최악의 적은 언제나 그대 자신일 것이다. 그대 자신이 동굴과 숲속에 숨어서 그대를 엿보고 있는 것이다.

홀로 있는 자여, 그대는 그대 자신에게로 향한 길을 간다! 그리고 그 길은 그대 자신과, 그대의 일곱 마리 악마의 곁을 지나쳐 간다!

그대는 그대 자신에게 이단자가 되고 마녀, 예언자, 바보, 의심하는 자, 불경한 자 그리고 악한이 될 것이다.

그대는 그대 자신의 불길 속에서 자신을 불사르려 하지 않으면 안 된다.

그대는 먼저 재가 되지 않고서 어떻게 다시 되기를 바라겠는가!

홀로 있는 자여, 그대는 창조하는 자의 길을 간다. 그대는 그대의 일곱 악마로부터 하나의 신(神)을 창조하려고 한다!

홀로 있는 자여, 그대는 사랑하는 자의 길을 가고 있다. 그대는 그대 자신을 사랑하며, 그 때문에 그대는 사랑하는 자들만이 그렇게 할 수 있듯이, 자신을 경멸한다.

———

47. 특히 서양의 중세에서 이교도들이나 무신론자라고 낙인찍힌 사람들을 무자비하게 화형에 처하곤 했던 기독교도들의 무지하고 잔인했던 행태를 가리킨다.

사랑하는 자는 자신이 경멸하기 때문에 창조하려고 한다! 자신이 사랑하는 바로 그것을 경멸할 줄 모르는 자가 사랑에 대해 무엇을 알 것인가!

그대의 사랑과 더불어, 그리고 그대의 창조와 더불어 고독 속으로 들어가라, 나의 형제여. 그러면 비로소 정의(正義)는 절름거리며 그대의 뒤를 따라가리라.

나의 눈물과 함께 그대의 고독 속으로 들어가라, 나의 형제여. 나는 자기 자신을 초월하여 창조하려 하고 그래서 파멸하는 자를 사랑한다.—

차라투스트라는 이렇게 말했다.

◆ 18. 늙은 여자와 젊은 여자에 대하여

"어찌하여 그대는 어스름을 헤치며 그처럼 소심하게 걸어가고 있는가, 차라투스트라여? 그리고 그대의 외투 밑에 조심스럽게 감추고 있는 것은 무엇인가?"

"그것은 그대가 선사받은 보물인가? 혹은 그대가 낳은 아이인가? 그렇지 않으면 그대는 지금 스스로 도둑의 길을 가고 있는가, 그대 악한 자의 친구여?"

진실로, 나의 형제여! 차라투스트라는 말했다. 그것은 나에게 주어진 하나의 보물이다. 내가 갖고 다니는 것은 하나의 작은 진리다.

허나 그것은 어린아이처럼 버릇이 없다. 그래서 내가 그 입을 막지 않으면 큰소리로 떠들어 댄다.

오늘 나는 해가 질 무렵 혼자서 길을 가다가 자그마한 늙은 여자를 만났는데, 그 여자는 나의 영혼에게 이렇게 말했다.

"차라투스트라는 우리 여자들에게도 많은 것을 말해주었으나, 여자에 대해서 말한 적은 한 번도 없다오."

그래서 나는 그녀에게 이렇게 대답했다. "여자의 대해서는 오직 남자들에게만 이야기해야 합니다."

"나에게도 여자에 대해 말해 주오." 그녀는 말했다. "나는 이미 너무 늙어서 그런 것을 곧 잊어버릴 거라오."

그래서 나는 늙은 여자의 청을 받아들여 그녀에게 이렇게 말했다.

여자의 모든 것은 수수께끼이고, 여자에게 있어 모든 것은 한 가지 해답을 갖고 있다. 그것은 임신이라고 부르는 것이다.

남자는 여자에게는 하나의 수단이다. 목적은 언제나 자식이다. 그러나 남자에게 여자는 무엇인가?

진짜 남자는 두 가지를 원한다. 위험과 유희(遊戲)가 그것이다. 그 때문에 그는 가장 위험한 장난감으로서 여자를 원한다.

남자는 전쟁을 위해 키워져야 하고, 여자는 전사(戰士)의 휴식을 위해 키워져야 한다. 그 밖의 다른 것은 모두 어리석은 것이다.

지나치게 달콤한 과일을 전사는 좋아하지 않는다. 그 때문에 그는 여자를 좋아한다. 가장 달콤한 여자라도 역시 쓴 맛이 있으니까.

남자보다는 여자가 어린아이들을 더 잘 이해한다. 그러나 남자는 여자보다 더 어린아이 같다.

진짜 남자 속에는 어린아이가 숨겨져 있다. 그 아이는 놀고 싶어 한다. 자, 그대 여자들이여, 부디 남자 속에 있는 어린아이를 발견해 다오!

여자는 장난감이 되게 하라. 아직 여기에 존재하지 않는 세계의 여러 덕(德)으로 인해 환히 빛나는 보석처럼 순수하고 우아한 장난 감이 되게 하라.

그대들의 사랑 속에서 별빛이 빛나게 하라! 그대들의 희망은 "부 디 내가 초인을 낳게 되기를!"이 되게 하라.

그대들의 사랑 속에 용기가 있게 하라! 그대들은 그대들에게 두 려움을 불어 넣은 남자를 향해 그대들의 사랑으로 돌진해야 한다!

그대들의 사랑 속에 그대들의 영예가 있게 하라! 그렇지 않으면 여자는 영예라는 것을 거의 이해하지 못한다. 그러나 언제나 사랑 받 기보다는 오히려 사랑하며 결코 제2인자가 되지 않는 것, 이것이 그 대들의 영예가 되게 하라.

여자가 사랑을 할 때 남자는 여자를 두려워하게 하라. 그럴 때 면 여자는 어떤 희생도 바치며, 그 밖에 다른 모든 것은 여자에게 는 무가치하다.

여자가 미워할 때 남자는 여자를 두려워하라. 남자는 그 영혼의 바탕에 있어 악할 뿐이지만, 여자는 저열(低劣)하기 때문이다.

여자는 누구를 가장 미워하는가?—쇠가 자석에게 이렇게 말했 다.

"나는 너를 가장 증오한다. 왜냐하면 너는 끌어당기기는 하지만,

네게로 끌어 붙일 만큼 강하지는 못하기 때문이다."

남자의 행복은 "나는 하고 싶다"는 데 있고, 여자의 행복은 "그가 하고 싶다"는 데 있다.

"보라, 이제 막 세계가 완성되었다!"—여자는 온 사랑을 바쳐 순종하였을 때 이렇게 생각한다.

그래서 여자는 복종해야 하며, 자신의 표면에 대응하는 깊이를 찾아내야 한다. 여자의 기질은 피상적이며, 얕은 물 위에서 쉽게 변하고 격렬하게 흔들리는 피막(皮膜)과 같다.

그러나 남자의 기질은 깊다. 그것은 지하의 동굴 속을 소리 내어 흐르는 격류이다. 여자는 그의 힘을 예감하기는 하지만, 완전히 파악하지는 못한다.—

그때 늙은 여자가 나에게 대답했다.

"좋은 말을 차라투스트라는 많이 들려주었어요. 특히 그 말에 귀를 기울일 젊은 여자들을 위해서.

"참으로 이상한 일이구나. 차라투스트라는 여자들에 대해 거의 알지 못하는 데도, 여자에 대한 그의 이야기가 정확하다니! 여자에게서는 어떤 일이라도 일어날 수 있기 때문에 그럴까?

그러나 이제, 감사의 표시로 조그만 진리를 받아 주오! 나는 그것을 깨달을 수 있을 만큼 나이를 먹었으니!

이 진리를 잘 덮어 싸서 그 입을 막으시오. 그렇지 않으면 이 작은 진리는 큰소리로 떠들어 댈 것이오."

"이 작은 진리를 나에게 주시오, 여인이여!" 내가 말했다. 그러자 그 늙은 여자는 이렇게 말했다.

"그대는 여자들에게 가려는 거요? 그렇다면 회초리를 잊지 말아
요!"—

차라투스트라는 이렇게 말했다.

◆ 19. 독사에게 물린 상처에 대하여

어느 날 차라투스트라는 날이 무더워져서 무화과나무 아래서 팔을
얼굴 위에 얹고 잠이 들었다. 그때 한 마리 독사가 다가와 그의 목덜
미를 물어서 차라투스트라는 고통스러운 나머지 소리를 질렀다. 그
가 팔을 얼굴에서 내렸을 때 그는 그 뱀을 보았다. 그러자 뱀은 차라
투스트라의 눈을 보고는 어색하게 몸을 돌려 도망치려 하였다.

"아직 가지 마라." 차라투스트라가 말했다. "너는 아직 나의 감사
를 받지 않았다! 너는 적당한 때 나를 깨워 주었다. 나의 갈 길은 아
직도 멀었다."

"당신은 갈 길이 얼마 남지 않았소." 독사는 서글프게 말했다. "내
독은 치명적이라오."

차라투스트라는 미소를 지었다. "도대체 언제 용(龍)이 독사의 독
에 죽은 적이 있는가?" 그는 말했다. "그러나 너의 독을 다시 가져가
라! 너는 그것을 나에게 선사할 만큼 넉넉하지 못하다."

그러자 독사는 다시 그의 목에 덤벼들어 그의 상처를 핥았다.

차라투스트라가 언제가 그의 제자들에게 이 이야기를 들려주자, 그들은 물었다.

"그런데, 오, 차라투스트라여, 당신의 이야기 속에 들어 있는 도덕적인 가르침은 무엇입니까?"

그 말에 대해 차라투스트라는 이렇게 대답했다.

선하고 의로운 자들은 나를 도덕의 파괴자라고 부른다. 즉 나의 이야기는 비도덕적인 것이라는 것이다.

그러나 그대들이 적을 가지고 있다면, 그 적의 악에 대해 선으로 보답하지 말라. 그것은 적을 부끄럽게 만들기 때문이다. 오히려 그대들의 적이 그대들에게 뭔가 선한 일을 했음을 입증하라.

그리고 그대들은 적에게 창피를 주기보다는 오히려 화를 내라! 그리고 그대들이 저주를 당하고서도 축복하려 하는 것을 나는 좋아하지 않는다. 오히려 조금쯤은 같이 저주하라!

그리고 만일 그대들에게 커다란 불의(不義)가 행해지면 이에 대해 재빨리 다섯 가지의 작은 불의로 보복하라! 혼자서만 불의에 짓눌리고 있는 자는 보기에도 끔찍하다.

그대들은 이것을 이미 알고 있었는가? 나누어 갖는 불의는 나누어 가지면 반쯤은 절감된다. 그리고 그 불의를 감당할 수 있는 자는 스스로 그것을 짊어져야 한다!

전혀 복수를 하지 않는 것보다는 작은 복수라도 하는 것이 더 인간적이다. 그리고 만일 그 처벌이 불의를 행한 자에게도 정의와 영예가 되지 못한다면, 나는 그대들이 내리는 징벌이 달갑지 않다.

자신이 옳음을 주장하는 것보다 자신의 잘못을 인정하는 것이 더 고귀하다. 특히 자신이 옳을 때는 더욱 그렇다. 다만 사람은 그렇게 할 수 있을 만큼 풍요로워져야 한다.

나는 그대들의 냉혹한 정의(正義)를 좋아하지 않는다. 그리고 그대 재판관들의 눈에서는 언제나 망나니의 차가운 칼이 번득이고 있다.

말하라, 분명히 볼 수 있는 눈을 가진 사랑인 정의는 어디에 있는가?

그러므로 나를 위해 모든 형벌뿐만 아니라 모든 죄까지도 참고 짊어질 수 있는 사랑을 찾아다오!

그러므로 나를 위해 재판관들을 제외한 모든 사람들에게 무죄판결을 내리는 정의를 찾아내다오!

그대들은 또 이런 이야기도 들어보겠는가? 철저하게 정의로워지기를 바라는 사람에게는 거짓말까지도 인간에 대한 호의가 될 것이다.

그러나 나는 어떻게 철두철미하게 정의로워지기를 바라겠는가! 어떻게 내가 각자에게 그들의 몫을 나누어줄 수 있겠는가! 내가 모든 사람들에게 나의 것을 나누어 주는 것으로 만족하리라.

끝으로, 형제들이여, 홀로 있는 어떤 자에게도 불의를 행하지 않도록 조심하라! 홀로 있는 자가 어찌 잊을 수 있겠는가! 홀로 있는 자가 어찌 보복할 수 있겠는가!

홀로 있는 자는 깊은 우물과도 같다. 그 속에 돌을 던져 넣는 일은 쉽다. 그러나 그것이 우물 밑바닥까지 가라앉았을 때, 말하라, 누가 그 돌을 다시 끄집어내려 하겠는가?

홀로 있는 자를 모욕하지 않도록 조심하라! 그러나 만일 그대들이 모욕했다면, 차라리 그를 죽여라!

차라투스트라는 이렇게 말했다.

◆ 20. 자식과 결혼에 대하여

나의 형제여, 나는 그대에게만 묻고 싶은 것이 한 가지 있다. 나는 그
대의 영혼이 얼마나 깊은가를 알기 위해, 이 질문을 측심연(測深鉛)
처럼 그대의 영혼 속으로 던진다.

그대는 젊고 결혼과 자식을 바라고 있다. 그러나 나는 그대에게
묻노니, 그대는 과연 자식을 바랄 자격이 있는 사람인가?

그대는 승리자인가, 극기자(克己者)인가, 관능의 지배자인가, 그
대의 덕(德)의 주인인가? 나는 그대에게 이렇게 묻는다.

아니면 그대의 소원은 짐승의 욕구에서 나온 것인가? 그렇지 않
으면 고독함 때문인가? 아니면 그대 자신에 대한 불만 때문인가?

나는 그대의 승리와 그대의 자유가 자식을 갈망하기를 바란다.
그대는 그대의 승리와 그대의 자유를 위해 살아 있는 기념비를 세
워야 하는 것이다.

그대는 그대 자신을 초월하여 세워야 한다. 그러나 먼저 그대는
자신의 육체와 영혼을 바르게 세워야 한다.

그대는 앞을 향해서 뿐만 아니라, 위를 향해서도 계속 후대를 만
들어 가야 한다! 이를 위해서 결혼의 화원(花園)이 그대에게 도움이

되기를!

그대는 보다 높은 육체를 창조해야 한다. 최초의 움직임을, 스스로 굴러가는 수레바퀴를. 그대는 한 사람의 창조자를 창조해야 한다.

결혼, 그것을 나는 창조하는 당사자보다 더 나은 것을 창조하려는 두 사람의 의지라고 부른다. 그런 의지를 지는 사람들에 대한 상호 존중을 나는 결혼이라 부른다.

이것이 그대의 결혼의 의미와 진리가 되게 하라. 그러나 어중이떠중이들, 이 잉여 인간들이 결혼이라고 부르는 것―아, 그것을 나는 뭐라고 불러야 하는가?

아, 한 쌍의 영혼의 빈곤함이여! 아, 한 쌍의 영혼의 불결함이여! 아, 한 쌍의 가련한 향락이여!

그들은 이런 모든 것을 결혼이라고 부른다. 그리고 그들은 자기들의 결혼이 천국에서 맺어졌다고 말한다.

이제, 나는 이 잉여 인간들의 천국이 마음에 들지 않는다! 아니, 나는 그들을 좋아하지 않는다, 천국의 그물 속에 잡혀 있는 이 짐승들을!

자신이 짝지어 주지 않은 자들을 축복해 주겠다고 절뚝거리며 다가오는 신(神)도 내게서 멀리 떨어져 있기를!

이런 결혼을 비웃지 말라! 자신의 부모를 위해 울어야 할 이유를 갖지 않은 자식이 어디 있겠는가?

어떤 남자는 품위가 있고 대지의 의미를 알 만큼 성숙해 보였었다. 그러나 내가 그의 아내를 바라보았을 때, 대지는 어리석은 자들의 소굴로 보였다.

그렇다, 나는 성자(聖者)와 거위가 서로 한 쌍을 이룰 때면 대지가 경련을 일으켜 진동하기를 바란다.

이 남자는 영웅처럼 진리를 찾아 나섰으나, 결국은 치장된 보잘것 없는 거짓을 찾아냈을 뿐이다. 그것을 그는 결혼이라고 부른다.

어떤 남자는 무척 신중하게 교제하고 까다롭게 선택하였다. 그러나 그는 단 한 번으로 자신의 교제를 영영 망치고 말았다. 그것을 그는 결혼이라고 부른다.

어떤 남자는 천사 같은 덕을 지닌 하녀를 찾았다. 그러나 금방 그는 한 여자의 하인이 되었다. 더구나 이제는 천사까지 되어야만 하리라.

이제 나는 모든 구매자들이 신중하다는 것을 알고 있다. 그들은 모두가 교활한 눈을 갖고 있다. 그러나 가장 교활한 자라 해도 여전히 자루 안에 넣은 아내를 구하게 되는 것이다.[48]

잠시 동안의 수많은 어리석음―이것을 그대들은 사랑이라고 부른다. 그리고 그대들의 결혼은 잠시 동안의 수많은 어리석음을 오래 지속될 한 가지의 우둔함으로 끝내는 것이다.

여자에 대한 그대들의 사랑, 남자에 대한 여자의 사랑. 아, 그것이 고뇌에 싸인 채 숨겨져 있는 신들에 대한 공감이 되었으면! 그러나 대개는 두 동물이 서로를 간파하는 것이 되고 만다.

그러나 그대들의 최고의 사랑이라는 것도 황홀한 비유이자 고통스러운 열정에 불과하다. 그것은 그대들에게 더 높은 길로 인도하는

---

48. 아무리 영리하고 계산이 빠른 남자라 해도, 아내를 얻을 때는 자세히 알아보지도 않고 대개 여자의 미모에 혹해서 얻게 된다는 의미이다.

횃불이다.

그대들은 언젠가는 그대들 자신을 초월하여 사랑해야 한다! 그러므로 먼저 사랑하는 것을 배워라! 그리고 이를 위해 그대들은 사랑의 쓴 잔을 마셔야 했다.

가장 훌륭한 사랑의 잔 속에도 쓴 맛이 들어 있다. 그러므로 사랑은 초인에 대한 동경을 불러일으키고, 창조자인 그대로 하여금 갈증을 느끼게 한다!

창조하는 자의 갈증, 초인을 향한 화살과 동경. 말하라, 나의 형제여, 이것이야말로 결혼에 대한 그대의 의지가 아닌가?

이런 의지와 이런 결혼을 나는 신성하다고 부른다.—

차라투스트라는 이렇게 말했다.

◆ 21. 자유로운 죽음에 대하여

많은 사람들은 너무 늦게 죽고, 몇몇 사람들은 너무 일찍 죽는다. "적당한 때 죽어라!"라는 교훈은 여전히 낯설게 들린다.

적당한 때 죽어라. 차라투스트라는 이렇게 가르친다.

물론, 적당한 때 살지 못한 사람이 어찌 적당한 때 죽을 수 있겠는가? 그런 사람은 오히려 아예 태어나지 않는 편이 나을 것이다!—이렇게 나는 잉여 인간들에게 충고한다.

그러나 잉여 인간들도 역시 사신들의 죽음을 대단하게 여기며,

속이 텅 빈 호두라 해도 역시 깨질 때는 큰 소리를 내고 싶어 한다.

모든 사람들이 죽음을 대단하게 여긴다. 그러나 여전히 죽음은 축제가 되지 못한다. 아직까지 인간은 가장 아름다운 축제를 거행하는 방법을 배우지 못했다.

살아 있는 자들에게 하나의 자극이자 맹세가 되는 완전한 죽음을 나는 그대들에게 보여주겠다.

완성한 자는 승리감에 넘치고 희망을 가진 자들과 맹세하는 자들에게 둘려 싸여 죽음을 맞이한다.

이렇게 죽는 법을 배워야 한다. 그리고 그렇게 죽어 가는 자가 산 자들의 맹세를 더럽히는 어떤 축제도 있어서는 안 된다!

이렇게 죽는 것은 최선의 죽음이다. 그러나 그 다음으로 훌륭한 죽음은 싸우다가 죽어서 위대한 영혼을 아낌없이 소진하는 것이다.

그러나 승리자에게나 투사에게나 한결같이 혐오스러운 것은, 도둑처럼 몰래 기어들어—주인처럼 들어오는 비죽거리는 죽음이다.

나는 나의 죽음을 그대들에게 찬양한다, 내가 원하고 있기 때문에 나에게 오는 자유로운 죽음을.

그렇다면 언제 나는 그것을 바랄 것인가?—목표와 상속자를 가진 사람은 그것들을 위해 죽어야 할 적당한 때 죽을 것을 바란다.

그리하여 목표와 상속자에 대한 경외심으로 그는 삶의 성전(聖殿)에 시들어 버린 꽃다발을 걸어 놓으려 하지 않을 것이다.

진실로, 나는 밧줄을 감는 사람들처럼 되고 싶지는 않다. 그들은 밧줄을 길게 끌어당기면서 자신들은 끊임없이 뒤로 물러선다.

자신들의 진리와 승리를 얻기에는 너무나 늙은 사람들이 많다. 이가 빠진 늙은 입은 더 이상 어떤 진리도 맛볼 권리가 없다.

그리고 명성을 얻으려 하는 자는 누구나, 적당한 때 영예와 작별하고 적당한 때 떠나가는 어려운 기술을 익혀야 한다.

사람은 자신이 가장 맛있을 때 먹히지 않도록 해야 한다. 오래도록 사랑받으려는 자는 그 점을 알고 있다.

물론 가을의 마지막 날까지 기다려야 할 운명에 처한 신 사과들이 있다. 이 사과들은 익어가고, 누렇게 되고, 쪼글쪼글해진다.

어떤 사람들은 심장이 먼저 늙고, 어떤 사람들은 정신이 먼저 늙는다. 그리고 어떤 사람들은 젊을 때 백발노인이 되고 만다. 그러나 뒤늦게 젊어진 자는 오래도록 젊음을 간직한다.

많은 사람들이 삶에 실패한다. 독충이 이런 사람의 심장을 파먹는다. 그러므로 이런 사람은 자신의 죽음이 성공적인 것이 되게 더욱 조심해야 한다.

결코 단맛이 들지 않는 사람들도 많다. 그런 자들은 이미 여름철에 부패한다. 그런 자를 가지에 매달려 있게 하는 것은 겁을 먹은 마음이다.

많은, 너무나 많은 사람들이 살고 있고, 너무나 오랫동안 그들은 자신들의 가지에 매달려 있다. 부디 태풍이 불어와 이 썩고 벌레 먹은 모든 것들을 나무에서 흔들어 떨어뜨리기를!

재빠른 죽음을 설교하는 자가 오기를! 그런 자야말로 내 생각에 올바른 때 불어오는 폭풍이며, 생명의 나무를 뒤흔드는 자일 것이다! 그러나 내가 듣는 것은 천천히 죽고 '지상의' 모든 것을 참고 견디라는 설교뿐이다.

아, 그대들은 지상의 것들을 참고 견디라고 설교하는가? 이 지상의 것들이야말로 그대들은 너무 많이 참고 견디고 있다, 그대 비방하기 좋아하는 자들이여!

진실로, 더딘 죽음을 설교하는 자들이 공경하는 저 히브리인은 너무 일찍 죽었다. 그리고 그가 너무 일찍 죽은 것은 그 후에 많은 사람들에게 재앙이 되었다.

그가—히브리인 예수가—알고 있던 것은 히브리인의 눈물과 우울함, 그리고 소위 '선하고 의로운 자들'이 갖고 있던 증오뿐이었다. 그리하여 죽음에 대한 동경이 그를 덮쳤던 것이다.

그가 선하고 의로운 자들에게서 멀리 떨어져 그대로 사막에 머물렀더라면 좋았을 것! 그랬더라면 아마도 그는 사는 법을 배우고, 지상을 사랑하는 법을 배웠으리라.—거기에다 웃는 법까지도!

내 말을 믿어라, 형제들이여! 그는 너무 일찍 죽었다. 만일 그가 내 나이까지 살았더라면, 그는 자신의 가르침을 스스로 철회하였을 것이다! 그는 그렇게 철회할 수 있을 만큼 충분히 고귀한 자였다!

그러나 그는 아직은 미숙하였다. 젊은이는 미숙한 채로 인간과 대지를 사랑하고 또 미워한다. 그의 심정과 정신의 날개는 아직도 묶여 있고 무겁다.

그러나 어른의 경우에는 그 속에 젊은이보다 더 어린아이다운 점이 들어 있으나 우울함은 젊은이보다 덜하다. 어른은 삶과 죽음에 대해 더 잘 이해하고 있다.

자유롭게 죽고 죽을 때 자유로울 것, 더 이상 긍정할 수 없을 때는 거룩하게 부정할 것. 이렇게 그는 죽음과 삶을 잘 이해하고 있다.

그대들의 죽음이 인간과 대지에 대한 비방이 되어서는 안 된다, 나의 친구들이여. 이것이 내가 그대들의 영혼의 꿀로부터 얻어내고 싶은 것이다.

죽음을 맞이하더라도 그대들의 정신과 그대들의 덕은 대지를 둘러싼 저녁노을처럼 빛나야 한다. 그렇지 않으면 그대들의 죽음은 실패한 것이다.

나 자신은 이렇게 죽으려 한다, 그대 친구들이 나를 위하여 대지를 더욱 사랑하도록. 그리고 나는 다시 대지가 되려 한다, 나를 낳아 준 것 속에서 안식을 얻기 위해서.

진실로, 차라투스트라는 하나의 목표를 가지고 있었다. 그는 그의 공을 던졌다. 이제 그대 친구들은 나의 목표의 상속자이다. 그대들에게 나는 황금의 공을 던지노라.

친구들이여, 무엇보다도 나는 그대들이 황금의 공을 던지는 것을 보고 싶다! 그래서 나는 잠시 동안 더 지상에 머물러 있을 것이다. 내가 그러는 것을 용서해다오!

차라투스트라는 이렇게 말했다.

◆ 22. 나누어 주는 덕에 대하여

1

차라투스트라가 마음에 들어 하던 '얼룩소'라는 이름의 마을과 작별을 고했을 때, 스스로 그의 제자라 부른 많은 사람들이 그의 뒤를 따라오며 호위해 주었다.

그리하여 그들이 어느 교차로에 이르게 되었는데, 그때 차라투스트라는 이제 혼자서 가고 싶다고 그들에게 말했다. 그는 혼자서 가기를 좋아하는 사람이었기 때문이다. 그러자 그의 제자들은 작별의 표시로 그에게 지팡이를 하나 선사했다. 그 지팡이의 황금 손잡이에는 한 마리의 뱀이 태양 주위를 휘감고 있는 장식이 붙어 있었다. 차라투스트라는 그 지팡이를 받고 기뻐하며 그것을 짚고서 제자들에게 이렇게 말했다.

이제, 말해 보라, 어떻게 황금은 최고의 가치를 갖게 되었는가? 왜냐하면 그것은 흔하지 않고 불필요하며, 반짝거리고 그 광채는 부드럽기 때문이다. 금은 언제나 자신을 나누어 줄 수 있다.

황금은 오직 최고의 덕의 상징으로서 최고의 가치를 지니게 된 것이다. 나누어주는 자의 눈빛은 황금처럼 빛이 난다. 황금의 광채는 달과 태양 사이에 평화를 맺게 해준다.

최고의 덕은 흔하지 않고 불필요하며, 반짝거리고 그 광채는 부드럽다. 나누어 주는 덕이야말로 최고의 덕이다.

진실로, 나는 그대들을 잘 알고 있다, 나의 제자들이여. 그대들이 나와 같이 나누어 주는 덕에 뜻을 두고 있다는 것을. 그대들이 고양이나 늑대와 어찌 같을 수 있겠는가?

그대들은 스스로 희생이 되고, 선물이 되려고 갈망하고 있다. 그리고 그 때문에 그대들은 모든 부(富)를 그대들의 영혼 속에 쌓으려고 갈망하고 있다.

그대들의 영혼은 지칠 줄 모르고, 보물과 보석들을 얻으려고 노력하고 있다. 그대들의 영혼은 지칠 줄 모르고, 나누어 주고 싶어 하기 때문이다.

그대들은 모든 것으로 하여금 그대들에게로, 그대들 안으로 들어오게 한다, 그리하여 그것들이 그대들의 사랑의 선물로서 그대들의 샘물에서 다시 흘러나오도록.

진실로, 그처럼 나누어주는 사랑은 모든 가치의 강탈자가 되어야 한다. 그러나 이런 이기심을 나는 건전하고 거룩하다고 말한다.

또 다른 이기심이 있다. 너무나 가난하고, 너무나 굶주리고, 언제나 훔치고 싶어 하는 이기심, 그것은 저 병든 자들의 이기심, 병든 이기심이다.

그것은 반짝이는 것이면 무엇이든 도둑의 눈으로 바라본다. 이 이기심은 굶주린 자의 욕심으로 배불리 먹을 것을 가진 사람을 빤히 쳐다보고, 언제나 주는 사람들의 식탁 주변을 배회한다.

그런 탐욕으로부터는 질병과 눈에 보이지 않는 퇴화(退化)가 생겨난다. 이런 이기심이 지닌 도둑과 같은 탐욕은 쇠약한 육체를 말해 준다.

말해다오, 형제들이여, 우리에게 나쁜 것과 가장 나쁜 것은 무엇인가? 그것은 퇴화가 아닌가?—그리고 우리는 나누어 주는 영혼이 없는 곳에서 항상 퇴화의 낌새를 알아챘다.

우리의 길은 위로 향해서 간다, 종족(種族)을 초월하여 초종족(超種族)을 향해서 나아간다. 그러나 "모든 것은 나를 위해서"라고 말하는 퇴화하는 마음은 우리에게 소름을 끼친다.

우리의 마음은 위로 향해 날아간다. 그리하여 그것은 우리의 육체의 비유가 되고, 상승(上昇)의 비유가 된다. 그와 같은 상승의 비유는 여러 가지 덕의 이름이다.

이처럼 육체는 역사(歷史)를 뚫고 나아간다. 생성하는 자로서, 그리고 투사로서. 그리고 정신─그것은 육체에게 무엇인가? 육체의 투쟁과 승리의 전령이고, 동지이며, 메아리인 것이다.

선악이라는 모든 이름은 비유이다. 그런 이름들은 분명히 밝히지 않고 암시만 할 뿐이다. 그런 것들로부터 지식을 얻으려 하는 자는 바보다!

그대들의 정신이 상징적으로 말하고 싶어 할 때는 항상 주의를 기울여라, 친구들이여. 그때야말로 그대들의 덕이 근원에서 움트는 것이다.

그때 그대들의 육체는 고양(高揚)되고 소생한다. 그것은 자신의 기쁨으로 정신을 황홀하게 한다. 그리하여 정신으로 하여금 창조자가 되고 평가하는 자, 사랑하는 자, 그리고 만물에 대해 은혜를 베푸는 자가 되게 한다.

그대들의 마음이 강물처럼 드넓게 가득 물결 쳐서 강 근처에 사는 사람들에게 축복이자 위험한 것이 될 때, 그때야말로 그대들의 덕이 근원에서 움트는 것이다.

그대들이 칭찬과 비난을 넘어 설 때, 그리고 그대들의 의지가 사랑하는 자의 의지로서 모든 사물에 대해 명령하려 할 때, 그때야말로 그대들의 덕이 근원에서 움트는 것이다.

그대들이 쾌적한 것과 부드러운 잠자리를 경멸하고 마음이 연약한 자들로부터 아주 멀리 떨어져 잠을 잘 때, 그때야말로 그대들의 덕이 근원에서 움트는 것이다.

그대들이 단 하나의 의지(意志)를 갖고 싶어 하고, 모든 곤궁함으로부터 이렇게 전환하는 것을 필연이라고 부를 때, 그때야말로 그대들의 덕이 근원에서 움트는 것이다.

진실로, 이것은 하나의 새로운 선이며 악이다! 진실로, 새롭고 깊은 여울 소리이며 새로운 샘물이 흐르는 소리이다!

이 새로운 덕은 힘이다. 그것은 지배하는 사상이며, 그 주위를 지혜로운 영혼이 둘러싸고 있다. 그것은 황금빛 태양이며, 그 주위를 인식(認識)의 뱀이 둘러싸고 있다.

2

여기서 차라투스트라는 잠시 입을 다물고 애정이 어린 눈으로 그의 제자들을 바라보았다. 그런 다음에 그는 이렇게 말을 계속했는데─그의 목소리는 달라져 있었다.

형제들이여, 대지에 충실하라, 그대들의 덕의 힘으로! 그대들이 주는 사랑과 그대들의 인식이 대지의 뜻을 받들도록 하라! 이렇게 나는 그대들에게 빌며 간청한다.

그대들의 덕이 지상(地上)적인 것으로부터 날아가 버리지 않게 히고, 그 날개가 영원의 장벽에 부딪치지 않게 하라! 아, 얼마나 많은 덕이 늘 날아가 버렸던가!

나처럼, 날아가 버린 덕을 다시 지상으로 되돌려라—그렇다, 다시 육체와 삶으로 되돌아오게 하라. 그것이 지상에 의미를, 인간적인 의미를 주도록!

지금까지 덕과 마찬가지로, 정신도 역시 수백 번 날아갔고 수백 번 과오를 범했다. 아, 지금 우리의 육체 속에는 여전히 이런 모든 미망과 과오가 들어 있다. 거기서 그것은 육체가 되고 의지가 된 것이다.

지금까지 덕과 마찬가지로, 정신 또한 수백 번 날아갔고 수백 번 과오를 범했다. 그렇다, 인간이란 하나의 시도였다. 아, 많은 무지와 오류가 우리의 육체가 되었다!

수천 년 동안의 이성(理性)뿐만이 아니라—그 광기도 우리들에게서 돌연 나타난다. 상속자가 된다는 것은 위험한 일이다.

아직도 우리는 우연이라는 거인과 한 걸음 한 걸음씩 싸워 나가고 있으며, 전 인류의 머리 위에는 지금까지도 여전히 무의미가 지배하고 있다.

그대들의 정신과 그대들의 덕이 지상의 의미를 받들게 하라, 형제들이여. 그리고 모든 사물들의 가치가 그대들에 의해 새로 정립되게 하라! 그러기 위해서 그대들은 투사가 되어야 한다! 그러기 위해서 그대들은 창조하는 자가 되어야 한다!

육체는 앎을 통해서 스스로를 순수하게 만든다. 앎을 통해 정신은 시험하면서 스스로를 드높인다. 인식하는 자에게는 모든 충동은 신성한 것이다. 고양(高揚)된 사람에게 영혼은 즐거운 것이다.

의사여, 그대 스스로를 도와라, 그리하면 그대는 그대의 환자도 도울 수 있을 것이다. 최선의 도움은 스스로를 치유하는 자를 자신의 눈으로 보는 것이다.

이제까지 한 번도 밟지 않은 수천 개의 작은 길들이 있다. 수천 개의 건강과 삶의 숨겨진 섬들이 있다. 인간과 인간의 대지는 아직도 무궁무진하며, 발견되지 않은 채로 있다.

깨어나 귀를 기울여라, 그대 홀로 있는 자들이여! 바람이 소리 없이 날개를 퍼덕이며 미래로부터 불어온다. 그리고 섬세한 귀에는 좋은 소식이 들려오고 있다.

그대 오늘날 홀로 있는 자들이여, 그대 이탈자들이여, 그대들은 언젠가는 하나의 민족이 되어야 한다. 스스로를 선택한 그대들로부터 하나의 선택된 민족이 자라나야 한다.—그리고 거기에서 초인이 나와야 한다.

진실로, 앞으로 대지는 치유의 장소가 되어야 한다! 그리고 이미 그 주위에는 새로운 향기가, 회복을 가져오는 향기가 감돌고 있다.—그리고 새로운 희망도!

3

여기까지 말을 하고 나자 차라투스트라는 입을 다물었다. 그러나 아직은 끝까지 말을 다 하지 못한 듯, 손을 지팡이에 댄 채 오랫동안 망설이고 있었다.

마침내 그는 이렇게 말했다.—그리고 그의 목소리는 변해 있었다.

이제 나는 혼자서 가겠다, 나의 제자들이여! 그대들도 이제 떠나

가라, 그것도 혼자서! 나는 그러기를 바란다.

진실로, 그대들에게 권하노니, 나를 떠나가라. 그리고 차라투스트라를 경계하라! 그리고 그를 부끄럽게 여긴다면 더욱 좋으리라! 어쩌면 그는 그대들을 속였을지도 모른다.

인식하는 인간은, 자신의 적을 사랑할 줄 알 뿐 아니라 자신의 친구를 미워할 줄도 알아야 한다.

언제까지나 제자로서만 남아 있다면 스승에게 제대로 보답을 하지 못하는 사람이다. 그렇다면 왜 그대들은 나의 월계관을 빼앗아 가려 하지 않느냐?

그대들은 나를 존경하고 있다. 그러나 언젠가 그대들의 존경이 무너진다면 어찌 하겠는가? 무너지는 동상(銅像)에 깔려 죽지 않도록 조심하라!

그대들은 차라투스트라를 믿고 있다고 말하는가? 그러나 차라투스트라가 무엇이란 말인가? 그대들은 나의 신도(信徒)들이다. 그러나 신도가 대체 무엇이란 말인가?

그대들은 아직껏 그대들 자신을 찾지 않았다. 그래서 그대들은 나를 찾은 것이다. 신도들이란 다 그렇게 한다. 그래서 모든 신앙이 다 하찮은 것이다.

이제 나는 그대들에게 나를 잃어버리고 그대들을 찾으라고 명한다. 그리고 그대들이 모두 나를 부인했을 때, 비로소 나는 다시 그대들 곁으로 되돌아가리라.

진실로 형제들이여, 그때 가서 나는 달라진 눈으로 나의 잃어버린 사람들을 찾으리라. 그때 나는 다른 사랑으로 그대들을 사랑하게 되리라.

그리고 다시 언젠가 그대들은 나의 친구가 되고, 내 희망의 어린 아이가 되어야 한다. 그때 가서 나는 세 번째로 그대들과 함께 있으리라, 그대들과 함께 위대한 정오(正午)를 축하하기 위해서.

위대한 정오라는 것은, 인간이 짐승과 초인 사이를 연결하는 길의 한가운데에 서 있을 때이며, 저녁을 향해 가는 자신의 길을 자신의 최고의 소망으로 축하하는 때이다. 왜냐하면 그것은 새로운 아침을 향해 가는 길이기 때문이다.

이때 하강하는 자는 자신이 저 너머로 초월해 가는 자가 되려고 스스로를 축복하게 될 것이다. 그리고 그의 인식의 태양은 정오의 태양이 되어 그의 머리 위에 떠 있을 것이다.

"모든 신들은 죽었다. 이제 우리는 초인이 살기를 바란다."—이것이 언젠가는 위대한 정오에 나타나는 우리의 최후의 의지가 되기를!—

차라투스트라는 이렇게 말했다.

제2부

"—그대들이 모두 나를 부인했을 때, 비로소 나는 다시 그대들 곁으로 되돌아가리라.

진실로 형제들이여, 그때 가서 나는 달라진 눈으로 나의 잃어버린 사람들을 찾으리라. 그때 나는 다른 사랑으로 그대들을 사랑하리라."

《차라투스트라는 이렇게 말했다》
제1부, '나누어 주는 덕에 대하여' 중에서-

◆ 1. 거울을 가진 어린아이에 대하여

그 뒤 차라투스트라는 산중으로 되돌아가 그의 동굴의 고독 속으로 다시 들어가 사람들을 피했다. 씨앗을 뿌려 놓고 기다리는 사람처럼. 그러나 그의 영혼은 초조함과 자신이 사랑하는 사람들에 대한 갈망으로 가득 차 있었다. 그는 아직도 그들에게 주어야 할 많은 것을 갖고 있었기 때문이다. 사랑하기 때문에 뻗쳤던 손을 다시 움츠리고, 나누어 주는 자로서의 부끄러움을 잃지 않는 것이 가장 어려운 일이다.

이리하여 그 홀로 있는 자에게 달이 가고 해가 바뀌었다. 그러나 그의 지혜는 성숙해져서 그 충만함이 그를 괴롭혔다.

그러나 어느 날 아침, 그는 날이 새기 전에 이미 깨어나 잠자리에서 오래도록 생각에 잠겨 있다가 마침내 마음속으로 이렇게 말했다.

"도대체 나는 꿈속에서 무엇에 놀랐기에 잠에서 깨었을까? 거울을 든 어린아이가 내게 다가오지 않았던가?

오, 차라투스트라여—라고 그 아이는 내게 말했었다—거울에 비친 그대를 보라!

그러나 나는 거울 속을 들여다보았을 때 놀라 비명을 질렀고, 내 가슴은 떨렸다. 그 거울 속에서 내가 본 것은 나 자신이 아니라, 악마의 찌푸린 얼굴과 냉소였기 때문이다.

진실로, 나는 그 꿈의 징조와 경고를 너무나 잘 알고 있다. 나의 가르침은 위기에 놓여 있고, 잡초가 스스로를 밀이라고 일컫고 있는 것이다!

내 적들은 힘이 강해져 내 가르침의 모습을 왜곡시켰다. 그리하여 내가 가장 사랑하는 사람들은, 내가 그들에게 준 선물을 부끄러워하지 않을 수 없게 되었다.

나는 내 친구들을 잃었다. 내가 잃어버린 사람들을 찾아야 할 때가 왔다!"—

이렇게 말하고서 차라투스트라는 벌떡 일어났다. 그러나 불안에 숨이 막혀 헐떡이는 자의 모습이 아니라, 오히려 영감을 받은 예언자나 노래 부르는 사람 같았다. 그의 독수리와 뱀은 의아한 눈으로 그를 바라보았다. 다가올 행복이 마치 아침노을처럼 그의 얼굴에 감돌고 있었던 것이다.

도대체 나에게 무슨 일이 일어났는가, 나의 동물들이여?—라고 차라투스트라는 말했다. 내가 변한 것이 아닌가! 내가 변한 것이 아닌가! 더없는 행복이 폭풍처럼 방금 나를 휩쓸지 않았는가?

나의 행복은 어리석은 것이며, 그것은 어리석은 것을 말할 것이다. 그것은 아직은 너무 어리다.—그러니 그것에 대해 인내를 가져라!

나는 나의 행복 때문에 상처를 받았다. 모든 고뇌하는 자들은 나의 치유자가 되어 달라!

나는 다시 나의 친구나 적들에게로 내려갈 수 있다! 차라투스트라는 다시 말하고, 나눠 줄 수 있으며, 사랑하는 사람들에게 가장 사랑하는 일을 해줄 수 있다!

나의 조급한 사랑은 넘쳐나 강물이 되어, 동으로 서로 흘러내려 간다. 침묵의 산 위에서, 고통의 폭풍 속에서 내 영혼은 촬촬 소리를 내며 골짜기로 흘러가고 있다.

너무나 오랫동안 나는 먼 곳을 그리워하며 응시하고 있었다. 너무나 오랫동안 나는 고독 속에 있었다. 그리하여 나는 침묵하는 법을 잊어버렸다.

나는 철두철미 입이 되었고 드높은 바위로부터 뿜어 내리는 실개천의 물소리가 되었다. 나는 나의 말소리를 골짜기 사이의 낮은 곳을 향해 던지고 싶구나.

그리고 내 사랑의 흐름이 길이 없는 곳으로 떨어지더라도 좋다! 강물이 마침내 바다로 이르는 길을 어찌 찾지 못하겠는가!

아마도 나의 내면에는 하나의 호수가, 고적하고 스스로 만족하는 하나의 호수가 자리하고 있다. 그러나 내 사랑의 흐름은 이 호수를 끌어당겨 저 아래로 흘러간다.―바다를 향해서!

나는 이제 새로운 길을 가고, 새로운 설교가 나에게로 다가온다. 모든 창조하는 자들과 마찬가지로 나도 낡은 설교에 싫증났다. 나의 정신은 더 이상 낡은 신발을 신고 돌아다니고 싶어 하지 않는다.

모든 설교들이 내가 보기에는 너무 느리게 달려가고 있다.―폭풍이여, 나는 그대의 달리는 마차에 올라타련다! 그러면 그대마저 나의 악(惡)으로 내가 채찍질하리라!

함성처럼 환호성처럼 나는 드넓은 바다를 건너 달려가리라, 나의 친구들이 머물고 있는 행복한 섬들을 발견할 때까지.―

그리고 그 친구들 사이에 나의 적들이 숨어 있는 곳으로! 이제 나는 내가 단순히 말을 걸 수 있는 자라면 그것이 누구든 얼마나 사랑하는지! 나의 적들 역시 나의 행복의 한 부분인 것이다.

그리고 내가 나의 가장 사나운 말 위에 올라타려고 할 때면, 나의 창(槍)이 언제나 가장 잘 도와주리라. 그 창은 언제나 준비된 내 발의 하인이다.—

내가 나의 적들을 향해 던지는 창이여! 마침내 내가 이제 그것을 던져 버릴 수 있게 된 것에 대해 나의 적들에게 얼마나 감사하는지!

나의 구름 속을 흐르는 전압은 너무나 높았다. 번갯불의 큰 웃음 사이로 나는 우박을 소나기처럼 심연(深淵)으로 쏟아 부으리라.

그때 나의 가슴은 거세게 부풀어 오르리라. 나의 가슴은 거세게 폭풍을 산 너머로 불어 보내리라. 그리하여 안도하게 될 것이다.

진실로, 폭풍처럼 나의 행복과 나의 자유는 다가온다! 그러나 나의 적들은 악한이 그들의 머리 위에서 미쳐 날뛴다고 생각하리라.

그렇다, 친구들이여, 그대들도 역시 나의 사나운 지혜에 놀라게 되리라. 그리하여 그대들은 아마도 나의 적들과 함께 지혜로부터 달아나리라.

아, 내가 양치기의 피리로 그대들을 꾀어 되돌아오게 할 수만 있다면! 아, 나의 지혜의 암사자가 순하게 부르짖는 법을 배웠더라면! 더구나 우리는 이미 함께 많은 것을 배우지 않았는가!

나의 사나운 지혜는 고독한 산 위에서 잉태되었고, 그 지혜는 거친 바위 위에서 새끼를, 가장 어린 새끼를 낳았다.

이제 그것은 어리석게도 거친 사막을 헤치고 돌아다니면서 부드러운 풀밭을 찾고 또 찾고 있다.— 나의 늙고 사나운 지혜가!

그대들 가슴의 부드러운 풀밭 위에, 친구들이여!—그대들의 사랑 위에 나의 지혜는 자신의 가장 사랑하는 자식을 눕히고 싶어 한다!

차라투스트라는 이렇게 말했다.

◆ 2. 행복의 섬에서

무화과나무의 열매가 나무에서 떨어진다. 그 열매는 맛이 좋고 달콤하다. 열매가 떨어져 그 붉은 껍질이 터진다. 나는 무화과 열매를 익게 하는 북풍이다.

이렇게 무화과나무의 열매처럼, 이 가르침은 그대들에게 떨어진다, 친구들이여. 그 과즙과 그 달콤한 과육(果肉)을 맛보아라! 바야흐로 주위는 가을과 맑은 하늘이 펼쳐져 있고 때는 오후다.

보라, 우리의 주위가 얼마나 풍요로운지를! 그리고 넘쳐흐르는 충만함 속에서 먼 바다를 내다보는 것은 아름다운 일이다.

일찍이 인간은 먼 바다를 바라볼 때면 신(神)을 이야기했으나, 이제 나는 그대들에게 초인(超人)을 이야기하겠다.

신이란 하나의 가정(假定)이다.[49] 그러나 나는 그대들의 가정이 그대들의 창조적 의지보다 더 멀리 나아가지 않기를 바란다.

---

49. 신(神)이란 실재하는 것이 아니라, 인간의 머릿속에서 상상해 낸 것에 지나지 않는다는 뜻.

그대들은 과연 신을 창조해 낼 수 있는가?—그러니 제발 모든 신들에 대해서는 입을 다물어라! 그러나 그대들은 분명 초인을 창조해 낼 수 있을 것이다.

아마 그대들 자신이 초인이 될 수는 없을지 모른다, 형제들이여! 그러나 그대들은 자기 자신을 초인의 아버지나 선조(先祖)로 개조시킬 수는 있으리라. 그리고 이 개조가 그대들의 가장 훌륭한 창조가 되리라!—

신은 하나의 가정이다. 그러나 나는 그대들의 가정이 생각 가능한 범위 내에 머물기를 바란다.

그대들은 신에 대해 생각할 수 있는가?—그러나 그러더라도 이것이 그대들에게는 진리에의 의지를 의미하는 것이어야 한다! 곧, 모든 것을 인간적으로 변화시키기를—모든 것을 인간적으로 생각할 수 있는 것, 인간적으로 볼 수 있는 것, 인간적으로 느낄 수 있는 것으로 변화시키려는 의지 말이다! 그대들은 자기 자신의 감각으로 끝까지 사고(思考)해야만 한다!

그리고 그대들이 세계라고 불렀던 것, 그것은 먼저 그대들에 의해 창조되어야 한다. 그대들의 이성(理性), 그대들의 심상(心象), 그대들의 의지, 그대들의 사랑이 세계 자체가 되어야 한다! 그리고 진실로, 그것은 그대들의 행복을 위한 것이어야 한다, 그대 인식하는 자들이여!

그리고 이런 희망이 없다면 그대들은 어찌 삶을 견딜 수 있겠는가, 그대 인식하는 자들이여? 그대들은 이해할 수 없는 것이나 비이성적인 것 속에 안주해서는 안 된다.

그러나 나는 그대들에게 내 마음을 전부 털어놓겠다, 친구들이여, 만일 신(神)들이 존재한다면, 내가 신이 되지 않고서 어찌 견딜 수 있겠는가! 그러므로 어떤 신도 존재하지 않는다.

확실히 나는 이런 결론을 내렸다. 그러나 이제는 이 결론이 나를 끌고 간다.―

신이란 하나의 가정이다. 그러나 이런 가정에서 나오는 온갖 고통을 마시고도 죽지 않는 자가 있을까? 창조하는 자에게서 그의 믿음을 빼앗고, 독수리에게서 높은 창공을 나는 재주를 빼앗아야 할까?

신(神)이라는 것은 모든 곧은 것을 뒤틀리게 하고, 서 있는 모든 것을 어지럽게 만드는 사상이다. 뭐라고? 시간은 지나가 버리며, 모든 무상(無常)함은 거짓에 지나지 않는다고?

이런 생각을 하면, 인간의 사지는 소용돌이치고 어지러워지며 위장은 구역질을 일으키게 된다. 진실로, 그렇게 가정하는 것을 나는 어지럼병이라 부른다.

유일자(唯一者), 완전한 자, 부동자(不動者), 충만한 자, 불변하는 자에 대한 이런 모든 가르침을 나는 사악하고 인간 적대적이라고 부른다!

모든 영원―그것은 단지 하나의 비유에 지나지 않는다!

그리고 시인들은 너무나 거짓말을 많이 한다.―

가장 훌륭한 비유라면, 시간과 생성(生成)에 대해 이야기해야 한다. 그것은 모든 무상함을 찬미하고 변호하는 것이어야 한다!

창조하는 것―그것은 고뇌로부터 구원하는 위대한 것이며, 삶을 수월하게 만드는 것이다. 그러나 창조자가 되는 것, 그 자체는 고뇌와 많은 변화가 필요하다.

그렇다, 그대 창조하는 자들이여, 그대들의 삶 속에는 수많은 쓰라린 죽음이 있어야 한다! 이렇게 해서 그대들은 모든 무상한 것에 대한 대변자가 되고, 그것을 인정하는 자가 되어야 한다.

창조하는 자 자신이 새로 태어나는 어린아이가 되기 위해서는, 그 역시 산모(産母)가 되어 산모의 고통을 겪어보아야 한다.

진실로, 나는 백 개의 영혼을 거치고 백 개의 요람과 진통을 거쳐 나의 길을 갔다. 나는 이미 수많은 작별을 겪었으며, 그 가슴 아픈 마지막 순간들을 잘 알고 있다.

그러나 나의 창조적 의지, 나의 운명이 그것을 바라고 있다. 혹은 그대들에게 더 정직하게 말하자면, 다름아닌 그런 운명을—나의 의지는 바라고 있다.

나의 온갖 감정들은 괴로워하면서 감옥에 갇혀 있다. 그러나 나의 의욕은 언제나 나를 해방시키고 기쁨을 가져다주는 자로서 나에게 다가온다.

의욕은 해방시켜 준다. 그것이 바로 의지와 자유에 대한 참된 가르침이다.—이렇게 차라투스트라는 그대들에게 가르치노라.

더 이상 의욕하지 않고, 더 이상 평가하지 않고, 또 더 이상 창조하지 않는 것! 아, 이런 엄청난 권태야말로 늘 내게서 멀리 떨어져 있기를!

또 인식하는 가운데서도 나는 오직 나의 의지를 생성(生成)시키는 즐거움만을 느낀다. 그리고 나의 인식에 순수함이 들어 있다면 그것은 그 안에 생성의 의지가 있기 때문이다.

이 의지가 나를 신들로부터 떠나도록 이끌었다. 만일 신들이 존재한다면, 도대체 창조할 무엇이 남아 있겠는가!

그러나 나의 타오르는 창조 의지는 언제나 다시 나를 인간에게로 향하게 한다. 그것은 돌을 향해 망치로 때리는 것이다.

아, 그대 인간들이여, 나는 그 돌 속에 잠들어 있는 하나의 상(像)을 본다, 내가 구상하는 상(像)들 중의 하나를! 아, 그것은 가장 단단하고 못생긴 돌 속에서 잠들어 있어야 하다니!

이제 나의 망치는 그 상을 가둔 감옥을 무섭게 쳐서 부순다. 돌에서 파편이 튄다. 그것이 내게 무슨 상관인가?

나는 그 상을 완성하려 한다. 어떤 그림자가 내게로 다가 왔기 때문이다.―모든 사물들 중에서 가장 고요하고 가벼운 것이 일찍이 내게로 왔던 것이다!

초인의 아름다움이 그림자로서 나를 찾아온 것이다. 아, 형제들이여! 지금 신들이 내게 무슨 소용이 있단 말인가!―

차라투스트라는 이렇게 말했다.

◆ 3. 동정하는 자들에 대하여

친구들이여, 그대들에게 조롱하는 소리가 들렸다. "차라투스트라를 좀 보라! 그는 마치 짐승들 사이를 돌아다니듯이 우리 사이를 돌아다니고 있지 않은가?"라고.

그러나 이렇게 말하는 것이 더 나으리라. "인식하는 자가 짐승들인 인간들 사이를 돌아다니고 있다"라고.

그러나 인식하는 자에게는 인간 자체가 붉은 뺨을 가진 짐승이다.

어찌하여 인간은 그렇게 붉은 뺨을 갖게 되었을까? 인간이 너무 자주 부끄러워해야 하기 때문에 그런 것이 아닐까?

오, 친구들이여! 인식하는 자는 이렇게 말한다. 수치, 수치, 수치—그것이 인간의 역사다! 라고.

그러므로 고귀한 자는 남에게 수치를 주지 말라고 스스로 명령한다. 고귀한 자는 모든 고뇌하는 자들 앞에서 스스로 수치스러워지라고 명한다.

진실로, 나는 동정을 베풀면서 행복해 하는 자들을 좋아하지 않는다. 그들에게는 너무나 수치심이 부족하다.

내가 동정심을 가져야 한다면, 그럴 때도 나는 동정심을 가진 자라고 불리고 싶지는 않다. 그리고 비록 내가 동정심을 갖더라도, 오히려 멀리서 그렇게 되고 싶다.

나는 알려지기 전에 머리를 가리고 도망치기를 좋아한다. 그리하여 나는 그대들에게도 그렇게 하라고 명한다, 친구들이여!

나의 운명이, 언제나 내가 가는 길에서 그대들처럼 고뇌가 없는 자들과 만나게 해주기를! 또 내가 희망과 식사와 꿀을 같이 할 수 있는 자들과 만나게 해주기를!

진실로, 나는 고뇌하는 자들을 위해 이런저런 좋은 일을 하였다. 그러나 나 스스로 더 즐거워하는 법을 배웠을 때, 나는 오히려 항상 더 나은 일을 하는 것처럼 생각되었다.

인간이 존재하게 된 이후로, 인간은 스스로 즐기는 법을 너무나 몰랐다. 오직 그것이, 형제들이여, 우리의 원죄(原罪)인 것이다!

그리고 우리는 스스로 더 즐기는 법을 배웠을 때, 타인에게 고통을 주거나 고통을 줄 생각을 가장 잘 잊는다.

그러므로 나는 고뇌하는 자를 도와주었던 나의 손을 씻고, 그 때문에 나의 영혼도 깨끗이 씻는다.

왜냐하면 나는 고뇌하는 자의 고뇌를 보았을 때, 그의 수치로 말미암아 수치를 느꼈으며, 그를 도와주었을 때 그의 긍지에 몹시 상처를 주었기 때문이다.

큰 은혜를 베푸는 것은 감사하는 마음이 아니라, 오히려 미워하는 마음을 불러일으킨다. 또한, 작은 친절이 잊히지 않으면 거기서 오히려 마음을 갉아먹는 벌레가 생긴다.

"받는 것을 삼가라! 받는 것을 특별한 일이 되게 하라!" 이렇게 나는 나누어 줄 것이 아무것도 없는 자들에게 충고한다.

그러나 나는 나누어 주는 자이다. 나는 친구로서 친구들에게 기꺼이 베푼다. 그러나 낯선 자들과 가난한 자들은 나의 나무에서 과일을 따 가도 좋다. 그러게 하면 그들은 덜 부끄러워할 것이다.

그러나 거지들은 모두 쫓아 버려야 한다! 진실로, 그들에게는 줘도 화가 나고 주지 않아도 화가 난다.

죄인들과 양심의 가책을 느끼는 자들도 마찬가지다! 내 말을 믿으라, 친구들이여, 양심의 가책은 나중에 남을 물어뜯도록 길들인다.

그러나 가장 좋지 못한 것은 왜소(矮小)한 생각들이다. 진실로, 왜소한 생각을 하는 것보다는 악행을 하는 편이 더 낫다!

물론 그대들은 이렇게 말한다. "사소한 악의를 즐김으로써 우리는 많은 큰 악행을 모면한다." 그러나 이런 데서 모면하려고 해서는 안 된다.

악행은 종기와도 같다. 그것은 근질거리고 쑤시며 터지고 만다. ─악행은 정직하게 이야기한다.

"보라, 나는 병(病)이다."─이렇게 악행은 말한다. 이것이 악행의 정직함이다.

그러나 왜소한 생각은 세균과 같다. 그것은 살금살금 스며들며 한곳에 머물러 있으려 하지 않는다.─마침내 온몸이 왜소한 생각들에 침투되어 썩어 문드러질 때까지.

그러나 악마에게 사로잡힌 자의 귀에 나는 이런 말을 속삭이리라. "그대는 차라리 그대의 악마를 크게 키우는 것이 더 낫다! 그대에게도 위대한 길은 아직 남아 있다!"라고.─

아, 형제들이여! 우리는 모든 사람들에 대해 너무 많이 알고 있다! 그래서 많은 사람이 우리에게 투명하게 보이지만, 그렇다 해서 그들을 철두철미하게 아는 것은 아니다.

사람들과 함께 사는 것은 어려운 일이다. 침묵하는 것은 매우 어렵기 때문이다. 또 우리는, 우리가 가장 싫어하는 사람이 아니라 우리와 전혀 상관이 없는 자들을 가장 부당하게 대한다.

그러나 그대에게 괴로워하는 친구가 있다면, 그의 괴로움을 위한 휴식처가 되어라, 그러나 딱딱한 침대, 야전 침대가 되어라. 그리하면 그대는 그에게 가장 필요한 자가 될 것이다.

그리고 그대에게 나쁜 짓을 행하는 친구가 있다면, 이렇게 말하

라. "나는 그대가 나에게 한 짓을 용서한다. 그러나 그대가 그대 자신에게 저지른 행동에 대해서 내가 어떻게 그것을 용서할 수 있겠는가!"

모든 큰 사랑은 이렇게 말한다. 그 사랑은 용서와 동정조차도 극복한다고.

사람은 자신의 마음을 꼭 붙들고 있어야 한다. 마음이 일단 가 버리게 내버려두면, 머리도 역시 곧 달아나 버리기 때문이다!

아, 세상에 동정하는 자들의 어리석음보다 더 큰 어리석음이 저질러진 적이 있던가? 그리고 세상에 동정하는 자들의 어리석음보다 더 큰 괴로움을 주는 것이 어디 있던가?

동정을 초월하는 고귀함을 아직 갖지 못한, 사랑하는 이들 모두에게 화있어라!

일찍이 악마가 나에게 이렇게 말했다. "신(神)조차도 자신의 지옥이 있다. 그것은 인간들에 대한 신의 사랑이다."

그리고 얼마 전에 나는 악마가 또 이렇게 말하는 것을 들었다. "신은 죽었다. 인간들에 대한 동정 때문에 신은 죽었다."[50]—

그러므로 그대들은 동정하지 않도록 조심하라. 동정으로부터 짙은 먹구름이 인간들에게로 몰려온다! 진실로, 나는 천기(天氣)의 징후를 잘 알고 있다!

그러나 또 이 말도 명심하라. 모든 커다란 사랑은 동정도 극복한다는 것을. 왜냐하면 그런 사랑은 사랑하는 대상까지도—창조하려

---

50. 여기서의 신은 기독교의 신을 말한다.

하기 때문이다!

　"나는 나의 사랑에 나 자신을 바친다. 또 나와 마찬가지로 내 이웃들까지도."—모든 창조하는 자들은 이렇게 말한다.

　그러나 모든 창조하는 자들은 냉정하다.—

차라투스트라는 이렇게 말했다.

◆ 4. 성직자들에 대하여

그리고 언젠가 차라투스트라는 그의 제자들에게 하나의 표시로서 이런 말을 하였다.

　"여기에 성직자들이 있다. 비록 그들은 나의 적이기는 하지만, 조용히 그들을 지나쳐 가라, 칼을 잠재운 채로!

　그들 가운데에도 영웅들은 있다. 그들 중에서 많은 사람들이 너무나 괴로움을 겪었다.—그래서 그들은 다른 사람들도 괴롭히고 싶어 한다.

　그들은 질 나쁜 적들이다. 그들의 겸손보다 더 복수심에 차 있는 것은 없다. 그러므로 그들을 공격하는 자는 오염되기 쉽다.

　그러나 나의 피는 그들의 피와 유사한 데가 있다. 그러므로 나는 나의 피가 그들의 피 속에서도 존중되고 있는지 알고 싶다."

　그들이 지나가자 차라투스트라에게 고통이 엄습해 왔다. 그는 한동안 그 고통과 싸우고 나서 그는 이렇게 말하기 시작했다.

나는 이 성직자들이 가엾다. 그들은 또 내 취향에 맞지 않는다. 그러나 그런 것은 내가 인간들 사이에 있어 온 이후로 가장 사소한 일이다.

그러나 나는 그들과 고통을 함께 나누고 있고 또 나누어 왔다. 그들은 나에게 죄수이며 낙인찍힌 자이다. 그들이 구원자라고 부르는 자가 그들에게 굴레를 씌운 것이다.—

그릇된 가치와 그릇된 언어의 굴레를 씌운 것이다! 아, 누군가 그들의 구원자로부터 그들을 구해 줄 사람이 있다면!

일찍이 바다가 그들을 거세게 휘몰아쳤을 때, 그들은 한 섬에 상륙했다고 믿었다. 그러나 보라, 그 섬이란 잠들어 있는 괴물이었다!

그릇된 가치와 그릇된 언어. 그것은 언젠가 죽어야 하는 인간들에게는 가장 사악한 괴물이다.—그 괴물들 속에서 재앙이 잠든 채 오랫동안 기다리고 있는 것이다.

그러나 마침내 그 재앙은 잠에서 깨어나 자기 위에 오두막을 지은 자들을 덮쳐 삼켜 버린다.

오, 이 성직자들이 지은 오두막들을 보라! 달콤한 향기가 흐르는 그 동굴을 그들은 교회라고 부른다.

오, 이 변조된 빛이여, 이 눅눅해진 공기여! 여기서는 영혼이 높이 날아오를 수 없구나!

오히려 그들의 신앙은 이렇게 명령한다. "무릎을 꿇고서 계단을 오르라, 그대 죄인들이여!"

진실로, 나는 그들의 부끄러움과 신앙심에 젖은 사팔뜨기 눈을 보기보다는 차라리 부끄러워할 줄 모르는 자를 보고 싶다!

누가 그런 동굴과 속죄의 계단을 창조해 냈는가? 맑은 하늘 앞에서 자신들을 숨기고 싶어 하고 부끄러움을 느낀 자들의 짓이 아니겠는가?

그러므로 그 지붕이 무너져 맑은 하늘이 다시 틈새로 들어와 무너진 벽 위의 풀과 양귀비꽃을 내려다볼 때, 그때 비로소 나는 내 마음을 이 신의 처소로 돌리리라.

그들은 자기들에게 모순되고 고통을 주는 것을 신(神)이라고 불렀다. 그리고 실로, 그들의 예배 속에는 영웅인 척하는 것이 많이 들어 있다!

그리고 그들은 인간을 십자가에 못 박는 것 말고는 자신들의 신을 사랑하는 법을 몰랐다!

그들은 시체처럼 살 생각으로 자신들의 시신을 검은 옷으로 감쌌다. 그들의 설교에서까지도 여전히 시체실의 악취가 난다.

그들 가까이에 사는 자는 두꺼비의 달콤하고 심오한 노래가 들려오는 검은 연못가에 살고 있는 것이다.

나에게 그들의 구원자에 대한 신앙을 배우게 하려면, 그들은 좀 더 나은 노래를 불러야 한다. 내 눈에 그 구원자의 제자들이 좀 더 구원받은 것처럼 보여야 할 것이다!

나는 그들의 벌거벗은 모습을 보고 싶다. 오직 아름다움만이 참회를 설교해야 하기 때문이다. 그러나 이런 허울 쓴 고뇌로 누구를 설복할 수 있겠는가!

진실로, 그들의 구원자들 자신이 자유로부터, 자유의 일곱 번째 천국[51]으로부터 온 것이 아니다! 진실로, 그들 자신은 결코 인식의 양탄자 위를 걸어 본 적이 없다!

이런 구원자들의 정신은 허점투성이다. 그러나 그 허점의 틈새마다 그들은 자신들의 망상을, 그들이 신이라고 부르는 대용품을 세워 놓았다.

그들의 정신은 동정심 속에 빠져 익사했으며, 그 속에서 한껏 부풀어 오를 때 그 표면 위에 떠오른 것은 언제나 커다란 어리석음이었다.

그들은 고함을 지르면서 열광적으로 그들의 가축 떼를 외나무다리 위로 건너도록 몰아갔다. 마치 미래로 가는 길에는 오직 '하나의' 외나무다리밖에 없는 것처럼! 실로, 이 양치기들마저도 그 양 떼의 일부였다!

이 양치기들은 작은 정신과 넓은 영혼을 갖고 있었다. 그러나 형제들이여, 지금까지 넓은 영혼이라고 했던 것들이 얼마나 작은 땅이었던가!

그들은 자신들이 가는 길에 핏자국으로 표시했고, 그들의 어리석음은 진리를 피로써 증명해야 한다고 가르쳤다.

그러나 피는 진리의 가장 나쁜 증인이다. 피는 가장 순수한 가르침마저도 독을 섞어 마음의 망상과 증오로 바꿔버린다.

그리고 자신의 가르침을 위해 불속을 뚫고 나가는 자가 있더라

---

51. '일곱 번째 천국', 즉 '제7천국'이란 최고의 행복을 상징하는 말로서 '행복의 절정'이란 뜻이다. 원래 유대교도나 이슬람교도들이 여기에 하나님과 천사들이 살고 있다고 생각한 데서 유래된 말이다.

도— 이것이 무엇을 증명하겠는가! 진실로, 자기 자신을 불태워 거기에서 자신의 가르침이 생겨나는 편이 더 낫다!

후텁지근한 가슴과 차디찬 머리, 이 둘이 서로 맞부딪치는 곳에 '구원자'라는 광풍이 일어난다.

진실로, 민중이 구원자들이라고 부르는 자들, 이 황홀하게 만드는 광풍보다 더 위대한 사람들과 더 고귀한 태생의 사람들이 있었다!

그리고 형제들이여, 그대들이 자유를 향해 가는 길을 찾고자 한다면, 그대들은 모든 구원자들보다 더 위대한 사람들에게서 구원을 얻어야 한다!

지금까지 초인은 결코 존재한 적이 없었다. 나는 가장 위대한 인간도, 가장 보잘것없는 인간도 둘 다 적나라하게 보았다.—

그들 역시 서로 너무나 닮았다. 진실로, 가장 위대한 사람일지라도 —너무나 인간적이라는 것을 나는 알았다!

차라투스트라는 이렇게 말했다.

◆ 5. 덕이 있는 자들에 대하여

게으르게 잠자고 있는 마음을 향해서, 우리는 우레와 하늘의 불꽃으로 말해야 한다.

그러니 아름다움의 목소리는 나직하게 이야기한다. 그것은 가장 깨어 있는 영혼 속으로만 살며시 들려온다.

오늘 나의 방패는 가볍게 흔들리면서 나를 향해 웃었다. 그것은 아름답고 성스러운 웃음이며 흔들림이다.

그대 덕 있는 자들이여, 오늘 나의 아름다움은 그대들을 비웃었다. 그리고 그 아름다움의 목소리는 내게 이렇게 들렸다. "그들은 아직도 ─대가를 바라고 있다!"

그대들은 아직도 대가를 바라고 있다, 그대 덕 있는 자들이여! 그대들은 덕에 대해서는 보답을, 지상에 대해서는 천국을, 그리고 그대들의 오늘에 대해서는 영원을 바라고 있는 것인가?

그리하여 지금 그대들은 보답을 해주는 자도, 지불해 주는 자도 없다고 가르치는 나에게 화를 내는가? 그런데 진실로, 나는 그대들의 덕에 대한 보답이 덕이라고 가르친 적조차 없다.

아, 이것이 나의 슬픔이다. 사람들은 사물의 근저(根底)에 보답과 형벌이라는 거짓을 끌어들였다.─그리고 지금은 그대들의 영혼의 밑바닥에도 같은 짓을 하고 있다, 그대 덕 있는 자들이여!

그러나 내가 하는 말은 멧돼지의 코처럼 그대들 영혼의 밑바닥을 파헤치리라. 나는 그대들로부터 쟁기의 날이라고 불리기를 바란다.

그대들의 밑바닥에 있는 모든 비밀을 밝은 곳으로 끌어내야 한다. 그리하여 그대들이 파헤쳐지고 부서져서 햇빛에 드러날 때, 그대들의 거짓도 그대들의 진실로부터 떨어져 나가리라.

왜냐하면 이것이야말로 그대들의 진실이기 때문이다, 즉 그대들은 복수와 형벌과 보답과 보상 같은 말로 더럽혀지기에는 너무나 순수하다는 것이.

그대들은 어머니가 자식을 사랑하듯 그대들의 덕을 사랑한다. 그러나 어느 어머니가 자신의 사랑에 대한 보답을 받기를 바란다는 말을 들어본 적이 있는가?

그대들의 덕은 바로 그대들이 가장 사랑하는 그대들 자신이다. 그대들의 내부에는 원환(圓環)[52]에 대한 갈망이 있다. 자기 자신에게 다시 도달하는 것, 그것을 위해서 모든 원환은 몸부림치며 돌아간다.

그리고 그대들의 덕이 하는 모든 일은 소멸해 가는 별과 같다. 그 빛은 영원히 떠돌아다닌다.—그러나 언제 그 빛이 떠돌아다니기를 멈출 것인가?

이와 같이 그대들이 한 일이 끝난 후에도 그대들의 덕은 여전히 떠돌아다니고 있다.

설령 그것이 잊히고 사라지더라도, 그 빛은 여전히 살아서 떠도는 것이다.

그대들의 덕은 그대들 자신이지 어떤 낯선 것, 겉가죽, 은폐가 아니라는 것, 그것이 그대들의 영혼의 밑바닥에서 나오는 진리다, 그대 덕 있는 자들이여!

그러나 채찍 아래서 몸부림치는 것을 덕이라고 부르는 자들도 있다. 그대들은 그런 자들의 외침 소리에 너무 많이 귀 기울여 왔다!

그리고 자신들의 악덕이 둔해지는 것을 덕이라고 부르는 자들도 있다. 그리고 그들의 증오와 질투가 활기를 잃고 축 늘어지면, 그들의 "정의"라는 것은 깨어나 졸린 눈을 비빈다.

그리고 밑으로 끌려 내려가는 자들도 있다. 그들의 악마가 그들

---

52. '원환(圓環)'은 독일어로 'Ring', 즉 '고리'를 의미한다. 이는 차라투스트라가 설파하는 영원히 돌고 도는 '영원회귀' 사상을 암시한다.

을 끌고 가는 것이다. 그러나 밑으로 가라앉을수록 그들의 두 눈은 더욱 이글거리고, 신(神)에 대한 그들의 갈망은 더욱더 불타오르며 빛난다.

아, 그들의 외침 소리 역시 그대들의 귀에 이렇게 들려왔던 것이다, 그대 덕 있는 자들이여. "내가 아닌 것, 그것은 나에게 있어서는 신이며 덕이다!"라고.

그리고 돌을 산 아래로 실어 나르는 수레처럼, 무겁게 덜컹거리며 오는 자들도 있다. 그들은 품위와 덕에 대해 많은 말을 한다. ─그들은 자신들을 방해하는 것을 덕이라고 부른다!

그리고 태엽을 감아 놓은 일상의 벽시계 같은 자들도 있다. 그들은 한결같이 똑딱거리며, 그 똑딱 소리를 사람들이 덕이라고 불러 주기를 바란다.

진실로, 나는 이런 자들이 재미있다. 어디서든 나는 그런 시계를 발견하면 나의 조롱으로 그 태엽을 감아줄 것이다. 그러면 그것들은 달그락달그락 소리를 내며 움직이리라!

그리고 자신들의 한 줌의 보잘 것 없는 정의를 으스대면서, 그 때문에 매사에 어긋나는 악행을 저지르는 자들도 있다. 그리하여 세계는 그들의 불의(不義) 속에 빠져 익사하고 만다.

아, '덕'이라는 말이 그런 자들의 입에서 흘러나올 때마다 얼마나 불쾌한지! 그래서 그들이 "나는 정의롭다"라고 말할 때 그 말은

언제나 마치 "나는 복수심에 차 있다!"라고 말하는 것처럼 들린다.[53]

그들은 자신들의 덕으로 적의 눈을 도려내려고 한다. 오직 남을 낮추기 위해서 자신을 높이는 것이다.

그리고 또, 자신들의 진구렁 속에 앉아 갈대 사이로 이렇게 말하는 자들도 있다. "덕―그것은 진구렁 속에 조용히 앉아 있는 것을 의미한다.

우리는 아무도 물어뜯지 않으며 물어뜯으려는 사람을 피한다. 그리고 매사에 있어 우리는 우리에게 주어진 의견을 갖고 있다."

그리고 또, 몸가짐을 사랑하고 덕이란 일종의 몸가짐이라고 생각하는 자들도 있다.

그들은 언제나 무릎을 꿇고 경배를 드리며, 그들의 손바닥은 덕을 찬미하지만 그들의 심정은 그것에 대해 아무것도 모른다.

그리고 또, "덕은 꼭 필요하다"고 말하는 것을 덕으로 여기는 자들도 있다. 그러나 그들은 근본적으로는 경찰이 꼭 필요하다고 믿는 자들이다.

그리고 인간에게서 고상함을 보지 못하는 많은 사람들은 인간의 저열함을 아주 가까이에서 보고 이를 덕이라고 부른다. 말하자면 그들은 자신들의 악의적인 시선을 덕이라고 부르는 것이다.

그리고 어떤 이들은 고양(高揚)되고 똑바로 일으켜 세워지기를 바라면서 그것을 덕이라고 부른다. 또 다른 자들은 뒤집혀 엎어지기

---

53. 독일어로 '정의롭다'는 '이고 '복수하다'는'인데, 둘 다 발음은 각각 '게레히트'와 '게래히트'로 비슷하게 난다. 여기서 니체는 이 두 단어를 대조시킴으로써 그 특유의 절묘한 비유적인 풍자를 하고 있다.

를 바라면서—역시 그것을 덕이라고 부른다.

이와 같이 거의 모든 사람들이 덕에 한몫을 한다고 믿고 있다. 그리고 누구나 '선악'에 대해 최소한 권위자가 되고 싶어 한다.

그러나 차라투스트라는 이런 모든 거짓말쟁이들과 바보들에게 "그대들이 덕에 대해서 무엇을 아는가! 그대들이 덕에 대해서 무엇을 알 수 있으리오!"라고 말하기 위해서 온 것은 아니다.—

오히려, 친구들이여, 그대들이 바보들과 거짓말쟁이들에게서 배운 낡아빠진 말들에 싫증이 나도록 하기 위해서 온 것이다.

'보답', '보복', '처벌', '정의로운 복수' 따위의 말에 싫증이 나도록.—

또한 "어떤 행위가 선한 것은 그것이 이타적(利他的)이기 때문이다"라는 말에 싫증이 나도록.

아, 친구들이여! 어린아이 속에 어머니가 있는 것처럼 그대들의 행위 속에 그대들 자신이 들어 있다는 것, 그것이 덕에 대한 그대들의 금언(金言)이 되게 하라!

진실로, 나는 그대들에게서 백 가지 말과 그대들의 덕이 가장 사랑하는 장난감들을 빼앗아 버렸다. 그래서 지금 그대들은 어린아이들이 화를 내듯 나에게 화를 내고 있다.

그 어린아이들이 바닷가에서 놀고 있었다.—그때 파도가 밀려와 그들의 장난감들을 물 속 깊숙이 휩쓸어 가고 말았다. 이제 그들은 울고 있다.

그러나 바로 그 파도가 그 아이들에게 새로운 장난감을 갖다 줄 것이며, 그들 앞에 새롭고 다채로운 빛깔의 조개들을 쏟아 놓으리라!

이렇게 해서 그들은 위안을 받으리라. 그리고 그 아이들처럼, 친구들이여, 그대들도 위안을 얻게 될 것이다.—그리고 새롭고 다채로운 빛깔의 조개들을!

차라투스트라는 이렇게 말했다.

◆ 6. 천민들에 대하여

삶이란 쾌락의 샘물이다. 그러나 천민(賤民)들도 함께 마시는 곳에서는, 모든 샘물에 독이 들어 있다.

나는 순수한 모든 것에 마음이 끌린다. 그러나 불결한 자들이 이를 드러내고 웃는 모습이나 그들의 갈증은 보고 싶지 않다.

그들은 그 샘물 속으로 시선을 던진다. 이제 그 샘물로부터 그들의 역겨운 미소가 나를 향해 번득이며 반사된다.

그들은 그 성스러운 물을 그들의 탐욕으로 더럽혔다. 그리고 자신들의 오염된 꿈을 쾌락이라고 불렀을 때, 그들은 그 말도 역시 더럽혔다.

그들이 자신들의 눅눅해진 가슴을 불꽃 가까이 갖다 대면 불꽃도 달가워하지 않는다. 천민들이 불 곁으로 다가가면, 정신 자체는 푸시시 끓어올라 연기를 뿜어댄다.

열매가 그들의 손에 들어가면 달짝지근해지고 물러 터진다. 그들의 시선이 닿으면 열매가 달린 나무는 바람에 잘 부러지고 그 가지

끝은 시들어 간다.

그리고 삶으로부터 등을 돌린 많은 사람들은 단지 천민들로부터 등을 돌린 것일 뿐이다. 그들은 샘물과 불꽃과 열매를 천민과 나누고 싶지 않았던 것이다.

그리고 사막으로 가서 맹수들과 더불어 갈증을 겪는 많은 사람들은, 단지 더러운 낙타 끄는 사람들과 함께 물통 주위에 앉아 있고 싶지 않아서 그렇게 한 것이다.

그리고 파괴하는 자처럼, 마치 모든 곡식 밭에 떨어지는 우박처럼 다가왔던 많은 사람들은 단지 천민들의 아가리에 발을 집어넣어 그들의 목구멍을 틀어막고 싶었던 것이다.

삶 자체는 적의(敵意)가 필요하고 죽음과 십자가에서의 순교를 요구한다는 것을 아는 것, 그것이 내가 가장 삼키기 어려운 음식은 아니었다.—

오히려 나는 일찍이 다음과 같이 묻고 하마터면 나 자신의 질문에 질식할 뻔했다. 뭐라고? 천민도 역시 삶에 필요한가? 라고.

독으로 오염된 샘물, 악취를 풍기는 불, 오염된 꿈, 그리고 삶의 빵 속에 들어 있는 구더기, 이런 것들이 필요한가?

나의 증오가 아니라 나의 구역질이 내 삶을 굶주린 듯이 갉아먹었다!

아, 나는 천민들도 역시 총명하다는 것을 알았을 때, 나는 때때로 정신이라는 것이 싫증났다!

그리고 나는 지배자들이 이제 무엇을 지배라고 부르는지 알았을 때, 그들에게서 등을 돌렸다.—그것은 천민과 권력을 놓고 흥정하고 거래하는 짓이다!

민중들 사이에서 나는 말이 통하지 않는 자처럼 귀를 막고 살았다. 그들이 권력을 놓고 흥정하고 거래하는 것으로부터 멀리 떨어져 있기 위해.

그리고 나는 코를 막고서 불쾌한 마음으로 어제와 오늘 모두를 지나 왔다. 진실로, 어제와 오늘 모두는 글을 쓰는 천민들의 악취를 풍기고 있다!

귀가 먹고 눈이 멀고 벙어리가 된 불구자처럼, 나는 오랫동안 권력을 탐하고 글을 쓰고 쾌락을 쫓는 천민들과 함께 살지 않으려고 했다.

힘겹게 그리고 조심스럽게 나의 정신은 계단을 올라갔다. 조금씩 적선하듯이 주어지는 쾌락은 나의 청량제였다. 지팡이에 의지하여 눈먼 자의 삶은 겨우 느릿느릿 지나갔다.

도대체 나에게 무슨 일이 일어났는가? 어떻게 나는 그 구역질로부터 벗어났던가? 누가 나의 두 눈을 되살아나게 하였던가? 어떻게 나는 더 이상 천민이 샘물가에 앉아 있지 않은 높을 곳으로 날아 올라갔는가?

나의 혐오 자체가 내 몸에 날개와 샘물에 가까이 갈 힘을 만들어 준 것일까? 진실로, 나는 쾌락의 샘물을 다시 발견하기 위해, 가장 높은 곳으로 날아가지 않으면 안 되었다!

오, 나는 그 샘물을 발견했다, 형제들이여! 여기 정상에서는 나를 위해 쾌락의 샘물이 솟구치고 있다! 이곳에는 결코 천민들이 나와 함께 마실 수 없는 삶이 있다!

쾌락의 샘물이여, 그대는 지나칠 정도로 격렬하게 나를 향해 솟구쳐 나오는구나! 그리고 자주 그대는 그 잔을 비우면서 그것을 다시 채우고 싶어 하는구나!

그러나 나는 아직도 더욱 겸손히 그대에게 다가가는 법을 배워야 한다. 나의 마음은 그대를 향해 여전히 너무나 격렬하게 흘러가고 있으므로.—

내 마음, 그 위에서는 여름이 불타오른다, 짧고, 뜨겁고, 우울하고, 행복에 넘치는 여름이. 내 이 여름의 마음은 얼마나 그대의 서늘함을 그리워하고 있는가!

머뭇거리던 내 봄의 괴로움은 지나갔다! 유월에 눈발이 내리던 악의(惡意)는 지나갔다! 나는 온몸이 여름이 되고 여름의 정오가 되었다!

차가운 샘물과 행복한 고요함을 띤 정상에서의 여름. 아, 오라, 친구들이여, 그 고요함이 더욱 행복해지도록!

이곳이야말로 우리가 다다른 높이이며 우리의 고향이기 때문이다. 우리는 여기, 모든 불결한 자들과 그들의 갈증이 도달하기에는 너무 높고 가파른 곳에 살고 있다.

그대들의 순수한 눈길을 나의 쾌락의 샘물 속에 던져다오, 친구들이여! 그 샘물이 어찌 그 때문에 탁해지겠는가! 그 샘물은 순수함으로 그대들을 마주하고 웃어 주리라.

미래라는 나무 위에 우리는 우리의 보금자리를 튼다. 우리들 홀로 있는 자들에게 독수리들이 그 부리로 음식을 집어 날라다 주리라!

진실로, 불결한 자들은 함께 먹을 수 없는 음식인 것이다! 그들은 먹다가는 불을 삼킨 것처럼 입을 데이게 되리라!

진실로, 여기서 우리는 불결한 자들이 머물 집은 준비하고 있지 않다!

그들의 육체와 정신에게 우리의 행복은 얼음 동굴처럼 보이리라!

우리는 맹렬한 바람처럼 그들을 초월하여 살고자 한다. 독수리의 이웃, 눈[雪]의 이웃, 태양의 이웃으로서. 맹렬한 바람은 이렇게 산다.

그리고 한 줄기 바람처럼, 나는 언젠가 그들 사이로 불어 닥쳐 나의 정신으로 그들의 정신의 숨결을 거둬 가리라. 그렇게 되기를 나의 미래는 바라고 있다.

진실로, 차라투스트라는 모든 낮은 곳을 향해 불어 가는 강풍이다. 그리고 그는 그의 적들과 침을 뱉는 모든 사람들에게 이렇게 충고한다.

"바람을 향해 침을 뱉지 않도록 조심하라!"

차라투스트라는 이렇게 말했다.

◆ 7. 독거미에 대하여

보라, 이것은 독거미가 들어 있는 구멍이다! 그대는 직접 그 독거미를 보고 싶은가? 여기에 그 거미줄이 걸려 있다. 이것을 건드려 흔들어 보아라.

여기 독거미가 순순히 다가온다. 잘 왔다, 독거미여! 너의 등 위에는 그대의 검정 삼각형 표식이 있다. 그리고 나는 너의 영혼 속에 무엇이 들어 있는지 알고 있다.

너의 영혼 속에 자리 잡고 있는 것은 복수다.

너에게 물리는 곳에는 검은 부스럼이 생긴다. 복수로써 너의 독은 영혼에 현기증을 일으킨다!

영혼에 현기증을 일으키는 너희들에게 나는 이렇게 비유로 말한다, 그대들, 평등을 설교하는 자들이여! 내가 보기에 그대들은 독거미이며 숨어서 복수심에 불타고 있는 자들이다!

그러나 나는 그대들이 숨어 있는 곳을 폭로하려 한다. 그래서 나는 높은 곳에서 그대들의 얼굴에 대고 폭소를 퍼붓는다.

그러므로 나는 그대들의 거미줄을 찢는다. 그대들의 노여움이 그대들을 허위의 동굴에서 밖으로 꾀어내고 그대들의 '정의(正義)'라는 말 배후에 숨어 있는 그대들의 복수가 튀어나오도록.

왜냐하면 인간이 복수로부터 구원되는 것, 이것이야말로 내게는 최고의 희망으로 이르는 다리이며, 오랜 폭풍우 끝에 나타나는 무지개이기 때문이다.

그러나 물론 독거미는 다른 것을 원한다. "세상이 우리의 복수의 폭풍우로 가득 차는 것이 바로 우리에게는 정의라고 불린다."—이렇게 그들은 서로에게 말한다.

"우리와 같지 않은 모든 사람들에 대해 우리는 복수를 하고 모욕을 주리라."—독거미의 마음을 가진 자들은 이렇게 맹세한다.

"그리고 '평등에의 의지'—이것 자체가 이후로는 덕의 이름이 되어야 하리라. 권력을 가진 모든 자들에 대항하여 우리는 우리의 외침 소리를 높이자!"라고.

그대 평등을 설교하는 자들이여, 무기력한 폭군의 광기는 이렇게 그대들의 마음속으로부터 '평등'을 외친다. 그대들이 갖고 있는 은밀한 폭군적인 욕망이 이렇게 덕(德)의 말로 변장한 것이다!

기분 상한 자만심, 억제된 질투, 아마도 그대들의 선조(先祖)의 자만심과 질투, 그것이 그대들 안에서 복수의 불꽃과 광기가 되어 터져 나온 것이리라.

아버지가 침묵한 것이 아들에게서는 말로 나타난다. 그래서 나는 아버지의 비밀이 폭로된 자인 아들을 자주 발견하였다.

그들은 영감(靈感)을 얻은 자들과 같다. 그러나 그들에게 영감을 주는 것은 마음이 아니라—복수다. 그래서 그들이 세심하고 냉정해질 때면, 그들을 그렇게 만드는 것은 정신이 아니라 질투인 것이다.

그들의 질투심은 그들을 또한 사상가(思想家)의 길로 이끌어 가기도 한다. 그리고 이것이 그들의 시기심의 특징이다.—언제나 그들은 지나치게 멀리 나아가기 때문에, 결국 그들의 피로는 심지어 눈 위에서까지도 누워 잠들어 버릴 수밖에 없다.

그들의 모든 탄식에서는 복수의 소리가 들리고, 그들의 모든 찬사 속에는 악의가 들어 있다. 그리고 재판관이 되는 것이 그들에게는 가장 큰 행복인 것 같다.

그러나 나는 그대들에게 이렇게 충고한다, 친구들이여, 처벌하려는 충동이 가장 큰 자는 누구든 믿지 말라!

그들은 나쁜 종족과 혈통에서 나온 자들이다. 그들의 얼굴에는 사형 집행자와 사냥개 같은 모습이 어른거린다.

자신들의 정의에 대해 말이 많은 자들을 믿지 말라! 진실로, 그들의 영혼에 결핍되어 있는 것은 꿀만은 아니다.

그리고 그들이 스스로를 '착하고 올바른 자'라고 부를 때면 잊지 말라, 그들이 바리새인이 되는 데 부족한 것은—오직 권력뿐이라는 것을!

친구들이여, 나는 다른 사람과 뒤섞이거나 뒤바뀌고 싶지 않다.

삶에 관한 나의 가르침을 설교하는 자들이 있다. 그러나 동시에 그들은 평등을 설교하는 자들이며, 독거미들이다.[54]

이 독거미들이 그들의 동굴 속에 앉아 있는 채 삶에 등을 돌리면서도 삶을 찬미하는 것은 삶을 해치기 위해서이다.

그렇게 해서 그들은 지금 권력을 갖고 있는 자들에게 해를 끼치고 싶어 한다. 권력을 쥐고 있는 자들은 아직도 죽음에 대한 설교에 아직도 가장 익숙해 있기 때문이다.

만일 사정이 달라진다면, 그 독거미들은 다른 것을 가르치리라. 그런데 바로 그들이야말로 과거에 가장 심하게 세계를 비방했던 자들이며, 이교도들을 화형에 처했던 자들이다.

이런 평등의 설교자들과 나는 뒤섞이거나 뒤바뀌고 싶지 않다. 왜냐하면 나의 정의는 나에게 이렇게 말하기 때문이다. "인간은 평등하지 않다"라고.

---

54. 현실의 삶을 존중하는 차라투스트라와 같은 입장을 취하고 있는 사람(예컨대 사회주의자)도 있으나, 그들도 평등만을 주안점으로 삼는다는 점에서는 다르지 않다.

그리고 또 인간은 평등해져서도 안 된다! 만일 내가 달리 말한다면, 초인에 대한 나의 사랑은 도대체 뭐가 되겠는가?

인간은 미래를 향해 천 개의 다리와 외나무다리를 건너가야 하며, 더욱더 많은 전쟁과 불평등을 인간들 사이에 심어 놓아야 한다. 나의 큰 사랑은 나로 하여금 이렇게 말하게 한다!

인간은 서로 적대하는 가운데 여러 가지 표상과 유령을 만들어 내고, 그들의 표상과 유령으로 서로 최고의 싸움을 치러야 한다!

선과 악, 부유함과 가난함, 귀한 것과 천한 것, 모든 가치의 이름, 그런 것들은 무기가 되어야 하며, 삶은 매번 다시 스스로를 극복해야 함을 소리 내어 알려주는 표식이 되어야 한다!

삶 자체가 기둥과 계단으로써 스스로를 높이 세우려 한다. 삶은 아득히 먼 곳으로 시선을 돌려 최고로 행복한 아름다움을 찾아내려 한다.─그 때문에 삶은 높이가 필요하다!

삶은 높이가 필요하므로, 그것은 계단이 필요하고, 그 계단과 계단을 올라가는 자들 사이의 반목이 필요하다. 삶은 올라가기를 원하며, 올라가면서 자기 자신을 극복하기를 원한다.

보아라, 친구들이여! 여기 독거미들이 있는 동굴에 한 낡은 사원의 폐허가 솟아 있다.─자 눈을 번쩍 뜨고 바라보라!

진실로, 일찍이 여기서 자신의 사상(思想)을 돌로 높이 쌓아올린 자는, 가장 지혜로운 현자처럼 모든 삶의 비밀을 알고 있었다!

아름다움 속에조차도 투쟁과 불평등이 있으며, 권력과 패권을 위한 전쟁이 있다는 것을.─이것을 그는 여기에서 가장 분명한 비유로써 우리에게 가르쳐 준다.

여기서 둥근 천장과 아치(arch)는 얼마나 거룩하게 서로 맞물려 싸우고 있는가, 빛과 그림자로서 얼마나 서로에 맞서 잘 싸우고 있는가, 이 거룩한 투사들이.—

우리도 이들처럼 당당하고 아름다운 적이 되자, 친구들이여! 서로 맞서 거룩하게 싸우자!—

아아! 나의 숙적인 독거미가 나를 막 물었다. 그것은 거룩하리만큼 당당하고 아름답게 내 손가락을 물었다!

"형벌이 있고 정의가 있어야 한다."—이렇게 독거미는 생각한다. "그가 여기서 적의(敵意)를 찬미하는 노래를 부르도록 그냥 두어서는 안 된다!"라고.

그렇다, 독거미는 그렇게 복수를 한 것이다! 슬프다! 이제 내 영혼까지도 복수로 인해 어지러워질 것이다!

그러나 친구들이여, 내가 어지럽지 않도록 여기 기둥에 나를 꽉 붙들어 매어다오! 나는 복수심의 소용돌이에 휘말리기보다는 차라리 기둥에 묶인 고행자가 되련다!

진실로, 차라투스트라는 어지럽게 하는 돌풍이나 회오리바람이 아니다. 그리고 그는 춤을 추더라도 결코 독거미처럼 춤을 추지 않는다!—

차라투스트라는 이렇게 말했다.

◆ 8. 유명한 현자들에 대하여

그대들은 민중과 민중의 미신을 섬겨 왔다, 그대 유명한 현자들 모두가!—그러므로 그대들은 진리를 섬긴 것이 아니다! 바로 그 때문에 사람들은 그대들에게 경의를 표하였다.

그리고 또 그 때문에 사람들은 그대들의 무신앙(無信仰)을 묵인하였다. 왜냐하면 무신앙은 민중에게로 나아가는 익살이며 우회로였기 때문이다. 이와 같이 주인은 노예들이 하고 싶은 대로 내버려두고, 그들의 방종함까지도 즐긴다.

그러나 늑대가 개들에게 미움을 받는 것처럼 민중에게 미움을 받는 자야말로 자유로운 정신이며, 속박을 적대하는 자, 예배드리지 않는 자이며, 숲속에서 사는 사람이다.

그런 자를 그의 은신처에서 사냥해 내는 것—그것을 민중은 언제나 '정의감'이라고 불렀다. 민중은 그런 사람을 언제나 가장 날카로운 이빨을 가진 개들을 시켜 뒤쫓게 한다.

"왜냐하면 민중이 있는 곳에 언제나 진리가 있다! 아아, 탐구하는 자들에게 화가 있으리라!"—라고 예로부터 일컬어왔기 때문이다.

그대들은 민중을 존중함으로써 그들을 정당화시키려 했고, 그것을 '진리에의 의지(意志)'라고 불렀다, 그대 유명한 현자들이여!

그리고 그대들의 마음은 언제나 자신에게 이렇게 말했다. "나는 민중으로부터 왔다. 신(神)의 목소리도 거기로부터 나에게 왔다"라고.

그대들은 언제나 민중의 대변자로서 나귀처럼 완고하고 교활했다. 그래서 민중과 사이좋게 지내기를 원했던 많은 권력자들은 자기들의 말(馬, 민중) 앞에 한 마리의 조그만 나귀를 매어 놓았다.—유명한 현자 한 사람을.

그러나 그대 유명한 현자들이여, 나는 이제 드디어 그대들이 스스로 사자 가죽을 완전히 벗어버리기를 바란다!

맹수의 얼룩덜룩한 가죽을, 그리고 연구하는 자, 탐구하는 자, 정복하는 자의 변발을 던져 버리기를!

아, 나로 하여금 그대들의 '참됨'을 믿게 하려면, 먼저 그대들의 숭배 의지를 부숴 버려야 할 것이다.

참된 자—신(神)이 없는 사막으로 가서 숭배하려는 마음을 부숴 버린 자를 나는 그렇게 부른다.

그는 이글거리는 누런 모래 속에서 태양빛에 타면서, 아마도 그 늘진 나무 아래 생명체들이 쉬고 있는, 샘물 가득한 섬들을 목마르게 곁눈질하리라.

그러나 그의 갈증은 이런 안락한 무리처럼 되라고 그를 설득하지는 못한다. 오아시스가 있는 곳에는 우상(偶像)도 있기 때문이다.

굶주리고, 난폭하며, 고독하고, 신을 부정하는 것—사자의 의지는 스스로 이렇게 되기를 원한다.

노예의 행복으로부터 해방되고, 신들과 예배로부터 해방되고, 두려움을 모르면서 무서운 존재가 되고, 위대하고 고독해지는 것—그것이 참된 자의 의지이다.

참된 자들, 자유로운 정신들은 예로부터 사막에서 사막의 주인으로 살아왔다. 그러나 도시에는 잘 먹어 살찐 유명한 현자들이 산다,—수레를 끄는 가축들이.

말하자면 그들은 언제나 나귀가 되어 끈다,—민중의 짐수레를!

나는 그 때문에 그들에게 화를 내는 것은 아니다.

그러나 그들은 아무리 황금 마구(馬具)로 치장해 번쩍거릴지라도, 내가 보기에 마구에 매어 남에게 부려지는 자들에 불과하다.

그리고 때때로 그들은 좋은 종, 칭찬할 만한 종이었다. 왜냐하면 덕은 이렇게 말하기 때문이다. "그대가 종이 되어야 한다면, 그대의 봉사가 가장 필요한 사람을 찾아라!"

"그대 주인의 정신과 덕은 그대가 그의 종이 됨으로써 성장해야 한다. 그러면 그대 주인의 정신과 덕이 성장함에 따라, 그대 자신도 성장하리라!"

그리고 진실로, 그대 유명한 현자들이여, 그대 민중의 종들이여! 민중의 정신과 덕이 성장함으로써 그대들도 성장했다.—그리고 민중은 그대들을 통해 성장했다! 그대들의 영예를 향해 나는 이 말을 한다!

그러나 내가 보기에 그대들은 그대들의 덕에 있어서도 여전히 민중이다. 시력이 약한 민중—정신이 무엇인지를 모르는 민중인 것이다!

정신이란 스스로 살을 베어 내는 삶이다. 그런 삶은 자신이 겪는 고통을 통해서 자신의 지식을 증대시킨다.—그대들은 이미 이것을 알고 있었는가?

그리고 정신의 행복이란 이런 것이다. 향유(香油)를 바르고 눈물로 정화되어 희생의 제물이 되는 것. 그대들은 이미 이것을 알고 있었는가?

그리고 눈이 먼 장님, 더듬거리며 찾아가는 것은 그가 보았던 태양의 위력을 입증해야 하는 것이다.—그대들은 이미 이것을 알고 있었는가?

그리고 인식하는 자는 산(山)을 재료로 삼아 건축하는 법을 배워야 한다! 정신이 산을 들어 옮겨 놓은 것은 대수로운 일이 아니다.—그대들은 이미 이것을 알고 있었는가?

그대들은 오직 정신의 불꽃만을 알고 있다. 그러나 그대들은 정신 자체인 모루를 보지 못하며, 그 내리치는 망치의 무자비함을 보지 못한다!

진실로, 그대들은 정신의 긍지를 알지 못한다! 그러나 그대들은 정신의 겸손함을 더욱더 견딜 수 없을 것이다, 그 겸손함이 일단 말을 시작하려 할 때면!

그대들은 그대들의 정신을 눈구덩이 속에 던져 본 적이 결코 없었다. 그럴 수 있을 만큼 그대들은 충분히 뜨겁지 못하다! 그러므로 그대들은 그 차가운 눈의 황홀함도 알지 못한다.

그러나 내가 보기에, 모든 점에 있어 그대들은 지나치게 정신과 친하다. 그리고 그대들은 때때로 지혜를 때때로 조잡한 시인을 위한 구빈원과 병원으로 만든다.

그대들은 결코 독수리가 아니다. 그러므로 그대들은 두려움 속에 있는 정신의 행복함도 알지 못한다. 새가 아닌 자는 심연 위에 둥지를 지어서는 안 된다.

그대들은 내가 보기에 미적지근한 자들이다. 그러나 모든 깊은 인식이란 차갑게 흐르는 것이다. 정신의 가장 깊은 샘물은 얼음처럼 차가워서, 뜨거운 손과 뜨겁게 행동하는 자들에게는 청량제가 된다.

내가 보기에 그대들은 단정하고 뻣뻣하게, 등을 곧게 펴고 거기 서 있다, 그대 유명한 현자들이여!―어떤 강한 바람이나 의지도 그 대들을 앞으로 밀고 나가지는 못하리라.

바다 위를 지나는 범선의 돛을 그대들은 한 번도 본 적이 없는 가? 광포한 바람 앞에 둥글게 부풀어 올라 떨리면서 나아가는 돛을?

광포한 바람 앞에 둥글게 부풀어 올라 떨리면서 나아가는 돛처럼, 나의 지혜는 바다 위를 지나간다,―나의 사나운 지혜는!

그러나 그대 민중의 종들이여, 그대 유명한 현자들이여!―그대들 은 어떻게 나와 더불어 갈 수 있으리오!

차라투스트라는 이렇게 말했다.

◆ 9. 밤의 노래

밤이다. 이제 솟아오르는 모든 샘물들은 더욱 소리 높여 말한다. 나 의 영혼도 역시 솟아오르는 샘물이다.

밤이다. 이제야 비로소 사랑하는 사람들이 부르는 모든 노래가 잠 에서 깨어난다. 나의 영혼도 사랑하는 사람이 부르는 노래다.

가라앉혀지지 않는 것, 가라앉힐 수 없는 것이 내 안에 있다. 그것 은 소리 내고 싶어 한다. 사랑에 대한 열망이 내 안에 있다. 그것은 스 스로 사랑의 언어로 말하고 싶어 한다.

나는 빛이다. 아, 내가 밤이라면! 그러나 내가 빛으로 둘러싸여 있다는 것, 이것이 나의 고독이다.

아, 내가 어두운 밤이라면! 나는 얼마나 빛의 젖가슴을 빨고 싶어 했던가!

나는 그대들까지도 축복하고 싶었다, 그대 저 하늘의 무수한 작은 별들과 반딧불들이여!—그리고 그대들이 주는 빛의 선물에 행복해지고 싶었다.

그러나 나는 나 자신의 빛 속에서 살고 있고, 나로부터 뿜어져 나오는 불꽃을 다시 내 안으로 삼킨다.

나는 받는 자의 행복을 알지 못한다. 그리고 자주 훔치는 것이 받는 것보다 더 행복하리라고 꿈꿨다.

나의 손이 쉬는 일이 없이 나누어 주고 있는 것, 이것이 나의 가난이다. 어디를 보아도 보이는 것은 기대에 찬 눈들과 등불을 켠 동경(憧憬)의 밤들뿐이다. 그것이 나의 질투다.

오, 모든 나누어 주는 자들의 불행이여! 오, 나의 태양의 어두워짐이여! 오, 욕구에 대한 나의 열망이여! 오, 포만 속에서 느끼는 극심한 굶주림이여!

그들은 나에게서 받는다. 그러나 과연 나는 그들의 영혼을 건드리는 것인가? 주는 것과 받는 것 사이에는 틈바구니가 있다. 그리고 가장 작은 틈바구니라도 결국은 다리를 놓아야 한다.

나의 아름다움으로부터 배고픔이 자란다. 내가 빛을 비춰 주는 자들에게 고통을 주고 싶고, 내가 나누어준 자들로부터 빼앗고 싶다.—이처럼 나는 악의(惡意)에 굶주려 있다.

떨어지는 도중에 머뭇거리는 폭포수처럼, 상대방의 손이 뻗쳐 왔을 때 이쪽의 손을 거둬들이며—이렇게 나는 악의에 굶주려 있다.

나의 충만함은 그런 복수를 생각해 낸다. 그런 술책이 나의 고독으로부터 솟아 나온다.

나누어 주는 데서 생기는 나의 행복은 나누어 주는 데서 죽었고, 나의 덕은 그 충만함 때문에 자기 자신에 지쳐 버렸다!

언제나 나누어주기만 하는 자는 부끄러움을 잃어버릴 위험이 있다. 언제나 나누어주는 자의 손과 마음은 오직 나누어주기만 하는 탓에 몸과 마음이 굳어져 버린다.

나의 눈은 애원하는 자의 부끄러움을 보고도 더 이상 눈물을 흘리지 않는다. 나의 손은 가득 채워진 손들의 떨림을 느끼기엔 너무 굳어 있다.

내 눈의 눈물은 어디로 갔으며, 내 마음의 솜털은 어디로 갔는가? 오, 모든 나누어 주는 자들의 고독이여! 오, 모든 빛나는 자들의 침묵이여!

많은 태양들이 황량한 공간을 돌고 있다. 모든 어두운 것들을 향해 그 태양들은 빛으로 말하지만—내게는 침묵할 뿐이다.

오, 이것이야말로 빛을 나누어주는 자에 대한 빛의 적대이다. 빛은 냉혹하게 자신의 길을 간다.

가장 깊은 마음으로 빛을 나누어주는 자에게는 부당하게, 다른 태양들에게는 냉혹하게—이렇게 모든 태양은 자신의 궤도를 운행한다.

모든 태양은 폭풍처럼 자기 궤도를 달려간다. 그것이 그들의 운명이다. 그들은 그들의 꺾이지 않는 의지에 따른다. 그것이 태양들의 냉혹함이다.

오, 그대 어두운 자들이여, 그대 밤과 같은 자들이여, 빛을 비춰 주는 자로부터 따스함을 빨아들이는 것은 그대들뿐이다! 오, 그대들만이 빛의 젖가슴으로부터 젖과 청량제를 빨아 마시는 것이다!

아, 얼음이 나를 둘러싸고 있다. 나의 손은 얼음에 화상을 입는다! 아, 내 안에는 갈증이 있고, 그것은 그대들의 갈증을 애타게 갈망하고 있다.

밤이다. 아, 내가 빛이어야만 하다니! 밤과 같은 것들에 대한 갈증이여! 고독이여!

밤이다. 이제 내 안에서 나의 갈망이 샘물처럼 터져 나온다.—나는 이야기하기를 갈망한다.

밤이다. 이제 모든 솟아오르는 샘물들이 더욱 소리 높여 이야기한다. 그리고 내 영혼도 역시 솟아오르는 샘물이다.

밤이다. 이제 비로소 사랑하는 자들의 모든 노래가 잠에서 깨어난다. 그리고 내 영혼도 역시 사랑하는 사람의 노래다.

차라투스트라는 이렇게 말했다.

◆ 10. 춤의 노래

어느 날 저녁 차라투스트라는 그의 제자들과 함께 숲을 지나가고 있었다. 그가 샘물을 찾고 있을 때, 보라, 그는 나무들과 덤불이 조용히 아늑하게 둘러 싸여 있는 푸른 초원에 이르렀다. 거기에는 소녀들이 서로 어울려 춤을 추고 있었다. 그들은 차라투스트라를 알아보자 곧 춤을 멈추었다. 그러나 차라투스트라는 다정한 몸짓으로 그들에게 다가가 이렇게 말했다.

"춤을 멈추지 말라, 그대 사랑스런 소녀들이여! 그대들에게 다가온 자는 사악한 시선을 가진 놀이 방해자가 아니다. 소녀들의 적이 온 것이 아니다.

나는 악마 앞에서 신[55]을 대변하는 자다. 그런데 그 악마는 무거운 정신이다. 그대 가벼운 발을 지닌 자들이여, 어찌 내가 성스러운 춤의 적이 될 수 있으며, 아름다운 발목을 가진 소녀들의 적이 될 수 있겠는가?

정녕 나는 숲이며 어두운 나무들의 밤이다. 그러나 나의 어두움을 두려워하지 않는 자는 나의 실측백나무 아래에 있는 장미의 언덕을 발견하게 되리라.

그는 분명 소녀들이 가장 사랑하는 어린 신(神)도 발견하게 되리라. 그 신은 눈을 감은 채 조용히 샘가에 누워 있다.

진실로, 그는 환한 대낮에 잠들어 있다, 이 게으름뱅이는! 그는 나비를 쫓아 너무 뛰어다녔기 때문일까?

내가 이 어린 신을 조금 꾸짖더라도 화를 내지 말아다오, 아름다운 무희들이여! 이 어린 신은 분명 비명을 지르며 울겠지만—우는

---

55. 여기서 말하는 신은 기독교의 신이 아니다. 다음의 실측백나무들(Cypressen)이 나오는 장면의 묘사에서 볼 수 있듯이, 고대 그리스적인 숲의 풍경을 묘사하고 있고, 여기에 등장하는 신은 사랑의 신 큐피드이다.

가운데서도 그는 웃음을 주리라!

그리고 눈에 눈물을 머금은 채 그 신은 그대들에게 춤을 청할 것이다. 그리고 나 자신은 그의 춤에 맞춰 노래를 부르리라.

사람들이 '세상의 주인'이라고 부르는 최고의, 최강의 악마인 무거운 정신을 조롱하는 춤 노래를.—

큐피드와 소녀들이 함께 어울려 춤을 추고 있을 때 차라투스트라는 다음과 같이 노래했다.

얼마 전에 나는 그대의 눈을 들여다보았다, 오, 삶이여! 그때 나는 깊이를 모르는 심연으로 가라앉는 것 같았다.

그러나 그대는 황금낚시로 나를 끌어올렸다. 내가 그대를 가리켜 깊이를 알 수 없는 자라고 불렀을 때, 그대는 나를 비웃었다.

"그것은 모든 물고기들의 말투다." 그대는 말했다. "물고기들은 자기가 측정할 수 없는 것은 깊이를 알 수 없다고 말한다.

그러나 나는 변하기 쉽고 사나우며, 매사에 있어 여자이며, 덕스럽지도 못한 존재일 뿐이다.

비록 그대 남자들이 나를 '심오한 자', '성실한 자', '영원한 자', '신비로운 자'라고 부를지라도.

그러나 그대 남자들은 항상 그대들의 덕을 우리에게 나누어 준다. 아, 그대 유덕한 자들이여!"

이 믿을 수 없는 여자는 이렇게 말하며 비웃었다. 그러나 자신에 대해 나쁘게 말하는 그 여자와 그 여자의 웃음을 나는 결코 믿지 않는다.

그리고 내가 나의 사나운 지혜와 마주 보고 이야기할 때, 지혜는 나에게 화를 내며 말했다. "그대는 원하고, 그대는 갈망하고, 그대는 사랑한다. 오직 그 때문에 그대는 삶을 찬미한다!"

하마터면 나는 화를 내는 지혜에게 심술궂게 대답하고 진실을 말할 뻔했다. 인간은 자신의 지혜에게 '진실을 말하는 것' 이상으로 더 나쁘게 대답할 수는 없다.

말하자면 우리 셋의 사이는 이러하다. 근본적으로 나는 오직 삶만을 사랑한다.—그리고 진실로, 삶을 미워할 때도 나는 삶을 가장 사랑한다!

그러나 내가 지혜에게 호의를, 그것도 너무 때때로 호의를 보이는 것은 지혜가 나에게 절실하게 삶을 상기시켜 주기 때문이다!

지혜에는 눈과 웃음이 있고, 심지어 황금 낚싯대까지 있다. 양쪽이 이처럼 서로 닮은 것을 내가 어찌하겠는가?

그리고 언젠가 삶이 나에게 지혜란 대체 무엇이냐고 물었을 때—그때 나는 진지하게 말했다. "아, 그렇구나! 지혜여!

사람들은 지혜를 갈망하며 만족할 줄 모른다. 인간은 베일을 통해 지혜를 바라보고, 그물을 통해 지혜를 잡으려고 한다.

지혜란 아름다운 것인가? 내가 어떻게 알겠는가! 그러나 가장 노련한 잉어도 지혜라는 미끼에 여전히 걸려든다.

지혜는 변하기 쉽고 반항적이다. 가끔 나는 지혜가 입술을 깨물면서 자기 머리를 거꾸로 빗고 있는 것을 보았다.

아마도 지혜는 악하고 거짓투성이이며, 기껏해야 계집일 것이다. 그러나 지혜가 자신에 대해 나쁘게 이야기할 때 오히려 그녀는 가장 매력적이다."

내가 삶에게 이렇게 말하자, 삶은 심술궂게 웃으며 두 눈을 감았다. "그대는 누구 이야기를 하고 있는가?" 삶이 말했다.

"분명 내 이야기겠지?

비록 그대의 말이 옳더라도—그것을 그렇게 내 얼굴에 대고 말하다니! 그러나 이제 그대의 지혜에 대해서도 이야기해다오!"

아, 이제 그대는 다시 눈을 떴다, 오, 사랑하는 삶이여! 그리고 나는 다시 깊이를 알 수 없는 곳으로 가라앉는 것만 같았다.—

차라투스트라는 이렇게 노래했다. 그러나 춤이 끝나고 소녀들이 가 버리자 그는 서글퍼졌다.

"벌써 오래전에 해가 졌구나." 그가 마침내 말했다. "초원은 눅눅해지고 숲에는 한기가 닥치고 있다.

뭔가 미지의 것이 나를 둘러싸고 깊은 생각에 잠겨 나를 바라본다. 이런! 그대는 아직도 살아 있는가, 차라투스트라여?

어째서? 무엇을 위해? 무엇에 의해서? 어디를 향해서? 어디에서? 어떻게? 아직도 살아 있다는 것은 어리석은 일이 아닌가?—

아, 친구들이여, 나의 내면에서 이렇게 묻는 것은 저녁이로다. 내가 슬퍼하는 것을 용서해다오!

저녁이 되었다, 용서해다오, 저녁이 온 것을!"

차라투스트라는 이렇게 말했다.

◆ 11. 무덤의 노래

"저기에 무덤의 섬, 침묵의 섬이 있다. 저기에는 내 청춘의 무덤들도 있다. 그곳으로 나는 항상 푸른 삶의 꽃다발을 가져가리라."

이렇게 마음속으로 결심하고 나는 바다를 건너갔다.—

오, 그대 내 청춘의 모습과 환상(幻想)들이여! 오, 그대 사랑의 시선들이여, 그대 성스러운 순간들이여! 어찌하여 그대들은 그리도 빨리 죽었는가! 오늘 나는 죽은 자들을 생각하듯이 그대들을 생각한다.

나의 가장 사랑하는 죽은 자들이여, 그대들로부터 마음을 녹이고 눈물을 녹이는 달콤한 향기가 나에게 풍겨 온다. 진실로, 그 향기는 외로이 항해하는 자의 마음을 흔들고 녹여 주는구나.

아직도 나는 가장 부유한 자이며, 가장 선망을 받는 자다.—가장 고독한 자인 나는! 나는 그대들을 소유했었고, 그대들은 아직도 나를 소유하고 있기 때문이다. 말하라, 이런 장밋빛 사과가 나무에서 나 말고 누구에게 떨어진 적이 있던가?

아직도 나는 그대들의 사랑의 상속인이며, 그대들 다채로운 야생의 덕(德)을 기리기 위해 피어나는 토양이다, 오, 그대 가장 사랑하는 자들이여!

아, 우리는 서로 가까이 지내도록 만들어졌다, 그대 사랑스러우면서도 낯선 경이로움들이여. 그대들은 겁 많은 새처럼 나와 나의 갈망에게로 온 것은 아니다.—아니, 신뢰하는 자로서 신뢰하는 자에게 온 것이다!

그렇다, 나처럼 그대들은 신의(信義)를 위해, 부드러운 영원(永遠)을 위해 만들어졌다. 그러나 나는 이제 그대들을 신의 없는 자라고 부를 수밖에 없다, 그대 성스러운 시선들과 순간들이여. 나는 아직 다른 이름을 배우지 못했다.

진실로, 그대들은 너무 일찍 죽었다, 그대 도피자들이여. 그러나 그대들이 나에게서 달아난 것도 아니고, 내가 그대들에게서 달아난 것도 아니다. 우리가 신의가 없는 것은 서로의 잘못은 아니다.

나를 죽이기 위해서 사람들이 그대들의 목을 조인 것이다, 나의 희망을 노래했던 그대 새들이여! 그렇다, 악의는 언제나 나의 가장 사랑하는 자들인 그대들을 향해 화살을 쏘았다.—내 심장을 맞히기 위해!

그리고 악의는 명중시켰다! 그대들은 언제나 나의 가장 소중한 자, 나의 소유, 내가 반한 자였다. 그 때문에 그대들은 젊어서 죽어야 했다, 그것도 너무 일찍이!

내가 소유했던 가장 상처받기 쉬운 것을 향해 사람들은 활을 쏘았다. 그대들의 피부는 솜털 같았고, 한 번만 눈길을 주어도 죽어 버리는 미소 같았다!

그러나 나는 나의 적들에게 이런 말을 하리라, 어떤 살인도 그대들이 나에게 한 짓에 비하면 아무것도 아니다! 라고.

그대들은 나에게 그 어떤 살인보다 더 사악한 짓을 했다. 그대들은 내게서 다시는 되찾을 수 없는 것을 빼앗아 갔다.—이렇게 나는 그대들에게 말한다, 나의 적들이여!

그대들은 내 청춘의 환상(幻想)과 가장 경이로운 것들을 죽였다! 그대들은 내게서 놀이 친구들, 곧 행복한 영들을 빼앗아 갔다! 그 영들을 회상하면서 나는 이 꽃다발과 저주를 내려놓는다.

그대들에 대한 이 저주를, 나의 적들이여! 그대들은 차가운 밤 속에서 하나의 음향(音響)이 사그라지듯 나의 영원한 것을 속절없이 만들어 버렸다! 영원한 것은 내게 오직 신성한 눈(眼)의 섬광으로—순간으로서 다가왔던 것이다!

일찍이 좋았던 시절에 나의 순수함은 이렇게 말했다. "모든 존재가 나에게 거룩하기를."

그때 그대들은 불결한 유령들을 데리고 나를 엄습했다. 아, 그 좋았던 시절은 이제 어디로 달아났는가!

"모든 날들이 나에게 거룩해야 한다."—일찍이 내 청춘의 지혜는 이렇게 말했었다. 진실로, 즐거운 지혜의 말이었다!

그러나 그때 나의 적들인 그대들은 내게서 나의 밤들을 훔쳐 가 잠 못 이루는 고통에게 팔아 넘겼다. 아, 이제 저 즐거운 지혜는 어디로 달아났는가?

일찍이 나는 행운의 새점(鳥占)을 치기를 열망했었다. 그때 그대들은 내가 가는 길 위에 부엉이 같은 괴물 새를 날게 했다, 흉조를. 아, 그때 나의 애정 어린 열망은 어디로 달아나 버렸는가?

일찍이 나는 모든 구역질나는 것을 끊어 버리기로 맹세했었다. 그때 그대들은 나와 가까운 자들, 가장 가까운 자들을 고름이 흐르는 종양으로 바꾸어 놓았다. 아, 그때 나의 가장 고귀한 맹세는 어디로 달아났는가?

일찍이 나는 눈먼 자로서 행복한 길을 가고 있었다. 그때 그대들은 그 눈먼 자가 가는 길에 오물을 던졌다. 그래서 이제 나는 장님이 걷던 이전의 길에서 구역질을 느꼈다.

그리고 내가 가장 힘든 일을 해내고서 그것을 극복한 것에 대한 승리를 축하하고 있을 때, 그대들은 내가 사랑했던 사람들로 하여금 내가 그들에게 가장 고통을 주고 있다고 외치게 했다.

진실로, 그대들이 하는 짓은 늘 이러했다. 그대들은 나의 최상의 꿀과 가장 훌륭한 꿀벌의 부지런함을 쓰디쓴 것으로 만들어 버렸다.

그대들은 언제나 가장 뻔뻔스런 거지들을 보내 나의 자비를 구했다. 내 동정심의 주위에 그대들은 언제나 구제불능인 몰염치한 자들을 몰려들게 했다. 그렇게 그대들은 나의 덕(德)의 믿음에 상처를 입혔다.

그리고 내가 나의 가장 신성한 것을 제물로 내놓았을 때, 그대들의 '신앙심'은 재빨리 그대들의 기름진 제물을 거기에 갖다 놓았다. 그리하여 나의 가장 신성한 것은 그대들의 기름이 내는 제물 냄새에 질식해 버렸다.

그리고 일찍이 나는 지금까지 한 번도 춰 보지 않았던 방식으로 춤을 추려 했다. 나는 온 하늘을 뛰어넘어 춤추고 싶었다. 그때 그대들은 내가 가장 사랑하던 가인(歌人)[56]을 설복시켰다.

---

56. 여기서 가인(歌人)이란 니체가 한때 매우 경외했던 독일의 작곡가 리하르트 바그너(Richard Wagner, 1813 ~ 1883)를 암시하고 있다. 니체는 처음에는 바그너가 독일적 정신을 주제로 한 악곡(樂曲)을 만든 것에 대해 경탄과 애정어린 찬사를

그러자 그 가인은 끔찍하고 둔중한 곡을 연주하기 시작했다. 아, 그는 내 귀에 마치 음울한 뿔피리 소리를 들려주는 것 같았다!

살인적인 가인이여, 악의의 도구여, 한없이 천진난만한 자여! 나는 이미 가장 훌륭한 춤을 출 준비가 되어 있었다. 그런데 그때, 그대는 그대의 가락으로 나의 황홀경을 말살해 버렸다!

나는 오직 춤으로써만 최고의 사물들을 비유할 수 있다.—그러나 이제 나의 최고의 비유는 말해지지 않은 채 나의 사지(四肢)에 남게 되었다!

내게 최고의 희망은 말해지지도 못한 채, 이루어지지도 못한 채 그대로 내게 남았구나! 그리고 내 청춘의 모든 환상과 위안이 죽어 버렸구나!

나는 그것을 어떻게 견뎌 냈는가? 어떻게 나는 이 상처들을 극복했는가? 내 영혼은 어떻게 이 무덤들로부터 다시 소생했는가?

그렇다, 내게는 상처 입힐 수 없는 것, 묻어 버릴 수 없는 것이 있다. 바위라도 뚫고 나오는 것, 그것은 '나의 의지(mein Wille)'라고 불린다. 이 의지는 묵묵히 그리고 변함없이 세월을 헤치며 나아간다.

예부터 지녀 온 나의 의지는 나의 발로 딛으며 자신의 길을 가려고 한다. 그 의지는 마음이 굳고, 상처 입지 않는다.

나는 발뒤꿈치에만 상처를 입지 않는다. 가장 참을성이 많은 자여, 그대는 여전히 거기 살아 있고 변하지 않는다! 그대는 여전히 모든 무덤들을 부수고 나왔다!

보냈으나, 나중에 그가 기독교적 경향을 나타내자 이를 비난하고, 결국 바그너와 결별했다.

그대의 내부에는 내 청춘에서 아직도 이루어지지 않은 것이 살아 있다. 그리고 그대는 생명으로서 그리고 청춘으로서 희망을 지닌 채 여기 누런 무덤의 폐허 위에 앉아 있다.

그렇다, 그대는 여전히 내게는 모든 무덤들을 파괴하는 자이다. 그대가 건재하기를 빈다, 나의 의지여! 무덤이 있는 곳에서만 부활도 있는 것이다.—

차라투스트라는 이렇게 말했다.

◆ 12. 자기 극복에 대하여

그대 가장 현명한 자들이여, 그대들은 그대들을 충동질하고 불타오르게 하는 것을 "진리에의 의지"라 부르는가?

모든 존재하는 것을 사유(思惟) 가능한 것으로 만들려는 의지, 그 것을 나는 그대들의 의지라고 부른다!

그대들은 모든 존재하는 것을 먼저 사유 가능한 것으로 만들고 싶어 한다. 그대들은 존재하는 것이 사유 가능한 것인지 아닌지를 적절하게 불신하고 의심하기 때문이다.

그러나 모든 것은 그대들에게 순응하고 복종하지 않으면 안 된다! 그대들의 의지는 그것을 원한다. 존재하는 것은 매끈해져 정신의 거울이자 반영으로서 정신에 종속되어야 한다는 것이다.

그대 가장 현명한 자들이여, 그것이 힘에의 의지로서의, 그대들의 모든 의지이다. 그대들이 선과 악에 대해서, 그리고 가치 평가에 대해 이야기할 때도 그렇다.

그대들은 또한 그대들이 무릎을 꿇을 수 있는 세계를 창조하기를 원한다. 이것이 그대들의 궁극적인 희망이며 도취이다.

물론 무지한 자들, 즉 민중은, 한 척의 배가 떠다니는 강물과 같다. 그리고 그 나룻배 위에는 가면을 쓴 가치 평가들이 근엄하게 앉아 있다.

그대들은 그대들의 의지와 가치를 생성(生成)이라는 강물 위에 띄워 놓았다. 민중이 선과 악으로 믿는 것들이 오래된 힘에의 의지를 나에게 폭로하고 있다.

그대 가장 현명한 자들이여, 이런 배 위에 그러한 승객들을 태우고 그들에게 화려한 장식과 의기양양한 이름들을 붙여 준 것은 그대들이었다.―그대들과 그대들의 지배 의지였다!

강물은 이제 그대들의 배를 멀리 떠내려 보낸다. 강물은 그대들의 배를 떠내려 보내지 않으면 안 된다. 물결이 부서져 거품이 일고 노하여 용골에 부딪치더라도 대수로운 일이 아니다!

그 강물은 그대들에게 위험한 것도 아니고, 그대들의 선악의 끝도 아니다, 그대 가장 현명한 자들이여. 위험한 것은 오히려 저 의지 자체, 곧 힘에의 의지―끊임없이 생겨나는, 삶의 의지다.

그러나 그대들이 선과 악에 대한 나의 말을 이해하도록, 나는 그대들에게 삶에 대해, 그리고 모든 살아 있는 것들의 존재 방식에 대해 이야기해 주겠다.

나는 살아 있는 자를 따라다녔다. 나는 그의 방식을 깨닫기 위해 가장 큰 길과 가장 작은 길을 걸어갔다.

그것이 입을 다물고 있을 때면, 나는 백배(百倍)의 거울로 그것의 시선을 붙잡았다, 그 눈이 말하도록. 그러면 그 눈은 나에게 말을 했다.

그러나 살아 있는 것을 발견하는 곳마다 나는 복종에 대해 말하는 것을 들었다. 모든 살아 있는 것은 복종하는 자이다.

그리고 두 번째의 것은 이러하다. 스스로 복종할 수 없는 자는 명령을 받게 된다. 이것이 살아 있는 것의 본성이다.

내가 들어 알게 된 세 번째의 것은 이러하다. 명령하는 것이 복종하는 것보다 더 어렵다. 명령하는 자가 모든 복종하는 자들의 짐을 지어야 하기 때문만은 아니며, 이 짐이 그를 쉽게 짓눌러 버리기 때문만도 아니다.—

내가 보기에 모든 명령 속에는 시험과 모험이 들어 있다. 그리고 살아 있는 자는 명령을 내릴 때면, 항상 거기에 자기 자신을 건다.

그렇다, 자기 자신에게 명령할 때조차도 그는 자기의 명령에 대해 보상을 해야 한다. 그는 자기 법의 재판관이 되어야 하고, 복수자가 되어야 하며, 희생자가 되어야 한다.

어찌하여 이런 일이 일어났는가! 나는 나 자신에게 물었다. 살아 있는 자에게 복종하고, 명령하고, 명령하면서도 복종하도록 하는 것은 무엇일까?

이제 내 말을 들어라, 그대 가장 현명한 자들이여! 내가 삶 자체의 심장 속으로 파고들었는지, 그 심장의 뿌리까지 파고 들어갔는지를 진지하게 검토해 보라!

나는 살아 있는 것들을 발견한 곳마다 힘에의 의지를 발견했다. 그리고 노예의 의지 속에서조차도 주인이 되려는 의지를 발견했다.

자기보다 더 약한 자의 주인이 되려는 약자의 의지는, 약자를 설득해서 강자를 섬기게 한다. 약자도 이 기쁨만은 포기하고 싶어 하지 않는다.

보다 작은 자가 가장 작은 자를 지배하는 기쁨과 권력을 갖기 위해서 더 큰 자에게 희생하는 것처럼, 가장 큰 자도 힘을 위해서 희생하고 거기에 목숨을 건다.

가장 큰 자가 전념하는 것은, 모험을 하고 위험을 만나고 죽음을 걸고 주사위 놀이를 하는 것이다.

희생과 봉사, 사랑의 눈길이 있는 곳, 그곳에는 또한 주인이 되려는 의지도 있다. 거기서 보다 약한 자는 비밀 통로를 통해 강한 자의 성곽 안으로, 그리고 그의 심장 속으로 숨어들어 간다.—그리고 거기에서 권력을 훔쳐낸다.

삶 자체가 나에게 이러한 비밀을 이야기해 주었다. "보라, 언제나 극복되지 않으면 안 되는 것, 그것이 바로 나다."

물론, 그대들은 그것을 생식에의 의지 혹은 목적을 향한 충동, 더 높은 것, 더 먼 것, 더 다양한 것을 향한 충동이라고 부른다. 그러나 이런 것들은 모두 동일한 하나의 비밀이다.

나는 이 한 가지 것을 단념하기보다는 차라리 몰락하리라. 그리고 보라, 진실로, 몰락이 있고 낙엽이 떨어지는 곳에서 삶은 스스로를 희생한다,—힘을 위해서!

나는 투쟁이어야 하며, 생성이자 목적이어야 하고, 여러 목적들 사이의 갈등이어야 한다. 아, 나의 이런 의지를 추측한 자는, 나의 의지가 어떤 구부러 진 길을 가야 하는지도 추측하리라!

내가 무엇을 창조하든, 그리고 그것을 얼마나 사랑하든—나는 나의 창조물과 나의 사랑에 대항하지 않으면 안 된다. 나의 의지가 그러기를 원한다.

그리고 인식하는 자여, 그대 또한 나의 의지가 가는 길이자 발자국에 지나지 않는다. 진실로, 나의 힘에의 의지는 그대의 진리에의 의지의 발로 걸어간다!

진리를 향해 '현존에의 의지(Wille zum Dasein)'라는 말의 화살을 쏜 자는 진리를 맞추지 못했다. 이런 의지는—존재하지 않는다!

왜냐하면, 존재하지 않는 것은 의욕 할 수 없기 때문이다. 그리고 이미 존재하는 것이라면 어떻게 또 존재하기를 원할 수 있겠는가!

삶이 있는 곳에만 의지도 있다. 그러나 그것은—내가 그대에게 가르치노니 삶에의 의지가 아니라—힘에의 의지이다!

살아 있는 자는 다른 많은 것들을 삶 그 자체보다 더 높이 평가한다. 그러나 이런 평가로부터 스스로 드러내는 것은—힘에의 의지다!

일찍이 삶은 나에게 그렇게 가르쳤다. 그대 가장 현명한 자들이여, 그러므로 나는 그 가르침으로 그대들 마음속에 있는 수수께끼도 풀어 주리라.

진실로, 나는 그대들에게 말하건대, 변하지 않는 선과 악—그런 것은 존재하지 않는다! 선과 악은 그 자체로부터 벗어나 언제나 다시 스스로를 극복해야 한다.

그대들은 선악에 대한 그대들의 평가와 말로 폭력을 행사한다, 그대, 가치를 평가하는 자들이여. 이것이 그대들의 감춰진 사랑이고, 그대들 영혼의 광채이며, 전율이며, 흘러넘침이다.

그러나 그대들의 가치를 뚫고 보다 강한 힘과 새로운 극복이 자라난다. 그것에 따라 알과 알껍질은 깨어지는 것이다.

그리고 선과 악의 창조자가 되어야 하는 자는, 진실로 먼저 파괴시키는 자가 되어 가치들을 깨뜨려 버리지 않으면 안 된다.

이처럼 최고의 악은 최고의 선에 속해 있다. 그러나 최고의 선은 창조적인 선이다.—

그대 가장 현명한 자들이여, 우리는 그것에 대해서만 말하자, 비록 말하는 것이 나쁜 일이더라도. 침묵은 더 나쁜 것이다. 입 밖에 내지 않는 진리는 모두 독이 된다.

그리고 우리의 진리에서 파괴될 수 있는 것은—모두 파괴되기를! 지어야 할 집은 아직도 많다!

차라투스트라는 이렇게 말했다.

◆ 13. 고고한 자들에 대하여

나의 바다 밑은 여전히 고요하다. 그 바다 밑이 짓궂은 괴물들을 숨기고 있다는 것을 누가 알겠는가!

나의 심연(深淵)은 흔들리지 않는다. 그것은 헤엄쳐 다니는 수수께끼들과 웃음들로 반짝이고 있다.

나는 오늘 고고한 자, 엄숙한 자, 정신의 참회자 한 사람을 보았다.

오, 나의 영혼은 그자의 추함에 얼마나 웃었던가!

가슴을 내밀고 숨을 잔뜩 들이는 사람처럼, 그 고고한 자는 거기 그렇게 서 있었다, 묵묵히.

그는 사냥의 노획물인 추악한 진리들을 몸에 매달고, 찢어진 옷들을 잔뜩 껴입은 채였고, 그의 몸에는 수많은 가시들이 붙어 있었다.—그러나 나는 장미꽃은 하나도 보지 못했다.

아직도 그는 웃음과 아름다움을 배우지 못한 것이다. 이 사냥꾼은 인식의 숲에서 어두운 얼굴로 돌아왔다.

그는 맹수들과의 싸움에서 집으로 돌아왔다. 그러나 그의 심각함 속에서는 아직도 한 마리의 맹수가 내다보고 있다.—극복되지 않은 한 마리의 맹수가!

그는 덤벼들려는 호랑이처럼 여전히 거기에 서 있다. 그러나 나는 이런 긴장한 영혼들을 좋아하지 않는다. 이렇게 움츠리고 있는 자들을 내 취향은 싫어한다.

친구들이여, 그대들은 나에게 취향이나 입맛 때문에 다퉈서는 안 된다고 말하는가? 그러나 모든 삶은 취향과 입맛을 둘러싸고 벌어지는 싸움이다!

취향, 그것은 저울추인 동시에 저울의 눈금이며 저울이다. 그러므로 저울추와 저울의 눈금과 저울을 둘러싼 싸움을 하지 않고 살고 싶어 하는 모두 살아 있는 자에게 화 있어라!

이 고고한 자가 자신의 고고함에 싫증을 느낄 때, 그때 비로소 그의 아름다움이 나타나리라.—그때 비로소 나는 그를 맛보고 그가 맛

있다는 것을 발견할 것이다.

그는 자기 자신으로부터 등을 돌릴 때, 비로소 자신의 그림자를 뛰어 넘으리라.―그리고 진실로! 자신의 태양 속으로 뛰어들게 될 것이다.

너무나 오랫동안 그는 그림자 속에 앉아 있었다. 이 정신의 참회자의 뺨은 창백해졌다. 그는 여러 기대들로 인해 거의 굶어 죽을 지경이었다.

그의 눈에는 아직도 경멸이 들어 있다. 그리고 그의 입가에는 구역질이 숨겨져 있다. 비록 그는 지금 쉬고 있지만, 여태껏 햇볕 속에 누워서 쉰 적은 없었다.

그는 황소처럼 행동해야 한다. 그리고 그의 행복은 대지에 대한 경멸의 냄새가 아니라, 대지의 냄새를 풍겨야 한다.

나는 그가 한 마리의 황소로서 콧숨을 내쉬고 큰 소리로 울면서 쟁기를 끌고 가는 것을 보고 싶다. 그리고 그가 울부짖는 소리는 지상의 모든 것들을 찬미하는 것이어야 하리라!

그의 얼굴은 아직도 어둡다. 손 그림자가 그의 얼굴 위에서 춤추고 있다. 그의 두 눈의 감각은 아직도 그늘져 있다.

그의 행동 자체가 아직은 그를 덮고 있는 그림자이다. 손이 손을 움직이는 자(행동하는 자)[57]를 어둡게 하고 있다. 그는 아직도 자기 행위를 극복하지 못한 것이다.

---

57. 독일어로 '손'은 'Hand', '손을 움직이는 자'는 'Handelnde'이다. 동사 'handeln'은 '손을 놀리다', '행동하다'의 두 가지 뜻을 갖고 있다. 여기서 니체는 언어유희에 의한 비유(比喩)를 사용하고 있다.

물론 나는 그의 황소 같은 목덜미를 사랑하지만, 그러나 이제는 천사의 눈도 보고 싶다.

그는 자신의 영웅적 의지도 잊어버리지 않으면 안 된다. 나에게 그는 단지 고고한 자가 아니라 고양(高揚)된 자가 되어야 한다.—대기(大氣, 에테르) 자체가 의지(意志)가 없는 자인 그를 고양시켜 줘야 한다!

그는 괴물을 제압했고, 수수께끼를 풀었다. 그러나 그는 자신의 괴물과 수수께끼도 구제해야 하고, 그들을 또 천상의 어린아이들로 변화시켜야 한다.

아직까지 그의 인식은 웃는 것을 못 배웠고, 질투심을 갖지 않는 것도 못 배웠다. 그의 넘쳐흐르는 열정은 아름다움 속에서 진정되지 않았다.

진실로, 그의 열망은 포만 속에서가 아니라 아름다움 속에서 침묵하고 침잠해야 한다! 관대한 자의 관용은 우아함을 포함하고 있다.

팔을 이마 위에 얹은 자세로, 그렇게 영웅은 휴식을 취해야 하며, 자신의 휴식도 그렇게 극복해야 한다.

그러나 영웅에게는 아름다움이 모든 것 중에서 가장 어려운 것이다. 아름다움은 성급한 의지는 얻을 수 없는 것이다.

약간의 초과, 약간의 부족, 바로 그것이 여기서는 의미 있는 것이고, 가장 중요한 것이다.

이완된 근육과 끈 풀린 의지(意志)로 서 있는 것, 바로 그것이 그대들 모두에게는 가장 어려운 일이다, 그대 고고한 자들이여!

힘이 너그러워져서 눈에 보이는 곳으로 내려올 때,[58] 그런 겸손을 나는 아름다움이라고 부른다.

그리고 나는 그 누구에게서도 그대에게서만큼 아름다움을 원하지 않는다, 그대 힘을 가진 자여. 그대의 관용이 그대의 마지막 자기 극복이기를.

나는 그대가 어떤 악(惡)도 저지를 수 있으리라고 믿는다. 그러므로 나는 그대에게서 선(善)을 원한다.

진실로, 나는 자기의 발톱이 무디어져서 자신을 선한 자라고 믿는 허약한 자들을 자주 비웃었다!

그대들은 기둥의 덕을 얻으려고 노력해야 한다. 기둥은 높이 올라갈수록 점점 더 아름다워지고 더 부드러워지지만, 그 속은 더욱 단단해지고 더욱 많은 무게를 지탱하게 된다.

그렇다, 그대 고고한 자여, 언젠가 그대도 역시 아름다워져서 자신의 아름다움을 거울 앞에 비춰보아야 한다.

그때 그대의 영혼은 성스러운 욕망으로 부르르 떨게 될 것이다. 그리고 그대의 자만심 속에도 숭배하는 마음이 깃들 것이다!

다시 말해 영혼의 비밀은 이러하다. 영웅이 영혼을 떠났을 때 비로소 그는 꿈속에서 그 영혼에게로 다가간다―초(超) 영웅이.

차라투스트라는 이렇게 말했다.

---

58. 예컨대 강자가 약자를 무시하지 않고 누구나 다 느낄 수 있을 만큼 부드러운 태도를 취할 때.

◆ 14. 교양의 나라에 대하여

나는 너무나 멀리 미래 속으로 날아갔다. 두려움이 나를 엄습했다.

그래서 내 주위를 둘러보니, 보라! 거기에는 시간(時間)만이 나의 유일한 동료였다.

그리하여 나는 되돌아 날아왔다, 고향을 향해서—점점 더 빠르게. 그리하여 나는 그대들에게로 왔다, 그대 현대인들에게로, 그리고 교양의 나라로.

처음으로 나는 그대들을 보려는 눈과 왕성한 열망을 가지고 왔다. 진실로, 나는 가슴 속에 동경(憧憬)을 품고 왔다.

그러나 나는 어찌 되었는가? 몹시 불안했지만—나는 웃지 않을 수 없었다! 내 눈은 여태껏 그토록 잡다한 색깔로 얼룩진 것을 본 적이 없었다!

내 발은 아직도 떨리고 가슴도 떨렸지만, 나는 웃고 또 웃었다.

"여기야말로 온갖 물감 단지들의 본바닥이구나!"라고 나는 말했다.

그대들은 놀랍게도 얼굴과 손발에 오십 개의 얼룩 반점을 칠한 채, 그곳에 앉아 있었다, 그대 현대인들이여!

그리고 그대들 주위에는 오십 개의 거울이 둘러져 있어서, 그대들의 색깔 놀이를 부추기며 흉내 내고 있었다!

진실로, 그대들은 자기 자신의 얼굴보다 더 나은 가면을 쓸 수는 없으리라, 그대 현대인들이여! 누가 그대들을—알아볼 수 있겠는가!

온몸에 과거의 기호들로 잔뜩 적어 넣고, 이 기호들 위에 새로운 기호들로 덧칠을 해 놓았다. 그리하여 그대들은 모든 기호 해독자들로부터 그대들 자신을 잘 숨겨 놓았다!

그러니 비록 신장(腎臟)을 검사하는 사람일지라도 누가 그대들이 신장을 갖고 있다고 믿겠는가! 그대들은 아교를 이겨 붙인 종잇조각들에 물감을 발라 구워 만든 것처럼 보인다.

그대들의 베일을 통해 모든 시대와 민족들이 각양각색으로 내다보고 있다. 그대들의 몸짓을 통해 온갖 풍습과 신앙들이 각양각색으로 말하고 있다.

누군가 그대들에게서 베일과 덮개와 색깔들과 몸짓을 벗겨 버린다면, 거기에는 기껏해야 새들이나 놀라게 할 정도의 것밖에는 남지 않으리라.

진실로, 나야말로 언젠가 그대들의 발가벗은, 색깔을 칠하지 않은 모습을 보고 놀랐던 한 마리의 새이다. 그리고 그 해골이 나에게 사랑의 추파를 보이자 날아가 버렸다.

차라리 나는 저승에서 과거의 망령들 사이에서 날품팔이꾼이 되는 것이 나으리라!—저승에 있는 자들도 그대들보다는 더 살이 통통하리라!

내가 그대들의 벌거벗은 모습뿐만 아니라 옷을 입은 모습도 견딜 수 없다는 것, 바로 그것이 나의 내장에게는 쓰라림이다, 그대 현대인들이여!

미래의 모든 섬뜩한 것들, 그리고 일찍이 새들을 몸서리쳐 날아가 버리게 만든 것들이야말로, 그대들의 '현실'보다 오히려 더 친근

하고 더 아늑한 것들이다.

왜냐하면 그대들은 이렇게 말하기 때문이다. "우리는 완전히 현실적이며, 신앙도 미신도 갖고 있지 않다." 이렇게 그대들은 가슴을 내밀며 뽐낸다.—아, 그대 가슴도 없는 자들이!

그렇다, 그대들이 어찌 신앙을 가질 수 있겠는가, 그대 알록달록한 색깔로 물든 자들이여!—그대들은 일찍이 신앙의 대상이 되었던 온갖 것들을 그린 잡동사니 그림일 뿐이다!

그대들은 믿음 그 자체의 살아 있는 반박이며 모든 사상의 부서진 지체들이다. '믿음을 가질 수 없는 자들'이라고 나는 그대들을 그렇게 부른다, 그대 현실주의자들이여!

그대들의 정신 속에는 온갖 시대들이 서로 어긋나는 말로 떠들어대고 있다. 그리고 모든 시대의 꿈과 떠들어댐이 그래도 그대들의 깨어 있는 상태보다는 더 현실적이었다!

그대들은 열매를 맺지 못한다. 그러므로 그대들에게는 믿음이 없다.[59] 그러나 창조를 해야 하는 사람은 언제나 자신의 예언적인 꿈과 별의 징후를 갖고 있었으며,—따라서 믿음을 신뢰했다!

그대들은 반쯤 열려 있는 문이고, 그 문 앞에는 무덤 파는 자들이 기다리고 있다. 그리고 그대들의 현실이란 다음과 같은 것이다. "모든 것은 멸망할 가치가 있다."

아, 그대들은 어떤 모양으로 내 앞에 서 있는가, 그대 열매 맺지 못

---

59. 여기에서 니체가 말하는 '믿음'은 종교적인 믿음을 말하는 것이 아니다. 니체는 신을 부정하므로, 여기서는 창조적 인간이 자기 자신과 대지에 충실해지는 것을 말한다.

하는 자들이여, 갈비뼈는 얼마나 앙상한가! 그리고 그대들 가운데는 이런 사실을 통찰하는 자들도 많았다.

그래서 그런 자들은 이렇게 말했다. "내가 잠들어 있는 동안 아마도 어떤 신이 내게서 몰래 뭔가를 빼앗아 간 것이 아닐까? 진실로, 여자 하나를 만들어 내기에 충분한 뭔가를! 내 갈비뼈는 얼마나 여위어 있는가!"[60]

많은 현대인들이 이미 이렇게 말했다.

그렇다, 내게는 그대들은 웃음거리일 뿐이다, 그대 현대인들이여! 그리고 특히 그대들이 자기 자신에 대해 놀라워 할 때는!

그리고 내가 그대들이 놀라는 것을 비웃지 못하고 그대들의 그릇에 담긴 비위 상하는 모든 것들을 마셔야 한다면, 슬픈 일이다!

그러나 나는 짊어져야 할 무거운 것이 있으므로 그대들의 일은 가볍게 여기리라. 그리고 나의 짐 위에 투구풍뎅이나 잠자리가 와서 앉는다 한들 무슨 상관이랴!

진실로, 그로 인해 내 짐이 더 무거워지는 일은 없어야 하리라! 그리고 그대 현대인들이여, 그대들 때문에 내게 심한 피로가 와도 안 되리라.

아, 나는 이제 나의 동경을 품고 어디로 올라가야 할 것인가! 모든 산 위에서 나는 나의 아버지의 나라들과 어머니의 나라들을 내려다본다.

그러나 나는 어디서도 고향을 찾지 못했다. 나는 어느 도시에서

---

60. 《구약성경》의 '창세기'에 나오는, 신이 아담이 잠든 틈을 타서 갈비뼈를 빼내 이브를 만들었다는 내용을 비유하고 있다.

도 자리를 잡지 못했고, 어느 성문(城門) 안으로도 들어가지 못하고 떠나간다.

근래에 내 마음을 끌었던 현대인들은 내게는 낯설고 웃음거리일 뿐이다. 그리고 나는 아버지와 어머니의 나라들로부터 쫓겨난 몸이다.

그러므로 이제 내가 사랑하는 것은 오직, 아직 발견되지 않은 채 머나먼 바다에 있는 '내 어린아이들의 나라'이다. 나는 나의 배들에게 명령하여 그 나라를 찾고 또 찾아 나선다.

내가 내 아버지들의 아이라는 사실에 대해 나의 아이들에게 보상해 주리라. 그리고 모든 미래에게—이 현재를!

차라투스트라는 이렇게 말했다.

◆ 15. 때 묻지 않은 인식에 대하여

어제 달이 떠올랐을 때, 나는 달이 태양을 낳으려는 것이 아닌가 생각했다. 그렇게 크게 배가 불러온 달이 지평선 위에 떠 있었다.

그러나 달은 임신한 것처럼 보여 나를 속였다. 그러나 나는 달을 여자라기보다는 오히려 남자로 믿고 싶다.

물론 밤에만 돌아다니는 이 소심한 자인 달은 별로 남자답지도 못하다. 진실로, 그는 떳떳치 못한 마음으로 지붕 위를 배회한다.

왜냐하면 그는 음탕하고 시기심이 많기 때문이다. 이 달 속의 수

도승은 지상(地上)을 탐하고, 사랑하는 사람들의 모든 기쁨을 탐하고 있기 때문이다.

그렇다, 나는 그를, 지붕 위를 배회하는 이 수고양이를 좋아하지 않는다! 반쯤 닫힌 창문들 주위로 살금살금 기어 다니는 자들은 모두 내게 거슬린다!

경건하게 그리고 묵묵히, 그는 별들이 깔린 양탄자 위를 돌아다닌다. 그러나 철커덕거리는 박차(拍車) 소리도 내지 않고 살금살금 걸어 다니는 자들의 발소리를 나는 좋아하지 않는다.

모든 정직한 사람들의 발걸음은 소리를 내어 말한다. 그러나 고양이는 땅 위를 살금살금 기어 지나간다. 보라, 달은 고양이처럼 정직하지 못하게 다가온다.

이 비유를 나는 그대 민감한 위선자들에게 말한다. 소위 '순수한 인식자'인 그대들에게! 그대들을 나는 음탕한 자라고 부른다!

그대들도 역시 지상(地上)과 지상의 것들을 사랑한다. 나는 그대들을 잘 알고 있다! 그러나 그대들의 사랑 속에는 수치심과 떳떳치 못한 마음이 들어 있다.—그대들은 달과 같은 자들이다!

그대들의 정신은 지상적인 것을 경멸하도록 설득 당했으나, 그대들의 내장은 그렇지 않다. 그리고 그 '내장'이 그대들이 가진 것 중 가장 강한 것이다!

그리하여 이제 그대들의 정신은 그대들의 내장의 뜻에 따르는 것을 부끄러워하고, 자신의 부끄러움 때문에 샛길로 빠져 거짓된 길을 간다.

"나에게 있어 최고의 것은", 거짓말을 잘하는 그대들의 정신은 스스로 이렇게 말한다. "욕망이 없이, 개처럼 혓바닥을 축 늘어뜨리지도 않고 인생을 관조하는 것이다.

의지를 죽이고서 이기심의 지배와 탐욕에서 벗어나—온몸이 싸늘한 잿빛이 된 채, 그러나 도취된 달[月]의 눈을 갖고 관조하면서 행복해지는 것이다!"

"나에게 가장 소중한 것은", 유혹 당한 자는 자신을 이렇게 유혹한다, "달이 대지를 사랑하는 것처럼 대지를 사랑하고, 오직 눈으로만 대지의 아름다움을 찾는 것이리라.

그리고 나 자신이 백 개의 눈을 가진 거울처럼 사물들 앞에 누워 있는 것말고는, 내가 사물로부터 아무것도 원하지 않는 것, 이것을 나는 모든 사물에 대한 때 묻지 않는 인식이라고 부른다."

오, 그대 감상적인 위선자들이여, 그대 음탕한 자들이여! 그대들의 욕망에는 순진함이 없다. 그리고 그 때문에 그대들은 지금 욕망을 비난하고 있다!

진실로, 그대들은 창조하는 자, 산출하는 자, 생성을 좋아하는 자로서 대지를 사랑하는 것이 아니다!

순진함은 어디에 있는가? 산출하려는 의지가 있는 곳에 있다. 그리고 자기 자신을 초월하여 창조하려는 자가 내가 보기에는 가장 순수한 의지를 가진 자다.

아름다움은 어디에 있는가? 나의 모든 의지로써 의욕(意慾)하지 않을 수 없는 곳에 있다. 하나의 형상이 단지 형상에 그치지 않도록, 내가 사랑하며 몰락하기를 바라는 곳에 있다.

사랑하는 것과 몰락하는 것, 그것은 예로부터 서로 일치한다. 사랑하려는 의지, 그것은 죽음조차도 기꺼이 원한다. 이렇게 나는 그대 비겁한 자들에게 말한다!

그런데 이제 거세(去勢)된 그대들의 곁눈질은 '관조(觀照)'라고 불리기를 원한다! 그리고 비겁한 눈으로 더듬는 것을 '아름답다'는 이름으로 불러야 한다는 것이다! 오, 그대 고귀한 이름을 모독하는 자들이여!

그러나 그대 깨끗한 자들이여, 그대 순수한 인식을 하는 자들이여, 비록 그대들이 잔뜩 배가 부풀어 지평선 위에 떠 있더라도 그대들은 결코 분만을 하지 못하리라는 것, 그것이 그대들에 대한 저주가 되리라!

실로, 그대들은 그대들의 입을 고상한 말로 가득 채운다. 그러면 우리가 그대들의 가슴이 넘쳐흐르고 있다고 믿을 줄 아는가, 그대 거짓말쟁이들이여?

그러나 내가 하는 말들은 빈약하고 멸시받는 뒤틀린 말들이다. 그대들의 식사 때 식탁 밑으로 떨어지는 음식 찌꺼기를 나는 기꺼이 줍는다.

그런데도 나는 여전히 이런 말로써—위선자들에게 진리를 말할 수 있다! 그렇다, 내가 주워 올린 물고기의 가시, 조개껍질, 가시 돋친 이파리는—위선자들의 코를 간지럽게 하리라!

그대들의 주변과, 그대들이 식사할 때 그 주변에는 언제나 나쁜 공기가 감돌고 있다. 그대들의 음탕한 생각들, 그대들의 거짓말과 비밀스러운 것들이 그 공기 속에 들어 있기 때문이다!

먼저 과감하게 그대 자신을 믿어라—그대들과 그대들의 내장을!
자기 자신을 믿지 못하는 자는 언제나 거짓말을 하기 마련이다.

그대들은 어떤 신(神)의 탈을 걸치고 있다, 그대 '순수한 자들'이
여. 그 어떤 신의 탈 속으로 그대들의 끔찍스런 환형(環形) 동물이 기
어 들어가 있는 것이다.

진실로, 그대들은 속이고 있다, 그대 '관조하는 자'들이여! 차라
투스트라도 역시 일찍이 그대들의 신(神)의 겉가죽에 미쳐 있었다.
그 겉가죽 안을 가득 채운 뱀의 똬리를 보지 못했던 것이다.

나는 전에 그대들의 유희 속에서 한 신(神)의 유희하는 모습이 보
인다고 생각했었다, 그대 순수—인식자들이여! 나는 전에 그대들의
예술보다 더 훌륭한 예술은 없다고 믿었었다!

멀리 떨어져 있었기 때문에 나는 뱀의 오물과 악취를 알아차리
지 못했다. 그리고 도마뱀의 교활함이 음탕하게 여기서 기어 다니
고 있는 것도.

그러나 나는 그대들에게 가까이 다가갔다. 그때 나에게 날이 밝
아 왔다. 그리고 이제 그대들에게 날이 밝아 오고 있다.—달의 정사
(情事)는 끝난 것이다!

저기를 바라보라! 현장을 들켜 창백해진 달이 저기 떠 있다—아
침 놀 앞에! 이미 태양이, 저 타오르는 자가 다가오고 있기 때문이
다.—대지를 향한 태양의 사랑이 오고 있다! 순진하고 창조적인 욕
망에 불타는 것이야말로 모든 천체들의 사랑이다!

저기를 바라보라, 태양이 급하게 바다를 건너오는 모습을! 태양
의 사랑이 목말라 하면서 뜨거운 숨결을 내뿜는 것을 그대들은 느

끼지 못하는가?

태양은 바닷물을 마시고, 바다의 깊이를 자신의 높이까지 빨아 올리기를 원한다. 이때 바다의 욕망은 천 개의 젖가슴으로 부풀어 오른다.

바다는 태양의 갈증에 의해 입맞춤을 받고 흡수되기를 바라고 있다. 바다는 대기가 되고 높이가 되고 빛이 나아가는 길이 되고, 그 스스로 빛이 되기를 원한다!

진실로, 태양처럼 나는 삶을, 그리고 모든 깊은 바다를 사랑한다. 그리고 모든 깊은 것이 위로—나의 높이까지—올라가야 하는 것, 이것을 '나는' 인식이라고 부른다!

차라투스트라는 이렇게 말했다.

◆ 16. 학자들에 대하여

내가 잠들어 누워 있을 때, 한 마리의 양이 내 머리 위에 씌어 있던 담쟁이 꽃잎을 먹어 버리고 나서 이렇게 말했다. "차라투스트라는 더 이상 학자가 아니다."

양은 이렇게 말하고서 우악스럽고 의기양양하게 가 버렸다. 한 어린아이가 그것을 나에게 말해 주었다.

나는 여기 어린아이들이 노는 곳, 무너진 벽 옆, 엉경퀴와 붉은 양귀비꽃들 사이에 누워 있기를 좋아한다.

어린아이들에게 나는 아직도 학자다.[61] 그리고 엉겅퀴와 붉은 양귀비꽃들에게도. 그들은 순진하다, 그들이 악의를 품고 있을 때조차도.

그러나 양들에게는 나는 더 이상 학자가 아니다. 나의 운명이 그러기를 바라고 있다.—나의 운명에 축복이 있기를!

왜냐하면 사실은 다음과 같기 때문이다. 나는 학자들의 집을 떠났고, 더구나 내 뒤로 문을 쾅 닫고 나왔던 것이다.

너무나 오랫동안 나의 영혼은 굶주린 채 그들의 식탁에 앉아 있었다. 그들처럼 호두를 깨뜨려 먹듯이 인식하는 일에는 나는 훈련이 되지 않았던 것이다.

나는 자유를 사랑하며, 신선한 대지 위의 공기를 사랑한다. 나는 학자들의 지위와 권위 위에서 잠자기보다는 오히려 소가죽 위에서 자고 싶다.

나는 너무나 뜨거우며 스스로의 사상에 불타고 있다. 그 때문에 나는 가끔 숨이 막힐 것 같다. 그럴 때면 나는 먼지투성이의 모든 방들을 나와 바깥으로 나가지 않을 수 없다.

그러나 학자들은 그들의 싸늘한 그늘 속에 싸늘하게 앉아 있다. 그들은 매사에 그저 방관자가 되려고 하며, 태양이 계단 위에 내리쬐는 곳에 앉지 않으려고 조심한다.

거리에 서서 지나가는 사람들을 우두커니 바라보는 자들처럼, 그

---

61. 실제로 니체는 바젤 대학의 교수였으나 그 직책을 사임하고, 이후 저술을 하면서 생애를 보냈다. 니체는 이 차라투스트라를 통해 니체 자신의 인생 경력을 여기서도 비유적으로 암시하고 있는 것 같다.

렇게 학자들도 기다리면서 남들이 생각해 낸 사상들을 우두커니 바라보고 있다.

누군가 학자들을 손으로 붙잡으면, 그들은 마치 밀가루 포대처럼 반사적으로 주위에 먼지를 일으킨다. 그러나 그들의 먼지가 곡식으로부터, 그리고 여름 들판의 황금빛 환희로부터 생긴 것임을 누가 알아차리겠는가?

그들이 스스로 지혜로운 체할 때면, 그들의 보잘 것 없는 잠언과 진리에 나는 몸이 오싹해진다. 그들의 지혜에서는 때때로 늪에서 생겨난 것 같은 악취가 풍긴다. 그리고 실제로 나는 그들의 지혜에서 개구리의 꽥꽥거리는 소리까지도 들었다!

그들은 노련하며, 손재주를 갖고 있다. 그들의 복잡함에 비하면 나의 단순함은 무엇이랴! 그들의 손가락은 실을 꿰고, 맺고, 짜는 법을 모두 알고 있다. 이렇게 해서 그들은 정신의 양말을 짜는 것이다!

그들은 훌륭한 태엽 장치다. 다만 그것들을 제대로 감도록 조심하라! 그러면 그들은 틀림없이 시간을 알려주고, 그러면서 조심스런 소리를 낸다.

그들은 제분기처럼, 맷돌처럼 일한다. 그들에게 곡식을 집어넣기만 하면 된다! —그들은 곧바로 곡식을 잘게 갈아 그것으로 흰 가루를 만드는 법을 알고 있다.

그들은 서로를 감시하고 상대방을 별로 믿지 않는다. 보잘 것 없는 술책에는 재주가 있어 절름발이 지식인들을 기다리고 있다.—마치 거미처럼 그들은 기다리고 있다.

나는 그들이 언제나 조심스럽게 독을 조제하는 것을 보았다. 그때 그들은 언제나 유리로 만든 장갑을 손에 끼고 있었다.

그들은 또 속임수 주사위 놀이를 하는 법도 알고 있다. 그리하여 나는 그들이 그 놀이에 너무나 열중하여 땀까지 흘리는 것을 보았다.

우리는 피차 낯선 사이이며, 그들의 덕(德)이라는 것도 그들의 거짓과 속임수 주사위 놀이보다도 더 내 취향에 거슬린다.

그래서 나는 그들의 집에 살고 있을 때, 그들 위에서 살았다. 그 일로 그들은 나를 싫어했던 것이다.

그들은 누군가 자기들의 머리 위에서 걸어 다니고 있다는 것을 알고 싶어 하지 않는다. 그래서 그들은 나와 자기들의 머리 사이에 나무와 흙과 쓰레기를 갖다 놓았다.

이렇게 해서 그들은 내 발걸음 소리가 들리지 않게 막았다. 그래서 이제까지 나의 목소리는 최고의 학자들에게 거의 제대로 들리지 않았다.

그들은 모든 인간들의 결함과 약점들을 그들과 나 사이에 가로놓았고—그것을 자기들의 집안에서 '방음판(防音板)'이라고 부른다.

그럼에도 나는 나의 사상(思想)으로 그들의 머리 위를 걸어 다닌다. 그리고 나는 비록 나의 과오(過誤)들을 지닌 채 걸어 다니더라도 나는 여전히 그들 위에, 그들의 머리 위에 있을 것이다.

왜냐하면 인간은 평등하지 않기 때문이다. 그렇게 정의(正義)를 말한다. 그러니 내가 원하는 것을 그들이 원할 권리가 없을 것이다!

차라투스트라는 이렇게 말했다.

◆ 17. 시인들에 대하여

"육체에 대해 더 잘 알게 된 이후로"—차라투스트라는 한 제자에게 말했다—"나에게 정신은 비유적인 정신에 불과하다. 그리고 모든 '불멸하는 것'도 역시 하나의 비유에 지나지 않는다."

"전에도 저는 선생님이 그런 말씀을 하시는 것을 들었습니다." 제자가 대답했다. "그리고 그때 선생님은 '그러나 시인들은 거짓말이 너무 심하다'고 덧붙이셨습니다. 왜 선생님께서는 시인들이 지나치게 거짓말을 한다고 말씀하셨습니까?"

"왜냐고?" 차라투스트라는 말했다. "왜냐고 그대는 묻는가? 나는 '왜냐'는 질문을 받을 사람이 아니다."

나의 체험이 어디 어제부터 비롯된 것이겠는가? 내가 나의 견해의 근거를 체험한 것은 오래전부터이다.

내가 나의 여러 가지 근거를 간직하려 한다면 나는 기억을 담는 통이 되어야 하지 않는가?

나의 견해 자체를 간직하는 것만으로도 내게는 이미 너무 번거로운 일이고, 그래서 날아 가버린 새들도 적지 않다.

이따금 나는 나의 비둘기 집에서 다른 데서 날아온, 내게는 낯선 동물을 발견하기도 하는데, 그것은 내가 손을 얹으면 몸을 떤다.

그런데 전에 차라투스트라가 그대에게 무슨 말을 했다고? 시인들은 너무 거짓말을 많이 한다고?—그러나 차라투스트라도 역시 시인이다.

그대는 지금 차라투스트라가 진실을 말했다고 믿는가? 어째서 그대는 그것을 믿고 있는가?

제자가 대답했다. "저는 차라투스트라를 믿습니다." 그러나 차라투스트라는 고개를 가로저으며 미소를 지었다.

그는 말했다. "믿음은 나를 행복하게 하지 못한다." 나에 대한 믿음은 더욱 그러하다.

그러나 누군가 매우 진지하게 시인들은 너무 거짓말을 많이 한다고 말했다면, 그의 말이 옳다.—우리는 지나치게 거짓말을 많이 하고 있다.

우리는 별로 아는 것도 없고, 배우는 일도 잘 못한다. 그래서 우리는 거짓말을 할 수밖에 없는 것이다.

우리 시인들 중에서 자기가 만든 포도주에 불순물을 섞지 않는 자가 누가 있겠는가? 우리의 저장실에서는 유해한 혼합주들이 많이 만들어졌고, 거기에서 형언할 수 없는 일들이 많이 행해졌다.

그리고 우리는 아는 바가 별로 없기 때문에, 정신적으로 가난한 자들이 우리의 마음에 든다. 특히 그들이 젊은 여자들일 때는 더욱 그렇다!

심지어 늙은 여자들이 밤에 서로 이야기를 주고받는 일에도 우리는 호기심을 느낀다. 우리는 그것을 우리 자신에게 있는 '영원히 여성적인 것'이라고 부른다.[62]

---

62. 독일의 문호 괴테(Goethe, 1749 ~ 1832)가 지은 《파우스트(Faust)》 제2부 종결부에 "이루 말할 수 없는 일이/ 여기서 이루어진다./ 영원히 여성적인 것이 우리를 끌어올린다."라는 구절이 있다. 니체는 이 말을 역설적으로 희화(戲畵)화 해서 소위 '여성적인 것'을 숭배하는 남성들을 꼬집고 있다.

그리고 뭔가 배운 사람들에게는 '막혀 있는', 지식에 이르는 어떤 특별한 비밀 통로라도 있는 것처럼 우리는 민중과 민중의 '지혜'라는 것을 믿는다.

그러나 모든 시인들은 믿고 있다, 풀밭이나 쓸쓸한 산비탈에 누워 두 귀를 세우는 자는 하늘과 땅 사이에 있는 여러 사물들에 대해 뭔가를 알게 된다고.

그리고 시인들은 달콤한 흥분에 젖게 되면, 언제나 자연 스스로가 그들에게 반했다고 생각한다.

그리고 자연이 그들의 귀에 살며시 다가와 비밀스런 이야기들과 사랑의 감언을 속삭여 준다고. 그들은 그것을 모든 사람들 앞에서 자랑하고 뽐낸다!

아, 하늘과 땅 사이에는 오직 시인들만이 꿈꿀 수 있는 것들이 많기도 하다!

물론 하늘 '위에도' 그러하다. 모든 신(神)들은 시인들이 꾸며낸 비유이고 시인들이 늘어놓은 궤변이기 때문이다!

실로, 그것은 언제나 우리를 높이 끌어 올린다, 구름의 나라로. 우리는 그 구름들 위에 우리의 알록달록한 헛껍데기를 올려놓고, 그것들을 신(神)이며 초인이라고 부르는 것이다.

그들은 바로 이런 구름 의자 자리에 앉혀 놓기 딱 알맞게 가볍지 않은가!―이런 모든 신들과 초인들은.

아, 실제로 일어난 일로 간주되는 이런 모든 당치 않은 일들에 나는 얼마나 지쳐 버렸는지! 아, 나는 시인들에게 얼마나 지쳐 버렸는가!

차라투스트라가 이렇게 말했을 때, 그의 제자는 그에게 화가 났지만 잠자코 있었다. 차라투스트라도 역시 침묵했고, 그의 눈은 먼 곳을 응시하는 듯 자신의 내면으로 향해 있었다. 마침내 그는 한숨을 쉬고는 숨을 들이마셨다.

나는 오늘에 속해 있으며 또한 옛날에 속해 있다, 라고 이윽고 그는 말했다. 그러나 내 안에는 내일과 모레, 그리고 훗날에 속하는 무엇인가가 있다.

나는 시인들에게 지쳤다, 옛 시인이나 새로운 시인이나, 내게는 모두가 피상적인 인간들이며 얕은 바다이다.

그들은 충분히 깊게 사고(思考)하지 못했다. 그러므로 그들의 감정은 밑바닥까지 침잠하지 못했다.

얼마간의 육욕과 얼마간의 권태. 그것이 지금까지 그들에게 최선의 명상이었다.

그들의 하프 켜는 소리는 내게는 모두 유령의 숨소리이며, 유령이 스쳐 지나가는 소리로 들린다. 그들은 지금까지 음조의 열정에 대해 뭘 알고 있었던가!

내가 보기에 그들은 또한 깨끗하지도 않다. 그들은 자기들의 물이 깊게 보이게 하려고 물을 온통 흐려 놓는다.

그렇게 함으로써 그들은 스스로 조정자로 자처하기를 좋아한다. 그러나 그들은 내게는 중개자, 간섭자이며 어중간하고 불순한 자에 지나지 않는다!

아. 나는 실로 그들의 바다에 나의 그물을 던져 넣었고, 좋은 고기들이 잡히기를 바랐다. 그러나 내가 끌어올린 것은 언제나 낡

은 신(神)의 머리통뿐이었다.

그렇게 바다는 굶주린 사람에게 돌멩이 하나를 주었을 뿐이었다. 그런데 그들 자신도 바다에서 생겨났으리라.

분명, 시인들에게서는 진주가 발견된다. 그만큼 그들 자신은 단단한 조개껍질과 훨씬 더 비슷하다. 때때로 나는 그들에게서 영혼 대신에 짜디짠 점액을 발견했다.

그들은 바다로부터 허영심도 배웠다. 바다야말로 공작(孔雀) 중의 공작이 아닌가?

바다는 물소들 가운데 가장 보기 흉한 물소 앞에서도 자신의 꼬리를 펴보인다. 바다는 은과 비단으로 수놓인 자신의 부채에 결코 싫증을 내지 않는다.

물소는 오만하게 이 모양을 바라본다. 물소의 영혼은 모래에 가깝고, 그보다는 덤불에 더욱 가깝지만, 그러나 늪에 가장 가깝다.

물소에게는 아름다움이나 바다나 공작의 장식 따위가 무슨 소용이 있으랴! 이 비유를 나는 시인들에게 말한다.

진실로, 시인들의 정신 자체가 공작 중의 공작이며 허영의 바다인 것이다!

시인의 정신은 관객을 원한다. 비록 그 관객이 물소라 할지라도!—

그러나 나는 이런 정신에 지쳐 버렸다. 그리고 나는 이 정신이 자기 자신에게 지쳐버릴 때가 다가오는 것을 본다.

나는 시인들이 이미 변해서 자기 자신에게 시선을 돌리는 것을 보았다.

정신의 참회자들이 오는 것을 나는 보았다. 그들은 시인들로부터 자라난 것이다.

차라투스트라는 이렇게 말했다.

◆ 18. 큰 사건들에 대하여

차라투스트라의 '행복의 섬들'에서 멀지 않은 곳 바다 가운데에, 화산이 끊임없이 연기를 내뿜는 섬이 하나 있다. 이 섬에 대해서 민중들, 특히 늙은 여인들은 이 섬이 마치 암석 덩어리처럼 하계(下界)의 문 앞에 놓여 있으나, 바로 화산을 통해 밑으로 향하는 좁은 길이 있고 이 길을 따라가면 하계의 문 앞에 이르게 된다고 말한다.

그런데, 차라투스트라가 그 행복의 섬에서 지내고 있을 무렵, 연기를 내뿜는 산이 우뚝 서 있는 이 섬에 한 척의 배가 돛을 내린 일이 있었다. 그리고 선원들이 토끼 사냥을 하기 위해 그 섬에 내렸다. 그런데 정오 무렵 선장과 그의 부하들이 다시 모였을 때, 갑자기 한 남자가 허공을 가르며 자기들에게 다가오는 것이 보였고, "때가 왔다. 시기가 무르익었다!"[63]라고 분명하게 말하는 소리가 들렸다. 그러나 그 모습이 그들에게 바짝 접근했을 때 재빨리 그림자처럼 화산이 있는 방향으로 사라져 버렸다. 그들은 그가 차라투스트라임을

---

63. 차라투스트라가 영원회귀 사상을 전파할 때가 왔다는 뜻이다.

알아보고 크게 놀랐다. 선장을 제외하고는 그들 모두가 전에 차라투스트라를 본 적이 있었고, 그들도 민중과 마찬가지로 사랑과 두려움으로 그를 사랑했기 때문이었다.

"보라!" 늙은 키잡이가 말했다. "저기 차라투스트라가 지옥으로 가고 있다!"

이 선원들이 화산섬에 상륙한 것과 같은 시각에 차라투스트라가 사라져 버렸다는 소문이 나돌았다. 그래서 사람들이 그의 친구들에게 물어보니, 친구들은 그가 어디로 여행한다는 말도 없이 밤중에 배를 탔다고 말했다.

그러자 그들 사이에 동요가 일어났다. 사흘 뒤에는 그 동요에 선원들의 이 야기까지 덧붙여졌다. 그리하여 모든 사람들은 악마가 차라투스트라를 잡아갔다고 말했다. 물론 그의 제자들은 이 소문을 비웃었으며, 제자들 중의 한 사람은 오히려 이렇게 말했다. "나는 오히려 차라투스트라가 악마를 잡아갔다고 믿겠다." 그러나 제자들은 모두 저마다 영혼의 밑바닥에 근심과 그리움이 가득 차 있었다. 그런 만큼 다섯 째 날에 차라투스트라가 그들 사이에 모습을 나타냈을 때 그들의 기쁨은 대단했다.

다음은 차라투스트라가 불개[火犬][64]와 나누었던 대화에 대한 이야기다.

차라투스트라가 말했다. 대지는 하나의 피부를 갖고 있다. 그리

---

64. 불개는 전설에 따르면 지옥문을 지키는 개로 알려져 있다.

고 이 피부는 여러 가지 병에 걸렸다. 예를 들어 그런 병들 중 하나는 '인간(Mensch)'이라고 불린다.

그리고 그런 또 다른 병은 '불개'라고 불린다. 이 개에 대해서 인간들은 스스로 허다하게 속였고 속아 넘어갔다.

이 비밀을 파헤치기 위해 나는 바다를 건너갔다. 그리고 실로, 나는 벌거벗은 진리를 보았다! 발끝에서 목까지 벌거벗은 진리를.

불개의 정체가 무엇인지를 나는 이제 알았다. 그리고 마찬가지로 모든 파괴적이고 뒤집어엎는 악마들에 대해서도. 그 악마들 앞에서 두려워하는 것은 그저 늙은 여인들만은 아니다.

"나오라, 불개야, 그대의 심연에서!" 나는 외쳤다.

"그리고 그대의 심연이 얼마나 깊은지 자백하라! 그대가 코로 내뿜는 것은 어디서 오는 것이냐!"

그대는 바닷물을 무던히도 들이 마신다. 소금에 절인 그대의 수다가 그 사실을 말해준다! 진실로, 그대는 심연에 사는 개 치고는 너무 많이 표면에서 그대의 영양을 취했다!

나는 그대를 기껏해야 대지의 복화술사(腹話術士)[65]라고 여긴다. 그리고 혁명적이고 파괴적인 악마들이 이야기하는 것을 들을 때마다, 나는 그들이 그대와 비슷하다는 것을 발견하곤 했다. 짜고, 거짓말 잘하며 천박하다는 것을.

그대들은 울부짖을 줄 알고 또 재를 뿌려 어둡게 만들 줄 안다! 그대들은 최고의 허풍쟁이이며, 진흙을 뜨겁게 하는 기술을 지겹

---

65. 복화술이란 입을 움직이지 않고 배로 말하는 기술을 말한다.

도록 배웠다.

그대들이 있는 곳, 그 가까이에는 언제나 진흙이 있어야 하고, 구멍 많은 해면질의 것, 속이 텅 빈 것, 강제로 속박된 것이 허다하게 있어야만 한다. 그것은 자유로워지기를 원한다.

그대들은 '자유'를 울부짖기를 가장 좋아한다. 그러나 수많은 울부짖음과 연기(煙氣)[66]가 '큰 사건들'을 둘러싸자마자, 곧바로 그것들에 대한 신뢰를 잃어버렸다.

그러니 내 말을 믿으라, 지옥의 소란과 같은 친구여! 큰 사건들이란—우리의 가장 시끄러운 시간이 아니라 우리의 가장 조용한 시간이다.

세계는 새로운 소란의 발명자들 주위가 아니라 새로운 가치의 발명자들 주위를 돌고 있다. '소리 없이' 세계는 돌고 있다.

그러니 자 고백하라! 그대가 피운 소란과 연기가 사라졌을 때, 거의 아무 일도 일어나지 않았다는 것을. 도시가 미라로 변하고 입상(立像)[67]이 진흙 속에 쓰러진들 그것이 어쨌단 말인가!

나는 입상을 뒤집어엎는 자들에게 이렇게 말한다. 소금을 바닷물속에 던지고 입상을 진흙 속에 던져버리는 것은 아마도 어리석은 짓중에서도 가장 큰 어리석은 짓이라고.

입상은 그대들의 경멸의 진흙 속에 쓰러져 있었다. 그러나 경멸속에서 다시 생명과 아름다움이 되살아나는 것, 그것이야말로 입상의 법칙이다!

---

66. 무상한 것, 허풍.

67. 정치적 또는 종교적 권위 등으로 존중되던 것.

이제 입상은 더 거룩한 모습을 하고 슬픔에 찬 매혹적인 모습으로 다시 일어선다. 그리고 진실로! 그대들이 입상을 뒤집어엎은 데 대해 입상은 그대들에게 고마워하리라, 그대 뒤집어엎은 자들이여!

그러나 나는 제왕(帝王)과 교회들, 그리고 노쇠하여 덕이 약해진 모든 것들에게 이렇게 충고한다.—부디 뒤집어엎어져라! 그대들이 되살아날 수 있도록, 그리고 그대들에게 덕이 되살아날 수 있도록!

이렇게 나는 불개 앞에서 말했다. 그러자 불개가 퉁명스럽게 내 말을 가로막으며 물었다. "교회라니? 대체 그것이 뭐지?"

"교회?" 나는 대답했다. "그것은 일종의 국가이며, 그것도 가장 잘 속이는 국가다. 그러나 조용히 하라, 그대 위선적인 개여! 그대는 이미 그대와 같은 부류인 그것을 가장 잘 알고 있을 것이다!

그대와 마찬가지로 국가란 한 마리의 위선적인 개다. 그대처럼, 국가는 연기를 내뿜고 울부짖으면서 이야기하기를 좋아한다. 그대처럼, 사물의 핵심으로부터 말하고 있다고 믿게 하기 위해서.

왜냐하면 국가는, 지상에서 통틀어 가장 중요한 짐승이 되려 하기 때문이다. 더구나 사람들은 국가가 그렇다고 믿고 있기도 하다.—

내가 이렇게 말하자 불개는 질투심이 일어 미친 듯이 굴었다. "뭐라고?" 불개가 외쳤다. "지상에서 가장 중요한 짐승이라고? 게다가 사람들이 그렇게 믿고 있기도 한다고?" 그러자 불개의 목구멍에서 굉장히 많은 김과 소름끼치는 소리가 터져 나왔으므로, 나는 불개가 분노와 질투로 숨 막혀 죽나 보다 생각했다.

이윽고 불개는 점차 진정되었고 헐떡거리던 숨도 가라앉았다. 그러나 불개가 조용해지자마자 나는 웃으며 말했다.

"그대는 화를 내고 있구나, 불개여. 그렇다면 내가 그대에 대해 갖는 생각이 옳구나!

내 생각이 옳다는 것을 확인하기 위해, 다른 불개에 관한 말을 들어보라. 진실로 이 불개는 대지의 심장으로부터 이야기한다.

그의 숨결은 황금과 황금의 비를 내뿜는다. 그의 심장이 그러기를 원하고 있다. 이제 와서 그에게 재와 연기와 뜨거운 점액이 무슨 소용이겠는가!

이 불개에게서는 너털웃음이 마치 알록달록한 구름처럼 피어 나온다. 그는 그대의 어물거리는 소리와 구역질과 내장의 고통을 역겨워 한다!

그러나 황금과 웃음—그것을 그는 대지의 심장으로부터 꺼낸다. 그대도 알아둬야 하겠지만—대지의 심장은 황금으로 만들어졌기 때문이다."

이 말을 듣자, 불개는 더 이상 참고 내 말에 귀를 기울이고 있을 수가 없었다. 창피해진 그는 꼬리를 움츠리고 가냘픈 소리로 멍멍! 짖어대면서 자기 굴로 기어들어 갔다.—

차라투스트라는 이렇게 말했다. 그러나 그의 제자들은 그의 말에 거의 귀를 기울이지 않았다. 그에게 선원들이며 토끼에 대해서, 그리고 날아간 사내에 대해서 이야기하고 싶은 그들의 욕망이 컸기 때문이었다.

"그 일을 나는 어떻게 생각해야 할까!" 차라투스트라는 말했다. "그럼 내가 유령이란 말인가?

그러나 그것은 내 그림자였을 것이다. 그대들은 분명히 이미 나그

네와 그의 그림자에 대해서 어느 정도 들었을 텐데?

그러나 내가 그 그림자를 더욱 단단히 묶어 놓아야 한다는 것, 이 것만은 분명하다.—그렇지 않으면 그 그림자는 내 명성을 망쳐 버릴 것이다."

그리고 차라투스트라는 다시 한 번 머리를 저으며 의아해 했다.

"그 일을 나는 어떻게 생각해야 할까!" 그는 다시 말했다.

"대체 그 유령은 왜 '때가 왔다! 때가 무르익었다'라고 외쳤을까? 도대체 무엇을 위한—때가 무르익었다는 말일까?"

차라투스트라는 이렇게 말했다.

◆ 19. 예언자

그리하여 나는 커다란 슬픔이 인류에게 닥쳐오는 것을 보았다. 가장 훌륭한 자들이 자기들의 일에 지쳐 버린 것이다.

하나의 가르침이 선포되었고, 이 가르침과 나란히 한 가지 신앙이 퍼졌다. "모든 것은 공허하고, 모든 것은 똑같으며, 모든 것은 지나가 버렸다!"라는.

그리고 모든 언덕으로부터 그것은 메아리로 되돌아왔다. "모든 것은 공허하고, 모든 것은 똑같으며, 모든 것은 지나가 버렸다!"

분명 우리는 수확하였다. 그러나 어째서 우리의 열매는 모두 썩어서 갈색이 되어 버렸는가? 간밤에 사악한 달(月)로부터 무엇이 떨어져 내렸는가?

모든 노고는 허사가 되었고, 우리의 포도주는 독으로 변했고, 사악한 시선(視線)이 우리의 밭과 심장을 누렇게 태웠다.

우리는 모두 말라 버렸다. 그래서 우리에게 불이 떨어진다면 우리는 재처럼 흩날려 버리리라.—그렇다, 우리는 불조차도 지치게 만들었다.

모든 샘물은 말라붙었고, 바다도 뒤로 물러났다. 땅은 모두 갈라 터지려 하지만, 심연은 우리를 삼키려고 하지 않는다!

"아, 인간이 익사할 수 있는 바다가 어디에 아직 남아 있겠는가." 그렇게 우리의 탄식은—얕은 늪들 너머로 울려 퍼진다.

진실로, 우리는 이미 너무 지쳐서 죽지도 못한다. 지금 우리는 여전히 깨어 있는 채로 계속 살아 나간다.—무덤 속에서!"—

차라투스트라는 한 예언자[68]가 그렇게 말하는 것을 들었다. 그리고 그의 예언은 차라투스트라의 심금을 울려 그를 변화시켰다. 차라투스트라는 슬픔에 잠기고 지친 모습으로 돌아다녔다. 그리하여 그는 그 예언자가 말한 사람들과 비슷해졌다.

진실로—그는 자신의 제자들에게 말했다—이제 곧 이 기나긴 황

---

68. 여기서 니체는 차라투스트라를 빌어서 자신의 과거의 정신적 행적을 회상하고 있다. 즉 차라투스트라(니체)는 마지막 영원회귀 사상으로 가는 도중에 다른 사상도 만나게 되는데, 그것이 바로 철학자 쇼펜하우어의(Arthur Schopenhauer, 1788 ~ 1860)의 염세주의(Pessimismus) 사상이었다. 니체는 젊은 시절 그의 염세주의 사상에 심취하였다가, 얼마 후 그 사상으로부터 벗어났다. 이 장면은 그러한 변화를 연상시키고 있다. 즉 여기서의 예언자는 쇼펜하우어를 비유한 것으로 볼 수 있다.

혼이 찾아오리라. 아, 나는 어떻게 나의 빛을 구출해 낼 수 있을까!

나의 빛이 이 슬픔 속에서 질식하지 않기를! 그것은 더욱더 먼 세계들을, 그리고 가장 먼 밤들을 비춰 주는 빛이 되어야 한다!

이렇게 마음속으로 근심하면서 차라투스트라는 돌아다녔다. 그리고 사흘 동안 그는 마시지도 먹지도 않았으며, 쉬지도 않았고, 말하는 것도 잊었다. 마침내 그는 깊은 잠에 빠졌다. 그러나 그의 제자들은 긴 밤을 새우며 그의 주위에 둘러앉아서, 그가 깨어나 다시 말을 하고 그의 고뇌로부터 치유될지를 걱정하며 기다렸다.

그러자 차라투스트라는 깨어나 다음과 같이 말했다. 그러나 그의 음성은 제자들에게는 머나먼 곳에서 들려오는 것처럼 들렸다.

내가 꾼 꿈들을 들어보라, 친구들이여, 그리고 내가 그 의미를 풀수 있도록 도와다오!

내게는 아직 하나의 수수께끼다, 이 꿈은. 그 의미는 꿈속에 숨겨져 있고 갇혀 있어서, 아직 자유로운 날개로 그 꿈을 뛰어넘어 날아오르지 못한다.

나는 모든 삶을 포기해 버린, 그런 꿈을 꾸었다. 나는 밤과 무덤의 파수꾼이 되어 있었다, 저 쓸쓸한 죽음의 산성(山城) 위에서.

그 산성 위에서 나는 죽음의 관(棺)들을 지키고 있었다. 곰팡내 나는 둥근 천정들은 그런 죽음의 승리의 징표들로 가득 차 있었다. 유리관들 속으로부터 극복되어진 삶이 나를 빤히 바라보고 있었다.

먼지로 뒤덮인 영원의 냄새를 나는 맡고 있었다. 나의 영혼은 후덥지근한 열기와 먼지에 뒤덮인 채 누워 있었다. 도대체 그런 곳에서 누가 자기의 영혼에게 바람을 쐬이게 할 수 있겠는가!

줄곧 한밤중의 밝음이 내 주위에 있었고, 고독이 그 영혼 곁에 웅크리고 있었다. 그리고 세 번째로는, 나의 여자 친구들 중 가장 나쁜 친구인 헐떡거리는 죽음의 정적[69]이 있었다.

나는 모든 열쇠들 중에서 가장 녹슨 열쇠들을 지니고 있었다. 그리고 그것들로 모든 문들 중에서 가장 삐걱거리는 문을 여는 법을 알고 있었다.

그 문짝이 열릴 때, 그 소리는 그악스럽게 울어대는 새 소리처럼 긴 낭하에 울려 퍼졌다. 이 새는 사납게 울어댔다. 그 새는 잠에서 깨어나고 싶지 않았던 것이다.

그러나 그 소리는 다시 잠잠해졌고, 주위가 조용해져 그 음침한 침묵 속에 나 혼자 앉아 있었을 때, 한층 더 무서워지고 가슴이 더 죄어 왔다.

그렇게 시간은 나에게 살금살금 기어 지나갔다, 만일 시간이라는 게 아직도 존재하고 있었다면 말이다. 시간이라는 게 있었는지 아닌지 내가 어찌 알랴! 그러나 마침내 나를 잠에서 깨우는 일이 일어났다.

세 차례 문을 두드리는 소리가 천둥소리처럼 들려왔던 것이다. 둥근 천장들이 세 차례 되받아 메아리치고 울부짖었다. 그때 나는 문 쪽으로 갔다.

---

69. 독일어에서 '죽음의 정적'을 뜻하는 'Todesstille'는 여성명사이므로, 니체는 여기서 그것을 다른 말로 '여자 친구들'이라고 부르고 있다.

알파(Alpa)![70] 나는 외쳤다. 누가 자신의 재(灰)를 산으로 실어 가는가? 알파! 알파! 누가 자신의 재를 산으로 실어 가는가?

그리고 나는 열쇠를 밀어 넣고 문을 밀어 열려고 애썼다. 그러나 문은 손가락 넓이만큼도 열리지 않았다.

그때 사나운 바람이 불어와 그 문짝들을 열어젖혔다. 바람은 윙윙거리고 날카롭게 찢는 듯이 불어 닥치면서 내게 검은 관(棺)을 하나 던졌다.

그리고 사납게 획 하고 깨질듯 날카로운 소리를 내며 그 관은 산산이 부서졌고, 천 겹의 웃음을 토해냈다.

그러자 어린아이들, 천사들, 부엉이들, 바보들, 그리고 어린아이들처럼 큰 나비들로 이루어진 천 개의 얼굴들이 나를 향해 웃고 조롱하며 거칠게 날뛰었다.

그 때문에 나는 깜짝 놀라 몸서리쳤다. 나는 쓰러졌다. 그리고 두려워서 여느 때보다도 큰 소리로 울부짖었다.

그런데 바로 나 자신의 울부짖음 소리가 나를 잠에서 깨웠다. 그래서 나는 제 정신이 들었다.—

이렇게 차라투스트라는 자신의 꿈 이야기를 하고 나서 침묵에 잠겼다. 그는 아직도 자신의 꿈의 의미를 알 수 없었기 때문이다. 그러나 그가 가장 사랑하는 제자가 재빨리 일어나 차라투스트라의 손을 붙잡고서 말했다.

"당신의 삶 자체가 우리에게 이 꿈의 의미를 말해 줍니다, 오, 차

---

70. 'Alpa'는 북유럽의 '요마(妖魔, Alp)'를 가리키는 말에서 온 듯 보이지만, 여기서는 뜻은 분명하지 않고 그냥 일종의 감탄사로 쓰인 것 같다.

라투스트라여!

당신 자신이 휙휙 날카로운 소리를 내며 죽음의 성의 문을 열어젖힌 바람이 아니겠습니까?

당신 자신이, 삶의 다채로운 악의와 천사의 찌푸린 낯으로 가득 찬 관이 아니겠습니까?

진실로, 어린아이들의 천 겹의 웃음처럼 차라투스트라는 모든 죽음의 방으로 들어갑니다, 그런 밤의 파수꾼들과 무덤의 파수꾼들을 비웃으면서, 그리고 그 밖에 음울한 열쇠들을 철렁거리는 자들을 비웃으면서.

당신은 당신의 웃음으로써 그들을 놀라게 하고, 그들을 넘어뜨리고 실신하게 했다 다시 깨움으로써, 그들에 대한 당신의 위력이 입증될 것입니다.

그리고 기나긴 황혼과 죽음의 권태가 닥칠지라도, 당신은 우리의 하늘에서 사라지지 않을 것입니다, 삶의 대변자시여!

새로운 별들과 새로운 밤의 장려함을 당신은 우리에게 보여주셨습니다. 실로, 당신은 우리의 머리 위에 알록달록한 빛깔의 천막처럼 웃음 자체를 펼쳐 놓으셨습니다.

이제부터는 언제나 어린아이의 웃음이 관(棺)들로부터 솟구쳐 나올 것입니다. 이제부터는 언제나 거센 바람이 상승의 기세로 모든 죽음의 권태를 향해 불어 닥칠 것입니다. 당신 자신이 그것에 대한 보증인이며 예언자이십니다!

실로 당신은 그들을, 당신의 적(敵)들을 꿈에서 본 것입니다. 그것은 당신에게 가장 괴로운 꿈이었습니다!

그러나 당신이 적들로부터 깨어나 당신 자신에게 돌아오셨듯이, 적들도 자기 자신으로부터 깨어나 당신에게로 올 것입니다!"—

이렇게 제자는 말했다. 그러자 이제 다른 모든 제자들도 차라투스트라의 주위로 몰려들어 그의 두 손을 잡고, 그가 침상에서 일어나 슬픔을 버리고 그들에게 돌아오도록 설득하려고 했다. 그러나 차라투스트라는 멍한 눈길로 그의 자리에 꼿꼿이 앉아 있었다. 마치 오랫동안 낯선 곳을 돌아다니다 고향에 돌아온 사람처럼, 그는 자신의 제자들을 돌아보며 그들의 얼굴을 곰곰이 살폈다. 그러나 아직도 그는 그들을 알아보지 못했다. 그러나 제자들이 그를 들어서 두 발로 일으켜 세웠다. 그때, 보라, 그의 두 눈이 갑자기 변했다. 그동안 무슨 일이 일어났는지 모두 깨닫게 된 그는 턱수염을 쓰다듬으면서 힘찬 목소리로 말했다.

"됐다! 이제 이 일은 끝났다. 그러나 나의 제자들아, 유쾌한 향연을 열도록, 그것도 속히 열도록 하라! 이로써 나는 흉한 꿈을 꾼 것을 보상할 생각이다!

그러나 저 예언자도 내 곁에서 먹고 마시게 하라. 그러면 진실로, 나는 그에게 그가 익사할 수 있는 바다를 보여주리라!"

차라투스트라는 이렇게 말했다. 그러나 이렇게 말한 다음에 그는 자신의 꿈의 해몽자 역할을 했던 제자의 얼굴을 오랫동안 바라보며 고개를 가로저었다.

◆ 20. 구원에 대하여

차라투스트라가 어느 날 큰 다리를 건너갈 때 불구자들과 거지들이 그를 둘러쌌고, 한 꼽추가 그에게 이렇게 말했다.

"보라, 차라투스트라여! 민중들도 역시 그대의 가르침을 받고 그대의 가르침에 대한 믿음을 얻고 있다. 그러나 민중이 그대를 완전히 믿게 되려면 아직도 한 가지가 더 필요하다.―그대는 우선 우리 불구자들을 설복시켜야 한다! 이제 여기 골고루 가려 뽑은 불구자들의 무리가 있으니 진실로, 그대에게 쉽게 붙잡을 수 있는 좋은 기회가 생긴 것이다! 그대는 장님을 고치고 절름발이를 달리게 할 수 있다. 지나치게 많은 짐을 진 자에게서 얼마간 짐을 덜어 줄 수 있을 것이다. 이거야말로 내가 생각하기에 불구자들로 하여금 차라투스트라를 믿게 하는 옳은 방법인 것 같다!"

그러나 차라투스트라는 그렇게 말한 사람에게 다음과 같이 대답했다.

"꼽추에게서 그의 혹을 떼어내는 것은 곧 그의 정신을 떼어내는 것이다.―민중은 이렇게 가르치고 있다. 그리고 장님에게 눈을 뜨게 해준다면, 그는 지상에서 나쁜 일들을 너무 많이 보게 되고 그리하여 자신을 고쳐준 사람을 저주하게 된다. 그리고 절름발이를 달리게 해주는 자는 그에게 가장 큰 해를 끼치게 되리니, 왜냐하면 달릴 수 있게 되자마자 그의 악덕도 그와 함께 계속 내달리기 때문이다.―불구자들에 대해 민중이 가르치는 바는 이러하다. 그리고 민중이 차라투스트라에게서 배운다면, 차라투스트라도 민중에게서 배우지 못할 까닭이 없지 않은가?

그러나 내가 인간들 사이에 있게 된 이후로, '어떤 사람에게는 눈이 하나 없고 어떤 사람에게는 귀가 하나 없으며, 어떤 사람에게는 다리가 하나 없고, 혀나 코가 없는 다른 사람들도 있다'는 것을 보지만, 그런 것은 내게는 극히 사소한 일이다.

나는 그보다 더 나쁜 일들을 보고 있고 보아 왔다. 그중 많은 일들은 너무나 끔찍해서 나는 이에 대해 일일이 말하고 싶지 않지만, 그러나 몇몇에 대해서는 결코 침묵하고 싶지 않다. 그것은 곧 한 가지만을 너무 많이 갖고 있을 뿐 그 밖의 모든 것은 갖고 있지 못한 인간들—하나의 커다란 눈, 하나의 커다란 입, 하나의 커다란 배(腹), 혹은 그 밖에 뭔가 커다란 것 외에는 아무것도 갖고 있지 못한 인간들이다. 그런 자들을 나는 거꾸로 된 불구자라고 부른다.

그리고 내가 나의 고독에서 빠져나와 처음으로 이 다리를 건넜을 때, 나는 내 눈을 믿지 못한 채 바라보고 바라보다가 마침내 이렇게 말했다.

"저것은 하나의 귀다! 인간만큼 큰 귀다!" 나는 더 자세히 바라보았다. 그러자 실로, 그 귀 밑에서 뭔가 가여우리만큼 작고 여위고 가냘픈 것이 움직이고 있었다. 그리고 정말로, 이 커다란 귀는 작고 가느다란 줄기 위에 얹혀 있었다.—그런데 그 줄기는 사람이었다! 눈에 안경을 쓰고 보면 그자의 질투심에 찬 조그만 얼굴까지도 알아볼 수 있었다. 그리고 부풀어 오른 조그만 영혼이 그 줄기에 달랑달랑 매달려 있는 것도 보였다. 그러나 민중은 나에게 그 커다란 귀는 인간일 뿐만 아니라 위대한 인간, 곧 천재라고 말했다. 그러나 민중이 위대한 인간에 대해 이야기할 때 나는 결코 그들을 믿지 않았다.—그리고 나는 그 커다란 귀가 한 가지만은 너무 많이 갖고 있으며 그 이외의 다른 것들은 거의 갖지 못한 거꾸로 된 불구자라고 확신하게 되었다."

차라투스트라는 꼽추와, 꼽추를 자신들의 입이며 대변자로 내세운 사람들에게 이렇게 말하고 난 후, 깊은 불만을 갖고 제자들을 바라보며 말했다.

"진실로, 친구들이여, 인간들 사이를 돌아다니는 것이 마치 인간들의 육체 조각들과 팔다리들 사이를 돌아다니는 것 같구나!

인간들이 마치 전쟁터와 도살장에서처럼 조각조각 찢겨져 흩어져 있는 광경을 본다는 것은 내게는 끔찍스런 일이다.

그리고 내 눈이 현재로부터 과거로 달아나도 언제나 발견하는 것은 똑같은 것이다. 인간이 아니라, 육체 조각들과 팔다리와 두려운 우연들인 것이다!

지상(地上)의 현재와 과거—아! 친구들이여—이것이 내가 가장 참기 힘든 것이다. 만일 내가 반드시 찾아올 것을 예언하는 자가 아니었다면, 나는 어떻게 살아야 할지 알지 못했으리라.

예언자, 의욕하는 자, 창조하는 자, 미래 자체, 그리고 미래로 가는 다리—아, 그러면서도 이 다리 위에 서 있는 한 불구자와 같은, 그 모든 것이 차라투스트라다.

그리고 그대들도 스스로 자주 이렇게 묻곤 한다. "우리에게 차라투스트라는 누구인가? 우리는 그를 어떻게 불러야 하는가?" 그리고 나 자신과 마찬가지로, 그대들도 그대들의 물음을 통해 대답을 스스로 제시했다.

차라투스트라는 약속을 하는 자인가? 아니면 이행하는 자인가? 정복자인가? 아니면 세습자인가? 수확물인가? 아니면 쟁기인가? 의사인가? 아니면 치유된 환자인가?

그는 시인(詩人)인가? 아니면 성실한 자인가? 해방시키는 자인가? 아니면 속박하는 자인가? 선한 자인가? 아니면 악한 자인가?

나는 미래의, 내가 주시하는 저 미래의 단편들 사이를 돌아다니듯이, 인간들 사이를 돌아다니고 있다.

그리하여 단편이며, 수수께끼이며, 두려운 우연인 것들을 하나로 압축하고 합치는 것, 그것이 나의 예술이며 나의 목적이다.

그리고 만일 인간이 시인, 수수께끼를 푸는 자, 우연을 구제하는 자가 아니라면, 어떻게 내가 인간인 것을 견딜 수 있으랴!

과거의 것들을 구제하고, 일체의 "그러했다."를 "그렇게 되기를 내가 바랐다!"로 바꾸는 것―그것을 비로소 나는 구원이라고 부른다!

의지(意志)―그것은 해방시키는 자, 기쁨을 가져다주는 자의 이름이라고 나는 그대들에게 가르쳤다, 친구들이여! 그리고 이제 그에 덧붙여 이것도 배워라, 의지 자체도 아직은 갇혀 있다는 것을.

의지는 해방시킨다. 그러나 그 해방시키는 자까지도 사슬에 묶어놓는 것은 무엇이라 불리는가?

"그러했다"라고, 의지의 절치부심과 가장 외로운 비애는 그렇게 불린다. 이미 행해진 일에 대해서 무력한 채로 있는 의지는 지나간 모든 것에 대해서 악의를 품은 방관자이다.

의지는 되돌아가 의욕할 수는 없다. 의지는 시간과 시간의 욕망을 깨지 못하는 것—그것이 의지의 가장 외로운 비애다.

의지는 해방시킨다. 의지는 자기 자신의 비애로부터 벗어나 자신의 감옥을 비웃기 위해서 스스로 무엇을 생각해 내는가?

아, 누구든 갇힌 자는 바보가 되어 버린다! 감금된 의지도 역시 바보 같은 방법으로 자신을 구제한다.

시간이 거꾸로 흐르지 않는 것, 그것이 의지의 통한(痛恨)이다. '지나간 그것'—의지가 굴릴 수 없는 돌은 이렇게 불린다.

그래서 의지는 통한과 분노를 지닌 채 돌을 굴리며, 자신과 같이 통한과 분노를 느끼지 않은 것에게 복수를 한다.

이리하여 해방시키는 자인 의지는 가해자가 된다. 그리고 자신이 되돌아갈 수 없다는 것에 대한 앙갚음으로, 괴로워할 수 있는 모든 것에게 복수를 한다.

"이것이, 그렇다, 오직 이것만이 복수 그 자체이다. 시간과 시간의 '그러했다'라는 것에 대한 의지의 적의(敵意)이다.

진실로, 우리의 의지 속에는 커다란 어리석음이 살고 있다. 그리고 이 어리석음이 정신을 배웠다는 것이 모든 인간적인 것들에게는 저주가 된 것이다!

'복수의 정신', 친구들이여, 이것이 지금까지 인간이 가진 최고의 성찰이었다. 그리고 고통이 있는 곳에는 언제나 형벌이 있게 마련이었다.

말하자면 복수 자체가 '형벌'이라고 자칭한다. 복수는 스스로 거짓말로써 떳떳한 양심을 가장하는 것이다.

그리고 의욕은 되돌아가서 의욕 할 수 없는 까닭으로 의지 자체 안에 고뇌가 있기 때문에—의욕 자체와 모든 삶은 형벌일 수밖에 없는 것이다!

그리하여 정신 위에는 차례차례 구름이 쌓이고, 마침내 광기가 설교하기에 이르렀다. "모든 것은 사라져간다. 따라서 모든 것은 사라져 버림이 마땅하다!"라고.

"그리고 시간은 자기 자식을 먹어 치워야 한다는 저 시간의 법칙, 이것이 바로 정의(正義)다." 이렇게 광기는 설교했다.

"사물들은 정의와 형벌에 따라 질서가 잡혀 있다. 오, 사물의 흐름으로부터의 구제는, 그리고 '현존'이라는 형벌로부터의 구제는 어디에 있는가?" 이렇게 광기는 설교했다.

"영원한 정의가 존재한다면 구제가 있을 수 있을까? 아, '그러했다'라는 돌은 굴릴 수 없다. 모든 형벌 또한 영원할 수밖에 없는 것이다!" 이렇게 광기는 설교했다.

어떠한 행위도 무효화될 수는 없다. 이미 행해진 행위가 형벌을 가한다 해서 어찌 행해지지 않는 것이 될 수 있겠는가! 현존도 역시 영원히 되풀이 되는 행위이며 죄의식일 수밖에 없다는 것, 이것이 바로 '현존'이라는 형벌의 영원성인 것이다!

의지가 마침내 자기 자신을 구제하여, 의욕이 의욕하지 않는 것이 된다면 모를까.—그러나 형제들이여, 이것이 광기의 어리석은 노래라는 것을 그대들은 알고 있다!

내가 그대들에게 "의지는 창조하는 자이다"라고 가르쳤을 때, 나는 그대들을 이 어리석은 노래를 듣지 못하도록 이끌어 냈던 것이다.

일체의 "그러했다"라는 것은 단편이고 수수께끼이고 무서운 우연이다—거기에 덧붙여 창조적 의지가 "그러나 나는 그렇게 되기를 바랐다!"라고 말할 때까지는.

창조적 의지가 덧붙여져서 "그러나 나는 그렇게 되기를 바란다. 나는 그렇게 되기를 바랄 것이다!"라고 말할 때까지는.

그러나 과연 의지는 이미 그렇게 말했는가? 그리고 언제 이런 일이 일어나는가? 의지는 과연 이미 자신의 어리석음이라는 굴레로부터 벗어났는가?

의지는 이미 자기 자신에 대해 구원자, 기쁨을 가져다주는 자가 되었는가? 의지는 복수와 온갖 절치부심의 정신을 잊어버렸는가?

그리고 누가 의지에게 시간과 더불어 화해하는 것을, 그리고 모든 화해보다도 더 높은 것을 가르쳤는가?

힘의 의지인 의지는 모든 화해보다도 더 높은 것을 의욕해야만 한다.—그러나 의지에게 어떻게 이런 일이 일어나는 것인가? 누가 의지에게 되돌아가 의욕하는 것까지도 가르쳤는가?"

그의 설교가 여기에까지 이르자 차라투스트라는 갑자기 말을 끊었고, 그는 몹시 놀란 사람처럼 보였다. 놀란 눈으로 그는 제자들을 응시하였다. 그의 눈은 화살처럼 제자들의 생각과 그 생각의 이면을 꿰뚫어 보았다. 그러나 조금 뒤에 그는 다시 웃으면서 온화하게 말했다.

"인간들과 함께 사는 것은 어려운 일이다. 침묵을 지키기가 매우 힘든 까닭이다. 특히 수다스러운 사람에게는."—

차라투스트라는 이렇게 말했다. 그런데 이 대화에 귀를 기울여 들으면서 자신의 얼굴을 가리고 있던 꼽추는 차라투스트라의 웃음소리를 듣자 호기심 어린 눈으로 바라보며 천천히 말했다.

"그런데 차라투스트라는 어째서 자기 제자들에게 말하는 것과는 다르게 우리에게 말하는가?"

차라투스트라가 대답했다. "그것이 뭐가 놀라운가! 꼽추에게는 꼽추 투로 이야기해도 되는 것이다!"

"좋다." 꼽추는 말했다. "그리고 자기 제자들에게는 속을 터놓고 이야기해도 되겠지. 그러나 차라투스트라는 어째서 자기 자신에게 이야기하는 것과는 다르게 자기 제자들에게 이야기하는가?"—

◆ 21. 인간적인 현명함에 대하여

두려운 것은 정상(頂上)이 아니라 비탈이다!

비탈에서 시선은 아래로 떨어지고 손은 위쪽을 붙잡게 된다. 거기에서 마음은 스스로의 이중의 의지 때문에 현기증을 일으킨다.

아, 친구들이여, 그대들은 내 마음의 이중의 의지 또한 헤아리고 있는가?

나의 시선은 높은 곳으로 '곤두박질치고', 나의 손은 심연을 붙잡고 의지하고 싶어 하는 것, 이것, 바로 이것이 '나의' 비탈이며 나의 위험이다!

나의 의지는 인간에게 매달리고, 나는 쇠사슬로 나 자신을 인간에게 묶어 둔다. 나는 초인을 향해 위로 끌려올라 가기 때문이다. 나의 다른 의지가 나를 그쪽으로 끌어올리려 하기 때문이다.

그리고 나의 손이 확고한 것에 대한 신념을 잃지 않도록 하기 위하여, 나는 인간들 사이에서 마치 그들을 알지 못하는 것처럼 장님으로 살고 있다.

나는 그대 인간들을 알지 못한다는, 이런 적의와 위안이 이따금 내 주위에 퍼져 있다.

나는 모든 비열한 자들이 드나드는 문간에 앉아서 묻는다. 나를 속이려 하는 자가 누구인가? 라고.

속이는 자들을 경계하지 않기 위해서 나를 속이게 내버려 두는 것, 그것이 인간들 사이에서의 나의 첫 번째 현명함이다.

아, 만일 내가 인간을 경계한다면, 어떻게 인간이 나의 기구(氣球)의 닻이 될 수 있겠는가! 나는 너무나 가볍게 위로 끌려올라가 버리고 말 것이다!

나는 경계심을 갖지 말아야 한다는 섭리가 나의 운명 위에 드리워져 있다.

그리고 인간들 사이에서 쇠약해져 죽어 가고 싶지 않은 자는 어떤 잔으로든 마시는 법을 배워야 하고, 인간들 사이에서 깨끗하게 남아 있고 싶은 자는 더러운 물로도 자신을 씻을 줄 알아야 한다.

그리고 위안을 얻기 위해서 가끔 나는 나 자신에게 이렇게 말했다. "좋다! 자! 옛날 그대로의 마음이여! 한 가지 불행을 그대는 면했다. 이것을 그대의 행복으로 즐겨라!"

그러나 긍지를 가진 자들보다는 허영심을 가진 자들을 용서하는 것, 이것이 인간들 사이에서의 나의 두 번째 현명함이다.

상처받은 허영심이야말로 모든 비극의 모태가 아닌가? 그러나 긍지가 상처를 받는 곳에서는 분명 긍지보다 더 나은 무엇이 자라날 것이다.

삶이 보기 좋은 것이 되려면, 삶의 연극이 훌륭하게 연기되어야 한다. 그런데 그러기 위해서는 좋은 배우들이 필요하다.

나는 허영심을 가진 자들이 모두 좋은 배우라는 것을 알았다. 그들은 연기를 하며 즐겁게 자기들을 구경해 주기를 바란다. 이런 의지 속에 그들의 모든 정신이 담겨 있다.

그들은 스스로 연출을 하고 스스로 꾸며낸다. 그들 가까이에서 삶을 구경하기를 나는 좋아한다. 그것이 우울증을 치료해 준다.

허영심을 가진 자들은 나의 우울증을 치료해 주는 의사이기 때문에, 그리고 나를 연극에 붙잡아 두듯 인간들에게 붙잡아 두기 때문에 나는 그들을 아낀다.

더구나, 허영심을 가진 자가 보여주는 겸손함의 깊이를 그 누가 온전히 헤아릴 수 있겠는가! 나는 그런 자의 겸손함 때문에 그에게 호감을 갖고 동정한다.

허영심을 가진 자는 자기 자신에 대한 믿음을 그대들로부터 배우려고 한다. 그는 그대들의 눈길을 먹이로 삼고, 그대들의 손에서 나오는 찬사를 게걸스럽게 받아먹는다.

그대들이 거짓말로 그에게 좋게 말할 때도, 그는 그대들의 거짓말조차 믿는다. 그는 마음속 깊은 곳에서 "도대체 나는 무엇인가!"라고 탄식하고 있기 때문이다.

그리고 자기 자신에 대해 알지 못하는 덕이 참된 덕이라고 한다면, 자, 허영심을 가진 자는 자신의 겸손함에 대해 알지 못하고 있다!―

그러나 내가 그대들의 비겁함 때문에 악인들을 보는 것을 싫어하지 않도록 하는 것, 그것이 인간들 사이에서의 나의 세 번째 현명함이다.

나는 뜨거운 태양이 품어 기르는 기적들, 곧 호랑이와 야자수, 그리고 방울뱀들을 보면 지극히 행복하다.

인간들 사이에도 뜨거운 태양이 부화시킨 훌륭한 새끼들이 있고, 악인들에게도 놀랄 만한 점이 많이 있다.

사실, 그대들의 최고의 현자들도 내게는 결코 그리 지혜롭게 보이지 않았던 것처럼, 나는 인간들의 사악함도 그 평판에는 미치지 못하는 것을 알았다.

그래서 나는 가끔 머리를 가로저으며 물었다. 어째서 아직도 딸랑거리고 있는가, 그대 방울뱀들이여?

진실로, 악(惡)에도 아직은 미래가 있다! 그리고 가장 뜨거운 남국은 인간에게 아직도 발견되지 않았다.

폭은 겨우 12피트, 생후 석 달밖에 되지 않은 것이 벌써부터 가장 지독한 악이라고 불리는 것이 얼마나 많은가! 그러나 언젠가는 그보다 큰 용(龍)들이 세상에 나타나리라.

초인이 자신의 용을, 자신에게 어울리는 초룡(超龍)을 갖기 위해서는, 몹시 뜨거운 태양이 습기 찬 원시림을 아직도 흠씬 뜨겁게 달귀야 하기 때문이다!

그대들의 살쾡이가 먼저 호랑이가 되어야 하고, 그대들의 독두꺼비가 악어가 되어야 한다. 훌륭한 사냥꾼은 훌륭한 사냥을 하게 되기 때문이다!

그리고 진실로, 그대 선한 자들과 의로운 자들이여! 그대들에게는 웃기는 점이 많기도 하려니와, 특히 지금까지 '악마'라고 불려 온 것에 대한 그대들의 두려움이 그러하다!

그대들의 영혼은 위대한 것과는 너무나 거리가 먼 것이니, 초인이 선의를 갖고 있어도 그대들에겐 초인은 무서운 존재이리라!

그리고 그대 현자(賢者)들과 식자(識者)들이여, 그대들은 초인이 즐겨 맨몸으로 목욕하는 지혜의 뙤약볕으로부터 달아나리라!

내 눈과 마주친 그대 최고의 인간들이여! 나는 그대들이 나의 초인을 악마라고 부르리라고 예측된다는 것, 그것이 그대들에 대한 나의 의혹이며 나의 은밀한 웃음이다!

아, 나는 이 최고의, 최선의 자들에게 싫증이 났다. 그들의 '높이'로부터 벗어나 나는 초인을 향해 위로, 밖으로, 저 멀리고 가고 싶었다!

이 최선의 자들의 벌거벗은 몸을 보았을 때 전율이 나를 엄습했다. 이때 내게는 먼 미래로 날아가 버릴 수 있는 날개가 생겨났다.

이제껏 어느 예술가가 꿈꿨던 것보다 훨씬 먼 미래를 향해서, 훨씬 남쪽, 신들이 어떤 옷도 걸치는 것을 부끄럽게 여기는 그곳을 향해서!

그러나 나는 그대들이 변장하는 모습을 보고 싶다, 그대 이웃들이여, 동포들이여. 그리고 잘 차려 입고 허영을 부리며 '착하고 의로운 자'로서 거들먹거리는 모습을 보고 싶다.—

그리고 나 자신이 변장한 모습으로 그대 사이에 앉아 있고 싶다.— 내가 그대들과 나를 오인하도록 하기 위해서. 이것이 곧 인간들 사이에서의 나의 마지막 현명함이다.

차라투스트라는 이렇게 말했다.

◆ 22. 가장 조용한 시간

나에게 무슨 일이 일어났는가, 친구들이여? 그대들은 내가 심란해하고, 쫓기고 있으며, 마지못해 따르고, 바야흐로 떠나려 하는—아, 그대들에게서 떠나려 하는 모습을 보고 있다!

그렇다, 다시 한 번 차라투스트라는 자신의 고독 속으로 들어가지 않으면 안 된다. 그러나 이번에 곰은 내키지 않은 마음으로 자신의 굴속으로 들어가는 것이다!

나에게 무슨 일이 일어났는가? 누가 이런 명령을 하는가?—아, 나의 성미 급한 여주인[71]이 그러기를 원하면서 나에게 말한 것이다. 내가 그대들에게 그녀의 이름을 말해 준 적이 있는가?

---

71. 여기서 '여주인'이란 바로 아래 문장에서 언급되는 '가장 조용한 시간'을 가리킨다. 독일어에서 '시간'을 나타내는 'die Stunde'는 여성명사이므로 시간을 여성으로 지칭하고 있다.

어제 저녁 무렵, 나의 '가장 조용한 시간'이 나에게 말했다. 그것이 나의 무서운 여주인의 이름이다.

일이 그렇게 된 것이다.—갑자기 떠나가는 자에 대해 그대들의 마음이 냉랭해지지 않도록 나는 그대들에게 모든 것을 말하지 않을 수 없어서 하는 말이다!

그대들은 잠들어 가는 자에게 덮치는 두려움을 아는가?—

그는 발가락까지도 소스라치게 놀란다, 발밑의 땅이 꺼지고 꿈이 시작되는 것 때문에.

이것을 나는 그대들에게 비유로 말한다. 어제, 가장 조용한 시간에 내 발밑의 땅이 꺼지고 꿈이 시작되었다.

시계 바늘이 움직였고, 내 삶의 시계는 숨을 들이마셨다—그런 고요를 나는 지금껏 내 주위에서 결코 경험해 본 적이 없었다—그 때문에 내 가슴은 깜짝 놀랐다.

그때 소리 없이 내게 말하는 자가 있었다. "그대는 알고 있지, 차라투스트라여?"라고.—

그러자 이 속삭임에 나는 소스라치게 놀라 소리를 질렀고, 얼굴에서 핏기가 사라졌다. 그러나 나는 침묵을 지켰다.

그러자 다시 한 번 소리 없이 내게 말하는 자가 있었다. "그대는 알고 있다, 차라투스트라여, 그러나 그대는 그것을 이야기하지 않는구나!"라고.—

그래서 마침내 나는 마치 반항하는 자처럼 대답했다. "그렇다, 나는 알고 있다. 그러나 나는 그것을 말하고 싶지 않다!"

그러자 다시 소리 없이 내게 말하는 자가 있었다. "그대는 하고 싶지 않다고, 차라투스트라여? 그것이 정말인가? 그대의 반항심에 그대 자신을 감추지 말라!"—

그러자 나는 어린아이처럼 울고 몸을 떨면서 말했다. "아, 나는 이미 원하기는 했지만, 어떻게 내가 그리할 수 있으랴! 이것만은 면하게 해다오! 그것은 내 힘이 미치지 못하는 일이다!"

그러자 다시 소리 없이 내게 말하는 자가 있었다. "걱정할 게 무엇인가, 차라투스트라여! 그대의 할 말을 하고 그리고는 부서져 버려라!"—

그래서 나는 대답했다. "아, 그것이 나의 말일까? 나는 누구인가? 나는 더 가치 있는 자를 기다리고 있다. 나는 그로 인하여 부서져 버릴 가치조차 없는 사람이다."

그러자 다시 소리 없이 내게 말하는 자가 있었다. "걱정할 게 무엇인가? 내가 보기에 그대는 아직도 충분히 겸손하지 못하다. 겸손은 가장 간단한 겉가죽을 갖고 있다."—

그래서 나는 대답했다. "내 겸손의 겉가죽이 이미 견뎌 보지 못한 것이 무엇이랴? 나는 내 정상(頂上)의 발치에 살고 있다. 나의 정상이 얼마나 높으냐고? 나에게 그것을 말해 준 사람은 아직 아무도 없다. 그러나 나는 나의 골짜기들은 잘 알고 있다."

그러자 다시 소리 없이 내게 말하는 자가 있었다. "오, 차라투스트라여, 산을 옮겨 놓아야 하는 자는 골짜기와 낮은 곳도 옮겨 놓는다."—

그래서 나는 대답했다. "나의 말은 아직껏 산을 옮겨 놓은 적이 없고, 내가 한 말도 인간들에게 다다르지 못했다. 나는 분명 인간들에게로 가기는 했지만 아직도 인간들에게 도달하지는 못했다."

그러자 다시 소리 없이 내게 말하는 자가 있었다. "그대가 그것에 대해 무엇을 알겠는가! 이슬은 밤이 가장 고요해졌을 때 풀 위에 내리는 것이다!"—

그래서 나는 대답했다. "내가 자신의 길을 찾아내 그 길을 가자, 사람들은 나를 비웃었다. 그리고 그때 사실 내 두 발은 떨렸다.

그러자 사람들은 내게 말했다. 그대는 길을 잃어버렸고, 이제는 걷는 법까지도 잊어버렸다! 라고."

그때 다시 소리 없이 내게 말하는 자가 있었다. "그들의 비웃음이 무슨 상관인가! 그대는 복종이라는 것을 잊어버린 자이다. 이제 그대는 명령을 해야 한다!

만인에게 가장 필요한 자가 누구인지 그대는 알지 못하는가? 바로 위대한 것을 명령하는 자이다. 위대한 일을 수행하기란 어렵다. 그러나 더욱 어려운 것은 위대한 일을 명령하는 것이다.

그대의 가장 용서받지 못할 점은 이것이다. 그대는 힘을 갖고 있다. 그러면서도 그대는 지배하려고 하지 않는다."—

그래서 나는 대답했다. "나는 명령하기에 알맞은 사자[72](獅子)의 목소리를 갖고 있지 않다."

---

72. 제1부 '세 가지 변화에 대하여' 참조. 정신의 세 가지 변화에 있어 '사자'는 자기 긍정을 위한 자기 부정의 가혹한 정신을 상징하고, 그 전 단계가 순종을 미덕으로 하는 '낙타', 그리고 사자의 다음 단계가 다시 순수한 자기 자신으로 돌아오는 '어린아이'다.

그러자 다시 소리 없이 내게 말하는 자가 있었다. "폭풍을 몰고 오는 것은 가장 조용한 말이다. 비둘기 걸음으로 걸어오는 사상이 세계를 이끌어 간다.

오, 차라투스트라여, 그대는 반드시 다가올 자[73]의 그림자로서 걸어가야만 한다. 그래서 그대는 명령을 하고, 명령하면서 앞장 서 걸어가게 되리라."—

나는 대답했다. "나는 부끄럽다."

그러자 다시 목소리가 들리지 않게 내게 말하는 자가 있었다. "그대는 앞으로 어린아이가 되어 부끄러움을 갖지 말아야 한다.

젊음의 긍지가 아직도 네게 남아 있고, 그대는 느지막이 젊어졌다. 그러나 어린아이가 되려는 자는 자신의 젊음까지도 극복하지 않으면 안 된다."—

나는 오래도록 곰곰이 생각하며 몸을 떨었다. 그러나 마침내, 나는 처음 말한 것과 같은 말을 했다. "나는 하고 싶지 않다."

그러자 내 주위에서 웃음이 일었다. 아, 이 웃음소리가 얼마나 나의 내장을 찢고 나의 심장을 도려냈는가!

그러자 다시 소리 없이 내게 말하는 자가 있었다. "오, 차라투스트라여, 그대의 열매는 무르익었으나, 그대는 그대의 열매에 적합할 만큼 무르익지 못했구나!

그러므로 그대는 그대의 고독 속으로 다시 돌아가야 한다. 그대는 아직 더 무르익어야 하기 때문이다."—

---

73. 미래에 올 초인을 가리킨다.

그러면서 그자는 다시 웃으며 달아나 버렸다. 그러자 나의 주위는 마치 두 겹의 고요에 둘러싸인 듯이 조용해졌다. 나는 땅바닥에 누워 있었고, 손발에서는 땀이 흘러나왔다.

—이제 그대들은 모든 것을 다 들었다. 그리고 왜 내가 나의 고독 속으로 되돌아가야 하는지를. 나는 그대들에게 아무것도 숨기지 않았다, 친구들이여.

그러나 그대들은 나에게서 이것도 들었다. 곧 모든 인간들 중에서 누가 가장 과묵한지를—또 그러고자 하는지를!

아, 친구들이여! 나는 아직도 그대들에게 말할 것이 있고, 아직도 그대들에게 줄 것[74]이 있건만! 왜 나는 그것을 주지 않고 있는가? 과연 내가 인색하기 때문인가?"—

차라투스트라가 이 말을 했을 때, 극심한 고통이 그를 엄습했고 그의 친구들과의 작별이 임박해졌으므로, 그는 큰 소리로 울었다. 그리고 아무도 그를 어찌 달래야 할지 몰랐다. 그러나 그날 밤 그는 그의 친구들을 버려두고 홀로 길을 떠나갔다.

---

74. 영원회귀 사상을 가리킨다.

제3부

"그대들은 높아지기를 갈망할 때 위를 바라본다. 그러나 나는 높아졌기 때문에 내려다본다.
그대들 중에 누가 웃으면서 동시에 높아질 수 있는가?
가장 높은 산 위에 오르는 사람은 모든 비극적인 유희나 비극적인 진지함을 비웃는 것이다."

—《차라투스트라는 이렇게 말했다》
제1부, '독서와 저술에 관하여'에서

◆ 1. 방랑자

한밤중에 차라투스트라는 섬의 산등성이를 타고 넘어갔다. 아침 일찍이 저편 해변에 닿기 위해서였다. 거기서 배를 탈 셈이었다. 거기에는 외국배들도 곧잘 닻을 내리는 좋은 항구가 있었다. 그 배들은 행복의 섬을 떠나 바다를 건너가려는 몇몇 사람들을 태우고 갔다. 그리하여 이제 차라투스트라는 그렇게 산을 올라가는 중에 젊은 시절부터 거듭된 외로운 방랑들을 회상하였고, 이미 얼마나 많은 산들과 산등성이들을 올라갔었던가를 돌이켜 생각했다.

나는 방랑자이며 산을 오르는 자이다, 라고 그는 마음속으로 말했다. 나는 평지를 사랑하지 않는다, 그리고 나는 오랫동안 조용히 앉아 있지를 못하는 것 같다.

그리고 이제 나에게 어떤 일이 운명과 체험으로 다가오든—거기에는 방랑과 등산이 있을 뿐이다. 인간은 결국 오직 자기 자신만을 체험할 뿐이다.

나에게 아직도 우연한 일이 일어날 수 있는 때는 지나갔다. 그러니이제, 이미 나 자신의 것이 아닌 그 어떤 일이 내게 일어날 수 있으랴!

다만 되돌아올 뿐이다—나 자신의 '자신이'. 그리고 나 자신으로부터 떠나 오랫동안 낯선 곳에 나가 있으면서 온갖 사물과 우연 사이에 흩어져 있던 것들이.

그리고 한 가지를 나는 알고 있으니, 이제 나는 나의 마지막 정상

앞에, 나에게 오랫동안 미뤄져 왔던 것 앞에 서 있다. 아, 나의 가장 힘든 길을 올라가야만 한다! 아, 나는 가장 외로운 방랑을 시작했다!

그러나 나와 같은 부류의 사람은 이런 시간을 피하지 못한다. 즉 자기 자신에게 이렇게 말하는 시간을. "이제 비로소 그대는 그대의 위대함의 길을 간다! 정상과 심연—그것은 이제 하나로 결합되었다!

그대는 위대함의 길을 간다. 지금까지 그대의 최후의 위대함이라고 불렸던 것이 이제는 그대의 최후의 피난처가 되었다!

그대는 위대함의 길을 간다. 그대의 배후에는 이제 어떤 길도 없다는 것, 그것이 이제 그대의 최상의 용기가 되지 않으면 안 된다!

그대는 위대함의 길을 간다. 여기서는 아무도 몰래 그대의 뒤를 따르는 자가 없으리라! 그대의 발자국이 스스로 그대가 걸어온 길을 지워 버렸고, 그 길 위에는 '불가능(不可能)'이라고 씌어 있다.

그리고 앞으로 그대에게 모든 사다리가 없어지더라도, 그대는 자신의 머리를 딛고 올라갈 줄 알아야만 한다. 그대는 달리 어떻게 올라갈 수 있겠는가?

그대 자신의 머리를 딛고, 그리고 그대 자신의 심장을 넘어가라! 이제 그대의 가장 부드러운 것도 가장 단단한 것이 되어야 한다.

언제까지나 자기 자신을 많이 아끼는 자는 결국 많이 아낀 것으로 인해 병들고 만다. 단단하게 만드는 것을 찬미하라! 버터와 꿀이 흐르는 땅을 나는 찬미하지 않는다![75]

75.《구약성경》의 '출애굽기' 3장 8절 17절, 33장 3절에 나오는 "내가 말하였거니와 내가 너희를 애굽의 고난 중에서 인도하여 내어 젖과 꿀이 흐르는 땅 (……)으로 올라가게 하리라 하셨다"의 구절에 대한 반박의 의미로 사용된 것으로 보인다.

'많이' 보기 위해서는 자기 자신을 '도외시'하는 것이 필요하다.—산을 오르는 자에게는 누구에게나 이런 준엄함이 필요하다.

그러나 인식하는 자로서 자기의 눈에 보이는 것에만 열심인 자라면 어떻게 만사에 있어 그 전경(前景) 이상의 것을 보겠는가!

그러나 오, 차라투스트라여, 그대는 모든 사물의 근거와 배경을 보고자 했다. 그러므로 그대는 그대 자신을 넘어서 올라가지 않으면 안 된다.—위로, 위쪽으로, 마침내 그대의 별까지도 그대의 발밑에 놓일 때까지!

그렇다! 나 자신을, 그리고 나의 별들까지도 내려다보는 것, 그것을 나는 비로소 나의 정상(頂上)이라고 부르리라. 그것이 나에게 남겨진 나의 마지막 정상이었다!—"

차라투스트라는 올라가면서 자기 자신에게 이렇게 말하면서, 준엄한 경구로 자신의 마음을 위로하였다. 그의 마음은 전에 없이 상처를 입었다. 그리고 그가 산등성이의 꼭대기에 이르렀을 때, 보라, 다른 바다가 그의 앞에 펼쳐져 있었다. 그는 오랫동안 조용히 말없이 서 있었다. 그러나 이 산꼭대기에서는 밤이 차갑고, 맑고, 별빛으로 환했다.

나는 나의 운명을 깨닫고 있다, 라고 그는 마침내 구슬프게 말했다. 좋다! 나는 각오가 되어 있다. 방금 나의 최후의 고독이 시작되었다.

아, 내 발밑에 있는 이 검고 서글픈 바다여! 아, 이 넘쳐나는 밤의 역겨움이여! 아, 운명과 바다여! 이제 나는 그대들에게로 내려가지 않으면 안 된다!

나의 가장 높은 산 앞에, 그리고 나의 가장 긴 방랑 앞에 나는 서 있다. 그러므로 나는 먼저, 일찍이 내가 내려갔던 것보다 더 깊이 내려가지 않으면 안 된다.

일찍이 내가 내려갔던 것보다 더 깊이 고통 속으로, 그 가장 시커먼 조류(潮流) 속으로까지! 나의 운명이 그러기를 원한다. 좋다! 나는 각오가 되어 있다.

가장 높은 산들은 어디에서 오는가? 언젠가 나는 이렇게 물었다. 그때 나는 그런 산들은 바다로부터 온다는 것을 배웠다.

그 증거가 산의 바위들과 산 정상의 암벽들에 씌어 있다. 가장 높은 것은 가장 깊은 것으로부터 자신의 높이에 도달해야만 한다.—

차가운 산꼭대기 위에서 차라투스트라가 이렇게 말했다. 그러나 바다 가까이로 와서 마침내 절벽 밑에 홀로 섰을 때, 그는 오던 길에 지쳐 있었고, 어느 때보다도 더 동경(憧憬)에 차 있었다.

지금은 아직 만물이 잠들어 있다. 그가 말했다. 바다도 잠들어 있다. 잠에 취해서 낯선 눈으로 바다는 나를 바라보고 있다.

그러나 바다의 숨결은 따뜻하고, 나는 그것을 느낀다. 그리고 바다가 꿈꾸고 있다는 것도 느낀다. 꿈꾸면서 바다는 딱딱한 베개 위에서 몸을 꿈틀거린다.

들어라! 들어라! 바다가 나쁜 추억들 때문에 얼마나 신음하고 있는지를! 아니면 나쁜 기대 때문인가?

아, 그대 어두운 괴물이여, 나는 그대와 더불어 슬프다. 그리고 그대 때문에 나 자신까지도 미워진다.

아, 내 손이 충분히 강하지 못하다니! 진실로, 기꺼이 나는 그대를 나쁜 꿈으로부터 구해 주고 싶건만!—

그리고 이렇게 말하는 가운데 차라투스트라는 우울하고 비통한 마음으로 자기 자신을 비웃었다. 이런! 차라투스트라여! 그는 말했다. 그대는 바다에게도 위로의 노래를 불러 주려 하는가?

아, 그대 다정한 바보 차라투스트라여, 그대 지나친 맹신자여! 그러나 그대는 언제나 그러했다. 언제나 그대는 신뢰하는 마음으로 모든 무서운 것들에게 다가갔다.

어떤 괴물이라도 그대는 쓰다듬어 주려고 했다. 약간의 따스한 숨결, 앞발에 보이는 약간의 부드러운 털—그것만 있어도 곧장 그대는 그 괴물을 사랑하고 유혹할 준비가 되어 있었다.

사랑은 가장 홀로 있는 자의 위험이니까. 살아 있기만 하면 무엇이든 사랑하는 자의 사랑은! 실로, 사랑함에 있어 나의 어리석음과 겸손은 우스꽝스럽구나!—

차라투스트라는 이렇게 말하며 다시 한 번 웃었다. 그러나 이때 그는 자신이 두고 온 친구들을 생각했다.—그리고 마치 자신의 상념으로 그들에게 죄를 짓기라도 한 것처럼, 그는 자신의 생각 때문에 화가 났다. 그러자 웃던 사람이 곧 울기 시작했다. 노여움과 동경 때문에 차라투스트라는 비통하게 울었다.

◆ 2. 환상(幻想)과 수수께끼에 대하여

1

차라투스트라가 배에 탔다는 소문이 선원들 사이에 퍼지자―왜냐하면 행복의 섬에서 온 한 남자가 그와 함께 배에 탔었기 때문이다―커다란 호기심과 기대가 일어났다. 그러나 차라투스트라는 이틀 동안 말이 없었고, 슬픔으로 무심해지고 귀머거리가 되어 사람들의 시선과 물음에도 대답하지 않았다. 그러나 두 번째 날 저녁이 되자, 그는 여전히 말이 없었지만 다시 귀를 열었다. 먼 곳에서 와서 더 먼 곳으로 가는 이 배 위에서 귀를 기울일 만한 기이한 일과 위험한 일들이 많았기 때문이다. 그러나 차라투스트라는 먼 여행을 하면서 위험 없이 살아가고 싶어 하지 않는 모든 사람들의 친구였다. 그리고 보라! 듣는 동안에 마침내 그의 혀가 풀리고, 그의 가슴 속의 얼음이 부서졌다. 그러자 그는 다음과 같이 말하기 시작했다.

그대 대담한 탐색자들, 유혹자들에게, 실험자들에게, 그리고 일찍이 교묘한 돛을 달고 위험한 여러 바다를 항해한 적이 있는 자들에게,

　　그대들, 피리 소리에 유혹되어 어떤 미궁의 골짜기에라도 끌려 들어 가는 영혼을 가진, 수수께끼에 취한 자들, 황혼을 좋아하는 자들에게,

　　―왜냐하면 그대들은 겁먹은 손으로 한 가닥의 실을 더듬어 찾으려 하지 않고, '추측'할 수 있는 경우에는 '연역'하기를 싫어하기 때문이다―

오직 그대들에게만 나는 내가 보았던 수수께끼를 이야기하겠다, 가장 홀로 있는 자의 환상(幻想)을.

근래에 나는 시체와 같은 빛깔의 황혼 속을 우울하게 걸어갔다. 입술을 꽉다문 채 우울하고 냉정하게. 내게는 단 '하나'의 태양만 졌던 것은 아니었다.

자갈들을 헤치고 위로 굳건히 뻗어 있는 오솔길, 잡초도 덤불도 더 이상 깃들지 않은 심술궂고 쓸쓸한 길, 이런 산길이 나의 굳센 발밑에서 달그락거리는 소리를 냈다.

비웃듯이 달그락거리는 자갈 위로 묵묵히 걸으면서, 미끄러지게 하는 돌을 밟으면서 나의 발걸음은 억지로 위를 향해 걸어 올라갔다.

위를 향하여―나의 발을 아래로 끌어내리고 심연으로 끌어내리는 정신, 나의 악마이며 숙적인 무거운 정신에게 대항하면서,

위를 향하여―반은 난쟁이이고 반은 두더지인데다 절름발이이면서 남을 절름거리게 하는 그 영이 내 어깨 위에 걸터앉아 내 귓속에 납을, 나의 뇌 속에 납과 같은 사상을 방울방울 떨어뜨리고 있음에도 불구하고.

"오, 차라투스트라여." 그 영(靈)은 한마디 한마디 비웃는 듯이 속삭였다. "그대, 지혜의 돌이여! 그대는 그대 자신을 높이 던져 올렸다. 그러나 그 모든 던져진 돌은―떨어질 수밖에 없다!

오, 차라투스트라여. 그대 지혜의 돌, 그대 투석기(投石機)의 돌, 그대, 별의 파괴자여! 그대는 그대 자신을 그토록 높이 던져 올렸다. 그러나 그 모든 던져진 돌은―떨어질 수밖에 없다!

그대 자신에게 되돌아와 그대 자신을 돌로 치도록 단죄된 것이다,

오, 차라투스트라여. 그대는 그 돌을 멀리 던져 올렸다. 그러나 그 던져진 돌은 그대 위로 다시 떨어질 것이다!

그렇게 말하고 나서 난쟁이는 침묵했고 그 침묵은 오래 계속되었다. 그러나 그의 침묵은 나를 짓눌렀다. 그리고 그렇게 둘이 있는 것이 혼자 있는 것보다 진실로 더 외로운 것이다!

나는 오르고 또 올라갔으며, 꿈꾸며 생각했다. 그러나 모든 것이 나를 짓눌렀다. 나는 흡사 심한 가책에 시달리고 다시 악몽 때문에 잠에서 깨어나는 병자와도 같았다.

그러나 내 안에는 내가 용기라고 부르는 어떤 것이 있었다. 그것은 지금까지 나의 낙담을 모두 죽여 버렸다. 이 용기가 마침내 나에게 명령했다. 멈춰 서서 "난쟁이여! 그대! 아니면 나다!"라고 말하라고.—

용기란 곧 최상의 살해자이다—공격하는 용기는. 왜냐하면 모든 공격에서는 군악(軍樂)이 울려 퍼지기 때문이다.

그러나 인간이야말로 가장 용감한 동물이다. 그래서 인간은 모든 동물을 극복했다. 군악을 울리면서 인간은 모든 고통까지도 극복했다. 인간의 고통은 그러나 가장 깊은 고통이다.

용기는 심연에서 느끼는 현기증도 살해해 버린다. 그리고 인간은 어느 곳에서나 심연 앞에 서 있지 않은가! 본다는 것 자체가—심연을 보는 것이 아니겠는가?

용기야말로 최상의 살해자이다. 용기는 연민도 살해한다. 연민은 그러나 가장 깊은 심연이다. 인간은 삶을 깊이 들여다보는 만큼 고통도 깊이 들여다본다.

그러나 용기야말로 최상의 살해자이다, 공격하는 용기는. 그것은 죽음마저도 살해한다. 왜냐하면 용기는 "그것이 삶이었던가? 좋다! 그럼 한 번 더!" 말하기 때문이다.

그러나 이런 말 속에는 많은 군악이 울려 퍼진다. 귀가 있는 자는 들어라.

2

"멈춰라! 난쟁이여!" 나는 말했다. "나! 아니면 그대다! 그러나 우리 둘 중에서는 내가 강자(强者)이다. 그대는 나의 심연의 사상을 알지 못한다! 그 사상을—그대는 감당하지 못할 것이다!

그때 어찌된 일인지 내 몸이 가벼워졌다. 난쟁이가, 이 호기심 많은 자가 내 어깨 위에서 뛰어내렸던 것이다! 그러고서 난쟁이는 내 앞에 있는 어느 돌 위에 가서 웅크리고 앉았다. 그런데 우리가 멈춰선 바로 그곳에 출입구가 하나 있었다.

"이 출입구를 보라! 난쟁이여!" 나는 계속해서 말했다. "이 출입구는 두 개의 얼굴을 갖고 있다. 두 개의 길이 여기서 만난다. 아직은 아무도 그 두 길의 끝까지 가보지 못했다.

뒤로 뻗친 이 기다란 길, 그것은 영원으로 이어진다. 그리고 저 밖으로 뻗친 기다란 길—그것은 또 다른 영원이다.

그들은 서로 모순된다, 이 두 길은. 이 길들은 서로 정면으로 충돌한다. 그리고 여기, 이 출입구는 두 길이 서로 만나는 곳이다. 이 출입구의 이름은 위에 씌어 있다, '순간'이라고.

그러나 누군가 이 두 길 중의 하나를 따라 계속해서—더 앞으로 그리고 더 멀리 나아간다면, 난쟁이여, 그대는 이 두 길이 서로 영원히 모순되리라고 믿는가?"—

"모든 직선(直線)은 거짓말을 한다." 난쟁이가 경멸하듯이 중얼거렸다. "모든 진리는 곡선이고, 시간 자체는 하나의 원(圓)이다."

"그대 무거운 정신이여!" 나는 화를 내며 말했다. "그것을 너무 쉽게 여기지 말라! 그렇지 않으면 나는 그대를 지금 웅크리고 앉아 있는 곳에 그대로 웅크리고 있도록 내버려두겠다, 절름발이여. —사실 그대를 높은 곳으로 데려온 것은 나였다!"

"보라", 나는 계속해서 말했다, "이 순간을! 이 순간이라는 출입구로부터 하나의 기나긴 영원의 길이 뒤로 뻗쳐 있다. 우리의 뒤에는 하나의 영원이 놓여 있다.

'달릴 수 있는' 모든 것들은 언젠가 이 길을 달렸음에 틀림없지 않은가? '일어날 수 있는' 모든 일은 언젠가 일어나고 행해지고 달려 지나가 버렸음에 틀림없지 않은가?

그리고 모든 것이 이미 있었던 것이라면, 난쟁이여, 그대는 지금 이 순간을 어떻게 생각하는가? 이 출입구도—역시 이미 있었던 것이 틀림없지 않은가?

그리고 모든 사물들은, 장차 올 모든 것들을 이 순간이 자신에게 끌어당기도록—그리하여 자기 자신까지도 끌어당기도록 서로 단단하게 매듭지어져 있는 것이 아닌가?

왜냐하면 '달릴 수 있는' 모든 것은 앞으로 나아가는 이 기나긴 길을—언젠가는 한 번 더 달려가야 하기 때문이다!

그리고 달빛 속에 기어 다니는 이 느린 거미, 그리고 이 달빛 자체,

그리고 함께 속삭이면서, 영원한 사물들에 대해 속삭이면서 출입구에 있는 나와 그대—우리 모두가 이미 있었음에 틀림없지 않은가?

　—그리고 다시 돌아와 밖으로 뻗쳐 있는 저 다른 길을 달려 나아가고, 우리 앞에 있는 이 기나긴 소름끼치는 길을 달려 나아가고—우리는 영원히 회귀(回歸)해야 하지 않는가?"

이렇게 나는 말했다, 점점 낮은 목소리로. 나는 나 자신의 생각과 그 생각 뒤의 생각이 무서웠기 때문이었다. 그때 돌연, 나는 가까이에서 한 마리의 개가 짖는 소리를 들었다.

일찍이 개가 이렇게 짖는 것을 나는 들은 적이 있던가? 나의 생각은 옛날로 달려갔다. 그렇다! 내가 어린아이였을 적에, 머나먼 어린 시절에.

　—그때 나는 개가 이렇게 짖는 것을 들었다. 그리고 개들조차도 유령을 믿는 아주 고요한 한밤중에, 그 개가 털을 곤두세우고 머리를 치켜들고 떠는 모습을 보았다.

　—그 모양을 보고 나는 연민을 느꼈다. 바로 그때 둥근 달이 죽음처럼 괴괴하게 집 위로 떠오르고 있었다. 하나의 둥근 백열광인 그 달은 떠오르다가 막 멈춰서고 있었다—마치 남의 소유지에 멈춰 선 것처럼 편편한 지붕 위에 조용히.

이 때문에 개는 겁을 먹었다. 개들은 도둑과 유령의 존재를 믿기 때문이다. 그리고 개가 다시 그렇게 짖는 소리를 들었을 때, 나는 다시 한 번 연민을 느꼈다.

이제 난쟁이는 어디로 가 버렸는가? 그리고 출입구는? 그리고 거미는? 그리고 그 모든 속삭임들은? 도대체 나는 꿈을 꾸었던 것일까? 깨어 있었던 것일까? 돌연히 험준한 절벽 사이에 나는 서 있었다, 홀로, 쓸쓸하게, 가장 적막한 달빛 속에.

그런데 거기에 한 사람이 누워 있었다! 그리고 거기에! 개가 날뛰며 털을 곤두세우고 킹킹거리고 있었다. 이제 내가 오는 것을 보자—그 개는 다시 짖었다. 그 개는 울부짖고 있었다. 일찍이 나는 개가 도와 달라고 이렇게 울부짖는 것을 들은 적이 있던가?

그리고 진실로, 내가 본 것과 같은 것을 나는 결코 전에 본 적이 없었다. 나는 한 젊은 양치기가 꿈틀거리고, 캑캑거리고, 경련을 하며 얼굴을 찡그리는 모습을 보았다. 그의 입에서는 한 마리의 검고 무거운 뱀이 늘어뜨려져 있었다.

일찍이 나는 사람의 얼굴에서 이토록 큰 구역질과 창백한 고초를 본 적이 있던가? 그는 혹시 자고 있었던 것일까? 그때 뱀은 그의 목구멍 속으로 기어 들어가—스스로 꽉 물려 버리고 말았다.

나는 손으로 그 뱀을 잡아당기고 당겼다—소용없었다! 내 손은 목구멍에서 뱀을 잡아당겨 빼낼 수 없었다. 그때 나의 내면에서 외치는 것이 있었다. "물어라! 물어라!

뱀의 머리를 물어 떼어내라! 물어라!" 이렇게 나의 내면에서 외침이 터져나왔고, 나의 두려움, 나의 증오, 나의 혐오, 나의 연민, 나의 모든 선과 악이 한결 같은 절규로서 나의 내면에서 외쳤다.—

나를 둘러싸는 그대 대담한 자들이여! 그대 탐색자들, 유혹자들, 그대 실험자들, 그리고 그대 중에서 교묘한 돛을 달고서 아직 탐험되지 않은 바다를 항해한 적이 있는 자들이여! 그대들, 수수께끼를 즐기는 자들이여!

자, 그때 내가 보았던 수수께끼를 내게 풀어다오, 자, 가장 홀로 있는 자가 갖고 있는 환상(幻想)을 내게 해명해다오!

왜냐하면 그것은 환상이고 예견이었기 때문이다. 그 당시 내가 그 비유를 통해 본 것은 무엇인가? 그리고, 언젠가 반드시 오게 될 그 사람은 누구인가?

이렇게 뱀이 목구멍 속으로 기어 들어간 그 양치기는 누구인가? 이렇게 가장 무거운 것, 가장 검은 것이 목구멍 속으로 기어들어 가게 될 자는 누구인가?

─그러나 그 양치기는 내 절규가 권한 대로 물어 버렸다. 그는 단숨에 잘 물어 버렸다! 그는 뱀의 모가지를 멀리 내뱉어 버렸다. 그리고는 벌떡 일어났다.

─더 이상 목자도 아닌, 더 이상 인간도 아닌─변화된 자, 빛에 둘러싸인 자로서 그가 웃었다! 일찍이 지상에서 그가 웃는 것처럼 웃은 자는 아직 아무도 없었다!

오, 형제들이여, 나는 결코 인간의 웃음소리가 아닌 웃음소리를 들었다,─그리하여 이제 하나의 갈증이 나를 갉아먹고 있다, 결코 가라앉지 않는 하나의 동경이.

이런 웃음에 대한 동경이 나를 갉아먹고 있다. 오, 더 살아간다는 것을 나는 어찌 견디리오! 그리고 지금 죽는다는 것, 그것을 나는 어찌 견디리오!─

차라투스트라는 이렇게 말했다.

◆ 3. 원치 않는 행복에 대하여

이런 수수께끼들과 쓰라림을 가슴에 품은 채 차라투스트라는 항해를 했다. 그러나 그가 행복의 섬과 그의 친구들로부터 나흘 거리쯤 떨어지게 되었을 때, 그는 자신의 모든 고통을 극복했다.—의기양양하게 굳건한 발로써 다시 그의 운명을 밟고 선 것이다. 그리고 그때 차라투스트라는 기뻐 날뛰는 자신의 양심을 향해 이렇게 말했다.

나는 다시 홀로 있고, 그러기를 바라고 있다, 맑은 하늘과 거칠 것 없이 자유로운 바다와 더불어 홀로 있기를. 그리고 다시 나의 주위는 오후이다.

내가 일찍이 처음으로 나의 친구들을 발견한 것도 오후였고, 두 번째도 역시 오후였다—모든 빛이 더욱 고요해지는 시간이었다.

왜냐하면 하늘과 땅 사이를 아직도 떠도는 모든 행복은 이제 자신이 머물 곳으로서 하나의 밝은 영혼을 찾고 있기 때문이다. 행복으로 '인하여' 모든 빛은 이제 더욱 고요해졌다.

오, 내 삶의 오후여! 일찍이 나의 행복도 머물 곳을 찾기 위해 골짜기로 내려갔다. 거기서 나의 행복은 흉금을 열고 손님을 맞이하는 이 영혼을 찾아냈다.

오, 내 삶의 오후여! 나는 '하나를' 얻기 위하여, 내 사상을 이렇게 생생하게 식수(植樹)하고, 나의 이 최고의 희망의 아침 하늘을 얻기 위하여 무엇인들 포기하지 않았으리오!

일찍이 창조하는 자는 길동무들과 자신의 희망의 아이들을 찾아다녔다. 그런데 보라, 자기 자신이 먼저 그들을 창조하지 않는 한 그들을 발견할 수 없다는 게 밝혀졌다.

이리하여 나는 나의 어린아이들에게 가거나, 그들에게서 되돌아오면서 내 일에 몰두하고 있다. 자신의 어린아이들을 위해서 차라투스트라는 자기 자신을 완성하지 않으면 안 되는 것이다.

왜냐하면 인간은 근본적으로 오직 자신의 어린아이와 자신의 일만을 사랑하기 때문이다. 그리고 자기 자신에 대한 커다란 사랑이 있을 때, 그것은 잉태했다는 징조이다. 그렇다는 것을 나는 발견했다.

나의 어린아이들은 그들의 첫봄을 맞이해 아직 푸르며, 서로 나란히 붙어 서서 함께 바람에 흔들리고 있다, 내 정원이자 최상의 토양에서 자라는 나무들은.

그리고 진실로! 그런 나무들이 나란히 서 있는 곳, 거기에 행복의 섬이 있다!

그러나 언젠가 나는 그 나무들을 뽑아내서 제각기 따로 심으려 한다, 각각의 나무가 고독을 배우고 불굴과 선견(先見)을 배우도록.

그때 가서 나무는 마디가 굵고 뒤틀린 채 유연하면서도 단단하게 바닷가에 서 있어야 한다, 불굴의 삶의 살아 있는 등대로서.

폭풍이 바다로 휘몰아 내리치고 산맥의 부리(주둥이)가 물을 마시는 곳, 거기에서 저마다의 나무들은 언젠가는 자신의 낮과 밤의 파수를 보아야 한다, 자기 자신을 시험하고 인식하기 위해서.

각각의 나무는 과연 나와 같은 부류이며 나의 혈통인지 아닌지 알기 위하여 식별되고 시험되어져야 한다.—각각의 나무가 과연 오래 지속될 의지의 주인이어서 말할 때도 과묵하고, 줄 때도 받아들이면서 주는 방식을 취할 만큼 관대한지 알기 위해서.

—그 나무가 언젠가는 나의 길동무가 되고 차라투스트라와 함께 창조하고 함께 기뻐하는 자가 되도록, 곧 모든 것의 보다 완전한 완성을 위하여 나의 의지를 나의 '표(表)' 위에 기록할 자가 되게 하기 위해서.

그리고 이런 자와, 이런 자와 같은 자를 위해서 나는 나 자신을 완성해야만 한다. 그 때문에 나는 지금 행복을 피하고 나를 모든 불행에 내맡긴다. —나 자신의 마지막 시험과 인식을 위해서.

그리고 진실로, 내가 떠나야 할 때가 되었다. 그러자 방랑자의 그림자, 가장 오랜 머무름, 그리고 가장 조용한 시간—그 모든 것이 나에게 권했다. "때가 무르익었다!"라고.

바람은 열쇠 구멍 사이로 내게 불어와 "오라!"고 말했다. 문은 재치 있게 휙 열리며 "가라!"고 말했다.

그러나 나는 나의 어린아이들에 대한 사랑의 사슬에 묶여 누워 있었다. 열망이 나에게 이런 덫을 씌웠던 것이다, 내가 내 아이들의 희생물이 되고 그들을 위해 나 자신을 상실하려는 사랑에 대한 열망이.

욕망하는 것—그것은 내게는 이미 나 자신을 상실했다는 것을 의미한다. 나는 그대들을 소유하고 있다, 나의 어린아이들이여! 이런 소유 속에서는 모든 게 확신이어야지 열망하는 것이 있어서는 안 된다.

그러나 내 사랑의 태양은 찌는 듯이 내 머리 위에 내리쬐고 있었고, 차라투스트라는 자기 자신의 체액 속에서 끓고 있었다.—그때 그림자들과 의혹들이 내 머리 위를 스쳐 날아갔다.

나는 이미 혹한과 겨울을 갈망하고 있었다. "오, 혹한과 겨울이 나를 다시 부러뜨리고 삐걱거리게 만들어 주기를!" 하고 나는 탄식을 했다.—그때 얼음처럼 차가운 안개가 내 몸에서 솟아올랐다.

나의 과거는 자신의 무덤을 부수어 열었고, 산채로 매장된 수많은 고통들이 깨어났다.—그 고통들은 수의에 싸인 채 다만 잠들어 있었던 것뿐이었다.

이렇게 모든 것이 징후가 되어 나에게 외쳤다. "때가 되었다!"라고. 그러나 나는 듣지 않았다, 마침내 나의 심연이 흔들리고 나의 사상이 나를 물어뜯게 될 때까지.

아, 그대 나의 사상인 심연의 사상이여![76] 그대가 파헤치는 소리를 들어도 더 이상 떨지 않을 만한 힘을 나는 언제 찾아낼 것인가?

그대가 파헤치는 소리를 들을 때면, 나는 심장이 목구멍까지 두근거린다! 그대의 침묵까지도 내 목을 조르려 한다, 그대 심연처럼 침묵하는 자여!

여태껏 한 번도 나는 감히 그대를 올라오라고 부른 적이 없다. 나는 그대를 내 몸에 지니는 것만으로도 충분했다! 아직껏 나는 궁극적인 사자(獅子)의 자부심과 방자함에 이를 만큼 충분히 강하지는 못했다.

내게는 언제나 그대의 무게만으로도 충분히 두려운 것이다. 그러나 언젠가 나는 그대를 불러올릴 힘과 사자의 목소리를 찾아내고야 말리라!

---

76. 영원회귀 사상을 가리킨다.

내가 우선 그 점에서 나 자신을 극복했을 때, 나는 보다 위대한 것에 있어서도 나 자신을 극복하게 될 것이다. 그리하여 승리를 나의 완성의 봉인(封印)으로 삼으리라!―

그러는 동안에 나는 여전히 불확실한 바다 위를 떠돈다. 우연이, 구변 좋은 우연이 나에게 아첨을 떨고 나는 앞뒤를 바라보지만―아직도 끝은 보이지 않는다.

아직도 내게는 최후의 투쟁의 시간이 오지 않았다.―아니면 이제 막 내게로 오는 것일까? 진실로, 나를 둘러싼 바다와 삶이 음험한 아름다움으로 나를 바라보고 있다!

오, 내 삶의 오후여! 오, 저녁이 오기 전의 행복이여! 오, 대양(大洋)의 항구여! 오, 불확실함 속의 평화여! 나는 그대들 모두를 얼마나 불신하는가!

진실로, 나는 그대들의 음험한 아름다움에 불신을 품고 있다! 나는 비로드처럼 지나치게 부드러운 미소를 불신하는 사랑하는 사람과 같다.

이 질투심 많은 자가 냉혹하면서도 부드럽게 자신이 가장 사랑하는 사람을 자신으로부터 밀쳐 내듯이―그렇게 나는 이 행복의 시간을 내게서 밀쳐 낸다.

가거라, 그대 행복의 시간이여! 그대와 더불어 내 뜻에 거슬리는 행복이 찾아왔다! 나의 가장 깊은 고통을 자원하여 나는 여기에 서 있으니―그대는 적절하지 않은 때 찾아온 것이다!

가거라, 그대 행복의 시간이여! 차라리 저기―나의 아이들이 있는 곳에 가서 머물도록 하라! 서둘러라! 그리하여 저녁이 오기 전에

'나의' 행복으로 그들을 축복하라!

　이미 저녁이 가까워지고 있다. 해가 저문다. 가라―나의 행복이여!

차라투스트라는 이렇게 말했다. 그리고 그는 밤새 그의 불행을 기다렸다. 그러나 기다려도 소용없었다. 밤은 내내 맑고 고요했으며, 행복이 스스로 점점 더 가까이 그에게로 다가왔다. 그러나 아침 무렵에 차라투스트라는 자신의 마음을 향해 웃으며 조롱하듯이 말했다. "행복이 내 뒤를 쫓아오는구나. 이는 내가 여자들 뒤를 쫓아다니지 않기 때문이다. 그런데 행복은 여자이다."

◆ 4. 해뜨기 전에

오, 내 머리 위의 하늘, 그대 순수한 자여! 심오한 자여! 그대 빛의 심연이여! 그대를 바라보면서 나는 신성(神性)한 욕망에 몸을 떤다.

　그대의 높이 속으로 나를 던지는 것―그것이 나의 깊이다! 그대의 순수함 속에 나를 숨기는 것―그것이 나의 순진무구함이다!

　신(神)의 아름다움은 신의 모습을 감춘다. 그와 마찬가지로 그대는 그대 자신의 별들을 감추고 있다. 그대는 말을 하지 않는다. 이렇게 하여 그대는 그대의 지혜를 나에게 알린다.

　들끓는 바다 위로 오늘 그대는 말없이 내게 떠올랐고, 그대의 사랑과 그대의 수치는 나의 끓어오르는 영혼에게 계시(啓示)를 이야기했다.

그대가 그대의 아름다움 속에 가려진 채 아름답게 나에게 왔다는 것을, 그대가 그대의 지혜를 드러내면서 말없이 나에게 말하고 있다는 것을,

오, 그대의 영혼의 모든 부끄러움들을 내 어찌 짐작하지 못하리오! 태양보다 앞서 그대는 나를, 가장 홀로 있는 자를 찾아 왔다.

우리는 처음부터 친구였다. 우리는 회한도, 두려움도, 바탕도 공유하고 있다. 태양까지도 우리는 공유하고 있다.

우리는 너무 많은 것을 알고 있기에 서로 말하지 않는다.—우리는 서로 침묵을 지키고, 서로에게 미소로써 우리가 알고 있음을 보인다.

그대는 나의 불(火)에 대한 빛이 아닌가? 그대는 나의 통찰에 대해 자매의 영혼을 갖고 있지 않은가?

우리는 함께 모든 것을 배웠다. 함께 자신을 넘어 자신에게로 올라가 구름이 없는 곳에서 맑게 웃는 것을 함께 배웠다.

우리의 발아래서 속박과 목적과 죄가 비 오듯 자욱할 때, 밝은 눈으로 멀찌감치 구름이 없는 곳에서 내려다보며 미소 짓는 법을.

그리고 내가 홀로 배회할 때 밤과 미로 속에서 내 영혼이 갈구한 것은 무엇 때문이었던가? 그리고 내가 산에 올랐을 때, 산 위에서 내가 찾으려 했던 것은 그대가 아니면 누구였던가?

그렇게 나의 방랑과 산 오름, 그것은 어찌할 바를 모르는 자에게는 불가피한 일이었고 임시변통이었다.—오직 날아가기만을 나의 온 의지는 바랄 뿐이다, 그대 안으로 저 멀리 날아가기만을!

그리고 떠도는 구름과, 그대를 더럽히는 모든 것 이상으로 내가 미워하는 자가 있던가? 그리고 나는 나 자신의 증오까지도 미워했

다, 그것이 또한 그대를 더럽혔기에!

떠도는 구름을, 이 살금살금 돌아다니는 도둑고양이들을 나는 미워한다. 이들은 그대와 나에게서 우리에게 공통적인 것들을 빼앗아 간다. ―엄청나고 무진장한 '그렇다'와 '아멘'이라는 말을.

이런 중간자들과 혼합자들을 나는 싫어한다, 떠도는 구름들을. 축복하는 법도, 철저하게 저주하는 법도 배우지 못한 이 어중간한 자들을.

그대 빛의 하늘이 떠도는 구름으로 더럽혀지는 것을 보느니, 차라리 나는 닫힌 하늘 아래 큰 통 속에 앉아 있고 싶다,[77] 차라리 하늘 없는 심연 속에 앉아 있고 싶다!

따라서 나는 자주 톱날 같은 번개의 황금철사로 떠도는 구름을 묶어 버리기를 갈망했다, 내가 그 구름의 움푹한 배를 천둥처럼 난타할 수 있도록.―

분노에 찬 고수(鼓手)로서. 왜냐하면 떠도는 구름은 내게서 그대의 '예!'와 '아멘!'을 빼앗아 가기 때문이다, 그대, 내 머리 위에 하늘이여, 그대, 순수한 자여! 빛나는 자여! 그대, 빛의 심연이여! 떠도는 구름은 내게서 그대의 '예!'와 '아멘!'을 빼앗아 가기 때문이다.

왜냐하면 이 신중하고 의심 많은 도둑고양이들의 고요함보다는 오히려 소음과 천둥, 그리고 폭풍우의 저주를 나는 더 바라기 때문이다. 그리고 인간들 사이에서도 살금살금 걸어 다니는 자들과 어중간한 자들, 그리고 의심하고 주저하는 떠도는 구름들을 나는 가장

---

77. 술통 속에 들어가 살았던 고대 그리스의 철학자 디오게네스가 연상된다.

미워하기 때문이다.

그리고 "축복할 줄 모르는 자는 저주하는 법을 배워야 한다!"—이 분명한 가르침이 밝은 하늘에서 내게 떨어져 내렸다. 이 별은 칠흑 같은 밤중에도 나의 하늘에 떠 있다.

그러나 그대 순수한 자여! 빛이여! 그대 빛의 심연이여! 그대가 내 주위에 있어만 준다면 나는 축복하는 자이며, '그렇다'라고 말하는 자가 된다. —이때 나는 모든 심연 속으로 나의 축복하는 '그렇다'라는 말을 가지고 간다.

나는 축복하는 자, '예'라고 말하는 자가 되었으며, 그 때문에 나는 오랫동안 싸워 왔고, 투사였다. 언젠가는 양손이 자유롭게 축복하기 위하여.

그런데 나의 축복이란 이런 것이다. 즉, 모든 사물 위에 그 사물 자체의 하늘로서 서 있는 것, 그의 둥근 지붕으로서, 그의 파란 하늘색의 종[78](鍾)으로서, 그리고 그의 영원한 보증으로서 서 있는 것이다. 그리고 이렇게 축복하는 자는 행복하다!

왜냐하면 모든 사물은 영원의 샘물에서, 그리고 선악(善惡)의 너머에서 세례 받기 때문이다. 그러나 선과 악 자체는 단지 어중간하게 끼어든 그림자, 눅눅한 비애, 떠도는 구름에 지나지 않는다.

진실로, "모든 사물의 위에는 우연이라는 하늘, 순진무구함이라는 하늘, 뜻밖의 하늘, 자유분방함이라는 하늘이 걸려 있다"라고 내가 이렇게 가르칠 때, 그것은 하나의 축복이지 결코 모욕이 아니다.

---

78. 뒤에 제4부의 '취가'에 나오는 '한밤중의 종'과 관련되는 것으로서 영원회귀 사상의 고지(告知)를 나타낸다.

"우연"—이거야말로 세상에서 가장 오래된 고귀함이다. 이 고귀함을 나는 모든 사물에게 되돌려 주었고, 사물들을 목적 아래 예속되는 것으로부터 구했다.

모든 사물들 위에, 그리고 그 사물들을 통해 군림하려는 어떤 "영원한 의지"라는 것은 없다고 내가 가르쳤을 때, 나는 모든 사물들 위에다 이런 자유와 하늘의 청명함을 새파란 하늘색의 종(鐘)처럼 걸어 놓았던 것이다.

"모든 일에 있어 한 가지만은 불가능하니—이는 곧 합리성이다!"라고 내가 가르쳤을 때, 나는 이 자유분방함과 어리석음으로 저 의지(意志)를 대신했던 것이다.

사실 약간의 이성(理性), 별에서 별로 흩어져 있는 지혜의 씨앗—이 효모는 모든 사물에 뒤섞여 있다. 어리석음을 위하여 지혜가 모든 사물에 뒤섞여 있는 것이다!

약간의 지혜는 물론 가능하다. 그러나 나는 모든 사물에서 다음과 같은 축복받은 확신을 발견했다. 모든 사물은 오히려 우연이라는 발〔足〕로 춤추기를 더 좋아하는 것을.

오, 내 머리 위의 하늘이여! 그대 순수한 자여! 드높은 자여! 영원한 이성(理性)이라는 거미도 거미줄도 존재하지 않는 것, 이것이 지금 내게는 그대의 순수함이다.

그대가 내게는 신성한 우연들[79]을 위한 무도장이라는 사실이, 그대가 내게는 신성한 주사위와 주사위놀이 하는 자들을 위한 신들의

---

79. 모든 것이 태초로부터 신에 의해 예정되어 있다는 기독교적 사관(史觀)을 철저하게 배격하는 니체의 사상으로 보인다.

도박대라는 사실이!—

그런데 그대는 얼굴을 붉히는가? 내가 말해선 안 되는 것을 이야기했는가? 내가 그대를 축복하고자 하면서 모독한 것인가?

아니면 그대의 얼굴을 붉게 만든 것은 우리 둘이 함께 있다는 부끄러움 때문인가?—이제 낮이 오고 있다 해서, 그대는 나보고 가서 침묵하라고 이르는 것인가?

세계는 깊다. 정오가 일찍이 생각했던 것보다 더 깊다. 모든 것이 낮에 말해지는 것은 아니다. 그러나 낮이 다가오고 있다. 이제 우리는 헤어지자!

오, 내 머리 위의 하늘이여, 그대 부끄러움 많은 자여! 빛나는 자여! 오, 그대 해뜨기 전의 나의 행복이여! 그러나 낮이 다가오고 있다. 이제 우리는 헤어지자!

차라투스트라는 이렇게 말했다.

◆ 5. 왜소하게 만드는 덕에 대하여

1

차라투스트라가 다시 육지에 올라왔을 때, 그는 곧바로 자신의 산과 동굴로 향하지 않고 많이 돌아다니면서 많이 묻고 이런저런 것을 탐색하였다. 그리하여 그는 자기 자신에 대해 농담으로 "많이 돌고 돌아 원천으로 되돌아 흘러가는 강물을 보라!"고 말할 정도였다. 왜냐하면 그는 자신이 떠나 없었던 동안에 인간에게 무슨 일이 일어났는지, 말하자면 인간이 더 커졌는지 더 작아졌는지 체험하고 싶었던 것이다. 그러다가 한 번은 가지런히 늘어서 있는 새 집들을 보자 그는 이상히 여기며 말했다.

"이 집들은 무엇을 의미하는 것일까? 진실로, 이 집들은 거대한 영혼이 자신의 상징으로 세워 놓은 것은 아니다!

이 집들은 혹시 어떤 철부지 아이가 자신의 장난감 상자에서 꺼내 놓은 것들일까? 다른 아이가 그 집들을 자신의 상자 속에 도로 집어넣었으면 좋으련만!

그리고 이 거실과 방들은 어른들이 드나들 수 있을까? 이 방들은 내게는 비단 인형들을 위해서, 아니면 먹고 먹히기를 좋아하는 도둑 고양이들을 위해 만든 것처럼 생각된다.

그리고 차라투스트라는 멈춰 서서 생각에 잠겼다. 마침내 그는 서글프게 말했다. "모든 것이 더 왜소해졌구나!"

도처에 더 낮아진 문들이 보인다. 나 같은 사람은 아직 그 문들을 지나갈 수 있으나—허리를 굽히지 않으면 안 된다!

오, 나는 언제 다시—더 이상 허리를 굽히지 않아도 되는 나의 고향으로 되돌아갈 것인가!" 그리고 차라투스트라는 한숨을 쉬며 먼 곳을 바라보았다.

그러나 같은 날, 그는 왜소하게 만드는 덕에 대해서 이야기했다.

2

나는 이 민중 사이를 지나가면서 눈을 크게 뜨고 있다. 그들은 내가 그들의 덕을 부러워하지 않는다는 사실을 용서하지 않는다.

그들은 나를 물어뜯는다. 내가 소인(小人)들에게는 작은 덕이 필요하다고 말하기 때문에. —그리고 소인들의 존재가 필요하다는 것을 내가 이해할 수 없기 때문에!

또 나는 여기서는 낯선 농가에 들어가 암탉들에게조차 마구 쪼이는 수탉과 같다. 그러나 나는 그 때문에 이 암탉들을 나쁘게 여기지는 않는다.

나는 모든 사소한 분노에 대해서와 마찬가지로 암탉들에게도 공손하다. 사소한 일에 벌컥 화를 내며 대하는 짓은 내게는 고슴도치에게나 어울리는 지혜라고 생각된다.

그들은 저녁에 불가에 둘러앉아 있을 때면 모두가 나에 대해 이야기한다. —그들은 내 이야기를 하지만, 아무도 내 생각은 하지 않는다!

이것이 내가 배운 새로운 고요함이다. 나를 둘러싸고 떠드는 그들의 소음이 나의 사상을 외투로 덮어 버리는 것이다.

그들은 서로 떠들어댄다. "이 음침한 구름이 우리를 어쩌려는 거지? 이것이 우리에게 전염병을 옮기지 못하도록 조심하자!"라고.

그리고 최근에 어떤 여자가 내게로 오려 하는 자기 아이를 자기 쪽으로 잡아당겼다. "아이들을 다른 곳으로 데려가라!" 그 여인은 외쳤다. "저런 눈은 아이들의 영혼을 불태워 버린다."

내가 이야기할 때면 그들은 기침을 한다. 그들은 기침하는 것이 강풍에 맞서는 항변이라고 생각한다. —그들은 나의 행복이 불어 닥쳐도 아무것도 짐작하지 못한다!

"우리는 차라투스트라에게 할애할 시간이 없다." —그렇게 그들은 항변한다. 그러나 차라투스트라를 위해 "전혀 시간이 없는" 시간이라는 것이 대체 무엇인가?

그리고 행여 그들이 나를 칭찬할 때도, 어찌 내가 그들의 칭찬에 업혀 잠들 수 있으랴? 그들의 칭찬은 내게는 가시 돋친 띠이다. 이 띠를 풀 때도 그것은 나를 할퀸다.

그리고 나는 그들 사이에서 다음과 같은 것도 배웠다. 칭찬하는 자는 보답하려 하는 것처럼 보이지만, 사실은 더 많은 선물을 받기를 바라고 있다는 것을!

내 발에게 물어보라, 그들의 칭찬과 유혹의 선율이 마음에 드는지를! 진실로, 그런 박자와 똑딱거리는 소리에 맞춰 춤추는 것도, 가만히 서 있는 것도 나의 발은 좋아하지 않는다.

그들은 나를 유혹하고 칭찬하면서 작은 덕으로 이끌어 가고 싶어 한다. 그들은 작은 행복의 똑딱거리는 소리에 내 발을 맞추도록 설득하고 싶어 한다. 나는 이 민중 사이를 지나가면서 눈을 크게 뜨고 있다. 그들은 더 작아졌고 점점 더 작아지고 있다. 행복과 덕에 대한 그들의 가르침이 그렇게 만든 것이다.

말하자면 그들은 그들의 덕에 있어서도 소심하다—그들은 안일함을 원하기 때문이다. 그러나 안일함과 잘 어울리는 것은 오직 소심한 덕 뿐이다.

물론 그들은 그들 나름대로 걷는 법과 앞으로 걸어가는 법을 배운다. 그것을 나는 그들의 절룩거림이라고 부른다. —그래서 그들은 급히 걸어가는 사람에게는 장애물이 되는 것이다.

그리고 그들 중 많은 사람들은 앞으로 걸어가면서 뻣뻣한 목으로 뒤를 돌아본다. 나는 이런 자들에게 달려들어 몸으로 부딪치기를 좋아한다.

발과 눈은 거짓말을 해서는 안 되고, 거짓말을 했다고 서로 꾸짖어서도 안 된다. 그러나 소인(小人)들 중에는 거짓말쟁이들이 많다.

그들 중의 몇몇은 '의욕(意慾)하지만', 대다수는 '의욕 당할' 뿐이다. 그들 중의 몇몇은 진짜지만, 대다수는 서투른 배우일 뿐이다.

그들 중에는 모르는 사이에 배우가 된 자, 마지못해 배우가 된 자들이 있다. ―진짜 영혼들은 언제나 드물다, 특히 진짜 배우들은.

여기서는 남성적인 것이 별로 없다. 그래서 그들의 여자들이 남성화된다. 충분히 남성적인 자만이 여자 속에 있는 여자를 구원할 것이기 때문이다.

그리고 나는 그들 사이에서 다음과 같은 가장 좋지 못한 위선을, 즉 명령하는 자까지도 섬기는 자의 덕으로 가장하는 것을 발견했다.

"나는 섬긴다, 그대는 섬긴다, 우리는 섬긴다." ―여기서는 지배하는 자의 위선도 이렇게 기도한다. 슬프다, 가장 높은 지배자가 가장 낮은 종복[80](從僕)에 지나지 않다니!

아, 내 눈의 호기심은 그들의 위선 속으로까지 파고들었다. 그리하여 나는 볕 잘 드는 유리창 주위에서 그들이 느끼는 파리 같은 행복과 윙윙거리는 소리를 모두 잘 헤아리고 있다.

선의(善意)가 있으면 그만큼 약점이 있다고 나는 본다, 정의(正義)

---

80. 이 말은 프로이센의 프리드리히(Friedrich) 대왕(1712 ~ 1786) 대왕이 "군주는 (국가의) 첫 번째 종복(從僕)이다"라고 한 말을 연상시킨다.

와 동정이 있으면 그만큼의 약점이 있다는 것을.

그들은 서로 원만하고 정직하고 친절하다, 작은 모래알들이 모래알들과 서로 원만하고 정직하고 친절하듯이.

작은 행복을 소심하게 껴안는 것―그것을 그들은 '순종(順從)'이라고 부른다! 그러면서 그들은 동시에 새로운 작은 행복을 소심하게 곁눈질한다.

그들은 근본적으로는 우직하게 한 가지만을 가장 원한다, 아무도 그들에게 고통을 주지 않기를. 그래서 그들은 누구보다 앞질러서 누구에게나 친절을 베푼다.

그러나 이것은 비겁한 것이다, 비록 그것이 '덕'이라고 불릴지라도―

그리고 그들, 소인들이 거칠게 말할 때가 있어도 나는 거기서 다만 그들의 쉰 목소리만을 들을 뿐이니―바람만 불어와도 그들의 목소리는 쉬어 버린다.

그들은 영리하고, 그들의 덕은 영리한 손가락을 갖고 있다. 그러나 그들에게는 주먹이 없어서 그들의 손가락은 주먹 뒤로 살짝 숨는 법을 알지 못한다.

덕이란 그들에게는 소심하게 만드는 것, 길들이는 것이다. 따라서 그들은 늑대를 개로 만들고, 인간 자체를 인간이 가장 잘 길든 가축으로 만든다.

"우리는 우리의 의자를 '중간에' 놓았다."―그들의 능글맞은 웃음은 내게 그렇게 말한다―"만족하는 돼지와 죽어 가는 용사로부터 멀리 떨어져서 그 중간에."

그러나 그것은 평범한 것일 뿐이다, 비록 절도 있는 것이라고 불릴지라도.

<h1 style="text-align:center">3</h1>

나는 이 민중 사이를 지나가면서 많은 말[言語]을 떨어뜨린다. 그러나 그들은 받아들일 줄도, 간직할 줄도 모른다.

그들은 내가 어찌하여 그들의 성적 쾌락과 악덕을 비난하러 온 것이 아닌가 하고 의아해한다. 그런데 진실로, 나는 소매치기들에게 경고하려 온 것은 아니다!

그들은 내가 어찌하여 그들의 지혜를 더욱 지혜롭게 하고 예리하게 하지 않는가 하고 의아해한다, 석필로 박박 긁어대는 듯한 목소리를 가진, 지혜로운 척하는 자들만이 아직 부족하다는 듯이!

그리고 내가 "흐느껴 울며 두 손을 합장하고 경배하기를 좋아하는 그대 마음속의 모든 비겁한 악마들을 저주하라"고 외치면, 그들은 "차라투스트라는 신(神)을 믿지 않는다"라고 외친다.

그리고 특히 순종을 가르치는 그들의 교사들이 그렇게 외친다. 그러나 나는 바로 이런 교사들의 귓속에 대고 외치기를 좋아한다, 그렇다! 나는 신(神)을 부정하는 차라투스트라이다! 라고.

순종을 가르치는 이런 교사들! 작고 병들고 부스럼 딱지로 뒤덮힌 곳이면 어디든지 그들은 벼룩처럼 기어든다. 내가 그들을 밟아 죽이지 않는 것은 나는 단지 구역질이 나기 때문이다.

자! 그들의 귀에 들려줄 나의 설교는 이렇다. 나는 차라투스트라, 신(神)을 부정하는 자이다, "내가 기쁘게 그의 가르침을 받을 만큼 나보다 더 신을 부정하는 자는 누구인가?"라고 말하는 자이다.

나는 차라투스트라, 신을 부정하는 자이다. 어디서 나는 나와 같은 자를 발견할 수 있으랴? 그런데 자기 자신에게 자신의 의지를 부여하며 순종하기를 포기하는 모든 자들은 모두 나와 동등하다.

나는 차라투스트라, 신(神)을 부정하는 자이다. 나는 어떤 우연이든 나의 냄비 속에 넣고 끓인다. 그리하여 거기에서 우연이 잘 익었을 때, 비로소 나는 그것을 나의 음식으로 반긴다.

그리고 실로, 숱한 우연적 사건들이 주인처럼 내게 다가왔다. 그러나 나의 의지는 그 우연에게 더 주인처럼 말했다. 그러자 우연은 곧 무릎을 꿇고 애원했다.

내게서 머물 곳과 애정을 찾기를 애원하면서, "보라, 오, 차라투스트라여, 오직 친구만이 친구를 찾아온다는 것을!" 하고 아부하듯 말한다.

그러나 아무도 내 말을 알아들을 귀를 갖지 않으니, 내가 무슨 말을 하랴! 그래서 나는 사방의 바람 속에 대고 다음과 같이 외치리라.

그대들은 점점 더 왜소해진다, 그대 소인(小人)들이여! 그대들은 가루처럼 바스러져 버린다, 그대 안일한 자들이여! 또 그대들은 몰락해 가고 있다.

그대들의 숱한 작은 덕으로 인하여, 그대들의 숱한 작은 포기로 인하여, 그대들의 숱한 작은 순종으로 인하여!

지나치게 아껴 주고, 지나치게 양보하고, 그대들의 토양은 이러하다! 그러나 한 그루의 나무가 크기 위해서 나무는 단단한 바위 주위에 단단한 뿌리를 내리고 싶어 한다!

그대들이 무슨 일을 단념하든, 그것은 인류의 미래라는 직물에 짜넣어 진다. 그대들의 무(無)까지도 하나의 거미줄이며, 미래의 피를 빨아먹고 사는 거미다.

그리고 그대들이 빼앗을 때, 그것은 훔치는 것과 같다, 그대 작은 유덕(有德)자들이여. 그러나 악한들 사이에서도 영예심은 이렇게 말한다, "강탈할 수 없을 때만 빼앗아야 한다."

"주어지는 것이다." —이것 역시 순종의 가르침이다. 그러나 그대 안일한 자들이여, 나는 그대들에게 말한다. 빼앗아 가는 것이며, 더욱더 많은 것을 그대들로부터 빼앗아 가게 되리라!

아, 그대들이 모든 어중간한 의욕을 떨쳐 버리고, 행위이든 태만이든 결단을 내리기를!

아, "그대들이 의욕하는 바를 항상 행하라. 그러나 우선 의욕할 수 있는 자가 되라!"고 하는 내 말을 그대들이 이해하기를!

"그대들의 이웃을 언제나 그대 자신처럼 사랑하라. —그러나 먼저 자기 자신을 사랑하는 사람이 되어라.

커다란 사랑으로 사랑하고, 커다란 경멸로 사랑하라!"

신을 부정하는 자, 차라투스트라는 이렇게 말한다.—

그러나 아무도 내 말을 알아들을 귀를 갖지 못한 곳에서 나는 무슨 말을 하겠는가! 여기서 내가 말을 하기에는 아직 한 시간쯤 너무 이르다.

이런 민중들 사이에서 나는 나 자신의 선구자이며, 어두운 골목길을 가로지르는 나 자신의 닭 울음소리이다.

그러나 그들의 때가 오고 있다! 그리고 나의 때도 오고 있다! 시시각각 그들은 더 작아지고, 더 가난해지고, 더욱 불모(不毛)가 되어 간다. 가엾은 잡초여! 가엾은 토양이여!

그리고 머지않아 그들은 바싹 마른 잡초와 풀밭처럼 되어 내 앞에 서야 하리라, 그리고 진실로! 자기 자신들에게 지쳐서—그리고 물보다 오히려 불을 갈구하면서!

오, 축복받은 번개[81]의 시간이여! 오, 정오가 되기 전의 비밀이여! 언젠가 나는 그들을 달리는 불로, 불꽃의 혀를 가진 예고자(豫告者)로 만들리라.—

언젠가 그들은 또 불꽃의 혀로 예고해야 하리라, 오고 있다고, 위대한 정오가 가까이 오고 있다고!

차라투스트라는 이렇게 말했다.

◆ 6. 올리브 동산에서

심술궂은 손님인 겨울이 내 집에 와 앉아 있다. 내 손은 그의 우정 어린 악수를 받자 새파래졌다.

나는 이 고약한 손님을 존경하지만, 그를 혼자 앉혀 두기를 좋아한다. 나는 이 손님으로부터 달아나기를 좋아한다. 그리고 달리기를 잘하면 이 손님으로부터 달아날 수 있다!

---

81. 이것은 초인을 상징한다.

발을 따뜻이 하고 따뜻한 사상(思想)을 가지고 나는 바람이 잔잔한 곳—나의 올리브 동산[82]의 양지바른 곳으로 달려간다.

거기서 나는 나의 엄한 손님을 비웃지만, 그러면서도 그에게 호감을 갖고 있다. 그는 내 집에서 파리 떼를 쫓아 주고 수많은 작은 소란을 가라앉혀 주기 때문이다.

다시 말해 그는 윙윙거리는 모기 한 마리도 참지 못한다. 하물며두 마리가 윙윙거려서야. 그는 거리까지도 쓸쓸하게 만들어서 밤에는 거리의 달빛도 무서움을 탈 정도다.

그는 까다로운 손님이다. 그러나 나는 그를 존경하며, 마음 약한자들이 그러하듯 불룩한 불(火)의 우상에게 기도하지는 않는다.

우상을 숭배하기보다는 차라리 이를 약간 딱딱거리는 것이 낫다! 나의 천성은 그러기를 바란다. 그리고 특히 욕정에 가득 차 김을 내뿜는 후덥지근한 모든 불의 우상들을 싫어한다.

내가 사랑하는 자를 나는 여름보다는 겨울에 더 사랑한다. 그리고 지금, 겨울이 내 집에 와 앉아 있으므로 나는 나의 적들을 보다 잘, 더 대담하게 비웃는다.

나는 잠자리로 기어 들어갈 때도 실로 대담하게 비웃는다. 이때도 나의 은밀한 행복은 웃으며 방자해진다. 나의 거짓 꿈까지도 웃고 있다.

나는 기어 다니는 자인가? 평생 나는 권력자 앞에서 한 번도 긴적이 없었다. 그리고 행여 내가 거짓말을 했다면, 그것은 사랑 때문

---

82. 《신약성경》에서 예수가 예루살렘의 올리브 동산 위로 올라가는 대목과 대조되는 장면으로 볼 수 있을 것이다.

에 그런 것이다. 그러므로 나는 겨울의 잠자리 속에서도 기뻐한다.

사치스런 잠자리보다는 보잘 것 없는 잠자리가 나를 더 따뜻하게 해 준다. 나는 내 가난을 시샘하기 때문이다. 그리고 가난은 겨울에 나에게 가장 성실하다.

하루하루를 나는 악의로 시작하고, 냉수욕을 하며 겨울을 비웃는다. 이때문에 나의 집에 찾아온 엄한 손님은 불평을 한다.

또 나는 작은 양초로 그를 간질이기를 좋아한다. 그가 마침내 잿빛 여명으로부터 하늘을 드러내도록 하기 위하여.

말하자면 나는 특히 아침에 악의에 차 있다, 우물가에서 두레박 소리가 울리고 잿빛 거리에서 말이 우는 이른 시각에.

이때 나는 초조하게 기다린다, 마침내 밝은 하늘이, 눈처럼 흰 수염을 단 겨울 하늘이, 백발노인인 하늘이 내 앞에 나타나기를, 때때로 자신의 태양까지도 숨겨 버리는, 말없는 자인 겨울 하늘이 나타나기를!

아마도 나는 그 하늘에게서 빛나는 긴 침묵을 배운 것일까? 아니면 하늘이 내게서 배워 간 것일까? 아니면 우리가 각자 스스로 고안해 낸 것일까?

모든 좋은 사물들의 근원은 천 겹이나 된다. 모든 좋고 분방한 사물들은 즐거운 나머지 현존(現存) 속으로 뛰어 든다. 그러니 그들이 그런 도약을 어찌 딱 한 번만 하겠는가!

긴 침묵도 역시 좋고 분방한 것이며, 겨울 하늘처럼 둥근 눈을 가진 밝은 얼굴로 바라본다.

겨울 하늘처럼 자신의 태양과 자신의 불굴의 태양의 의지를 숨기는 것. 진실로 이런 기술과 이런 겨울의 분방함을 나는 잘 배웠던 것이다!

나의 침묵이 침묵함으로써 자신을 드러내지 않는 법을 배운 것, 그것이 내가 가장 좋아하는 악의이며 기술이다.

말(言語)과 주사위로 달각거리면서 나는 점잖은 감시인들을 속여 넘긴다. 나의 의지와 목적은 이런 모든 엄격한 감시인들로부터 몰래 빠져나가야만 한다.

아무도 나의 밑바닥 속과 궁극적인 의지를 내려다보지 못하도록— 그러기 위해서 나는 오랫동안의 밝은 침묵을 고안해 냈다.

나는 숱한 현자들을 발견했다, 아무도 그들을 꿰뚫어 보거나 엿보지 못하도록 자신들의 얼굴을 가리고 자신들의 물을 흐려 놓는 자들을.

그러나 바로 이런 자들보다 더 현명하고 의심 많은 자들과 호두까는 자들[83]이 그들에게 찾아와서 그들이 가장 깊숙이 숨겨 둔 물고기를 낚아챘다!

아니, 맑은 자들, 정직한 자들, 투명한 자들—이런 자들이 내가 보기에 가장 현명하게 침묵하는 자들이다. 그들의 밑바닥은 너무나 깊어서 가장 맑은 물조차도 그것을 드러내지 못한다.

그대, 눈처럼 흰 수염을 단 겨울 하늘이여, 그대, 내 머리 위에 있는 둥근 눈을 가진 백발노인이여! 오, 그대, 내 영혼과 내 영혼의 분방함의 천상의 비유여!

---

83. 천착을 일삼는 학자들.

그리고 나는—사람들이 나의 영혼을 찢어 드러내지 못하도록, 황금을 삼킨 자처럼 나 자신을 감춰야 하지 않겠는가?

나는 죽마(竹馬)를 타야 하지 않겠는가? 내 주위에 있는 모든 시기심 많고 불쾌한 자들이 나의 긴 다리를 못 보도록.

연기투성이에 빈둥거리며, 낡아빠지고, 시들고, 슬픔에 지친 이 영혼들—어찌 그들의 질투가 나의 행복을 감당할 수 있으랴!

나는 그들에게 오직 나의 정상(頂上)에 있는 얼음과 겨울을 보여준다. 그리고 나의 산이 그 주위에 모든 태양의 띠를 휘감는 것은 보여주지 않는다!

그들은 오직 나의 겨울의 휘몰아치는 폭풍 소리만 듣는다. 그리고 내가 동경(憧憬)에 찬 무겁고 뜨거운 남풍처럼 따뜻한 바다를 건너가는 소리는 듣지 못한다.

그들은 내가 겪는 불의의 사고와 우연들을 동정하기도 한다. 그러나 내 말은 이렇다. "우연으로 하여금 나에게 오도록 하라. 우연은 어린아이처럼 순진한 것이다!"

만일 내가 내 행복의 주위를 불의의 사고와, 겨울의 궁핍함과 백곰 가죽 모자와, 눈 내리는 하늘의 외투로 둘러싸지 않는다면, 그들이 어찌 나의 행복을 감당할 수 있으랴!

—만일 내가 그들의 동정을, 이 질투심 많고 불쾌한 자들이 보내는 동정을 불쌍히 여기지 않는다면!

—만일 내 스스로 그들 앞에서 한숨을 쉬며 추위에 이빨을 덜덜 떨고, 끈기 있게 그들의 동정 속으로 감겨들어 가지 않는다면!

나의 영혼이 겨울과 혹한의 폭풍을 감추지 않는 것, 이것이 나의 영혼의 지혜로운 분방함이며 호의이다. 나의 영혼은 자신의 동상(凍傷)까지도 감추지 않는다.

어떤 사람에게 고독은 병든 자의 도피다. 어떤 사람에게 고독은 병든 자로부터의 도피이다.

나를 둘러싼 이 모든 가엾은 사팔뜨기들, 그들이 내가 겨울 추위에 덜덜 떨고 탄식하는 소리를 들었으면! 그렇게 탄식하고 덜덜 떨면서 나는 또 그들의 따뜻하게 덥혀진 방에서 달아난다.

그들이 나의 동상을 두고 동정하며 함께 탄식하기를. 그들은 "인식의 얼음으로 그는 우리까지도 얼어 죽게 만든다!"라고 탄식한다.

그러는 사이에 나는 따뜻한 두 발로 나의 올리브 동산 위를 종횡으로 뛰어 다닌다. 내 올리브 동산의 양지바른 구석에서 노래하면서 모든 동정(同情)을 비웃는다.―

차라투스트라는 이렇게 노래했다.

◆ 7. 스쳐 지나감에 대하여

이렇게 숱한 민중과 여러 도시들을 천천히 거쳐 나아가면서, 차라투스트라는 우회하여 자신의 산과 자신의 동굴로 되돌아갔다. 그런데 보라, 그때 그는 알지 못하는 사이에 대도시의 성문에 이르렀다. 그때 여기서 입에 거품을 문 한 바보가 두 손을 벌리고 그를 향해 뛰어나와 길을 가로막았다. 그런데 이 자는 바로, 민중이 "차라투스트라의 원숭이"라고 부르는 그 바보였다. 그 바보는 차라투스트라의 화법 중에서 약간의 표현과 억양을 배웠고, 그의 지식의 보고로부터 즐겨 빌려 썼기 때문이다. 그 바보는 차라투스트라에게 이렇게 말했다.

"오, 차라투스트라여, 여기는 대도시이다. 여기서 그대가 찾을 것은 아무것도 없고 모두가 잃을 것뿐이다.

왜 그대는 이 진흙탕을 걸어서 건너가려고 하는가? 그대의 발을 동정하라! 차라리 이 성문에 침을 뱉고서 돌아가라!

여기는 홀로 있는 자의 사상(思想)에게는 지옥이다. 여기서는 위대한 사상이 산 채로 삶아지고 작은 요리가 되어 버린다.

여기서는 온갖 위대한 감정들이 부패하고 만다. 여기서는 오직 덜그럭거릴 만큼 바짝 마른 감정들만이 덜그럭거릴 수 있다!

그대는 벌써부터 정신의 도살장과 요리 장소의 냄새를 맡지 않는가? 이 도시는 도살된 정신의 연기로 자욱하지 않은가?

그대는 영혼들이 축 늘어진 더러운 누더기처럼 매달려 있는 것이 보이지 않는가? 그런데 사람들은 이 누더기로 신문을 만들기도 한다!

그대는 여기서는 정신이 말장난이 되어 버렸다는 것을 듣지 못하는가? 정신은 구역질나는 말의 구정물을 토해 낸다! 그리고 사람들은 이 말의 구정물로 신문을 만들어 낸다.

그들은 서로 뒤를 쫓지만 어디로 가는지 모른다. 그들은 서로 흥분시키지만, 왜 그러는지는 알지 못한다. 그들은 그들의 생철판을 두드리고 그들의 금화를 짤랑거린다.

그들은 추워서 화주(火酒)에서 온기를 얻으려 한다. 그들은 열이 올라서 얼어붙은 정신에서 서늘함을 찾으려 한다. 그들은 모두가 여론으로 쇠약해졌고 전염되어 있다.

여기는 온갖 성적 쾌락과 악덕의 본바닥이다. 그러니 여기에는 덕(德) 있는 자들도 있고, 쓸모 있게 고용된 덕이 많이 있다.

글씨 쓰는 손가락과 앉아서 기다리느라 살이 굳어진 쓸모가 많은 덕, 가슴에 조그마한 별모양의 훈장을 달도록 축복받고 빈약한 엉덩이를 가진 딸들로 축복받은 덕이.

또한 여기에는 만군(萬軍)의 주[84](主)인 신(神)에 대한 숱한 신앙심과, 침이라도 핥을 듯한 신앙심에 찬 숱한 아첨도 있다.

'위로부터' 별과 자비로운 침이 뚝뚝 떨어져 내린다. 별을 달지 못한 가슴들은 모두가 저 위로 올라가기를 동경한다.

달은 자신의 궁전을 갖고 있고, 그 궁전에는 어리석은 것들이 있다. 그러나 궁전에서 나오는 모든 것들에게 거지같은 민중들과 모든 솜씨 있는 가난뱅이 덕들은 기도를 올린다.

"나는 섬긴다, 그대는 섬긴다, 우리는 섬긴다." ─모든 솜씨 있는 덕들은 군주를 우러러보며 이렇게 기도한다. 공을 세워 받은 별이 마침내 야윈 가슴에 매달릴 수 있도록!

그러나 달은 여전히 모든 지상적인 것의 주위를 돈다. 군주도 역시 여전히 모든 세속적인 것들 중에서 가장 세속적인 것의 주위를 돈다. ─그리고 그것은 바로 상인들의 황금이다.

만군의 주(主)인 신은 금괴의 신은 아니다. 생각은 군주가 하지만,

---

84. 기독교에서는 신 여호와를 이렇게 부른다.

조종하는 것은 상인이다!

그대 속에 깃들어 있는 밝고 강하고 선한 모든 것에 걸고 말하니, 오, 차라투스트라여! 이 상인들의 도시에 침을 뱉고 돌아가라!

여기서는 혈관을 흐르는 피는 모두 썩고 미적지근하고 거품투성이다. 모든 찌꺼기들이 모여 거품을 내는 거대한 쓰레기 더미인 대도시에 침을 뱉어라!

짓눌린 영혼과 야윈 가슴, 째진 눈들과 끈적거리는 손가락들이 들끓는 대도시에 침을 뱉어라.—

추근거리는 자들, 염치없는 자들, 글과 절규로 선동하는 자들, 과열된 야심가들로 들끓는 도시에,

모든 썩어빠진 것, 더러운 것, 음탕한 것, 음산한 것, 물러 터진 것, 곪은 것, 결탁해 선동하는 것들이 모여 곪아 있는 곳에,

이 대도시에 침을 뱉고 돌아서라!"—

그러나 여기서 차라투스트라는 입에 거품을 문 그 바보를 가로 막고, 그의 입을 다물게 했다.

"그쯤 해 두라!" 차라투스트라는 외쳤다. "그대의 말과 그대의 하는 태도에 나는 오래전부터 구역질이 난다!

어찌하여 그대는 그대 자신이 개구리나 두꺼비가 될 수밖에 없을 때까지 그렇게 오래도록 늪에서 살았는가?

이제는 그대의 혈관 속으로 썩어 거품이 이는 늪의 피가 흐르고 있다. 그래서 그대는 꽥꽥거리며 욕하는 것을 배운 것이 아닌가?

어째서 그대는 숲으로 가지 않았는가? 아니면 땅을 갈던가? 바다

는 푸른 섬들로 가득 차 있지 않은가?

나는 그대의 경멸을 경멸한다. 그리고 그대는 나에게 경고하면서— 어찌하여 그대 자신에게는 경고하지 않았는가?

나의 경멸과 경고하는 새는 오직 사랑으로부터 날아올라야 한다. 늪에서 날아올라서는 안 된다!

사람들은 그대를 나의 원숭이라고 부른다, 그대 거품을 문 바보여. 그러나 나는 그대를 나의 투덜거리는 돼지라고 부르리라. 투덜거림으로써 그대는 어리석음에 대한 나의 예찬까지도 망쳐버리고 있다.

처음 그대를 투덜거리게 만든 것은 대체 무엇인가? 그것은 아무도 그대에게 충분히 아첨을 하지 않았다는 것이다. 그 때문에 그대는 이 쓰레기 더미 곁에 앉은 것이다, 숱하게 불평할 이유를 얻기 위해서.

숱한 복수를 할 이유를 얻기 위해서! 다시 말해 그대, 허영심 많은 바보여, 그대가 내뿜는 거품은 모두가 복수(復讐)이다. 나는 그대를 잘 알고 있다!

그러나 그대의 바보스러운 말은, 비록 그것이 옳을 때조차 나를 해친다! 그리고 심지어 차라투스트라의 말이 백 번 옳을지라도, 그대는 내 가르침을 이용하여—옳지 않은 짓을 저지르리라!"

차라투스트라는 이렇게 말했다. 그리고 대도시를 바라보며 한숨을 짓고 오랫동안 말이 없었다. 마침내 그는 이렇게 말했다.

내게는 이 바보뿐만 아니라, 이 대도시도 구역질이 난다. 여기든 저기든 더 좋게 만들 것도 없고, 더 나쁘게 만들 것도 없다.

슬프다, 이 대도시여! 사실, 나는 이 도시를 불태워 버릴 불기둥을 보았으면 하고 벌써부터 생각해 왔다!

그런 불기둥은 위대한 정오보다 앞서 와야만 하기 때문이다. 그러나 이 일에도 그때가 있고, 스스로의 운명이 있다.

그러나 그대, 바보여, 헤어지기에 앞서 나는 그대에게 이 가르침을 주노라, 더 이상 사랑할 수 없는 곳은 스쳐 지나가야 한다고!

차라투스트라는 이렇게 말하고서, 그 바보와 대도시를 스쳐 지나갔다.

◆ 8. 배신자들에 대하여

1

아, 얼마 전까지만 해도 이 초원에 푸르고 알록달록하게 서 있던 것들이 벌써 모두 시들어 잿빛으로 누워 있는가? 그런데 나는 얼마나 많은 희망의 벌꿀을 여기서부터 나의 벌통으로 날라 갔던가!

이들 젊은 가슴을 가진 자들은 이미 모두가 늙어 버렸다. 아니 늙어 버린 것이 아니다! 다만 지치고 평범하고 안일해졌을 뿐이다. 그것을 그들은 "우리는 다시 경건해졌다"라고 부른다.

바로 얼마 전까지만 해도, 나는 그들이 이른 아침 씩씩한 발걸음으로 뛰어나가는 것을 보았다. 그러나 그들의 인식(認識)의 발걸음은 지쳐 버렸고, 그래서 이제 그들은 자신들의 아침의 씩씩함까지도 비난한다!

진실로, 그들 중 많은 자들이 한때는 춤추는 자처럼 두 다리를 쳐들었고, 나의 지혜에 깃든 웃음은 그들에게 눈짓을 보냈다. 그러자 그들은 생각에 잠겼다. 그때 막 나는 그들이 몸을 굽히고서—십자가를 향해 기어가는 것을 보았다.

한때 그들은 모기처럼, 젊은 시인들처럼 빛과 자유의 주위를 파닥거리며 날아다녔다. 조금 더 늙고, 조금 더 열이 식자, 그들은 이미 속이 검은 자, 뒷공론을 하는 자, 난로 앞에 쪼그리고 앉은 자가 되었다.

어쩌면 고독이 고래처럼 나를 삼켜 버렸기 때문에 그들의 가슴이 절망했던 것일까? 어쩌면 그들의 귀는 나의 나팔과 전령의 외침을 갈망하면서 오랫동안 헛되이 귀를 기울였던 것일까?

—아! 그들 가운데 오래 기다리는 용기와 분방한 가슴을 지닌 자는 언제나 소수에 지나지 않는구나! 그리고 그런 자들은 정신에도 참을성이 있다. 그러나 그 나머지는 비겁하다.

그 나머지, 그것은 항상 다수의 사람들, 일상(日常)적인 사람들, 잉여 인간들, 너무나 많은 자들이다. 이런 자들은 모두가 비겁하다!

나와 동류인 사람은 역시 나와 동일한 체험을 겪게 되리라. 그리하여, 그의 첫 번째 길동무는 분명 시체와 어릿광대이리라.

그러나 그의 두 번째 길동무들—그들은 스스로 그의 신도(信徒)라고 부를 것이다. 사랑과 풋내기 숭배로 가득 찬, 살아 있는 떼거리일 것이다.

인간들 중에서 나와 동류인 자는 이런 신도들에게 자신의 마음을 묶어 두어서는 안 되리라. 무상하고 비겁한 인간 본성을 아는 자는 이런 봄의 시절과 알록달록한 초원을 믿어서는 안 되리라!

만일 그들이 달리 할 수만 있었다면, 그들은 또 다른 것을 원했을 것이다. 어중간한 자들은 전체를 망쳐 버린다. 나뭇잎들이 시든다고 해서—탄식할 것이 무엇이겠는가!

나뭇잎들로 하여금 흩어지고 떨어지게 놔두어라, 그리고 탄식하지 말라, 오, 차라투스트라여! 오히려 나뭇잎들 사이로 산들바람이 불게 하라. 나뭇잎들 사이로 바람이 불게 하라, 오, 차라투스트라여, 시든 모든 것들이 그대로부터 더 빨리 달아나도록!

2

"우리는 다시 경건해졌다."—이 배신자들[85]은 이렇게 고백한다. 그런데 그들 중 많은 사람들은 여전히 겁이 나서 그렇게 고백하지도 못한다.

그들의 눈 속을 나는 들여다본다. 그들의 얼굴에 대고, 그들의 양쪽 볼이 빨개지도록 나는 그들에게 말한다, 그대들은 다시 기도하는 자가 되었다고!

그러나 기도하는 것은 수치이다! 모든 사람들에게는 아니지만, 그대와 내게는, 그리고 누구든 머릿속에 양심을 갖는 사람에게는. 기도하는 것은 그대에게는 수치다!

그대도 잘 알다시피 두 손을 모아 무릎에 얹고 좀 더 편해지기를

---

85. 여기서 배신자란, 차라투스트라가 설파하는 초인의 진리를 깨닫지 못하고 다시 옛 기독교의 신앙으로 되돌아가려는 인간들을 가리킨다.

바라는, 그대 안에 있는 비겁한 악마가—이 비겁한 악마가 그대에게
말한다, "하나의 신(神)이 존재한다!"라고.

그러나 이로써 그대는 빛을 두려워하는 자들, 빛 속에서는 결코
안식을 얻지 못하는 자들의 부류에 속하게 된다. 이제 그대는 매일같
이 그대의 머리를 밤과 안개 속으로 더 깊숙이 들이밀어야만 한다!

그리고 정녕 그대는 때를 잘 골랐다. 이제 막 밤의 새들이 날아오
르기 시작했기 때문이다. 빛을 두려워하는 모든 족속들에게 때가 온
것이다—"즐거움"이 없는 저녁의 휴식 시간이.

나는 소리를 듣고 냄새로 안다, 사냥과 행렬을 위한 그들의 때가
왔다는 것을. 물론 거친 사냥이 아니라, 길들여지고 절뚝거리며 쿵
쿵거리고 가만히 걸으면서 가만히 기도하는 자들이 사냥할 때가 왔
다는 것을—

다감한 위선자들을 쫓아 사냥할 때가. 마음속의 모든 쥐덫을 이
제 다시 놓은 것이다! 그리고 내가 커튼을 들어 올릴 때마다 자그마
한 나방이 한 마리 파닥거리며 날아오른다.

이 작은 나방은 어쩌면 다른 작은 나방과 함께 거기 웅크리고 있
었던 것이 아닐까? 나는 도처에 작은 교단(敎團)들이 숨겨져 있는 것
을 냄새 맡았기 때문이다. 그리고 작은 밀실들이 있는 곳마다, 그 안
에는 새로운 거짓 신도들이 있고 거짓 신도들의 냄새가 난다.

그들은 저녁마다 오랫동안 나란히 앉아서 "우리로 하여금 다시
어린아이가 되어 '사랑하는 신이여'라고 말하게 해주소서!"라고 읊
는다.—신앙심 깊은 과자 제조인에 의해 입과 위장은 망가진 채로.

혹은 그들은 저녁마다 교활하게 잠복해 있는 한 마리의 십자거

미[86]를 오랫동안 구경한다. 그 십자거미는 거미들에게 재치를 설교하면서 이렇게 가르친다. "십자가 밑은 거미줄을 치기에 좋은 곳이다!"

혹은 그들은 하루 종일 낚싯대를 들고 늪가에 앉아 있으며, 그런 자신이 심오하다고 믿는다. 그러나 고기 한 마리 없는 곳에서 낚시질하는 자들은 천박하다고 부르기조차 아깝다!

혹은 그들은 어느 음유시인으로부터 경건하고 즐겁게 하프를 타는 법을 배운다. 그 시인은 하프로 젊은 여인들의 마음을 사로잡기를 좋아한다.─그는 늙은 여자들과 늙은 여자들을 칭송하는 데 싫증이 났기 때문이다.

혹은 그들은 어느 박식한 반미치광이로부터 등골이 오싹해지는 법을 배운다. 이 반미치광이는 어두운 방에서 귀신들이 그를 찾아오기를─그리고 정신이 완전히 나가 버리기를 기다리고 있다!

혹은 그들은 불평을 해대면서 삘릴리 삘릴리 피리를 불며 돌아다니는 어느 늙은 피리 부는 사람에게 귀를 기울인다. 이 사람은 음울한 바람으로부터 음울한 곡조를 배웠다. 이제 그는 바람 따라 피리를 불면서 음울한 곡조로 음울한 것을 설교한다.

그리고 그들 중 몇 사람은 심지어 야경꾼이 되기도 했다. 이제 그들은 뿔피리를 불며 밤중에 여기저기 돌아다니며 벌써 오래전에 잠든 낡은 일들을 깨우는 법을 터득하고 있다.

어젯밤 나는 정원의 돌담 곁에서 낡은 일에 관해 말하는 다섯 가

---

86. 십자거미는 십자가를 연상시키는 것으로, 즉 신도들이 오기를 기다리다가 낚아채는 기독교의 성직자들을 풍자하고 있다.

지 이야기를 들었다. 늙고 우울해 하는, 무미건조한 야경꾼들로부터 나온 말은 이러했다.

"그는[87] 아버지치고는 자기 자식들을 제대로 돌보지 않아. 이런 일은 인간인 아버지들이 훨씬 더 잘하지!"—

"그는 너무 늙었어! 그는 이미 자기 자식들을 더 이상 돌보려고 하지 않아." — 이렇게 다른 야경꾼이 대답했다.

"도대체 그에게 자식이 있어? 그가 스스로 이 점을 증명하지 않으면 아무도 증명하지 못해! 나는 그가 그것을 한번 철저하게 증명해 주기를 오랫동안 바래 왔는데."

"증명한다고? 그가 일찍이 뭔가 증명한 적이 있다는 듯한 말투로 군! 증명하는 것은 그에게는 어려운 일이야. 그는 사람들이 자기를 믿는 것을 매우 중요시하고 있어."

"그래! 그래! 그를 행복하게 만드는 것은 신앙이야, 그에 대한 신앙이지. 이것이 옛 사람들이 하는 방식이라고! 우리도 그렇게 되어 가고 있지!"—

이렇게 늙은 두 야경꾼, 빛을 두려워하는 그들은 서로에게 말하고 나서 우울하게 뿔피리를 불었다. 이것이 어젯밤 정원의 돌담 곁에서 생긴 일이다.

그러나 나의 심장은 우스워 꿈틀거리다 터질 것 같았고, 어디로 가야 할지 몰라 횡격막 속으로 기어들었다.

진실로, 그것이 언젠가는 나의 죽음이 되리라, 술 취한 나귀들을

---

87. 기독교의 신을 암시하고 있다.

보거나 야경꾼들이 이렇게 신에 대해 의심하는 것을 듣고 우스운 나머지 질식사하는 것이.

도대체 이런 모든 의심들을 하던 때도 이미 오래전에 지나가 버린 것이 아닌가? 누가 아직도 이런 낡고 잠들어 있는, 빛을 무서워하는 일들을 잠에서 깨울 수 있을까!

낡은 신들[88]은 이미 오래전에 그들의 최후를 맞이했거니와—실로, 그들은 선하고 즐거운 신들로서 최후를 맞이했던 것이다!

그 옛 신들은 "황혼 속으로" 죽어 사라져 간 것은 아니다. —그것은 분명 거짓말이다! 오히려 옛 신들은 일찍이 스스로—웃다가[89] 죽은 것이다!

그 일은, 어느 신(神) 자신으로부터 신을 가장 부정하는 말, 즉 "신은 유일하다! 그대는 나 말고 다른 신을 가져서는 안 된다![90]"라는 말이 나왔을 때 일어난 것이다.—

늙은 수염투성이의 분노의 신, 질투심에 찬 신은 이처럼 제 정신을 잃었다. —그러자 그때 모든 신들은 웃어댔다. 그들의 의자에 앉아 몸을 흔들며 외쳤다. "신들은 존재하지만 유일신은 존재하지 않는 것, 이거야말로 거룩한 일이 아닌가?"

귀가 있는 자는 들을지어다.—

---

88. 기독교 이전의 고대 그리스의 신화에 나오는 다신교적(多神敎的) 신들을 가리킨다.

89. 고대 그리스 신들의 쾌활하고 밝고 긍정적인 정신을 비유하고 있다.

90. 유일신이라고 하는 기독교의 여호와.

차라투스트라는 그가 사랑하는, '얼룩소'라 불리는 그 도시에서 이렇게 말했다. 여기서부터 이틀만 더 가면 그의 동굴과 그의 동물들 곁으로 되돌아가게 되는 것이다. 한편 그의 귀향이 가까워짐에 따라, 그의 영혼은 한없이 기뻤다.

◆ 9. 귀향

오, 고독이여! 그대, 나의 고향인 고독이여! 너무나 오랫동안 나는 눈물 없이는 네게 돌아올 수 없을 만큼 거친 타향에서 거칠게 살았구나!

이제 어머니처럼, 손가락으로만 나를 위협해다오. 이제 어머니가 미소 짓듯이 내게 미소를 보내다오. "일찍이 나에게서 폭풍처럼 사납게 떠나간 자는 누구였던가?—

헤어지면서 '너무나 오랫동안 나는 고독의 곁에 앉아 있었고, 그래서 침묵하는 법을 잊어버렸다!'라고 외쳤던 자는? 침묵하는 법, 그것을 이제 그대는 배웠겠지?

오, 차라투스트라여, 모든 것을 나는 알고 있다. 그대 홀로 있는 자여, 그대가 많은 사람들 사이에 있었지만 내 곁에 있을 때보다 더 버림받았었다는 사실을!

버림받은 것과 고독은 서로 다른 것이다. 그것을—이제 그대는 배웠다! 그리고 인간들 사이에서 그대는 언제나 거칠고 낯선 존재가 되리라는 것을.

인간들이 그대를 사랑할 때조차도 거칠고 낯설게 되리라는 것을. 왜냐하면 그들은 무엇보다도 먼저 온정을 바라기 때문이다!

그러나 여기서 그대는 그대의 고향, 그대의 집에 와 있는 것이다. 여기서 그대는 무엇이든 말할 수 있고 마음속 밑바닥을 모두 털어놓을 수 있다. 여기서는 숨겨지고 굳어졌던 감정도 부끄러울 것이 없다.

여기서는 모든 것들이 애무하듯이 그대의 이야기에 귀를 기울이고 그대에게 아첨한다. 그것들은 그대의 등을 타고 달려가고 싶어 하기 때문이다. 여기서 그대는 모든 비유(比喩)를 타고 모든 진리를 향해 달려간다.

여기서 그대는 모든 사물을 향해 솔직하고 똑바르게 이야기해도 된다. 그리고 진실로, 누군가 모든 사물들과 솔직하게 이야기한다면, 그것은 사물들의 귀에는 칭찬처럼 들린다!

그러나 버림받는 것은 다른 것이다. 왜냐하면, 오, 차라투스트라여, 그대는 아직도 기억하고 있는가? 그대가 숲속에서 시체 곁에 서 있고, 머리 위에서 그대의 새가 외칠 때 그대는 어디로 갈지 마음을 정하지 못한 채 서 있던 그때를?—

그때 그대는 이렇게 말했다. 나의 짐승들이 나를 인도해 주기를! 짐승들 사이에 있는 것보다 인간들 사이에 있는 것이 더 위험한 것을 나는 발견했다, 라고.—그것이 버림받은 것이었다!

그리고 그대는 아직도 기억하는가, 오, 차라투스트라여? 그대가 그대의 섬에서 빈 물통들과 포도주가 나오는 샘물 곁에 앉아, 목말라 하는 자들에게 물을 나눠 부어 주던 때를.

—마침내 취한 자들 사이에서 그대는 홀로 목말라 하며 앉아서 밤마다 "주는 것보다 받는 것이 더 행복하지 않은가? 그리고 받는 것보다 훔치는 것이 훨씬 더 행복하지 않은가?"라고 탄식하던 때를?—그것은 버림받은 것이었다!

그리고 그대는 아직도 기억하는가, 오, 차라투스트라여? 그대의 가장 조용한 시간이 찾아와 그대를 그대 자신으로부터 몰아내던 때를, 그대의 가장 조용한 시간이 사악하게 속삭이면서 "말하라, 그리고 부숴 버려라!"라고 말하던 때를.

—가장 조용한 시간이 그대의 모든 기다림과 침묵을 고통스럽게 만들고 그대의 겸손한 용기를 꺾어 버렸던 때를. 그것은 버림받은 것이었다!—

오, 고독이여! 나의 고향인 그대, 고독이여! 그대의 목소리는 얼마나 행복하고 다정하게 나에게 말해 주는가!

우리는 서로 묻지 않고, 서로에게 불평하지 않고, 열린 문을 통해 함께 자유로이 출입한다.

왜냐하면 그대의 곁은 열려 있고 밝기 때문이다. 그리고 여기서는 시간도 더욱 가벼운 걸음으로 달려간다. 말하자면 사람들은 빛 속에서보다는 어둠 속에서 시간을 더 무겁게 여긴다.

여기서는 모든 존재의 말(言語)들과 그 말들의 상자가 나에게 활짝 열린다. 모든 존재가 여기서는 말이 되려 하고, 여기서는 모든 생성(生成)이 말하는 것을 나에게서 배우고 싶어 한다.

그러나 저 아래—거기서는 어떤 말도 다 소용없다! 거기서는 망각과 스쳐지나감이 가장 훌륭한 지혜이다. 그것을—이제 나는 배운 것이다!

인간들 사이에서 모든 것을 이해하려는 자는 모든 것에 손을 대야 한다. 그러나 그러기에는 나는 너무나 깨끗한 손을 갖고 있다.

나는 그들의 숨결조차 들이마시기 싫다. 아, 내가 그토록 오랫동안 그들의 소음과 사악한 숨결 속에서 살았다니!

오, 나를 둘러싼 행복한 고요함이여! 오, 나를 둘러싼 순수한 향기여! 오, 이 고요함은 깊숙한 가슴으로부터 얼마나 순수한 숨결을 들이쉬는가! 오, 얼마나 조용히 귀를 기울이고 있는가, 이 행복한 고요함은!

그러나 저 아래—거기서는 모든 것이 말을 하지만, 거기서는 모든 것이 건성으로 들릴 뿐이다. 사람들이 종을 울려 그들의 지혜를 알리려 해도, 시장의 장사꾼들의 짤랑거리는 동전 소리가 그것을 덮어 버리리라!

그들 사이에서는 모든 것이 말을 하지만, 누구도 더 이상 이해하지 못한다. 모든 것이 물속으로 떨어지지만, 깊은 샘물 속으로 떨어지는 것은 아무것도 없다.

그들 사이에서는 모든 것이 말을 하지만, 아무것도 이루어지지 않고, 아무것도 끝을 맺지 못한다. 모든 것이 꺽꺽거리지만, 누가 아직도 둥지에 가만히 앉아 알을 품고 있으려 하겠는가?

그들 사이에서는 모든 것이 말을 하지만, 모든 것이 입씨름이 되고 만다. 그래서 어제만 해도 시간 그 자체와 시간의 이빨이 물어뜯기에는 너무나 단단했던 것들이, 오늘은 씹히고 물어뜯긴 채 현대인의 입에 매달려 있다.

그들 사이에서는 모든 것이 말을 하고 모든 것이 폭로된다. 그래서 한때는 심오한 영혼들의 비밀이며 내밀함이라고 불렸던 것들이, 오늘은 거리의 나팔수들이나 다른 경박한 자들의 것이 되어 버렸다.

오, 인간 존재여, 그대 기묘한 자여! 그대, 어두운 거리 위의 소음이여! 이제 그대는 다시 내 뒤에 있다. ―나의 가장 큰 위험이 내 뒤에 있는 것이다!

아껴 주는 것, 동정하는 것 속에 언제나 나의 가장 큰 위험이 들어 있었다. 그런데 모든 인간 존재는 아낌을 받고 연민 받기를 바라고 있다.

진실은 억제한 채 바보의 손과 바보가 된 마음을 갖고서, 그리고 동정의 사소한 거짓말들을 숱하게 하면서―언제나 그렇게 나는 인간들 사이에서 살았다.

변장을 하고 나는 그들 사이에 앉아 있었다. 내가 그들을 참고 견딘다고 스스로 오해받을 각오를 한 채, '그대, 바보여, 그대는 인간을 알지 못한다!'라고 나 자신에게 즐겨 타이르면서.

인간들 사이에서 살면 인간이라는 것을 잊게 된다. 모든 인간에게는 겉치레가 너무 많다. ―거기서는 멀리 바라보고 먼 곳을 갈망하는 눈이 무슨 소용이 있으랴!

그리하여 그들이 나를 오해했을 때도, 바보인 나는 그런 오해에 대해 나보다도 그들을 더 옹호했다. 나에 대한 가혹함에 익숙해진 채, 그리고 때때로 이런 관용에 대해 나 자신에게 복수하면서까지.

독파리들에게 쏘이고 숱한 사악함의 물방울에 마치 돌처럼 움푹 패인 채, 그렇게 나는 그들 사이에 앉아서 여전히 나 자신에게 타일렀다, "모든 작은 것들은 자기 자신들의 왜소함에 대해 죄가 없다!"라고.

특히 스스로 '선한 자'라고 부르는 자들이야말로 가장 독이 많은 파리들이라는 것을 나는 알았다. 그들은 아주 순진하게 물고, 아주 순진하게 거짓말을 한다. 어찌 그런 자들이 나에 대해—공정할 수 있으리오!

선한 자들 사이에서 사는 사람에게 동정심은 거짓말하는 법을 가르쳐 준다. 동정심은 모든 자유로운 영혼들에게는 답답한 공기를 만들어 준다. 선한 자들의 어리석음은 깊이를 알 수 없는 것이다.

나 자신을 감추고 나의 부(富)를 감추는 것—그것을 나는 저 아래에서 배웠다. 나는 모든 사람들의 정신이 아직도 가난하다는 것을 발견했기 때문이다. 내가 모든 사람의 경우를 안다고 한 것, 그것은 나의 동정심에서 나온 거짓말이었다.

—모든 사람에게서 어느 정도의 정신이면 그들에게 충분하고, 어느 정도의 정신이 그들에게 너무 과한지를 내가 보고 알아차렸다고 한 것은!

그들 완고한 현자(賢者)들, 그들을 나는 현자라고 불렀을 뿐 완고한 자라고는 부르지 않았다. 이렇게 나는 말을 삼키는 법을 배웠다. 그 무덤 파는 자들, 그들을 나는 연구자 또는 탐구자라고 불렀다. 이렇게 나는 말을 뒤바꾸는 법을 배웠다.

무덤을 파는 자들은 스스로 질병을 파낸다. 낡은 기와 조각 밑에는 악취가 고여 있다. 그 진창을 휘저어서는 안 된다. 사람은 산 위에서 살아야 한다.

축복받은 콧구멍으로 나는 다시 산(山)의 자유를 호흡한다! 마침 내 나의 코는 모든 인간 존재의 냄새로부터 구원된 것이다!

마치 거품 나는 포도주에 의해 간질여진 것처럼, 강렬한 공기에 간질여진 나의 영혼은 재채기를 한다. ―그러면서 나 자신을 향해 환성을 지른다. 건강하기를!

차라투스트라는 이렇게 말했다.

◆ 10. 세 가지 악(惡)에 대하여

1

나는 꿈속에서, 오늘 아침 방금 꾼 아침의 꿈속에서 어떤 구릉 위에 서 있었다.―세계의 피안(彼岸)인 그곳에 서서 저울을 손에 들고 세계를 달아보고 있었다.

오, 아침노을이 너무 일찍 나를 찾아왔다. 아침노을, 이 시기심 많은 자는 벌겋게 타오르면서 나를 깨웠다! 아침노을은 언제나 나의 아침의 꿈이 벌겋게 타오르는 것을 시기한다.

시간이 있는 자라면 측정할 수 있는 것, 무게를 잘 다는 자라면 측량할 것, 튼튼한 날개라면 날아서 닿을 수 있는 것, 신성한 호두 까는 자[91]들이라면 헤아릴 수 있는 것, 내가 꿈속에서 본 세계는 그런 것이

---

91. 마치 호두를 까듯이 사물의 핵심을 파고 들어가서 그것을 이해하는 사람을 비유한 것.

었다.─

나의 꿈, 절반은 배(船)이고, 절반은 돌풍이며, 나비처럼 말이 없고, 매처럼 성급한 대담한 항해자, 그것이 오늘날 어떻게 세계를 저울질할 만한 인내와 시간을 갖게 되었는가!

아마도 나의 지혜가 나의 꿈에게 은밀하게 말한 것일까, 모든 '무한한 세계'를 비웃는, 웃음 지으며 깨어 있는 나의 낮의 지혜가? 나의 지혜는 이렇게 말하기 때문이다. "힘이 있는 곳에서는 수(數)가 주인이 된다. 수가 더 많은 힘을 갖는다."

나의 꿈은 이 유한한 세계를 얼마나 확실하게 바라보고 있는가, 새로운 것에 호기심도 없고, 옛것을 열망하지도 않으며, 두려워하지도 않고, 애원하지도 않으면서.─

마치 둥근 사과가, 서늘하고 벨벳처럼 부드러운 껍질을 가진 무르익은 황금사과가 내 손에 주어져 있는 것처럼─그렇게 세계는 내게 주어졌다.

마치 한 그루의 나무가, 길을 가다 지친 방랑자가 기대어 발걸이로 삼을 수 있게 휘어진, 가지가 무성하고 의지가 강한 나무가 나에게 눈짓을 하는 듯, 그렇게 세계는 나의 곶 위에 서 있었다.

마치 부드러운 손이 나에게 작은 상자를, 수줍어하며 경모하는 두 눈을 황홀하게 만들기 위해 열려 있는 상자를 갖다 주듯이, 이렇게 오늘 세계는 나에게 주어졌다.

인간애(人間愛)를 위협해서 몰아낼 만한 수수께끼도 아니고, 인간의 지혜를 잠재워 버릴 만한 해답도 아니고─사람들이 그토록 사악하다고 비방하는 이 세계는 오늘 내게는 인간적으로 좋은 것이다!

내가 이렇게 오늘 아침 이 세계를 저울질해본 것에 대해, 나는 나의 아침의 꿈에 얼마나 감사하고 있는가! 인간적인 좋은 것으로서 그것은 나를 찾아온 것이다, 이 꿈, 마음의 위안자가!

그리고 낮에는 그 꿈과 똑같이 하면서 그 꿈의 가장 좋은 점을 보고 배우기 위해서, 이제 나는 세 가지 가장 악한 것들을 저울 위에 올려놓고 인간적으로 좋을 것으로 저울질해보려 한다.—

축복하는 법을 가르친 자는 저주하는 법도 가르쳤다. 이 세계에서 가장 저주받은 세 가지는 무엇일까? 이 세 가지를 나는 저울에 달아보려 한다.

육욕(肉慾), 지배욕, 이기심[92], 이 세 가지는 지금까지 가장 저주를 받아왔고, 가장 나쁜 평판, 그리고 부당한 평판을 받아왔다. — 이 세 가지를 나는 인간적으로 좋은 것으로 저울질해보려 한다.

자! 여기에 나의 구릉이 있고, 저기에 바다가 있다. 바다는 나를 향해 굽이쳐 온다, 내가 사랑하는 늙고 충실한 백 개의 머리를 가진 괴견(怪犬)인 저 바다가 털북숭이가 되어 알랑거리듯이.

자! 여기 나는 굽이쳐 오는 바다를 굽어보며 저울을 들고 있겠다. 그리고 입회할 증인도 선택하리라. 그대 홀로 있는 자인 나무여, 내가 사랑하는, 향기가 강하고 가지가 넓게 퍼진 그대를!—

어느 다리를 건너서 현재는 미래로 가는가? 무엇에 강요당하여 높은 것은 낮은 것에게로 가는가? 그리고 가장 높은 것에게조차 더

92. 니체는 기독교에서 전통적으로 중시하는 순결, 겸허, 몰아(沒我)와 대립되는 위의 세 가지 가치를 내세워 그것을 다시 긍정적으로 평가해보려고 시도하고 있다.

높이 자랄 것을 명령하는 것은 무엇인가?

이제 저울은 수평으로 가만히 멈춰 있다. 내가 세 가지 무거운 물음을 던져 넣었더니, 세 가지 무거운 대답이 저울대에 올려진 것이다.

2

육욕. 참회복을 입은 모든 육체의 경멸자들에게 바늘이고 가시이며, 모든 배후세계론자들로부터 '속세'라고 저주받은 것. 육욕은 혼란과 오류를 가르치는 모든 교사들을 비웃고 바보로 만들기 때문이다.

육욕. 천민들에게는 그들을 불태워 버릴 천천히 타는 불. 모든 벌레 먹은 목재들과 모든 악취 나는 누더기들에게는 언제라도 발정하여 김을 내뿜을 수 있는 난로.

육욕. 자유로운 마음을 가진 자들에게는 순진무구하고 자유로운 것, 지상 낙원의 행복, 모든 미래가 현재에게 바치는 넘쳐흐르는 감사.

육욕. 시들어 버린 자에게만은 달콤한 독(毒), 그러나 사자(獅子)의 의지를 가진 자에게는 엄청난 강장제, 그리고 존경스럽게 아껴온 포도주 중의 포도주.

육욕. 보다 높은 행복과 최고의 희망에 대한 커다란 상징적인 행복. 말하자면 많은 사람들에게는 결혼과 결혼 이상(以上)의 것이 약속되어 있는 것.

남자와 여자 사이가 낯선 것보다도 더 서로에게 낯선 많은 사람들에게. 그런데 남자와 여자는 서로 얼마나 낯선 존재인지를 완전히 이해한 사람은 누구인가!

육욕. 그러나 나는 내 사상의 주위에 울타리를 치고, 내가 하는 말 주위에도 울타리를 쳐야겠다, 돼지나 방탕한 자들이 나의 정원으로 침입하지 못하도록!—

지배욕. 가장 냉혹한 마음을 가진 자들을 때리는 발갛게 달아오른 채찍, 가장 잔인한 자가 자신을 위해 남겨둔 잔인한 고문, 산채로 불 태우는 화형의 장작더미 위로 솟는 음험한 불꽃.

지배욕. 가장 허영심 많은 민족들에게 달라붙어 있는 심술궂은 쇠 파리, 모든 애매한 덕을 비웃는 자, 어떤 말[馬]이나 어떤 자만심 위 에든 올라타고 달리는 자.

지배욕. 썩어서 속이 텅 빈 모든 것들을 부수고 깨뜨려 버리는 지 진, 구르고 으르렁거리고 벌을 주면서 회칠한 무덤들을 파괴해 버리 는 자, 시기상조의 대답 옆에 붙는 번개 같은 의문 부호.

지배욕. 그 눈초리 앞에서 인간은 기어 다니고, 허리를 굽히고, 복 종하고, 뱀이나 돼지보다 더 비열해진다.—마침내 인간으로부터 커 다란 경멸의 외침이 터져 나올 때까지.

지배욕. 커다란 경멸을 가르치는 무서운 교사. 그것은 도시들과 국가들을 향해서 "그대는 물러가라!"고 설교한다.—마침내 도시와 국가들이 스스로 "나는 물러가리라!"고 외칠 때까지.

지배욕. 그러나 이것은 순결한 자들과 홀로 있는 자들에게도, 그 위에서 자족하는 높은 자들에게까지도 매혹적으로 올라간다, 마치 지상의 하늘에다 매혹적으로 자줏빛 행복을 그리는 사랑처럼 불타 오르면서.

지배욕. 그러나 높은 것이 힘을 갈망하여 밑으로 내려올 때 누가 그것을 탐욕이라고 부르겠는가! 진실로, 그런 갈망과 하강(下降)에는 병적인 것이나 병적인 탐욕 같은 것은 없다!

외로운 높이가 영원한 고독을 피하고 스스로 만족하려 하지 않는 것, 산이 골짜기로, 높은 곳의 바람이 낮은 곳으로 내려오려 하는 것.―

오, 이런 동경에 대해 누가 합당한 세례명과 덕(德)의 이름을 찾아낼 수 있으랴! "나누어 주는 덕"―일찍이 이름 붙일 수 없는 것을 차라투스트라는 이렇게 불렀다.

그때 다음과 같은 일이 일어났다. 그리고 진실로, 그것은 처음으로 일어난 일이었다! 차라투스트라의 말이 이기심을 복된 것으로, 힘찬 영혼으로부터 솟아 나오는 건전하고 건강한 이기심으로 찬미한 것이다.―

고귀한 육체가, 주위의 모든 사물이 거울이 되는 아름답고 승리에 찬 싱싱한 육체가 어울리는 힘찬 영혼에서 솟아 나온 것으로.―

유연하고 설득력 있게 춤추는 육체, 그것의 비유와 정수(精髓)가 스스로 즐기는 영혼이다. 이러한 육체와 영혼의 자기 향락이 바로 '덕'이라 불린다.

그런 향락은 마치 성스러운 숲으로 자신을 보호하듯, 좋은 것과 나쁜 것을 말하면서 스스로를 보호한다. 그것은 행복이라는 이름으로 경멸스러운 모든 것들을 추방한다.

자기 향락은 자신으로부터 온갖 비겁한 것을 추방한다. 자기 향락은 말한다, 저열한 것, 그것은 비겁한 것이다! 라고. 언제나 걱정하고 한숨짓고 슬퍼하는 자, 그리고 가장 보잘 것 없는 이익까지도 주워 모으는 자를 자기 향락에게는 경멸스러운 것으로 여긴다.

자기 향락은 슬픔을 탐닉하는 지혜도 경멸한다. 실로, 어둠 속에서 꽃피는 지혜, 야음(夜陰)과 같은 지혜도 있기 때문이다. 이런 지혜는 언제나 "모든 것은 덧없다!"라고 탄식한다.

자기 향락은 소심한 불신을 천한 것으로 여긴다. 그리고 시선을 주고 손을 내미는 대신 맹세를 원하는 모든 자들도 그렇게 여긴다. 또 너무나 불신하는 모든 지혜도 마찬가지다. 이런 지혜는 비겁한 영혼의 본질이기 때문이다.

재빨리 영합하는 자, 곧잘 드러눕는 개 같은 자, 비굴한 자를 자기 향락은 더욱더 천한 것으로 여긴다. 그리고 비굴하고, 개 같고, 신앙심 있고 재빨리 영합하는 지혜도 있다.

자기 향락은 자기 자신을 지키려 하지 않는 자, 독이 든 침과 사악한 시선을 그냥 삼켜버리는 자, 너무나 인내심이 많은 자, 모든 것을 참고 견디는 자, 모든 일에 만족하는 자를 증오하고 구역질 나는 것으로 여긴다. 그런 것은 노예근성이기 때문이다.

신들과 신들의 발길질 앞에 굴종하는 것이든, 인간과 인간의 어리석은 생각에 굴종하는 것이든, 그 모든 노예근성에 침을 뱉는다, 이 행복한 이기심은!

나쁘다. 기가 꺾여 소심하게 굴종하는 모든 것, 부자유스럽게 깜빡거리는 눈, 억눌린 가슴, 두텁고 비겁한 입술로 입맞춤하는 저 거짓 양보의 태도를 야욕은 나쁘다고 부른다.

사이비 지혜. 노예들과 늙은이들과 지친 자들이 떠드는 온갖 익살을 야욕은 이렇게 부른다. 그리고 특히 불량하고, 미치광이 같고, 지나치게 재치를 부리는 성직자들의 어리석음 모두를!

그러나 사이비 현자들, 모든 성직자들, 염세가들, 그리고 여자 근성과 노예근성의 영혼을 가진 자들—오, 이들의 장난이 예로부터 이기심을 얼마나 괴롭혀 왔던가!

그런데 이기심을 괴롭히는 것, 바로 이것이 덕(德)이었고 덕으로 불려 왔던 것이다! 그리고 '몰아(沒我)', 이런 모든 염세적인 비겁자들과 십자거미들은 스스로 그렇게 되기를 원했고 거기에는 충분한 이유가 있었다!

그러나 그런 모든 자들에게 이제는 낮이, 변화가, 목을 자르는 칼이, 위대한 정오가 다가온다. 그때가 되면 많은 일들이 밝혀지리라!

자아(自我)를 건전하고 거룩하다고 말하고, 이기심을 복되다고 말하는 자, 예언자는 진실로 그가 아는 것을 이렇게 말한다. "보라, 그것이 온다, 가까이 다가온다, 위대한 정오가!"

차라투스트라는 이렇게 말했다.

◆ 11. 무거운 정신에 대하여

1

나의 말재주는 민중의 말재주이다. 내가 하는 말은 앙고라 토끼들이 듣기에는 너무나 거칠고 너무나 진심이다. 그리고 내가 하는 말은 잉크를 만지는 물고기들과 펜을 만지는 여우같은 자들에게는 더 이상하게 들린다.

나의 손은 바보의 손이다. 슬프구나, 모든 탁자와 벽들, 그리고 바보가 장식하고 바보가 낙서할 여지를 갖는 것들이 있다니!

나의 발은 말(馬)의 발이다. 이 발로 나는 그루터기와 돌멩이들을 넘어 들판을 종횡으로 달리며, 빨리 달릴 때는 즐거워 미칠 것 같다.

나의 위장은 독수리의 위장이 아닐까? 나의 위장은 양고기를 가장 좋아하기 때문이다. 그러나 어쨌든 나의 위장은 새의 위장이기도 하다.

순진한 것을 그것도 조금만 먹고, 날아갈, 날아가 버릴 태세로 초조해 하는 것, 그것이 지금 나의 본성이다. 어찌 거기에 새의 성질 같은 것이 없겠는가!

그리고 특히 내가 무거운 정신에 적의를 갖고 있는 것, 그것은 새의 본성이다. 그리고 정녕 불구대천의 원수, 철천지원수, 숙적이다! 오, 나의 적의(敵意)가 날아가 보지 않은 곳, 잘못 날아가 보지 않은 곳이 어디 있던가!

그것에 대해 나는 노래를 부를 수 있으리라. 그리고 노래 부르려 한다. 비록 나 홀로 빈집에 있어 나 자신의 귀에 대고 노래 부르지 않을 수 없다 하더라도.

물론 집 안이 가득 차야만 비로소 목이 부드러워지고, 손이 사근사근해지고, 눈의 표정이 살아나고, 가슴이 깨어나는 가수들도 있다. 그런 자들과 나는 다르다.

2

언젠가 인간들에게 나는 법을 처음으로 가르치는 자는, 모든 경계석(境界石)을 옮겨 놓은 자이리라. 그에게 모든 경계석은 공중으로 날아가 버리고, 그는 대지(大地)에 새로이 세례를 주리라―'가벼운 것'이라고.

타조는 가장 빠른 말보다 더 빠르게 달리지만, 아직도 머리를 무거운 대지 속에 무겁게 처박고 있다. 아직 날지 못하는 인간도 그러하다.

그런 인간에게 대지와 삶은 무겁게 여겨진다. 그리고 그렇게 되기를 무거운 정신이 바라는 것이다! 그러나 가벼워져서 새가 되고 싶은 자는, 자기 자신을 사랑하지 않으면 안 된다.―나는 이렇게 가르친다.

물론 병약한 자들과 방종한 자들의 사랑으로 사랑해서는 안 된다. 이런 자들에게는 자기애(自己愛)조차 악취를 풍기기 때문이다!

인간은 건전하고 건강한 사랑으로 자기 자신을 사랑하는 법을 배워야 한다.―나는 이렇게 가르친다, 자기 자신을 참고 견디며 이리저리 방황하지 않도록 하기 위해서.

그런 방황은 스스로를 '이웃 사랑'이라고 부른다. 이런 말로 지금까지 최대의 사기와 위선이 행해져 왔다, 그것도 특히 온 세상에 압박을 가해 온 자들에 의해서.

그리고 실로, 자기 자신을 사랑하는 법을 배우는 것은 하루아침에 되는 계명이 아니다. 오히려 이것은 모든 기술 중에서 가장 정교하고, 가장 교묘하고, 궁극적이며, 가장 인내심이 필요한 기술이다.

다시 말해, 모든 소유물이 그 소유자에 대해서 잘 숨겨져 있고, 모든 보물 구덩이들 중에서 자기 자신의 것은 가장 늦게 파내지는 것이니—무거운 정신이 그렇게 만드는 것이다.

요람 속에 있을 때부터 이미 우리에게는 무거운 말들과 가치들이 주어진다. 이런 지참금은 '선'과 '악'이라고 불린다. 그 지참금 때문에 사람들은 우리에게 사는 것을 허용한다.

그리고 어린아이들이 자기 자신을 사랑하는 것을 제때 막으려고 사람들은 어린아이들을 그들에게 오게 한다. 무거운 정신이 이렇게 만드는 것이다.

그리고 우리는—우리는 사람들이 우리에게 지참금으로 준 것을 단단한 어깨에 메고 험준한 산을 넘어 충실하게 헐떡이며 걸어간다! 우리가 땀을 흘리면, 사람들은 우리에게 이렇게 말한다, "그렇다, 삶은 짊어지기 무거운 것이다!"

그러나 오직 인간만이 인간 자신에게 짊어지기 무거운 것이다! 인간은 남들의 것을 너무 많이 자기 어깨에 짊어지고 힘겹게 나아가기 때문에 그렇다. 낙타처럼, 인간은 무릎을 꿇고 마음껏 짐을 싣게 두는 것이다.

특히 경외심을 지닌 억세고, 잘 견디는 인간, 그런 자는 다른 사람의 무거운 말과 가치들을 너무 많이 짊어지고 있어서—이제 그에게 삶은 사막으로 여겨지는 것이다!

그리고 실로! 자기 소유의 많은 것도 짊어지기에 무겁다! 그리고 인간의 내부에 있는 많은 것들은 굴과 같아서, 구역질나고 미끄러지며 붙잡기도 어렵다.

그래서 고상한 장식이 달린 고상한 껍질이 그것을 대신해 줘야 한다. 그러나 인간들은 이런 기술도 배우지 않으면 안 된다, 껍질과 아름다운 겉모양과 현명한 맹목성을 갖는 법을!

한편, 껍질 중에서 많은 것들은 보잘 것 없고, 애처롭고, 너무나 껍질 같아서 인간 내부의 많은 것들에 대해 속인다. 숨겨진 많은 선의(善意)와 힘은 결코 알려지지 않는다. 가장 훌륭한 맛도 미식가를 찾지 못한다!

여자들, 가장 뛰어난 여자들은 그것을 안다. 조금 살이 찌거나, 조금 더 마른 것—오, 그 조금이라는 것 속에 얼마나 많은 운명이 들어 있는가!

인간이란 그 정체를 밝혀내기 어려운 존재이며, 그것도 자기 자신을 밝혀내기가 가장 어렵다. 흔히 정신은 영혼에 대해 거짓말을 한다. 무거운 정신이 이렇게 만드는 것이다.

그러나 "이것이 나의 선과 악이다." 말하는 자는 자기 자신을 발견한 자이다. 그렇게 말함으로써 그는 "만인을 위한 선, 만인을 위한 악"이라고 말하는 두더지들과 난쟁이를 침묵시킨다.

진실로 나는, 만물을 다 좋다고 하고 심지어 이 세계를 가장 좋은 세계라고 하는 자들 역시 좋아하지 않는다. 그런 자들을 나는 전적으로 만족하는 자라고 부른다.

모든 것이 맛있다고 알고 전적으로 만족하는 것, 그것이 가장 훌륭한 취향은 아니다! '나'와 '그렇다', '아니다'를 말하는 법을 배운, 반항적이고 까다로운 혀와 위장을 나는 존중한다.

그러나 무엇이든 씹어 소화시키는 것—그거야말로 돼지 근성이다! 언제나 '이—아[93]'라고 말하는 것—오직 나귀나 나귀 같은 정신을 가진 자만이 이것을 배운다!

짙은 노랑과 강렬한 빨강, 나의 취향은 그런 것을 원한다. 나의 취향은 모든 색깔에다 피를 뒤섞는 것이다. 그러나 자신의 집을 희게 칠하는 자는, 희게 칠한 영혼을 나에게 폭로하는 것이다.

어떤 사람들은 미라에게 반하고, 어떤 사람들은 유령에게 반한다. 그리고 둘 다 똑같이 모든 살과 피에게 적대적이다.—오, 양쪽 다 얼마나 나의 취향에 거슬리는가! 나는 피를 사랑하기 때문이다.

누구나 침을 뱉고 토하는 곳, 그런데서 나는 살고 싶지도 않고, 머물고 싶지도 않다. 이것이 지금 나의 취향이다.—나는 차라리 도둑들과 거짓 맹세하는 자들 사이에서 사는 것이 낫다. 그들은 아무도 입에 황금을 물고 있지 않기 때문이다.

그러나 나에게 그보다 더 역겨운 것은 모든 추종하는 자들이다. 내가 발견한 가장 역겨운, 인간이라는 짐승에게 나는 기생충이라는 이름으로 세례를 주었다. 이 짐승은 사랑은 하지 않으려 하면서도 사랑에 기대어 살기를 원했다.

사악한 짐승이 되든가 아니면 짐승을 길들이는 나쁜 조련사가 되든가, 오직 한 가지만을 선택하는 모든 자들을 나는 불운하다고 부른다. 이런 자들 곁에다 나는 나의 임시 거처를 짓지는 않으리라.

---

93. 나귀의 울음소리를 묘사한 것이다. 여기서 나귀가 울부짖는 '이—아'라는 소리는 독일어로 '그렇다'라는 뜻의 '야(Ja)'와 발음이 비슷하게 들린다. 물론 니체의 절묘한 풍자적 표현이다. 이처럼 니체는 이 책의 곳곳에서 통렬하게 풍자적이고 비판적인 표현을 서슴지 않고 있다.

또 언제나 기다려야만 하는 자들도 나는 불운하다고 부른다.—이런 자들은 내 취향에 어긋난다, 세리(稅吏)들과 상인들, 왕들, 그리고 다른 나라들을 지키는 자들, 가게들을 지키는 자들 모두가.

진실로, 나도 역시 기다리는 법을, 그것도 밑바닥에서부터 기다리는 법을 배웠다.—그러나 오직 나 자신을 기다리는 법을. 그리고 무엇보다도 나는 서고, 걷고, 달리고, 뛰고, 기어오르고, 춤추는 법을 배웠다.

그러나 나의 가르침은 다음과 같다. 언젠가 나는 법을 배우려 하는 자는 먼저 서고, 걷고, 달리고, 뛰고, 기어오르고, 춤추는 법을 배워야 한다.—사람은 난다고 해서 나는 법을 배우는 것이 아니기 때문이다!

나는 밧줄 사다리를 타고 많은 창문들을 기어오르는 법을 배웠고, 재빠른 다리로 높은 돛대 위로 기어 올라갔다. 높은 인식(認識)의 돛대 위에 올라 앉는 것은 나에게 결코 적지 않은 행복으로 여겨졌다.—

높은 돛대 위에서 마치 작은 불꽃처럼 깜박거리는 것, 비록 작은 불빛이지만, 표류하는 선원과 난파자들에게 커다란 위안이 되는 것이다!

나는 여러 가지 길과 방법으로 나의 진리에 이르렀다. 나는 사다리 하나만을 타고 나의 눈이 먼 곳을 떠도는 높은 곳까지 올라온 것은 아니다.

그리고 언제나 나는 마지못해 길을 물었을 뿐이다.—그것은 언제나 나의 취향에 거슬렸다! 차라리 나는 길 자체에게 묻고 길 자체를 시도해 보곤 하였다.

나의 한 걸음, 한 걸음은 모두가 하나의 시도였고 물음이었다.—그리고 진실로, 인간은 그런 물음에 대답하는 법을 배워야 한다! 이것이 나의 취향이다.

좋은 취향도 아니고 나쁜 취향도 아닌, 그러나 내가 부끄러워하지도 않고 더 이상 숨기지도 않는 나의 취향이다.

"이것이 지금 나의 길이다. 그대들의 길은 어디에 있는가?" 나는 나에게 '길을' 묻는 자들에게 대답했다. 말하자면 그 길은—존재하지 않는 것이다!

차라투스트라는 이렇게 말했다.

◆ 12. 낡은 가치표와 새로운 가치표에 대하여

1

나는 여기에 앉아서 기다리고 있다. 내 주위에는 부서진 낡은 가치표(價値表)[94]들과 반쯤 쓰인 새로운 가치표들이 있다. 나의 때는—내가 내려가야 할 때는—언제 오는가? 나는 다시 한 번 인간들에게 가

---

94. 여기서 '가치표(Tafeln)'라고 하는 말은, 《구약성경》에서 모세의 '십계명'을 적은 석판(石板, steinerne Tafeln)에 쓰인 계명들과 대조되는 가치들을 적은 표(表)로 연상할 수 있다. 니체는 여기서 '낡은' 가치표에 담긴 가치들을 부정하고 '새로운' 가치표에 적힐 새로운 가치들을 옹호하고 있다.

고 싶기 때문이다.

그때를 지금 나는 기다리고 있다. 왜냐하면 지금이 나의 '때'라는 신호가 먼저 나에게 다가와야 하기 때문이다. 즉, 웃는 사자가 비둘기 떼를 거느릴 때.

그동안에 나는 한가한 자로서 나 자신에게 이야기한다. 아무도 나에게 새로운 것을 이야기해 주지 않는다. 그러므로 나는 나 자신에게 이야기한다.

2

내가 인간들에게 갔을 때, 나는 그들이 낡은 망상 위에 앉아 있는 것을 보았다. 모든 사람이 인간에게 무엇이 선하고 무엇이 악한지를 이미 오래전부터 알고 있다고 자부하고 있었다.

덕에 관한 모든 이야기들이 그들에게 낡고 피곤한 일로 여겨졌다. 그래서 잠을 잘 자고 싶은 자들은 잠자리에 들기 전에 '선'과 '악'에 대해서 이야기하곤 했다.

무엇이 선하고 악한지 아는 사람은 아직 아무도 없다.—창조하는 자를 제외하고는! 내가 이렇게 가르쳤을 때, 나는 그들의 잠을 휘저어 놓은 것이다.

그런데, 창조하는 자란, 인간의 목표를 세우고 대지에게 그 의미와 그 미래를 부여하는 자다. 이런 사람이 비로소 선과 악이라는 것을 창조한다.

나는 그들에게 그들의 낡은 강좌를, 저 낡은 망상이 앉아 있었을 뿐인 그 자리를 뒤집어엎으라고 명령했다. 나는 그들에게 그들의 위대한 덕의 교사들, 선인들, 시인들, 그리고 구원자들을 비웃으라고 명령했다.

그들의 음울한 현자들을 비웃으라고 나는 그들에게 명령했다, 그리고 검은 허수아비로서 삶의 나무 위에 앉아 경고를 하는 자들도 비웃으라고 했다.

그들의 거대한 묘지의 거리에, 그리고 심지어 썩은 고기와 독수리들 곁에 나는 앉아 있었다.—그러면서 나는 그들의 모든 과거와 흐물흐물 썩어 무너지는 영광을 비웃었다.

진실로, 나는 참회를 권하는 설교자처럼 그리고 바보처럼, 나는 그들의 크고 작은 모든 일들에 대해 분노에 차서 외쳤다. 그들의 최선이라는 것이 이토록 보잘 것 없다니! 그들의 최악이라는 것이 이토록 보잘 것 없다니!—이렇게 나는 비웃었다.

산에서 생겨난, 실로 나의 거친 지혜인 나의 지혜로운 동경은 나의 내부에서 그렇게 외치며 웃었다!—날개를 펄럭거리는 나의 커다란 동경은.

그리고 때때로 나의 동경은 나를 앞으로, 위로, 저 멀리로, 그리고 웃음 한가운데로 끌고 갔다. 그러면 그때 나는 실로 하나의 화살이 되어, 햇빛에 취한 황홀경 속으로 몸을 떨며 날아갔다.—

어떤 꿈도 아직 꾼 적이 없는 먼 미래로, 조각가들이 꿈꾸던 것보다 더 뜨거운 남쪽으로, 신들이 춤을 추면서 어떤 옷을 걸치는 것도 부끄러워하던 그곳으로.[95]—

---

95. 고대 그리스의 신화에서 나체의 모습으로 묘사되곤 하던 신들을 가리키고 있다.

내가 비유로 이야기하고, 시인들처럼 더듬거리며 말하는 것을, 그리고 진실로, 내가 아직도 시인일 수밖에 없다는 것이 부끄럽다!

그곳에서는 모든 생성(生成)이 신들의 춤이며 신들의 분방함으로 여겨졌고, 세계가 구속에서 벗어나 제멋대로 자기 자신에게로 되돌아 달아나는 것으로 생각되었다.—

많은 신들이 영원히 서로 달아나며 다시 서로를 찾는 것처럼, 많은 신들이 서로 복된 모순을 일으키고, 다시 서로에게 귀를 기울이고, 재결합하는 것으로 생각되었다.

거기에서 모든 시간은 나에게 순간들의 행복한 조롱으로 생각되었고, 거기에서 필연은 자유 그 자체였으며, 자유의 가시(針)를 갖고 행복하게 노는 곳이었다.—

거기에서 나는 나의 늙은 악마요 불구대천의 원수인 무거운 정신과 그 정신이 창조한 모든 것, 즉 강제, 규정, 필요와 결과, 목적과 의지, 그리고 선과 악을 다시 찾아내었다.—

왜냐하면 춤추며 넘어야 할, 춤추며 저리로 건너가야 할 무엇이 있어야 하지 않겠는가? 가벼운 자들, 가장 가벼운 자들을 위해서— 두더지와 무거운 난쟁이들이 존재해야 하지 않겠는가?—

3

내가 '초인(超人)'이라는 말을 길에서 주운 곳도, 인간이란 극복되어야 할 그 무엇이라는 사실을 주운 곳도 그곳이었다.

인간은 다리이지 목적이 아니며, 따라서 새로운 아침놀에 이르는 길로서, 자신의 정오(正午)와 저녁 때문에 스스로 행복하다고 찬미

해야 하는 것을,

위대한 정오에 대한 차라투스트라의 말, 그리고 그 밖에 내가 마치 진홍빛의 제2의 저녁놀[96]처럼 인간들의 머리 위에 내 건 것을 주운 곳도 그곳이었다.

진실로, 새로운 밤들과 함께 새로운 별들도 나는 그들에게 보여주었다. 그리고 구름과 낮과 밤 위에 나는 알록달록한 빛깔의 천막처럼 웃음을 펼쳐 놓았다.

나는 인간 내부에 존재하는 단편이며 수수께끼이며 두려운 우연을 하나로 압축해 짜 맞추는 나의 모든 기술과 노력을 그들에게 가르쳤다,

나는 시인이자 수수께끼를 푸는 자, 우연을 구원하는 자로서 그들에게 미래를 창조할 것을, 그리고 과거의 모든 것을—창조함으로 구원할 것을 가르쳤다.

인간에게 과거지사(過去之事)를 구원하고 모든 "그러했다"를 개조(改造)하여, 마침내 의지가 "그러나 이렇게 되기를 나는 원했었다! 이렇게 되기를 나는 원한다"라고 말할 때까지.

이것을 나는 그들에게 구원자라고 일컬었고, 오직 이것만을 나는 그들에게 구원자로 부르도록 가르쳤다.—

이제 나는 나의 구원[97]을 기다린다.—내가 마지막으로 그들에게

---

96. 차라투스트라는 여기서 자기를 예수와 대비하여 두 번째 사람이라고 부르고 있다. 그런데 저녁놀은 사랑의 상징이므로 제2의 저녁놀은 예수와 대비되는 차라투스트라의 사랑이다.

97. 오랜 은둔과 고독의 상태에서 벗어나 진정한 영원회귀 사상에 도달하는 것.

가게 되기를.

왜냐하면 나는 다시 한 번 인간들에게 가고 싶기 때문이다. 인간들 사이에서 나는 몰락하고 싶고, 죽어 가면서 그들에게 나의 가장 풍요로운 선물을 주고 싶기 때문이다!

태양이, 그 넘쳐흐르는 것이 질 때 나는 태양으로부터 그것을 배웠다. 그때 태양은 무진장한 부(富)로부터 황금을 바다에다 쏟아 붓는다.—

그리하여 가장 가난한 어부까지도 황금 노로 배를 젓게 되는 것이다! 다시 말해 일찍이 나는 이 광경을 바라보면서 지칠 줄 모르고 눈물을 흘렸다.

차라투스트라도 태양처럼 그렇게 지기를 원한다. 이제 그는 여기 앉아서 기다리고 있다, 낡고 부서진 가치표들과 반쯤 쓰인 새로운 가치표들에 둘러싸인 채.

4

보라, 여기에 새로운 가치표가 하나 있다. 그러나 나와 함께 이 가치표를 골짜기로, 살로 된 심장 속으로 짊어지고 갈 나의 형제들은 어디에 있는가?

가장 멀리 있는 자들에 대한 나의 커다란 사랑은 이렇게 요구한다, 그대의 이웃을 용서하지 말라고! 인간은 극복되어야 할 그 무엇인 것이다.

극복에는 여러 가지 길과 방법이 있다. 그것을 그대는 유의하라! 그러나 바보는 이렇게 생각한다. "인간은 뛰어 넘을 대상이 될 수도 있다"라고.

그대의 이웃 속에서도 그대 자신을 극복하라, 그리고 그대가 빼앗아 가질 수 있는 권리를 남이 그대에게 주도록 해서는 안 된다!

그대가 하는 일을 아무도 그대에게 다시 할 수는 없다. 보라, 천벌은 존재하지 않는다.

자기 자신에게 명령하지 못하는 자는 복종해야만 한다. 그리고 자기 자신에게 명령할 수 있는 자는 많지만, 자기 자신에게 복종하기에는 아직 부족한 점이 많다!

5

고귀한 영혼을 지닌 자들은 아무것도 공짜로 소유하기를 원하지 않는다, 특히 삶을.

천민 근성을 가진 자는 공짜로 살고 싶어 한다. 그러나 삶을 부여받은 우리 같은 다른 사람들은 언제나 무엇으로 가장 잘 보답할 수 있을까를 생각한다!

그리고 진실로, "삶이 우리에게 약속하는 것, 그것을 우리는 삶에게 지켜주고 싶다!"―이렇게 말하는 것이야말로 가장 고귀하다.

즐길만한 것이 아무것도 제공되지 못하는 곳에서는 즐기려 해서는 안 된다. 그리고 향락을 바라서는 안 된다!

향락과 순진함은 가장 부끄러움을 타는 것들이다. 둘 다 추구의 대상이 되기를 원하지 않는다. 인간은 그 둘 다 갖고 있되, 오히려 죄의식과 고통을 추구해야 한다!

6

오, 형제들이여, 가장 먼저 태어난 자는 언제나 제물로 바쳐진다. 그런데 지금 우리는 가장 먼저 태어난 자들이다.

우리는 모두가 비밀의 제단에서 피를 흘리고, 낡은 우상(偶像)들의 영광을 위해 불에 타고 구워진다.

우리의 가장 좋은 점은 아직 젊다는 것이다. 이것이 늙은이들의 입맛을 돋운다. 우리의 살은 연하고, 우리의 가죽은 어린 양가죽일 뿐이다.―우리가 어찌 우상을 섬기는 늙은 자들의 입맛을 돋우지 않겠는가!

우리 안에는 우상을 섬기는 늙은이가 아직도 살아 있어서, 우리의 가장 좋은 것을 향연(饗宴)을 위해 굽고 있다. 아, 형제들이여, 가장 먼저 태어난 자가 어찌 제물이 되지 않겠는가!

그러나 우리의 본성이 이러기를 바라는 것이다. 그리고 나는 자기 자신을 지키려 하지 않는 자들을 사랑한다. 나는 몰락해 가는 자들을 모든 사랑을 바쳐 사랑한다. 왜냐하면 그들은 저쪽으로 넘어가기 때문이다.―

7

진실해지는 것―그렇게 될 수 있는 자는 적다! 그리고 진실할 수 있는 자라 해도 아직은 그렇게 되기를 원하지 않는다! 선한 자들은 가장 진실해질 수 없는 자들이다.

오, 이 선한 자들!―선한 자들은 결코 진실을 말하지 않는다. 선하다는 것은 정신에게 있어는 하나의 병(病)이다.

그들은 양보한다, 이 선한 자들은. 그들은 굴복하고, 그들의 가슴은 똑같이 흉내 내고, 그들은 마음 밑바닥에서부터 복종한다. 그러나 복종하는 자는 자기 자신에게 귀를 기울이지 않는다!

선한 자들이 악이라고 부르는 모든 것이 한데 모여야 하나의 진리가 탄생한다. 오, 형제들이여, 그대들도 역시 이런 진리에 어울릴 만큼 충분히 악한가?

대담한 시도, 오랜 불신, 잔인한 부정(否定), 혐오, 살아 있는 것들 속으로 배어 들어가는 것—이런 것들이 하나로 모아지기란 얼마나 드문 일인가! 그러나 이런 씨앗으로부터 진리가 생겨나는 것이다!

이제까지 모든 지식은 양심의 가책 곁에서 자라 왔다! 부숴 버려라, 부숴 버려라, 그대 인식하는 자들이여, 낡은 가치표를!

8

물 위에 다리가 있을 때, 흐름 위에 판자 다리와 난간이 걸쳐져 있을 때, 진실로 그때 "만물(萬物)은 유전(流轉)한다."[98]고 말하는 자를 믿는 사람은 아무도 없다. 오히려 바보들까지도 그에게 반박한다.

"뭐라고?" 바보들은 말한다. "만물이 유전한다고? 그러나 다리와 난간이 흐름 위에 걸쳐져 있지 않은가!"

흐르는 물 위에서는 모든 것이 고정되어 있다. 사물들의 모든 가치와, 다리들과 개념들, 모든 '선'과 '악', 이런 것들은 모두 고정되어 있다!"라고—

---

98. 이것은 고대 그리스 철학자 헤라클레이토스(Heracleitos, 기원전 535 ~ 475)의 말로서, 니체의 영원회귀 사상과 같은 뜻을 내포하고 있다.

맹수를 부리는 조련사처럼 그 흐름을 제어하는 혹독한 겨울이 오면, 그때 가서는 가장 영리한 자들까지도 불신(不信)을 배운다. 그리고 실로, 그때 "만물은 정지되어 있는 것이 아닐까?"라고 말하는 것은 바보들뿐만이 아니다.

"근본적으로 모든 것은 정지해 있다."—이것이 바로 겨울의 가르침이며, 불모의 시기에 알맞은 것이고, 겨울잠을 자는 자들과 난롯가에 웅크리고 앉아 있는 자들에게 좋은 위안이다.

"근본적으로 모든 것은 정지해 있다."—그러나 얼음을 녹이는 따뜻한 바람은 이와 반대되는 설교를 한다.

따뜻한 바람은 황소, 그러나 땅을 가는 황소가 아니라—사납게 날뛰는 황소, 그 성난 뿔로 얼음을 부숴 버리는 파괴자이다! 그러나 부서진 얼음은—판자 다리를 부숴 버린다!

오, 형제들이여, 이제 만물은 유전하지 않는가? 모든 난간들과 판자 다리들이 물속에 빠져 버리지 않았는가? 누가 아직도 '선'과 '악'에 매달릴 수 있겠는가?

"우리에게 재앙이구나! 우리가 다치지 않기를! 따뜻한 바람이 불어온다!"—이렇게 설교하라, 오, 형제들이여, 온 거리를 누비며!

9

선악이라고 불리는 낡은 환상이 있다. 지금까지 이 환상의 수레바퀴는 예언자들과 점성가들의 주위를 돌았다.

일찍이 사람들은 예언자들과 점성가들을 믿었다. 그리하여 사람들은 "모든 것은 운명이다. 그대는 그럴 수밖에 없기 때문에 그렇게 해야 한다!"라고 믿어 왔다.

그 다음에 사람들은 또 다시 모든 예언자들과 점성가들을 불신하게 되었다. 그리하여 사람들은 "모든 것은 자유다. 그대는 그대가 하려 하기 때문에 할 수 있다!"라고 믿었다.

오, 형제들이여, 별들과 미래에 대해서는 지금까지 인식이 아니라 망상만이 존재해 왔다. 그러므로 선악에 관해서도 지금까지 인식이 아니라 망상만이 존재해 왔다!

10

"도둑질하지 말라! 살인하지 말라!"—일찍이 사람들은 이런 말들을 신성하다고 했다. 그 앞에서 사람들은 무릎을 꿇고, 머리를 조아리고, 신발을 벗었다.

그러나 이제 내가 그대들에게 묻노니, 그런 신성한 말들보다 더 대단한 도둑과 살인자들이 이 세상 어디에 있었던가?

모든 삶 자체 속에 도둑질과 살인 행위가 있지 않은가? 그리고 그런 말들이 신성하다고 불림으로써, 진리 자체가 살해당한 것이 아닌가?

아니면 모든 삶을 부정하고 모든 삶에 모순되는 것을 신성하다고 부른 것은 죽음의 설교가 아니었던가?—오, 형제들이여, 부숴 버려라, 부숴 버려라, 낡은 가치표들을!

11

지나간 모든 것들이 버림받은 것을 볼 때, 나는 그런 것들을 동정하게 된다!

지나간 모든 것들이 다가오는 세대의 자비와 정신과 광기에 넘겨지며, 이들의 다리〔橋〕로 바꿔 해석되는구나!

교활한 악마인 거대한 폭군이 올지도 모른다. 그자는 자비와 무자비로써 지나간 모든 것들을 강요하고 억압하여 마침내 그의 다리가 되게 하고, 징후, 전령, 닭 울음소리가 되게 할지도 모른다.

그러나 또 다른 위험, 또 다른 나의 동정은 이러하다.─즉, 할아버지까지지밖에 거슬러 기억하지 못하는 천민에게는 그의 할아버지와 함께 시간이 멈춰 버리는 것이다.

지나가 버린 모든 것은 이렇게 버림을 받는다. 왜냐하면 언젠가는 천민이 주인이 되는 날이 올 수도 있고, 얕은 물속에서 시간이 익사하는 일이 일어날 수도 있기 때문이다.

그러므로 오, 형제들이여, 모든 천민과 모든 폭군에 대항하고 새로운 목록에 '고귀하다'는 말을 새로이 써 넣을 새로운 귀족이 필요하다.

새로운 귀족이 존재하려면 많은 고귀한 자들이, 많은 종류의 고귀한 자들이 필요한 것이다! 혹은, 일찍이 내가 비유로 말했듯이, "신들은 존재하지만 하나의 신은 존재하지 않는 것, 이것이 바로 신성(神性)이다!"

12

오, 형제들이여, 나는 그대들을 새로운 귀족으로 임명하고 그 길을 제시한다. 그대들은 미래를 낳는 자, 미래를 기르는 자, 미래의 씨를 뿌리는 자가 되어야 한다.─

진실로, 상인들처럼 상인의 돈으로 살 수 있는 귀족이 되어서는 안 된다. 값이 매겨져 있는 것은 모두 별로 가치가 없기 때문이다.

그대들이 어디에서 왔는가가 아니라, 어디로 가고 있는가가 앞으로 그대들의 영예가 되게 하라! 그대 자신을 초월하여 나아가려는 그대들의 의지와 발—이것이 그대들의 새로운 영예가 되게 하라!

진실로, 그대들이 한 왕을 섬겼다는 것은 영예가 되지 못한다.— 이제 왕들이 무슨 소용이 있는가! 이미 서 있는 것을 더욱 확고히 세우기 위해 방벽이 되는 것도 그대들의 영예가 되지 못한다!

그대들의 족속이 궁정에서 기품 있게 되는 것도, 그대들이 홍학처럼 알록달록한 옷을 입고 얕은 못에 오랜 시간 서 있는 법을 배운 것도 그대들의 영예가 되지 못한다.

왜냐하면 서 있을 수 있다는 것은 조정에서 일하는 신하들의 공훈이기 때문이다. 그리고 모든 조정 신하들은 그들이 앉아도 되는 것은 사후(死後)에나 누릴 행복이라고 믿기 때문이다!

그대들의 조상을 약속된 땅으로 인도했다는 소위 성령(聖靈)이라는 것도 그대들의 영예가 아니다. 나는 그런 땅을 찬양하지 않는다. 왜냐하면 모든 나무들 중에서 가장 나쁜 나무인 십자가[99]가 자라는 곳—그런 땅에서는 찬양할 만한 것이 아무것도 없기 때문이다!

그리고 실로, 이 '성령'이 자신의 기사(騎士)들을 어디로 끌고 가든, 그런 행렬에서는 언제나 염소와 거위와 십자가에 미쳐 머리가 돈 자들이 선두에 서서 달려갔던 것이다!

---

99. 기독교의 상징이다.

오, 형제들이여, 그대들의 고귀함은 뒤를 돌아볼 것이 아니라, 앞을 바라보아야 한다! 그대들은 모든 아버지의 땅, 선조들의 땅에서 추방된 자들이어야 한다!

그대들은 그대들의 자손들의 땅을 사랑해야 한다. 이런 사랑이 그대들의 새로운 고귀함이 되게 하라—아득히 먼 바다에 있는 아직 발견되지 않은 땅이! 나는 그대들의 돛단배에게 이 땅을 찾고 찾으라고 명한다!

그대들은 그대 조상들의 자손인 것을 그대들의 자손에게 보상해야 한다. 이렇게 해서 그대들은 지나간 모든 것을 구원해야 한다! 이 새로운 가치표를 나는 그대들의 머리 위에 걸어 놓는다!

13

"무엇을 위해서 사는가? 모든 것이 덧없다! 산다는 것—그것은 볏짚을 타작하는 것이다. 산다는 것—그것은 자기 자신을 태우면서도 따뜻해지지 않는 것이다."—

그런 낡아빠진 시시한 말들이 여전히 '지혜'로 통하고 있다. 낡고 곰팡내를 풍기기 때문에 더욱 존경을 받는 것이다. 곰팡이조차 사물을 고귀하게 만들고 있다.

어린아이라면 이렇게 말할 수도 있으리라, 어린아이는 불에 덴 적이 있기 때문에 불을 무서워한다! 라고. 낡은 지혜의 책에는 어린아이처럼 유치한 점이 많다.

그리고 언제나 '볏짚이나 털고 있는' 자가 어떻게 타작하는 일을 비방할 것인가! 그런 바보의 입은 봉해 버려야 할 것이다!

이런 자들은 식탁에 앉을 때도 아무것도, 왕성한 식욕조차 갖고 오지 않는다. 그러면서 이제 그들은 "모든 것은 헛되다!"라고 비난한다.

그러나 오, 형제들이여, 잘 먹고 마시는 것은 진실로 헛된 기술이 아니다! 부숴라, 부숴 버려라, 결코 즐거워하지 않는 자들의 가치표를!

14

"순수한 자에게는 모든 것이 순수하다."—민중은 이렇게 말한다. 그러나 나는 그대들에게 말한다, 돼지들에게는 모든 것이 돼지가 된다! 라고.

그리하여 심장마저도 축 늘어진 침울한 광신자들은 "세계 자체는 오물로 가득한 괴물"이라고 말한다.

이런 자들은 모두가 깨끗하지 못한 정신을 갖고 있기 때문이다. 세계를 배후로부터 보지 않으면 평화나 안식을 얻지 못하는 자들—배후세계론자들이 특히 그렇다!

비록 언짢게 들릴지 몰라도, 나는 그런 자들의 얼굴을 맞대고 이렇게 말하리라, "세계는 배후를 갖고 있다는 점에서 인간과 비슷하다"라고.—여기까지는 사실이다!

세상에는 더러운 것이 많이 있다. 여기까지는 사실이다! 그러나 그렇다고 해서 세계 자체가 더러운 괴물이 되는 것은 아니다!

세상에는 악취를 풍기는 것이 많이 있다는 말에는 지혜가 들어 있다. 구역질 자체가 날개와, 물이 솟는 샘을 찾아내는 힘을 창조해 낸다!

가장 훌륭한 자에게도 뭔가 구역질을 나게 하는 것이 있다. 그리고 가장 훌륭한 자도 역시 극복되어야 하는 그 무엇인 것이다!

오, 형제들이여, 세상에는 더러운 것이 많다는 사실 속에는 많은 지혜가 들어 있다!

15

나는 신앙심 깊은 배후세계론자들이 이렇게 그들의 양심을 향해 말하는 것을 들었다, 그것도 실로 악의도 거짓도 없이. 세상에 그보다 더 거짓이고 악의적인 것이 없음에도 불구하고.

"세계로 하여금 세계가 되도록 놔두어라! 세계에 맞서서 손가락 하나도 쳐들지 말라!"

"원하는 자에게는 마음대로 사람들의 목을 조르고, 찌르고, 가죽을 벗기고 살을 도려내게 놔두어라. 그에 맞서 손가락 하나도 쳐들지 말라! 이렇게 하여 그들은 세계와 단절하는 법을 배우는 것이다."

"그리고 그대 자신의 이성(理性)을 그대는 스스로 목 졸라 죽여야 한다. 왜냐하면 그것은 이 세계의 이성이기 때문이다. 이렇게 하여 그대는 세계와 단절하는 법을 배우는 것이다."

부숴라, 부숴 버려라, 오, 형제들이여, 신앙심 깊은 자들의 이 낡은 가치표를! 세계를 중상하는 자들의 잠언을 깨어 버려라!

16

"많은 것을 배우는 자는 모든 격렬한 욕망을 잊어버린다."―오늘날 사람들은 모든 어두운 거리에서 이렇게 속삭인다.

"지혜는 지치게 만든다. 아무런 보람도 없다. 그대는 욕구해서는 안 된다!─이런 새로운 가치표가 공중 장터 위에 걸려 있는 것을 나는 보았다.

부숴라, 부숴 버려라, 오, 형제들이여, 이런 새로운 가치표도! 세계에 싫증난 자들, 죽음을 설교하는 자들, 그리고 간수들이 그런 가치표를 걸어 놓은 것이다! 왜냐하면 보라, 그것도 역시 예속을 권장하는 설교이기 때문이다!

그들은 잘못 배웠고, 최선의 것을 배우지 못했으며, 모든 것을 너무 일찍 그리고 모든 것을 너무 빨리 배운 것, 그들이 잘 씹어 먹지 못한 것, 그 때문에 그들의 위장이 망가진 것이다.

망가진 위장이 말하자면 그들의 정신이다. 그것은 죽음을 권유한다! 왜냐하면 실로, 형제들이여, 정신이란 하나의 위장이기 때문이다!

삶은 기쁨의 샘이다. 그러나 번민의 아버지인 망가진 위장이 입을 여는 자에게는, 모든 샘이 독으로 변한다.

인식(認識)하는 것, 그것은 사자(獅子)의 의지를 가진 자에게는 기쁨이다! 그러나 피로한 자는 '시키는 대로 할' 뿐이며, 그는 모든 파도의 노리개가 된다.

그리고 약한 인간들의 본성은 늘 이러하다. 그들은 도중에 자기 자신을 잃어버리는 것이다. 그리하여 마침내 그들의 피로함은 이렇게 묻는다, "무엇 때문에 우리는 일찍이 길을 떠났던 것인가! 모든 것이 다 똑같은데!"라고.

그들에게는 다음과 같은 설교가 귀에 솔깃하다, "가치 있는 것은 아무것도 없다! 그대들은 의욕을 가져서는 안 된다!" 그러나 이것은 예속을 강요하는 설교이다.

오, 형제들이여, 차라투스트라는 길에서 지친 모든 이들에게 하나의 신선하고 사나운 바람으로서 다가온다. 그는 많은 사람들의 코를 자극해 재채기를 하게 만들 것이다!

나의 자유로운 숨결은 벽도 뚫고 감옥 안으로, 그리고 감옥에 갇힌 정신 속으로 스며든다!

의욕은 해방시킨다. 왜냐하면 의욕하는 것은 창조하는 것이기 때문이다. 이렇게 나는 가르친다. 그러니 오직 창조하기 위해서만 그대들은 배워야 한다!

그리고 배우는 법, 잘 배우는 법까지도 그대들은 먼저 내게서 배워야 한다!—귀 있는 자는 들어라!

17

저기에 작은 배가 있다. 그 너머에 어쩌면 거대한 무(無)로 통하는 길이 있을 것이다. 그러나 그 누가 이 '어쩌면'에 올라타려 하겠는가?

그대 중에서 그 누구도 죽음의 작은 배에 올라타려는 자는 없으리라! 그렇다면 어찌하여 그대들은 세상에 지친 자가 되려 하는가!

염세가들! 그러나 그대들은 아직 한 번도 대지(大地)에 등을 돌린 적이 없었다! 그대들은 여전히 대지를 탐하고 있고, 여전히 그대 자신의 대지에 대한 권태를 사랑하고 있음을 나는 발견했다!

그대들의 입술은 공연히 쳐져 있는 것이 아니다. 자그마한 지상

(地上)의 소망이 아직도 그 입술 위에 앉아 있다! 그리고 눈에는—잊지 못한 지상의 쾌락의 한 조각구름이 떠돌고 있지 않은가?

지상에는 훌륭하게 고안된 것들이 많이 있다. 어떤 것들은 유용하고, 어떤 것들은 쾌적하다. 그것들 때문에 대지는 사랑스러운 것이다.

그리고 대지에는 여자들의 젖가슴처럼 유용하면서 아늑하게 잘 만들어진 것들이 많이 있다.

그러나 그대, 세계에 지친 자들! 그대, 지상의 게으름뱅이들! 그대들은 채찍으로 맞아야 마땅하다! 채찍으로 때려서 그대들의 다리를 다시 팔팔하게 만들어야 한다.

왜냐하면 만일 그대들이 대지가 싫증을 느끼는 병자나 늙어 빠진 가련한 자들이 아니라면, 그대들은 교활한 게으름뱅이이거나 살금살금 돌아다니는 향락의 고양이이기 때문이다. 그대들은 다시 활기차게 뛰어다니고 싶지 않다면, 그대들은 사라져야 한다!

인간은 불치의 환자에게 의사가 되어 주려고 해서는 안 된다. 차라투스트라는 이렇게 가르친다. 그러므로 그대들은 사라져야만 한다!

그러나 최후를 마치는 데는 시 한 구절을 짓는 것보다 더 많은 용기가 필요하다. 모든 의사들과 시인들은 그것을 알고 있다.

18

오, 형제들이여, 피로가 만들어 낸 가치표가 있고 게으름이, 부패한 게으름이 만들어 낸 가치표가 있다. 그 가치표들은 비록 같은 이야기를 하더라도 서로 다르게 들리기를 원한다.

여기 야위어 가는 이 자를 보라! 자신의 목표에서 단 한 뼘 떨어져 있는데도 불구하고, 그는 지쳐서 여기 먼지 속에 고집스럽게 누워 있다, 이 용감한 자는!

그는 지친 나머지 길과 대지와 목표와 자기 자신을 향해 하품을 한다. 그는 단 한 걸음도 더 앞으로 나가려 하지 않는다, 이 용감한 자는!

이제 태양이 그의 머리 위에서 뜨겁게 타오르고, 개들은 그의 땀을 핥는다. 그러나 그는 고집스럽게 거기 누워서 오히려 야위어 가기를 바라고 있다.—

자신의 목표에서 한 뼘 떨어진 그곳에서 야위어 가기를 바라고 있다! 진실로, 그대들은 그의 머리를 잡아끌어 그의 천국으로 데려가지 않으면 안 되리라, 이 영웅을!

그보다 더 좋은 것은, 그가 스스로 누운 자리에 그대로 누워 있도록 두는 것이다. 그리하여 위안자인 잠이 서늘하게 내리는 비와 함께 찾아오도록.

그가 스스로 잠에서 깰 때까지 누워 있게 놔두어라.—그가 모든 권태를, 권태가 가르쳤던 모든 것을 스스로 포기할 때까지!

다만, 형제들이여, 그대들은 그에게서 개들을 쫓아 버려라, 저 살금살금 기어 다니는 게으른 것들을, 그리고 떼 지어 몰려드는 온갖 구더기들을.—

떼 지어 다니는 '교양 있는 자들', 모든 영웅들을, 땀을 마음껏 즐기는 온갖 구더기들을!

나는 내 주위에 원을 그려 성역을 만든다. 산이 점점 더 높아질수록 나와 함께 산으로 올라가는 자들은 점점 더 적어진다. 나는 점점 더 성스러워지는 산들로 하나의 산맥을 이룬다.

그러나 그대들이 나와 함께 어디로 올라가든, 오, 형제들이여, 기생하는 자가 그대들과 함께 올라가지 못하도록 조심하라!

기생하는 자, 그것은 기어 다니는 벌레, 아첨하는 벌레로서, 그대들의 병들고 상처 난 구석에 달라붙어 살찌려고 한다.

그리고 위로 오르는 영혼들의 지친 부분을 알아내는 것이 이들의 기술이다. 기생하는 자들은 그대들의 상심과 불만 속에, 그대들의 예민한 수치심 속에 그들의 혐오스런 둥지를 튼다.

강한 자가 약해지는 곳, 고귀한 자가 지나치게 순해지는 곳—그 안에 기생하는 자는 혐오스런 둥지를 튼다. 기생하는 자는 위대한 자의 보잘 것 없는 작은 상처가 난 구석에 기생한다.

모든 존재자들 중에서 최고의 유형은 무엇이며, 가장 하찮은 유형은 무엇인가? 기생하는 자가 가장 하찮은 유형이다. 그러나 최고의 유형에 속하는 자는 기생하는 자들을 가장 많이 먹여 살린다.

가장 긴 사다리를 갖고 있어서 가장 깊이 내려갈 수 있는 영혼, 거기에 어찌 기생하는 자들이 가장 많이 자리를 잡지 않겠는가?—

자신의 내면으로 가장 깊이 달려 들어가다가 방황하고 떠돌아다닐 수 있는 가장 광활한 영혼, 기쁜 나머지 스스로를 우연 속으로 내던지는 가장 필연적인 영혼

생성 속으로 뛰어드는 존재하는 영혼, 의욕과 갈망 속으로 들어가

고자 하는 저 소유하는 영혼—

가장 넓은 영역 속으로 스스로 도망가고, 스스로 뒤따라 잡는 영혼, 어리석음이 가장 감미롭게 말을 거는 가장 지혜로운 영혼.

그 내부에 모든 사물이 흐름과 역류, 밀물과 썰물을 갖는, 자기 자신을 가장 사랑하는 영혼,—오, 최고의 영혼이 어찌 최악의 기생하는 자들을 거느리지 않겠는가?

20

오, 형제들이여, 과연 나는 잔인한가? 그러나 나는 말한다. 떨어지고 있는 것은 떠밀려 버려져야 한다!

오늘날의 모든 것—그것은 떨어지고 있으며, 퇴락하고 있다. 누가 그것을 붙잡으려 하겠는가! 그러나 나는 그것을 떠밀어 버려야 한다!

그대들은 가파른 골짜기로 돌을 굴리는 즐거움을 아는가? 오늘날의 이런 인간들, 그들이 어떻게 나의 심연 속으로 굴러 떨어지는가를 보라!

나는 보다 훌륭한 연주자들에 앞서 예고하는 전주곡이다, 오, 형제들이여! 나는 하나의 선례이다! 나의 선례를 따르라!

그리고 그대들 나는 법을 배우지 않은 자들에게 가르쳐주어라—더욱 빨리 떨어지는 법을!

21

나는 용감한 자들을 사랑한다. 그러나 양날의 검(劍)이 되는 것만으로는 충분하지 않다. 누구를 상대로 싸우는 검이 되어야 할지도 알아야 한다!

그리고 때때로 자기 자신을 억제하고 그냥 지나치는 것에 더 큰 용기가 있다. 그렇게 함으로써 보다 가치 있는 적을 위해 자기 자신을 아껴 두는 것이다!

그대들은 증오할 적을 가져야 하지, 경멸할 적을 가져서는 안 되리라. 그대들은 그대들의 적을 자랑스럽게 여겨야 한다. 나는 이미 그렇게 가르친 적이 있다.

보다 어울리는 적을 위하여, 오, 친구들이여, 그대들은 자기 자신을 아껴야 한다. 그 때문에 그대들은 많은 것들을 그냥 스쳐 지나가야 한다.

특히 그대들의 귓속에 민중과 민족들에 대해 떠들어대는 많은 천민들의 곁을.

그들의 찬반(贊反) 때문에 그대들의 눈을 흐리게 하지 말고 순수하게 간직하라! 거기에는 옳은 것도 많고, 부당한 것도 많다. 그것을 바라보는 자는 화가 난다.

그 안을 들여다보거나 안에 칼을 들이대는 것은 매 한가지다. 그러므로 숲속으로 물러가 그대들의 칼을 잠재워라!

그대들의 길을 가라! 그리고 민중과 민족들에게 그들의 길을 가게 하라!—더 이상 단 한줄기 희망의 번갯불도 번쩍이지 않는, 실로 어두운 길을!

번쩍이는 모든 것이 상인들의 황금(黃金)인 곳에서는 상인들이 지배하도록 내버려 두라! 더 이상 왕들이 다스리던 시대는 아니다.

오늘날 민중이라고 자칭하는 자는 왕을 가질 자격이 없다.

이 민중들이 지금 스스로 상인처럼 행동하는 것을 보라. 그들은 온갖 쓰레기로부터 아무리 적은 이익이라도 주워 모은다!

그들은 서로 엿보고 서로에게서 뭔가를 엿보아 빼앗는다. 이것을 그들은 '훌륭한 이웃 사랑'이라고 부른다. 오, 한 민족이 스스로 "나는 여러 민족의—지배자가 되기를 원한다!"라고 말했던, 행복했던 옛 시대여!

왜냐하면 형제들이여, 최선의 것이 지배해야 하고, 또 최선의 것이 지배하기를 원하기 때문이다! 이와는 다른 가르침이 전해지는 곳에는—최선의 것이 빠져 있다.

22

만일 그들이—빵을 공짜로 얻는다면, 아! 그들은 무엇을 달라고 외치겠는가! 생계유지—그것이야말로 그들의 참된 오락이다. 그러므로 그들은 힘들어할 수밖에 없다!

그들은 약탈하는 맹수이다. 그들의 '노동'에도 약탈이 들어 있고, 그들의 '벌이'에도 기만이 들어 있다! 그러므로 그들은 힘들어할 수밖에 없다!

그리하여 그들은 더 훌륭한 맹수가 되어야 하는 것이다. 더 교활하고, 더 영리하고, 더 인간을 닮은 맹수가. 인간이야말로 가장 훌륭한 맹수이기 때문이다.

인간은 이미 모든 짐승들에게서 그들의 덕(德)을 강탈했다. 모든 짐승들 중에서 인간에게 삶이 가장 어려운 것은 그 때문이다.

오직 새들만이 아직도 인간의 위에 있다. 그러나 인간이 나는 법까지 배우게 된다면, 아! 어디까지 높이 인간의 약탈욕은 날아갈 것인가!

23

나는 남자와 여자에게 다음과 같이 바란다. 전자는 전투에 능하고, 후자는 아이를 잘 낳고, 둘 다 모두 머리와 발로 춤추는 데 능하기를.

그리고 한 번도 춤을 추지 않은 날은 잃어버린 날로 쳐라! 한 바탕의 웃음도 가져다 주지 않는 지혜는 모두 우리에게 거짓이라고 하라!

24

그대들의 결혼이 나쁜 결합이 되지 않도록 조심하라! 그대들은 너무나 빨리 맺어졌다. 그러므로 거기에서 결혼의 파탄이 뒤따르는 것이다!

그리고 왜곡된 결혼, 거짓된 결혼보다는 결혼의 파탄이 더 낫다! 그래서 어떤 여자가 나에게 이렇게 말했다, "분명 나는 결혼을 파괴했어요. 그러나 먼저 결혼이 나를 파괴했어요!"

나는 잘못 맺어진 부부는 언제나 최악의 복수심을 가진 자들이라는 것을 발견했다. 그들은 자신들이 더 이상 혼자 지내지 못하게 된 것 때문에 모든 세상 사람들에게 복수한다.

그러므로 나는 정직한 사람들이 이렇게 말하기를 바란다, "우리는 서로 사랑한다. 우리는 서로 사랑을 지속하도록 조심하자! 그렇지 않으면 우리의 약속은 하나의 실수가 되지 않겠는가?"

"우리가 훌륭한 결혼에 적합한지 알 수 있도록 우리에게 얼마간의 기간과 짧은 결혼을 허락해 다오! 언제나 둘이 함께 지낸다는 것은 대단한 일이다!"

모든 정직한 자들에게 나는 이렇게 권한다. 내가 달리 권하고 달리 말한다면, 초인에 대한, 그리고 장차 오게 될 모든 것에 대한 나의 사랑은 어찌 되겠는가!

그대 자신을 단지 계속해서 심어 증대시킬 뿐 아니라, 저 위로 심어 올라가는 것—그러기 위해서, 오, 형제들이여, 결혼의 정원이 그대들에게 도움이 되기를!

25

옛 근원에 대해 잘 알게 된 자는, 보라, 그는 결국에 가서 미래의 근원과 새로운 근원을 추구하게 될 것이다.

오, 형제들이여, 머지않아 새로운 민족들이 생겨나고, 새로운 샘물이 새로운 심연으로 흘러내리게 될 것이다.

다시 말하면 지진은 파편으로 많은 샘을 메워 버려, 많은 갈증을 야기하지만, 내부의 힘과 비밀스런 것들을 드러내기도 한다.

지진은 새로운 샘들을 드러나게 한다. 낡은 민족들의 지진 속에서 새로운 샘물이 용솟음쳐 나온다.

그리고 누군가, "보라, 여기에 수많은 목마른 자들을 위한 샘이 있고, 동경(憧憬)에 찬 수많은 자들을 위한 가슴이 있고, 수많은 도구들을 위한 의지(意志)가 있다"라고 외치는 자—그의 주위에 민족이 모여든다, 시도하는 많은 사람들이.

누가 명령할 수 있으며, 누가 복종해야 하는가—이것이 여기서 시도되는 것이다! 아, 얼마나 기나긴 탐구와 성공과 실패와 배움과 새로운 시도가 이루어지는가!

인간 사회, 그것은 하나의 시도(試圖)이다, 오랫동안 찾는 것이다.— 이렇게 나는 가르친다. 그런데 인간 사회가 찾고 있는 것은 바로 명령을 내리는 자다!

오, 형제들이여! 그것은 '계약'이 아니라 시도인 것이다! 부숴 버려라, 마음 약한 자들과 어중간한 자들이 하는 말을 부숴 버려라!

26

오, 형제들이여! 인류의 모든 미래의 최고 위험은 그 책임이 누구에게 있는가? 그것은 선한 자들과 의로운 자들에게 있지 않은가?

"선하고 의로운 것이 무엇인지 우리는 이미 알고 있고, 우리는 또 이것을 지니고 있다. 여기서 아직도 그것을 찾고 있는 자들은 가엾다!"라고 가슴 속에서 느끼고 말하는 자들에게 그 책임이 있지 않은가.

악한 자들이 어떤 해를 끼치든, 선한 자들이 끼치는 해야말로 가장 해롭다!

그리고 세계를 비방하는 자들이 어떤 해를 끼치든, 선한 자들이 끼치는 해야말로 가장 해로운 해이다.

오, 형제들이여, 일찍이 어떤 사람이[100]선한 자들과 의로운 자들의

---

100. 예수를 가리킨다.

마음속을 들여다보고, "그들은 바리새인들이다." 말했다. 그러나 사람들은 그의 말을 이해하지 못했다.

선하고 의로운 자들 자신은 그의 말을 이해할 수 없었다. 그들의 정신은 그들의 선한 양심 속에 갇혀 있었던 것이다. 선한 자들의 어리석음은 헤아릴 수 없을 정도로 영리하다.

그러나 선한 자들은 바리새인일 수밖에 없다는 것, 그것이 진리이다.—그들은 선택의 여지가 없다!

선한 자들은 독자적인 덕(德)을 창안한 자를 십자가에 못 박지 않을 수 없는 것이다! 그것이 진실이다!

그러나 그들의 땅을, 선하고 의로운 자들의 땅과 마음과 지상의 왕국을 발견한 두 번째 인간[101]은 "그들은 누구를 가장 미워하는가?"라고 물었다.

그들은 창조하는 자를 가장 미워한다. 가치표들과 낡은 가치들을 부숴 버리는 자, 파괴자를 그들은 범죄자라고 부른다.

선한 자들은 말하자면 그들은 창조를 할 수 없다. 그들은 항상 종말의 시초이다.

그들은 새로운 가치를 새로운 가치표에 써 넣는 자를 십자가에 못 박고, 그들 자신을 위해 미래를 희생한다. 그들은 전 인류의 미래를 십자가에 못 박는다!

선한 자들—그들은 언제나 종말의 시초였다.

---

101. 차라투스트라 자신을 가리킨다.

27

오, 형제들이여, 그대들도 이 말을 이해했는가? 그리고 내가 일찍이 '종말의 인간'에 대해 말한 것도?—

모든 인류의 미래의 최대 위험은 누구에게 그 책임이 있는가? 선한 자들과 의로운 자들에게 있지 않은가?

부숴 버려라, 선한 자들과 의로운 자들을 부숴 버려라!—오, 형제들이여, 그대들도 이 말을 이해했는가?

28

그대들은 나에게서 달아나는가? 그대들은 놀랐는가? 그대들은 이 말에 벌벌 떠는가?

오, 형제들이여, 내가 그대들에게 선한 자들을 부숴 버리고 선한 자들의 가치표를 부숴 버리라고 명령했을 때, 나는 비로소 인류를 배에 태워 먼 대양(大洋)으로 내보냈던 것이다.

그리하여 이제 비로소 커다란 두려움, 커다란 걱정, 극심한 질병, 극심한 혐오, 극심한 뱃멀미가 인류에게 다가오고 있다.

선한 자들은 그대들에게 거짓 해안과 거짓 안전을 가르쳤다. 그대들은 선한 자들의 거짓말 속에서 태어나 그 거짓말 속에 갇혀 있었다. 모든 것이 선한 자들에 의해 철저하게 기만되고 왜곡되었다.

그러나 '인간'이라는 대지를 발견한 자는 '인간의 미래'라는 대지도 발견했다. 이제 그대들은 나에게 항해자가 되어야 한다, 용감하고 인내심 있는 항해자가!

때를 놓치지 말고 똑바로 일어서 걸어라, 형제들이여, 똑바로 일어서 걷는 법을 배워라! 바다는 거칠게 몰아친다. 많은 사람들이 그대들의 도움으로 똑바로 서서 걷고 싶어 한다.

바다에 거칠게 폭풍이 몰아친다. 모든 것은 바닷속에 있다.[102] 자! 가라! 그대 옛날 선원의 가슴을 가진 자들이여!

조상의 나라가 무엇이란 말이냐! 우리의 키는 우리 자손들의 땅이 있는 곳, 그곳으로 항해하고 싶어 한다! 그곳을 향해 바다보다 더 거칠게, 우리의 커다란 동경은 거칠게 돌진한다!

29

"어찌 그리도 단단한가!"—언젠가 부엌에서 쓰이는 숯이 다이아몬드를 향해 말했다, "우리는 가까운 친척이 아니던가?"—

어찌 그리도 약한가? 오, 형제들이여, 나는 그대들에게 이렇게 묻는다, 그대들은—나의 형제들이 아니던가?

어찌 그리도 약하고, 그렇게 고분고분하고 양보하는가? 왜 그대들의 마음속에는 부정(否定)과 부인(否認)이 그리도 많은가? 왜 그대들의 시선 속에는 그리도 운명이 적은가?

그대들이 운명이 되고 단호한 자가 되려 하지 않는다면, 어떻게 그대들은 나와 더불어 승리할 수 있겠는가?

그대들의 단단함이 빛나고 베어내고 조각조각 잘라 내려 하지 않는다면, 어떻게 그대들은 언젠가 나와 더불어 창조할 수 있겠는가?

---

102. 바다는 인간의 가능성의 상징으로 사용되어 왔으므로, 결국 모든 가능성은 인간의 삶에 있다는 뜻이다. 즉 초인은 초월적인 것이 아니라 인간의 삶 속에서 실현되는 것이다.

창조하는 자들은 단단하다. 그러므로 그대들은 밀랍에 찍듯이 그대들의 손을 수천 년의 세월 위에 찍는 것을 행복으로 생각해야 한다.

마치 청동 위에 기록하듯, 수천 년 세월의 의지(意志) 위에 기록하는 것, 청동보다 더 단단하고 청동보다 더 고귀한 수천 년 세월의 의지 위에. 가장 고귀한 자만이 참으로 단단한 것이다.

오, 형제들이여, 이 새로운 가치표를 나는 그대들의 머리 위에 걸어 놓는다. 단단해지라!

30

오, 너, 나의 의지여! 그대, 모든 곤궁함을 뒤바꾸는 자여, 나의 필연이여! 모든 하찮은 승리들로부터 나를 지켜다오!

내가 운명이라고 부르는 너, 내 영혼의 섭리여! 너, 내 안에 있는 자여! 내 위에 있는 자여! 커다란 운명을 위해 나를 지키고 아껴다오!

나의 의지여, 너의 궁극적인 위대함을 너의 최후의 것을 위해 아껴두라—너의 승리 속에서 네가 냉혹해질 수 있도록! 아, 그의 승리에 굴복하지 않은 자가 누가 있던가!

아, 도취의 어스름 속에서 눈이 흐려지지 않은 자가 누가 있던가! 아, 승리 속에서 발이 비틀거리고, 서 있는 법을 잊지 않은 자가 누가 있던가!

내가 언젠가 위대한 정오에 만반의 준비가 되고 성숙해져 있기를. 작열하는 청동처럼, 번개를 잉태하는 구름처럼, 부풀어 오른 젖가슴처럼 준비되고 성숙해져 있기를.—

나 자신에 대해, 그리고 나의 가장 은밀한 의지에 대해 만반의 준비가 되어 있기를. 자신의 화살을 갈망하는 활로서, 자신의 별을 찾으려고 갈망하는 화살로서.

자신의 정오를 맞아 만반의 준비가 된 성숙한 별로서, 모든 것을 섬멸하는 태양의 화살로 말미암아 불타오르고 꿰뚫리고 행복한 별로서.

태양 자체와, 승리 속에서도 모든 것을 섬멸할 준비가 되어 있는 냉혹한 태양의 의지로서!

오, 의지여, 모든 곤궁함의 전환이여, 너, 나의 필연이여! 하나의 위대한 승리를 위해 나를 아껴다오!

차라투스트라는 이렇게 말했다.

◆ 13. 회복되어 가는 자

1

동굴로 돌아온 지 얼마 되지 않은 어느 날 아침, 차라투스트라는 자신의 잠자리에서 미친 사람처럼 벌떡 일어나 무서운 목소리로 외치며, 마치 다른 사람이 잠자리에 누워 일어나려고 하지 않으려 한다는 듯한 몸짓을 했다. 너무나 크게 차라투스트라의 주위에 울려 퍼지자, 그의 동물들이 깜짝 놀라 그에게 다가 왔으며, 차라투스트라의 동굴 가까이에 있는 모든 동굴과 은신처들로부터 모든 동물들이 각자에게 주어진 발이나 날개의 성질에 따라 날아가기도 하고, 날개를 파닥거리기도 하고, 기어가기도 하고, 뛰기도 하면서 달아났다. 그러자 차라투스트라는 다음과 같이 말했다.

올라오라, 심연의 사상이여, 나의 심연으로부터! 나는 그대의 수탉이며 그대의 새벽이다. 잠꾸러기 벌레야, 일어나라! 일어나라! 내 목소리는 닭의 울음소리처럼 너를 깨우리라!

귀의 족쇄를 풀고 귀를 기울여라! 나는 네 말을 듣고 싶기 때문이다! 일어나라! 일어나라! 무덤들까지도 귀를 기울이게 할 만한 천둥소리가 여기에 있다!

그리고 네 눈에서 잠과 온갖 침침함과 눈멀음을 씻어 내라! 너의 눈으로도 내 말을 들어라. 나의 목소리는 날 때부터 눈먼 자들까지도 고쳐 주는 약이다.

너는 한 번 깨어나면 영원히 깨어 있어야 한다. 증조할머니들을 깨웠다가 그들에게 다시 자라고 명령하는 것은 나의 방식이 아니다![103]

너는 몸을 움직이고, 기지개를 펴고, 목을 그르렁거리는가? 일어나라! 일어나라! 그르렁거리지만 말고. 너는 나에게 말해야 한다! 신(神)을 부정하는 자인 차라투스트라가 너를 부르고 있다!

---

103. 바그너의 악극 《니벨룽겐의 반지》 가운데 〈지그프리트〉에서, 보탄이라는 방랑자가 태고의 대지(大地)인 여신 에르다를 깨워서 잠시 대화를 한 뒤에, 그녀에게 다시 자라고 명령하는 장면이 있다. 니체가 이 장면을 염두에 두고 은근히 바그너식의 발상을 비판하는 것으로 보인다.

나, 차라투스트라, 삶의 대변자, 고뇌의 대변자, 순환의 대변자인 내가—너를 부르고 있다, 나의 가장 심오한 사상을!

기쁘다! 네가 오고 있다니. 너의 목소리가 들린다! 나의 심연이 말을 하고 있다. 나는 나의 가장 깊은 심연을 햇빛에 드러냈다!

만세! 이리 오라! 악수를 하자. 앗! 놔라! 하하! 구역질, 구역질, 구역질, 슬프구나!

2

그런데, 차라투스트라는 이 말을 마치자마자 마치 죽은 사람처럼 쓰러졌고, 시체처럼 오랫동안 움직이지 않았다. 그러나 그가 다시 제정신을 차렸을 때, 그는 창백한 모습으로 몸을 덜덜 떨며 그대로 누워 있었고 오랫동안 먹지도 마시지도 않으려 했다. 이런 상태가 칠 일 동안이나 계속되었다. 그러나 그의 동물들은 밤낮을 가리지 않고 그의 곁을 떠나지 않았다. 다만, 독수리가 먹을 것을 갖고 오려고 날아갔던 것 말고는. 독수리는 빼앗아 가져온 것들을 차라투스트라의 잠자리 위에 놓았다. 그리하여 마침내 차라투스트라는 노랗고 빨간 딸기류와 포도, 들장미 열매, 향기로운 푸성귀, 솔방울들 사이에 누워 있게 되었다. 그런데 그의 발밑에는 독수리가 애써 목동들에게서 빼앗아 온 새끼 양 두 마리가 쓰러져 있었다.

마침내, 칠 일 후에 차라투스트라는 잠자리에서 몸을 일으켜, 들장미 열매 하나를 손에 들고 냄새를 맡아보았다. 그 냄새가 기분 좋은 것이었다. 그러자 그의 동물들은 그와 이야기할 때가 왔다고 믿었다.

"오, 차라투스트라여," 그의 동물들이 말했다. "이제까지 그대는 칠일 동안이나 무거운 눈을 한 채로 그렇게 누워 있었다. 이제 그대는 마침내 그대 발로 일어서지 않겠는가?

그대의 동굴로부터 걸어 나가라. 세계는 마치 정원처럼 그대를 기다리고 있다. 바람은 그대에게로 가고 싶어 하는 무거운 향기와 희롱하고 있고, 모든 시냇물은 그대의 뒤를 따라 흘러가고 싶어 한다.

그대가 칠일 동안 혼자 있었기 때문에, 만물은 그대를 보고 싶어 한다. 그대의 동굴로부터 걸어 나가라! 만물이 그대를 치료할 의사가 되고 싶어 한다!

새로운 인식이 그대를 찾아온 것인가, 쓰고 무겁게 내리누르는 인식이? 그대는 발효된 반죽처럼 누워 있었으며, 그대의 영혼은 부풀어 올라 그 가장자리에 넘쳐흘렀다."

"오, 나의 동물들이여", 차라투스트라가 대답했다. "그렇게 더 재잘거려다오, 그 소리를 듣게 해다오! 그대들의 재잘거림이 나에게 생기를 불어넣는구나. 재잘거림이 있는 곳에서는, 세계는 내게 이미 정원과 같다.

말과 음악이 있다는 것은 얼마나 즐거운 일인가. 말과 음악은 영원히 갈라져 있는 것 사이에 걸쳐져 있는 무지개이며 가상(假像)의 다리가 아닌가?

모든 영혼에게는 저마다 다른 세계가 있다. 모든 영혼은 다른 영혼에게는 일종의 배후세계이다.

가장 비슷한 것들 사이에서 겉모양은 가장 아름다운 말로 거짓말을 한다. 왜냐하면 가장 작은 틈이야말로 다리를 놓기에는 가장 어렵기 때문이다.

나에게 어찌 나의 외면(外面)이 있으랴? 외면은 존재하지 않는다! 그러나 우리는 온갖 음악을 들을 때 이 사실을 잊는다. 잊어버린다는 것은 얼마나 즐거운 일인가!

인간은 사물들에게서 생기를 얻기 위해, 사물들에게 이름과 소리를 선사한 것이 아닌가? 말한다는 것은 아름다운 바보짓이다. 그렇게 해서 인간은 모든 사물들을 넘어 춤을 춘다.

모든 말과 음악의 거짓말은 얼마나 즐거운가! 음악과 더불어 우리의 사랑은 알록달록한 무지개 위에서 춤을 춘다."

"오, 차라투스트라여." 거기에 대해 짐승들은 대답했다. "우리처럼 생각하는 자들을 위해 모든 사물이 스스로 춤을 춘다. 사물은 다가와 손을 내밀고 웃고 달아난다. 그리고 다시 돌아온다.

모든 것은 가고, 모든 것은 되돌아온다. 존재의 수레바퀴는 영원히 돈다. 모든 것은 죽고, 모든 것은 다시 꽃피운다. 존재의 해(年)는 영원히 흐른다.

모든 것은 부서지고, 모든 것은 새로이 짜 맞춰진다. 존재의 동일한 집은 영원히 세워진다. 모든 것은 헤어지고, 모든 것은 다시 서로 인사를 나눈다. 존재의 고리는 영원히 자신에게 충실하다.

모든 순간마다 존재는 시작된다. 모든 여기를 중심으로 저기의 공은 굴러간다. 중심은 어디에나 있다. 영원의 오솔길은 곡선이다."

오, 그대 익살꾼들 그리고 손풍금들이여! 차라투스트라는 대답하면서 다시 미소 지었다, 그대들은 얼마나 잘 알고 있는가, 칠일 동안

에 이루어져야만 했던 일들을.[104]

그리고 저 괴물이 어떻게 나의 목구멍으로 기어 들어와 나를 숨막히게 했는가를! 그러나 나는 이 괴물의 머리를 물어뜯어 뱉어 버렸다.

그런데 그대들은 벌써 그것을 하프로 반주하는 노래로 만들어 버렸는가? 그러나 지금 나는 여기에 누워 있다, 그 괴물의 머리를 물어뜯어 내뱉느라 지친 채, 회복하느라 아직도 앓으면서.

그런데 그대들은 이런 모든 일을 구경하기만 했는가? 오, 나의 동물들이여, 그대들도 역시 잔인한가? 인간들이 그러하듯 그대들은 나의 큰 고통을 구경하고 싶었던 말인가? 인간이야말로 가장 잔인한 짐승인 것이다.

인간은 지상의 어떤 것보다도 비극과 투우와 십자가의 처형에서 가장 기쁨을 맛본다. 그리고 인간이 스스로 지옥을 고안해 냈을 때, 보라, 그것은 인간의 지상 천국이었다.

위대한 인간이 외치면―소인은 나는 듯이 달려온다. 그의 혀는 탐욕으로 인해 입 밖으로 축 늘어져 있다. 그러나 그는 그것을 자신의 '동정(同情)'이라고 부른다.

소인, 특히 시인(詩人)은 얼마나 열심히 말로써 삶을 비난하는가! 그것을 들어보라, 그러나 그 모든 비난 속에 들어 있는 쾌락을 지나쳐 듣지 못하는 일이 없도록 하라!

이런 삶의 비난자들을 삶은 눈 깜빡할 사이에 극복한다. "당신이

---

104. 기독교에서 신이 칠일 동안에 세계를 창조했다는 것을 암시하고 있다.

나를 사랑한다고요?" 삶이라는 오만한 여인은 말한다. "잠시 기다려요. 아직은 당신을 상대할 시간이 없어요."

인간은 자기 자신에 대해 가장 잔인한 동물이다. 그리고 스스로 '죄인', '십자가를 짊어진 자', '참회자'라고 부르는 자가 있으면, 그가 누구든 이런 불평과 비난 속에 깃들어 있는 관능적 쾌락을 지나쳐 버리지 말라!

그런데 나 자신은—이런 말을 함으로써 인간을 비난하는 자가 되기를 원하는가? 아, 나의 동물들이여, 내가 지금까지 배운 것은 오직 인간에게 최선을 위해서는 인간의 최악이 필요하다는 것이다.

모든 최악의 것이야말로 인간의 최선의 힘이며, 창조하는 자에게 가장 단단한 돌이다. 그리고 인간은 더 선해져야 하며, 또한 더 악해져야 하는 것이다.

인간이 악하다는 것을 아는 것, 그것이 내가 묶여 있던 고문대는 아니었다. 오히려 나는 일찍이 누구도 외쳐본 적이 없던 것을 외쳤다.

"아, 인간의 최악의 것이 이다지도 보잘 것 없다니! 아, 인간의 최선의 것이 이다지도 보잘 것 없다니!"

인간에 대한 크나큰 혐오—그것이 나를 숨 막히게 하면서 내 목구멍 속으로 기어들어 왔던 것이다. 그리고 "모든 것은 똑같다. 가치 있는 것은 아무것도 없다. 지식은 숨 막히게 만든다"라는 예언자의 말이.

기나긴 황혼이 내 앞에서 절룩거리며 걸어갔다, 죽도록 지치고 죽도록 취한 비애가. 이 비애가 하품을 하며 말했다.

"그대가 싫증을 낸 인간인 소인은 영원히 회귀(回歸)한다." 이렇게 나의 비애는 하품을 하며 말하고 발을 질질 끌었으며, 잠을 이루지 못했다.

인간의 대지가 내게는 동굴로 변했고, 그 가슴은 움푹 들어 갔다. 살아 있는 모든 것이 내게는 인간의 부패물, 뼈로 변하고, 썩어 버린 과거가 되었다.

나의 탄식은 인간의 모든 무덤 위에 걸터앉아 더 이상 일어날 수가 없었다. 나의 탄식과 물음은 밤낮으로 불평하고, 숨이 막혀 괴로워하면서 슬피 울었다.

"아, 인간은 영원히 회귀한다! 하찮은 인간은 영원히 회귀한다!"

나는 일찍이 두 사람을, 가장 위대한 인간과 가장 하찮은 인간의 벌거벗은 몸을 본 적이 있다. 그들은 서로 너무도 닮았으며—가장 위대한 인간조차도 너무나 인간적이었다!

가장 위대한 인간도 너무나 작았다!—이것이 인간에 대한 나의 혐오였다! 그리고 가장 하찮은 인간도 회귀한다는 것!—이것이 모든 존재에 대한 나의 혐오였다!

아, 구역질! 구역질! 구역질! 차라투스트라는 이렇게 말하고 한숨을 쉬며 몸서리쳤다. 자신의 병이 생각났기 때문이었다. 그러나 이때 그의 동물들은 그가 더 이상 계속해서 말을 하지 못하게 했다.

"더 이상 말하지 말라, 그대 회복되어 가는 자여!"—이렇게 그의 동물들이 그에게 대답했다. "차라리 밖으로 나가라, 세계가 마치 하나의 정원처럼 그대를 기다리는 곳으로.

밖으로 나가 장미와 꿀벌과 비둘기 떼가 있는 곳으로 가라! 특히 노래하는 새들이 있는 곳으로. 그대가 그 새들로부터 노래하는 법을 배울 수 있도록!

노래하는 것은 회복되어 가는 자를 위한 것이다. 건강한 자는 말을 해도 된다. 건강한 자도 노래를 원하지만, 회복되어 가는 자와는 다른 노래를 원한다."

"오, 그대 익살꾼들, 손풍금들이여, 제발 입을 다물어라!"

차라투스트라는 대답하며 그의 동물들을 향해 미소 지었다. "내가 칠일 동안 나 자신을 위해 어떤 위안을 만들어 냈는지 그대들은 잘 알고 있구나!

내가 다시 노래를 불러야 한다는 것—나는 나 자신을 위해 그러한 위안과 그러한 회복을 생각해 냈다. 그대들은 거기에서 다시 하프로 반주하는 노래를 만들어 내려 하는가?"

"더 이상 말하지 말라." 그의 동물들이 다시 그에게 대답했다. 그대 회복되어 가는 자여, 그대를 위해 먼저 하프를 준비하라, 새로운 하프를!

왜냐하면, 보라, 오 차라투스트라여! 그대의 새로운 노래에는 새로운 하프가 필요하기 때문이다.

노래하라, 노래가 넘치게 하라, 오, 차라투스트라여, 새로운 노래들로 그대의 영혼을 치유하라, 지금껏 그 누구의 운명도 아니었던 그대의 커다란 운명을 짊어지기 위해서!

왜냐하면, 오, 차라투스트라여, 그대의 동물들은 그대가 누구이며 어떤 사람이 되어야 하는지 잘 알고 있기 때문이다. 보라, 그대는 영원회귀를 가르치는 교사이다. 이것이 지금 그대의 운명이다!

그대가 이 가르침을 가르치는 첫 번째 사람이 되어야 하는 것, 이 커다란 운명이 어찌 그대에게 최대의 위험이자 병(病)이 되지 않을 수 있겠는가!

보라, 우리는 그대가 무엇을 가르치는지 알고 있다. 만물은 영원히 회귀하며 우리도 더불어 회귀하는 것을, 그리고 우리는 이미 무한한 회수(回數)에 걸쳐 존재해 왔으며, 우리와 더불어 만물도 존재해 왔다는 것을.

그대는 가르친다, 생성의 커다란 해(年)가, 커다란 해라는 괴물이 존재한다고. 그 해는 새로이 흘러가고 흘러나오기 위해서 마치 모래시계처럼 언제나 다시 새로이 뒤집히지 않으면 안 된다.

그리하여 이런 모든 해들은 가장 큰 것이나 가장 작은 것이나 서로 동일하며, 우리들 자신도 가장 큰 해에서나 가장 작은 해에서나 모두 동일하게 되도록.

따라서 그대가 지금 죽기를 바란다면, 오, 차라투스트라여, 보라, 그대가 자신에게 무슨 말을 하게 될지 우리도 알고 있다. 그러나 그대의 동물들은 그대에게 아직 죽지 말라고 간청한다!

그대는 떨지 않고 오히려 행복감으로 안도의 숨을 쉬며 말하게 될 것이다. 왜냐하면 그대 가장 인내심 많은 자여, 커다란 중력과 답답함이 그대에게서 떨어져 나갈 것이기 때문이다!

'이제 나는 죽어 사라진다'라고 그대는 말하리라, '그리고 한순간에 나는 무(無)가 된다. 영혼은 육체와 마찬가지로 죽을 수밖에 없다.

그러나 내가 얽혀 있는 여러 원인들의 매듭은 영원히 회귀할 것이다. 그 매듭은 나를 다시 창조할 것이다! 나 자신이 영원회귀의 원인이기 때문이다.

나는 되돌아온다, 이 태양과 함께, 이 대지와 함께, 이 독수리와 함께, 이 뱀과 함께. 새로운 삶이나 보다 나은 삶이나 혹은 비슷한 삶으로 돌아오는 것은 아니다.

나는 가장 큰 것에 있어서나 가장 작은 것에 있어서나 지금과 똑같은 삶으로 영원히 회귀할 것이다, 다시 모든 사물에게 영원회귀를 가르치기 위해서.

다시 한 번 대지와 인간의 위대한 정오에 대해서 말하고 다시 한 번 초인을 인간들에게 알리기 위해서.

나는 나의 말을 했고, 나의 말과 더불어 부서진다. 나의 영원한 운명이 그러기를 원한다. 예언자로서 나는 이제 몰락하는 것이다!

이제 몰락하는 자가 자기 자신을 축복할 때가 왔다. 이렇게 해서 차라투스트라의 몰락은 끝난다.'"

동물들은 말을 마치고 나서 침묵에 잠긴 채, 차라투스트라가 그들에게 뭔가 말하기를 기다렸다. 그러나 차라투스트라는 그들이 침묵에 잠기는 것을 알지 못했다. 오히려 그는 아직 잠을 자고 있지 않으면서도 두 눈을 감고서 마치 자는 사람처럼 조용히 있었다. 그는 막 자신의 영혼과 이야기를 나누고 있었다. 그러나 뱀과 독수리는 차라투스트라가 이렇게 말이 없는 것을 보자, 그를 둘러싼 커다란 고요함에 경의를 표하고 조심스럽게 그 자리를 떠났다.

◆ 14. 커다란 동경에 대하여

오, 나의 영혼이여, 나는 너에게 '일찍이'와 '예전에'처럼 '오늘'을 말하는 법을 가르쳤고, 모든 여기와 거기와 저기를 넘어서 윤무(輪舞)를 추는 법을 가르쳤다.

오, 나의 영혼이여, 나는 모든 구석에서 너를 구원했고, 너에게서 먼지와 거미와 황혼빛을 털어 냈다.

오, 나의 영혼이여, 나는 너에게서 사소한 수치심과 구석진 덕(德)을 씻어 냈고, 태양의 눈앞에 벌거벗은 몸으로 서도록 너를 설득했다.

'정신'이라고 불리는 폭풍과 함께 나는 너의 파도치는 바다 위로 불어 갔고, 그 바다로부터 모든 구름을 불어 날려 버렸고, '죄'라고 불리는 교살자(絞殺者)까지도 교살해 버렸다.

오, 나의 영혼이여, 나는 너에게, 폭풍처럼 '아니다'라고 말하고 맑게 갠 하늘이 '그렇다'라고 말하듯 '예'라고 말할 권리를 주었다. 너는 빛처럼 조용히 서 있다가 이제 부정(否定)하는 폭풍을 헤치고 나아간다.

오, 나의 영혼이여, 나는 너에게 창조된 것과 아직 창조되지 않은 것에 대한 자유를 되돌려 주었다. 따라서 미래에 올 것들에 대한 희열을 너만큼 아는 자가 누가 있겠는가?

오, 나의 영혼이여, 나는 너에게 경멸을 가르쳤다, 벌레의 갉아먹음처럼 오는 경멸이 아닌 경멸을. 극도로 경멸하면서 가장 사랑하는 위대하고 사랑스러운 경멸을.

오, 나의 영혼이여, 나는 설득하는 법을 너에게 가르쳤다, 바다를 설득하여 그 높이까지 올라오게 하는 태양처럼, 네가 너의 밑바닥까지도 너에게 올라오도록 설득하는 법을.

오, 나의 영혼이여, 나는 너에게서 모든 복종, 무릎 꿇는 것, '주여'라고 말하는 것을 제거해 버렸다. 나는 너 자신에게 '고통의 전환'과 '운명'이라는 이름을 지어 주었다.

오, 나의 영혼이여, 나는 너에게 새로운 이름과 알록달록한 빛깔의 장난감들을 주었고, 나는 너를 '여러 포괄들의 포괄자', '시간의 탯줄', 그리고 '하늘빛 종(鐘)'이라고 불렀다.

오, 나의 영혼이여, 나는 너의 토양에 모든 지혜를 마시라고 주었다, 지혜의 모든 새로운 포도주를. 그리고 기억할 수 없을 만큼 오래된 강한 포도주를.

오, 나의 영혼이여, 나는 모든 태양과, 모든 밤과, 모든 침묵과, 모든 동경을 너 위에 쏟아 부었다. 그러자 너는 포도나무처럼 자랐다.

오, 나의 영혼이여, 이제 너는 넘칠 듯이 풍요하고 무겁게 거기서 있다, 부풀어 오른 젖가슴과 황금빛 포도송이가 빽빽이 달린 포도나무처럼.

너의 행복으로 말미암아 밀리고 눌린 채, 넘쳐남 때문에 기다리면서, 그리고 너의 기다림을 여전히 부끄러워하면서.

오, 나의 영혼이여, 그보다 더 사랑이 넘치고 더 포괄적이고 더 광대한 영혼은 지금 어디에도 없다! 미래와 과거가 너에게 있어서보다 더 밀접하게 함께 있는 곳이 어디에 있겠는가?

오, 나의 영혼이여, 나는 너에게 모든 것을 주었고, 그리하여 나의 두 손은 너로 인해 비어 있다.─그런데 지금! 너는 나에게 미소 지으면서 우수에 가득 찬 모습으로 말한다, "우리들 중에 누가 감사해야 하는가?

주는 자가 받는 자에게 감사해야 하지 않겠는가? 주는 것은 필요해서 하는 일이 아닌가? 받는 것은─동정하는 것이 아니겠는가?"

오, 나의 영혼이여, 나는 너의 우울함이 짓는 미소를 이해한다. 너의 넘치는 풍요 자체가 이제 동경에 찬 손을 내밀고 있다!

너의 충만함이 사나운 바다 너머를 바라보면서 추구하고 기다리고 있다. 너의 미소 짓는 눈〔眼〕의 하늘로부터 넘치는 충만함의 동경이 내다보고 있다!

그리고 진실로, 오, 나의 영혼이여! 너의 미소를 보고 눈물을 흘리지 않는 자가 누가 있으랴? 천사들까지도 너의 미소에 넘치는 선의(善意)를 보고 눈물을 흘린다.

너의 선의(善意), 넘치는 선의는 불평하거나 눈물을 흘리려 하지 않는다. 그러나 오, 나의 영혼이여, 너의 미소는 눈물을, 그리고 너의 떨리는 입은 흐느낌을 동경한다.

"우는 것은 모두 불평하는 것이 아닌가? 그리고 모든 불평하는 것은 모두 비난하는 것이 아닌가?" 이렇게 너는 너 자신에게 말하고, 그 때문에 오, 나의 영혼이여, 너는 오히려 미소 지으려 한다, 너의 슬픔을 쏟아 내기보다는.─너의 충만함에 대한, 그리고 포도 따는 자와 포도나무를 자르는 가위를 기다리는 포도나무의 열망에 대하여 너의 슬픔을 모두 솟구치는 눈물로 쏟아 내기보다는!

그러나 네가 울려고 하지 않는다면, 너의 자줏빛 우수(憂愁)를 눈물로 씻어 내려 하지 않는다면 너는 노래를 불러야 하리라, 오, 나의 영혼이여! 보라, 너에게 다음과 같이 예언하는 나 자신이 미소를 짓고 있다.

너는 끓어오르는 노래를 불러야 하리라, 모든 바다가 잠잠해져서 너의 동경에 귀를 기울일 때까지,

동경에 찬 잔잔한 바다 위로 작은 배가, 황금빛 기적의 배가 떠돌고, 그 황금 주위에서 모든 선하고 악한 경이로운 것들이 뛰어 놀 때까지.

또한 크고 작은 많은 짐승들과, 보랏빛 오솔길을 달릴 수 있는 날렵하고 경이로운 발을 가진 모든 것들도 뛰어 놀 때까지,

황금의 기적, 자유로운 의지를 지닌 작은 배, 그리고 그 배의 주인을 향해서 달려갈 때까지. 그러나 그 주인은 다이아몬드로 된 포도 나무 자르는 가위를 갖고 기다리는 포도 수확자이다.

오, 나의 영혼이여, 그는 너의 위대한 구원자이며, 미래의 노래들이 비로소 그에게 이름을 찾아 주게 될 이름 없는 자다! 그리고 진실로, 너의 숨결은 이미 미래의 노래들의 향기를 풍기고 있다.―

너는 이미 환히 달아오르며 꿈꾸고 있고, 너는 이미 그윽한 소리를 내는 모든 위안의 샘물을 목마른 듯이 들이키고 있다. 너의 우수는 이미 미래의 노래들의 행복 속에서 쉬고 있다!

오, 나의 영혼이여, 이제 나는 너에게 모든 것을, 나의 마지막 것까지도 주었으니, 나의 손은 너로 인해 비어 버렸다. 보라, 내가 너에게 노래하라고 명령했던 것, 그것이 나의 마지막 것이었다!

나는 너에게 노래 부르라고 명했다. 말하라, 이제 말하라, 이제 우

리들 중에서 누가 감사해야 하는가? 그러나 그보다는, 나를 위해 노래를 불러라, 노래해라, 오, 나의 영혼이여! 그리하여 나로 하여금 감사하게 해다오!

차라투스트라는 이렇게 말했다.

◆ 15. 또 다른 춤의 노래

1

"얼마 전에 나는 그대의 눈을 들여다보았다, 오, 삶이여! 나는 그대의 밤의 눈 속에서 황금이 반짝거리는 것을 보았다. 나의 심장은 이 즐거움 때문에 멈춰 버렸다.

밤의 수면 위에 황금빛 작은 배가 반짝거리는 것을 나는 보았다, 가라앉아 물에 잠겼다가, 다시 손짓하듯 흔들거리는 황금빛 작은 배를!

미친 듯이 춤추는 나의 발에 그대는 긴 시선을 던졌다, 웃는 듯, 묻는 듯, 녹이는 듯 흔들리는 시선을.

그대는 작은 손으로 그대의 딸랑이를 두 번 쳤을 뿐인데, 어느새 나의 발은 춤에 열광하여 흔들거렸다.

나의 발뒤꿈치는 들썩거리고, 나의 발가락은 그대의 말을 이해하려고 귀를 기울였다. 춤추는 자의 귀는 그의 발가락에 달려 있는 것이다!

나는 그대를 향해 펄쩍 뛰었다. 그러자 그대는 나를 피해 달아나 버렸다. 그리고 달아나면서 휘날리는 그대의 머리카락의 혀가 나를 향해 날름거렸다!

나는 그대로부터, 그대의 뱀으로부터 뛰어 비껴 났다. 그러자 그대는 즉시 멈추고 몸을 반쯤 돌려 이쪽을 향해 섰다. 그대의 눈은 욕망으로 가득 차 있었다.

그대는 굽은 시선으로 나에게 굽은 길을 가르친다. 굽은 길을 가면서 나의 발은 술책을 배운다!

그대가 가까이 있으면 나는 그대를 두려워하고, 그대가 멀리 있으면 나는 그대를 사랑한다. 그대가 달아나면 나는 이끌리고, 그대가 찾으면 나는 멈춘다. 나는 괴로워한다. 그러나 그대를 위해 내가 무엇인들 즐겨 견디지 않은 것이 있던가!

그대의 냉담함은 사람의 마음에 불을 붙이고, 그대의 증오는 사람의 마음을 유혹하고, 그대의 달아남은 사람을 속박하고, 그대의 비웃음은 사람의 마음을 움직인다.

누가 그대를 미워하지 않겠는가, 우리를 속박하고, 농락하고, 유혹하고, 찾고, 발견하는 그대 위대한 여인! 누가 그대를 사랑하지 않겠는가, 순진하고, 참을성 없고, 바람처럼 재빠르고, 천진난만한 눈을 가진 죄인인 그대를!

이제 그대는 어디로 나를 끌고 가는가, 그대 다루기 힘든 장난꾸러기여? 그리고는 이제 그대는 다시 나를 멀리한다, 그대 달콤한 심술꾸러기, 배은망덕한 자여!

나는 춤추며 그대의 뒤를 쫓고, 그대의 작은 흔적만 보아도 그대의 뒤를 따라간다. 그대는 어디에 있는가? 나에게 손을 내밀어다오! 아니면 손가락 하나만이라도!

여기에는 동굴들과 숲들이 있다. 우리는 길을 잃을 것이다! 멈춰라! 정지해 있어라! 부엉이와 박쥐가 날아다니는 것이 그대는 보이지 않는가?

그대 부엉이여! 그대 날아가는 박쥐여! 그대는 나를 놀릴 작정인가? 우리는 어디에 있는가? 이렇게 짖어 대고 울부짖는 것을 그대는 개들에게서 배웠구나.

그대는 귀엽게도 그대의 흰 이를 나를 향해 드러내고 있고, 그대의 곱슬거리는 머리카락 사이로 그대의 심술궂은 눈은 나에게 덤벼들 듯 노려보고 있다!

이것은 무턱대고 추는 춤이다. 나는 사냥꾼이다. 그대는 나의 개가 되겠는가, 아니면 나의 영양(羚羊)이 되겠는가?

지금은 내 옆에 있다! 그러다가 재빨리 도망쳐 버리는 그대 심술궂은 도약자여! 이제 내가 막 위로 뛰어오르는가 하면, 곧 저쪽으로! 아! 뛰어오르다가 나 자신이 넘어지고 말았다!

오, 내가 쓰러져 있는 것을 보라, 그대, 오만한 자여, 그리고 자비를 애원하는 것을! 나는 그대와 함께—보다 감미로운 오솔길을 가고 싶다!—

조용하고 알록달록한 덤불을 헤치며 나아가는 사랑의 오솔길을! 혹은 저기 호수를 따라서. 거기에는 황금빛 물고기들이 헤엄치며 춤추고 있다!

그대는 이제 지쳤는가? 저기 너머에 양 떼와 저녁놀이 있다. 목자들의 피리 부르는 소리를 들으며 잠드는 것은 멋진 일이 아닌가?

그대는 그다지도 몹시 지쳐 있는가? 내가 그대를 저리로 실어 가리니, 그대는 팔을 내리기만 해라! 그리고 그대가 목이 마르다면, 나는 마실 것을 갖고 있다. 그러나 그대의 입은 그것을 마시려 하지 않는다!

오, 이 저주받은 민첩하고 유연한 뱀이여, 미끈거리는 마녀여! 그대는 어디로 갔느냐? 그러나 나는 얼굴에 그대의 손에 의해 생긴 두 개의 반점, 붉은 얼룩이 느껴진다!

나는 언제나 그대에게 양처럼 순한 목자 노릇을 하는 것에 정말로 지쳤다! 그대, 마녀여! 지금까지는 내가 그대를 위해 노래했으니, 이제는 그대가 나를 위해 소리쳐야만 한다!

내 채찍의 박자에 맞춰 그대는 나를 위해 춤추고 소리쳐야만 한다! 그런데 나는 그 채찍을 잊지 않았는가? 아니다!"

2

그러자 삶은 나에게 예쁜 두 귀를 막은 채 나에게 다음과 같이 대답했다.

"오, 차라투스트라여! 제발 그대의 채찍을 그렇게 무섭게 휘두르지 말라! 그대는 잘 알고 있다, 소음은 사상(思想)을 죽인다는 것을. 그런데 지금 막 아주 좋은 사상이 내게 떠오르고 있다.

우리는 모두 선도 행하지 않고 악도 행하지 않는 자들이다. 우리는 선악의 저편[105]에서 우리의 섬과 우리의 초원을 찾아냈다. 우리 단둘이서! 따라서 우리는 서로에게 잘해 주지 않으면 안 된다!

그리고 우리는 서로 마음속 깊이 사랑하지 않더라도—사람들은 서로 마음속으로 사랑하지 않더라도 꼭 서로 미워해야만 하는가?

내가 그대에게 호의를 갖고 있고 때로는 너무 잘해 준다는 것을 그대는 알고 있다. 그리고 그 이유는 내가 그대의 지혜를 시샘하고 있기 때문이다. 아, 이 늙고 미친 지혜라는 바보여!

그대의 지혜가 언젠가 그대에게서 달아나 버린다면, 아! 그때는 나의 사랑도 재빨리 그대에게서 달아나 버리리라."—

이렇게 말하고 나서 삶은 생각에 잠겨 자신의 뒤와 주위를 둘러보다가 나직하게 말했다. "오, 차라투스트라여! 그대는 나에게 충분히 성실하지는 못하다!

그대는 그대가 말하는 것처럼 오랫동안 나를 사랑하지는 않고 있다. 나는 그대가 곧 나를 떠나고 싶은 생각을 하는 것을 알고 있다.

무겁고 무거운 소리를 내는 오래된 종이 하나 있다. 그 종소리는 밤중에 그대의 동굴에까지 울려 퍼진다.

밤중에 이 종이 시각을 알리는 소리를 들을 때면, 하나에서 열둘을 치는 사이에 그대는 생각한다.

오, 차라투스트라, 나는 알고 있다, 그대가 곧 나를 떠날 생각을 하고 있다는 것을!

---

105. '선악의 저편'은 니체의 또 다른 저서(1886년 작)의 제목이기도 하다.

"그렇다"라고 나는 머뭇거리며 대답했다. "그러나 그대도 역시 그것을 알고 있다." 그러고 나서 나는 그의 헝클어진 노란, 바보처럼 보이는 머리카락 사이로 귓속에 대고 무엇인가 속삭였다.

"그대는 그것을 알고 있구나, 오, 차라투스트라여? 그것을 아는 사람은 아무도 없는데."

그리고는 우리는 서로를 바라보고 나서, 이제 막 차가운 저녁 기운이 퍼져 가는 초원을 바라보며 함께 울었다. 그러나 그때 나에게 삶은 이제까지의 나의 모든 지혜보다 더 소중했다.

차라투스트라는 이렇게 말했다.

3
하나!

오, 인간이여! 조심하라!

둘!

깊은 한밤중은 무엇을 말하고 있는가?

셋!

나는 자고 있었다, 나는 자고 있었다.

넷!

나는 깊은 잠에서 깨어났다.

다섯!

세계는 깊다.

여섯!

그리고 낮은 생각했던 것보다 더 깊다.

일곱!

세계의 슬픔은 깊다.

여덟!

쾌락은—마음의 고뇌보다도 더 깊다.

아홉!

슬픔은 말한다, 사라져 버려라! 라고.

열!

그러나 모든 쾌락은 영원을 원한다.

열하나!

—가장 깊은, 깊은 영원을 원한다!

열둘!

◆ 16. 일곱 개의 봉인[106](封印)

(또는 예와 아멘의 노래)

1

내가 예언자라면, 그리고 두 바다 사이에 높은 산등성이를 방랑하는
저 예언자적인 정신으로 가득 차 있다면.

과거와 미래 사이를 무거운 구름처럼 돌아다니며—후덥지근한
저지대(低地帶)와 지쳐서 죽지도 살지도 못하는 모든 것들에게 적의
를 품고 있다면.

어두운 가슴 속에 번개와 구원의 빛살을 발산할 준비가 되어, 그
렇다! 라고 말하고 그렇다! 라고 웃는 번개를 잉태하여, 예언자적 번
갯불이 될 각오를 하고 있다면.

그러나 그런 것을 잉태하고 있는 자는 행복하다! 그리고 진실로,
언젠가 미래의 빛을 밝혀야 할 자는 무거운 뇌우(雷雨)처럼 오랫동
안 산 위에 드리워져 있어야 한다!—

오, 내가 어찌 영원을 갈망하지 않겠는가, 반지 중에서도 결혼반
지인 회귀(回歸)의 고리[107]를!

나는 아직까지 내 아이를 낳게 하고 싶은 여자를 발견한 적이 없
다, 내가 사랑하는 이 여자 말고는.

106.《신약성경》의 '요한계시록' 5장 1절에 "내가 보좌에 앉으신 분의 오른손에서
한 권의 책을 보았는데, 안팎으로 기록되었고 일곱 인으로 봉해졌더라."라는 구절
이 나온다. 니체는 이것과 자신의 영원회귀 사상을 대비시켜 묘사하고 있다.

107. Ring, 즉 원환(圓環)을 가리킨다.

나는 그대를 사랑하기 때문이다, 오, 영원이여!

2

일찍이 나의 분노가 무덤들을 부숴 열고, 경계석들을 옮겨 놓고, 낡은 가치표들을 험한 깊은 구렁 속으로 굴려 버렸다면,

일찍이 나의 조소가 곰팡이 난 말(言)들을 날려 버렸고, 그리고 내가 십자가 거미들에게 빗자루처럼, 낡고 갑갑한 무덤들에게 쓸고 닦아내는 바람처럼 다가왔다면,

일찍이 내가 세계를 비방하는 자들의 기념비 옆, 낡은 신(神)들이 묻혀 있는 곳에 앉아 세계를 축복하고, 세계를 사랑하면서 즐거워했다면,

왜냐하면 나는 교회와 신들의 무덤조차 사랑하기 때문이다, 만일 그것들의 부서진 천정 사이로 하늘이 순수한 눈으로 바라보기만 한다면. 나는 부서진 교회들 위에 풀이나 붉은 양귀비꽃처럼 앉기를 즐겨한다.

오, 내가 어찌 영원을 갈망하지 않겠는가, 반지 중에서도 결혼반지인 회귀(回歸)의 고리를!

나는 아직까지 내 아이를 낳게 하고 싶은 여자를 발견한 적이 없다, 내가 사랑하는 이 여자 말고는.

나는 그대를 사랑하기 때문이다, 오, 영원이여!

3

일찍이 창조적인 숨결로부터, 그리고 우연에게까지 별의 윤무(輪舞)

를 추도록 강요하는 저 하늘의 필연으로부터 한 줄기 숨결이 내게 왔다면,

일찍이 내가, 행위의 긴 천둥소리가 불평을 하면서도 온순하게 뒤따르는 저 창조적인 번개의 웃음으로 웃었다면,

일찍이 내가 대지라는 신들의 도박대에서 신들과 주사위 놀이를 하여, 대지가 흔들려 무너지고 불의 흐름이 솟구쳐 올랐다면,

왜냐하면 대지는 신들의 도박대에서 창조적인 새로운 말씀들과 신들의 주사위 놀이에 벌벌 떨고 있기 때문이다.

오, 내가 어찌 영원을 갈망하지 않겠는가, 반지 중에서도 결혼반지인 회귀(回歸)의 고리를!

나는 아직까지 내 아이를 낳게 하고 싶은 여자를 발견한 적이 없다, 내가 사랑하는 이 여자 말고는. 나는 그대를 사랑하기 때문이다, 오, 영원이여!

그대를 사랑하기 때문이다, 오, 영원이여!

4

일찍이 내가 모든 것들이 잘 섞여 있는, 저 거품 나는 향료 단지 안의 것을 마음껏 마셨다면,

일찍이 나의 손이 가장 먼 것을 가장 가까운 것에, 불을 정신에, 쾌락을 고통에, 가장 악한 것을 가장 선한 것에 주었다면.

나 자신이 단지 안의 모든 것이 잘 섞이게 하는, 저 구원의 소금 한 알이라면,

왜냐하면 선과 악을 결합하는 소금이 있기 때문이다. 가장 악한

것이라도 향료가 되고 넘쳐흐르는 마지막 거품이 될 가치는 있다.

오, 내가 어찌 영원을 갈망하지 않겠는가, 반지 중에서도 결혼반지인 회귀(回歸)의 고리를!

나는 아직까지 내 아이를 낳게 하고 싶은 여자를 발견한 적이 없다, 내가 사랑하는 이 여자 말고는. 나는 그대를 사랑하기 때문이다, 오, 영원이여!

그대를 사랑하기 때문이다, 오, 영원이여!

5

내가 바다와, 바다의 특성을 가진 모든 것을 사랑한다면, 그리고 그들이 화를 내며 나에게 반박할 때조차 가장 사랑한다면.

아직 발견되지 않은 것을 향해 돛을 올리게 하는 저 탐구의 즐거움이 내 안에 있다면, 나의 기쁨 속에 항해자의 기쁨이 있다면,

만일 일찍이 나의 환희(歡喜)가 "해안은 사라졌다. 이제 나의 마지막 족쇄가 풀렸다.

무한한 것이 나의 주위에서 포효하고, 저 멀리 공간과 시간이 나에게 반짝거리고 있다. 자, 오라! 변함없는 마음이여!"라고 외쳤다면.

오, 내가 어찌 영원을 갈망하지 않겠는가, 반지 중에서도 결혼반지인 회귀(回歸)의 고리를!

나는 아직까지 내 아이를 낳게 하고 싶은 여자를 발견한 적이 없다, 내가 사랑하는 이 여자 말고는. 나는 그대를 사랑하기 때문이다, 오, 영원이여!

그대를 사랑하기 때문이다, 오, 영원이여!

6

나의 덕(德)이 춤추는 자의 덕이고, 내가 자주 두 발로 황금과 에메랄드의 황홀경 속으로 뛰어든다면.

나의 악의가 웃는 악의이고, 장미 언덕과 백합의 울타리 사이에 자리 잡고 있다면.

왜냐하면 웃음 속에서는 모든 악이 함께 있지만, 그 악들은 그 자체의 행복에 의해 신성해지고 사면되기 때문이다.

그리고 무거운 모든 것이 가벼워지고, 모든 육체가 춤추는 자가 되고, 모든 정신이 새가 되는 것, 그것이 나의 알파요 오메가라면. 진실로, 그것이 나의 알파요 오메가인 것이다!

오, 내가 어찌 영원을 갈망하지 않겠는가, 반지 중에서도 결혼반지인 회귀(回歸)의 고리를!

나는 아직까지 내 아이를 낳게 하고 싶은 여자를 발견한 적이 없다, 내가 사랑하는 이 여자 말고는. 나는 그대를 사랑하기 때문이다, 오, 영원이여!

그대를 사랑하기 때문이다, 오, 영원이여!

7

일찍이 내가 내 머리 위에 고요한 하늘을 펼치고, 나의 날개로 나 자신의 하늘을 날아다녔다면.

내가 유희를 하면서 깊은 먼 빛 속으로 헤엄쳐 가고, 나의 자유에게 새의 지혜가 찾아 왔다면.

그런데 새의 지혜는 이렇게 말한다, "보라, 위도 없고 아래도 없다! 그대 자신을 던져라, 주위로, 밖으로, 뒤로, 그대 가벼운 자여! 노래하라! 더 이상 말하지 말라!

모든 말들은 무거운 자들을 위해 만들어진 것이 아닌가? 가벼운 자에게 말이란 모두 거짓이 아닌가? 노래하라! 더 이상 말하지 말라!"

오, 내가 어찌 영원을 갈망하지 않겠는가, 반지 중에서도 결혼반지인 회귀(回歸)의 고리를!

나는 아직까지 내 아이를 낳게 하고 싶은 여자를 발견한 적이 없다, 내가 사랑하는 이 여자 말고는. 나는 그대를 사랑하기 때문이다, 오, 영원이여!

그대를 사랑하기 때문이다, 오, 영원이여!

차라투스트라는 이렇게 말했다.

제4부—최종부

아, 세상에 동정하는 자들의 어리석음보다 더 큰 어리석음이 저질러진 적이 있던가? 그리고 세상에 동정하는 자들의 어리석음보다 더 큰 괴로움을 주는 것이 어디 있던가?
동정을 초월하는 고귀함을 아직 갖지 못한 모든 사랑하는 이들에게 화 있으라!
일찍이 악마가 나에게 이렇게 말했다. "신(神)조차도 자신의 지옥이 있다. 그것은 인간들에 대한 신의 사랑이다."
그리고 얼마 전에 나는 악마가 이렇게 말하는 것을 들었다. "신은 죽었다. 인간들에 대한 동정 때문에 신은 죽었다."

—《차라투스트라는 이렇게 말했다》
제2부 '동정하는 자들에 대하여' 중에서.

◆ 1. 꿀의 제물

이리하여 차라투스트라의 영혼 위로 다시 달이 지나가고 세월이 흘러갔으나, 그는 그것에 마음을 쓰지 않았다. 그러나 그의 머리는 백발이 되었다. 어느 날, 그가 자신의 동굴 앞에 있는 돌 위에 앉아 말없이 멀리 바라보고 있을 때, 저 멀리 구불구불한 심연 너머로 바다가 보였다. 그의 동물들[108]은 생각에 잠긴 채 그의 주위를 서성거리다가 마침내 그의 앞에 와서 앉았다.

"오, 차라투스트라여." 그들은 말했다. "그대는 아마도 그대의 행복을 바라는 것이 아닌가?"

"행복이 무슨 소용인가!" 차라투스트라가 대답했다. "오래전부터 나는 더 이상 행복에 뜻을 두지 않았다. 나는 나의 과업을 추구하고 있다."

"오, 차라투스트라여." 다시 짐승들은 말했다. "그대는 마치 좋은 것들을 지나치게 많이 갖고 있는 자처럼 말한다. 그대는 푸른 하늘빛 행복의 호수에 누워 있지 않은가?"

"그대 익살꾼들이여." 차라투스트라는 대답하며 미소를 지었다. "그대들은 참 좋은 비유를 골라냈구나! 그러나 그대들은 나의 행복이 무거우며, 흐르는 물과 같지 않다는 것도 알고 있다. 나의 행

---

108. 이 책의 〈서설〉에서 소개한 뱀과 독수리를 가리킨다.

복은 나를 짓누르고 있고, 내게서 떠나려 하지 않으며, 끈적끈적한 역청(瀝靑)처럼 작용하고 있다."

그러자 그의 동물들은 다시 생각에 잠겨 그의 주위를 서성거리다가 다시 그의 앞에 와 앉았다. "오, 차라투스트라여." 짐승들은 말했다. "그 때문에 그대 자신이 점점 더 창백해지고 점점 더 어두워지는 것인가, 그대의 머리는 희게 되어 아마(亞麻)처럼 보이는데도? 자, 보라, 그대는 그대의 역청 속에 앉아 있다!"

"그대들은 무슨 말을 하고 있는가, 나의 동물들이여." 차라투스트라는 말하면서 웃었다. "내가 역청에 관해 말한 것은 험담일 뿐이다. 나에게 일어난 것과 같은 일은 모든 무르익은 과일에도 일어나는 것이다. 나의 피를 더욱 짙게 만들고 내 영혼을 더욱 조용하게 만드는 것은 나의 혈관을 흐르는 꿀이다."

"그럴 수도 있겠다, 오, 차라투스트라여." 짐승들은 대답하고서 그에게로 몰려들었다. "그런데 오늘 그대는 높은 산에 오르고 싶지 않은가? 공기가 맑아서, 오늘은 여느 때보다도 더 세계를 잘 볼 수 있다."

"그렇다, 나의 동물들이여." 차라투스트라가 대답했다. "그대들의 충고는 훌륭하여 내 마음에 든다. 나는 오늘 높은 산에 오르겠다! 그러나 거기서 내가 꿀을 손에 넣을 수 있도록 해 달라, 더 노랗고, 더 희고, 더 좋고, 얼음처럼 차가운 벌집에 든 황금 꿀을. 알아두어라, 나는 산 위에서 꿀을 제물로 바치려 하기 때문이다."

그러나 차라투스트라는 산 위에 이르자, 그를 따라온 짐승들을 집으로 돌려보내고 나서, 이제 자신이 혼자라는 것을 알았다. 이때 그는 마음껏 웃으면서 주위를 돌아보고 다음과 같이 말했다.

내가 제물에 대해, 꿀을 제물로 바치는 것에 대해 말한 것은 다만 계책이었을 뿐이며, 실로 쓸모 있는 바보짓이었다! 여기 산 위에서 나는 이미 은둔자의 동굴이나 은둔자의 동물들 앞에서보다 더 자유롭게 말할 수 있다.

제물을 바친다니! 천 개의 손을 가진 낭비자인 나는 나에게 주어진 것을 낭비할 뿐이다. 그것을 내가 어찌 제물을 바친다고 부를 수 있겠는가!

그리고 내가 꿀을 갈망했을 때, 나는 다만 불평하는 곰들과 이상하게 무뚝뚝하고 사악한 새들까지도 혀로 핥는 미끼와 달콤한 즙과 점액을 갈망했을 뿐이다.

사냥꾼이나 어부들에게도 필요한 최상의 미끼를.

왜냐하면 세계가 짐승들이 사는 어두운 밀림이며, 모든 거친 사냥꾼들의 쾌락의 정원 같은 곳이라면, 나에게는 오히려 깊이를 알 수 없는 풍요로운 바다처럼 생각되기 때문이다.

—다채로운 빛깔의 물고기들과 갑각류로 가득 차 있어, 신들까지도 거기서 낚시꾼이 되고 그물 던지는 자가 되기를 열망하는 바다처럼. 그처럼 세계는 크고 작은 기묘한 것들로 가득 차 있다!

특히 인간의 세계, 인간의 바다가 그렇다. 나는 이제 그 속에 나의 황금 낚싯대를 던지면서 이렇게 말한다. 열려라, 그대 인간의 심연이여!

열려라, 그리고 그대의 물고기들과 반짝이는 갑각류를 내게 던져라! 나는 오늘 나의 최상의 미끼로 인간이라는 가장 기이한 물고기를 꾀어내리라!

—나의 행복 자체를 나는 일출과 정오와 일몰 사이로 한껏 널리, 그리고 멀리 던진다. 많은 인간 물고기들이 나의 행복을 잡아당기며 버둥거리는 것을 배우려 하지 않을지 알아보려고.

마침내 그들이 나의 감추어진 뾰족한 낚시 바늘을 물고 나의 높이로 올라오지 않을 수 없을 때까지. 심연의 밑바닥에 사는 다채로운 빛깔의 물고기들이 인간을 낚는 모든 어부들 중에서 가장 악의에 찬 어부에게 올라올 때까지.

다시 말해 나는 근본적으로 애초부터 잡아끌고, 끌어당기고, 위로 끌어올리는 잡아끄는 자, 사육자였으며, 일찍이 그럴 만한 이유가 있어 자신에게 "그대 자신이 되라!"라고 말했던 엄격한 교사였다.

그러니 이제부터는 인간들이 나에게로 올라와도 좋다. 나는 아직도 나의 하강(下降)의 때가 왔음을 알리는 신호를 기다리고 있기 때문이다. 나는 언젠가는 그래야 하겠지만, 아직은 인간들 사이로 내려가지는 않을 것이다.

그러므로 나는 여기 높은 산 위에서 교활하게 비웃으면서 기다리고 있다. 인내심 없는 자도 아니고 인내심 있는 자도 아닌, 오히려 인내라는 것마저 잊어버린 자로서. 왜냐하면 더 이상 인내심을 갖고 '참고 견디지' 않기 때문이다.

다시 말하면 나의 운명이 나에게 시간을 준 것이다. 운명은 나를 잊은 것일까? 아니면 운명은 커다란 바위 뒤의 그늘 속에 앉아서 파리를 잡는 것일까?

그리고 진실로, 나는 나의 운명이 나를 재촉하지도 않고, 몰아붙이지도 않으며, 나에게 어릿광대짓을 하고, 짓궂은 일을 할 시간을 준 영원한 운명에 감사한다. 그리하여 나는 오늘 물고기를 잡으러 이 높은 산에 올라온 것이다.[109]

일찍이 높은 산에서 물고기를 잡은 인간이 있던가? 그리고 여기 산 위에서 내가 바라고 하는 일이 어리석은 일이라 할지라도, 내가 저 아래에서 엄숙하게 기다리느라 안색이 창백하고 노래지는 것보다는 오히려 낫다.

기다림으로 인해 화가 나 거친 숨을 내쉬며 헐떡거리는 자가 되고, 산으로부터 불어 닥치는 신성한 광풍이 되고, 골짜기를 향해 "들어라, 그렇지 않으면 나는 신(神)의 채찍으로 그대들을 치리라!"고 외치는 참을성 없는 자가 되기보다는.

그렇다고 해서 그렇게 화를 내는 사람들을 내가 싫어하는 것은 아니다. 그들은 나에게 그럴듯한 웃음거리일 뿐이다! 오늘 소리를 내지 못하면 결코 소리를 내지 못할 이들 커다란 비상용 북들은 초조하지 않을 수 없으리라!

그러나 나와 나의 운명―우리는 오늘을 향해 말하는 것도 아니고, 결코 오지 않을 날을 향해 말하는 것도 아니다. 이미 우리는 말하기 위해 인내심과 시간과 시간 이상의 것을 갖고 있다. 그것은 언젠

---

109. 여기서 니체가 쓰는 '어부'라는 말에 유의할 필요가 있다. 분명 기독교에서 신도들을 잡기 위해 갈릴리 해변으로 나갔던 '어부' 예수와 일부러 대조해서 쓰고 있다는 것을 추측할 수 있다. 예수가 해변에 나가 물고기를 잡았다면, 차라투스트라는 그 반대로 인간들을 낚기 위해 산으로 올라간 것이다.

가 반드시 올 것이며, 그냥 스쳐 지나가 버려서는 안 되기 때문이다.

언젠가 반드시 오고, 그리고 그냥 스쳐 가 버려서는 안 되는 자는 누구인가? 우리의 위대한 하자르(Hazar),[110] 곧 우리의 크고 먼 인간 왕국, 차라투스트라의 천년 왕국이다.

그 '먼'이라는 것은 얼마나 멀리 떨어져 있을까? 그것이 나와 무슨 상관이랴! 그러나 그렇다고 해서 나의 확신이 덜한 것은 아니다. 나는 두 발로 이 토대 위에 확고하게 서 있다.

—영원한 토대 위에, 단단한 원시 암석 위에, 이 가장 높고 가장 단단한 원시의 산맥 위에. 모든 바람이 어디에? 어디서부터? 어디로? 라고 물으면서 뇌우(雷雨)가 멈추는 이곳으로 불어온다.

여기서 웃어라, 웃어라, 나의 밝고 건전한 악이여! 높은 산들로부터 그대의 번쩍이는 조롱의 웃음을 던져라! 그대의 반짝이는 미끼로 가장 아름다운 인간이라는 물고기를 꾀어 낚아라!

모든 바닷속에 있는 것 중 내게 속하는 것, 모든 사물들 속에 있는 내 본연의 것, 그것을 낚아 올려, 나에게로 가져다 다오. 그것을 나는 기다린다, 모든 어부들 중에서 가장 악의적인 어부로서.

가거라, 가거라, 나의 낚시 바늘이여! 아래로, 아래로 가라앉아라, 나의 행복의 미끼여! 너의 가장 달콤한 이슬을 떨어뜨리려. 내 마음의 꿀이여! 물어라, 나의 낚시 바늘이여, 모든 우울한 고뇌의 배

---

110. 하자르(Hazar)는 고대 페르시아어의 '하자라(천)'에서 온 말로 곧 '천년(千年)'을 뜻한다. 모든 예언자는 제각기 그가 지배하는 '천 년간'을 가진다고 한다. 따라서 차라투스트라에게도 그가 지배하는 천 년간의 시간이 미래에 오게 되리라는 것을 암시하고 있다.

〔腹〕를!

밖을 보라, 밖을, 나의 눈〔眼〕이여! 오, 얼마나 많은 바다가 내 주위를 둘러싸고 있는가! 밝아 오는 인간의 미래들이! 그리고 나의 머리 위에는 얼마나 장밋빛의 고요함이 있는가! 맑게 갠 침묵이!

◆ 2. 절박한 외침

다음 날 차라투스트라는 다시 자신의 동굴 앞의 돌 위에 앉아 있었고, 한편 동물들은 밖에서 세계 안을 헤매고 있었으니, 새로운 식량을, 그리고 새로운 꿀도 집으로 가져오기 위해서였다. 왜냐하면 차라투스트라는 자신의 오래된 꿀을 마지막 한 방울까지 다 써 버렸기 때문이었다. 그런데 그가 이처럼 앉아서 손에 지팡이를 들고 땅 위에 비친 자기 모습의 그림자를 그리며 깊은 생각에 잠겨 있을 때, 진실로! 자기 자신과 자신의 그림자에 대해 생각한 것은 아니었지만, 그때 그는 깜짝 놀라서 몸을 움츠렸다.

자신의 그림자 옆에 하나의 그림자가 있는 것을 보았던 것이다. 그리고 그가 재빨리 주위를 둘러보고 일어섰을 때, 보라, 그 곁에는 바로 그 예언자가 서 있었다. 언젠가 차라투스트라가 그의 식탁에 초대하여 먹고 마시게 했던 그자, 바로 "모든 것은 다 똑같다. 보람 있는 것은 아무것도 없다. 세계는 무의미하다. 인식하는 것은 질식하게 만든다"라고 가르쳤던 위대한 권태의 예언자였다. 그러나 그동안 그 예언자의 얼굴은 변해 있었다. 그래서 그 예언자의 눈을 유심히 들여다보았을 때, 차라투스트라의 가슴은 다시 한 번 놀랐다. 수많은 나쁜 예언과 잿빛 섬광이 그의 얼굴 위로 지나갔던 것이다.

차라투스트라의 영혼 속에 무슨 일이 일어났는지 알아차린 그 예언자는, 마치 얼굴을 씻어서 없애 버리려는 듯이 손으로 자기 얼굴을 닦아냈다. 차라투스트라도 똑같이 했다. 그리고 두 사람은 말없이 마음을 가라앉히고 기운을 차린 다음, 서로 구면이라는 것을 알아보겠다는 표시로 악수를 했다.

"어서 오라." 차라투스트라는 말했다. "그대 위대한 권태의 예언자여, 그대가 언젠가 나의 식탁에 손님으로 왔던 일은 공연한 일이 아니었구나. 오늘도 나와 함께 먹고 마시며, 유쾌한 늙은이가 그대와 함께 식탁에 앉아 있는 것을 용서하라!"

"유쾌한 늙은이라고?" 머리를 저으며 예언자는 대답했다. "그대가 누구이든, 어떤 자가 되려고 하든, 오, 차라투스트라여, 그대는 너무나 오랫동안 여기 산 위에서 살아왔다. 머지않아 그대의 배(船)는 더 이상 마른 땅에 머물지 못하게 될 것이다!"

"그렇다면 내가 마른 땅에 앉아 있단 말인가?" 차라투스트라는 웃으면서 물었다.

"그대의 산을 둘러싼 물결이," 예언자는 대답했다. "점점 높이 올라오고 있다. 거대한 궁핍과 고뇌의 물결이. 그것은 머지않아 그대의 배를 밀어 올려서 그대를 실어가 버릴 것이다."

이 말에 차라투스트라는 침묵하며 의아해 했다.

"그대에게 아직 아무 소리도 들리지 않는가?" 예언자는 말을 계속했다. "심연으로부터 시끄러운 소리와 노호 소리가 올라오고 있지 않은가?"[111]

차라투스트라는 다시 침묵하고 귀를 기울였다. 그러자 그는 길고 긴 외침 소리를 들었다. 그것은 심연들이 서로에게 외치면서 차례로 전해 주는 소리였다. 어느 심연도 그 외침 소리를 간직하고 싶지 않았던 것이다. 그토록 이 외침은 불길하게 들렸다.

"그대 사악한 예언자여." 마침내 차라투스트라가 말했다. "저것은 구조를 청하는 비명, 인간의 외침이다. 아마도 어느 검은 바다로부터 들려오는 것이리라. 그러나 인간의 고통이 나와 무슨 상관이 있으랴! 나에게 남겨진 나의 마지막 죄. 그것이 무엇이라 불리는지 그대는 알고 있는가?

"동정이다." 예언자는 넘쳐흐르는 마음으로 대답하고는 두 손을 높이 쳐들었다. "오, 차라투스트라여, 내가 온 것은 그대를, 그대의 그 마지막 죄로 유혹하기 위해서이다!"

그가 이 말을 하자마자 그 외침이 다시 한 번, 그것도 전보다 더 길고 더 불안하게, 훨씬 더 가까운 곳에서 울려퍼졌다. "들리는가? 들리는가, 오, 차라투스트라여?" 예언자는 외쳤다. "저 외침은 그대와 관련이 있다. 그대를 부르는 것이다. 오라, 오라, 오라, 때가 되었다, 바야흐로 때가 되었다! 라고."

이 말을 듣자 차라투스트라는 침묵하며, 마음이 산란해지고 깊이

111.《구약성경》의 '시편' 130장 1절과 2절에, "여호와여 내가 깊은 데서 주께 부르짖었나이다, 주여 내 소리를 들으시며 나의 간구하는 소리에 귀를 기울이소서." 라는 장면이 나온다. 니체는 여기서도 역시 기독교적인 관념과 대조시켜서 이 장면을 전개시켜 가고 있다는 것을 알 수 있다.

흔들렸다. 마침내 그는 망설이듯이 물었다. "그런데 거기서 나를 부르는 자는 누군가?"

"그대는 알고 있을 텐데." 예언자는 격한 어조로 대답했다. "왜 그대는 자신을 숨기고 있는가? 그대를 향해 외치는 자는 더 높은 인간이다!"[112]

"더 높은 인간이라고?" 차라투스트라는 두려움에 사로잡혀 외쳤다. "그자는 뭘 바라는가? 무엇을 원하는가? 그 더 높은 인간이! 그자는 여기서 뭘 바라는가?" 그리고 그의 피부는 땀으로 뒤덮였다.

그러나 예언자는 차라투스트라의 불안에는 대답하지 않고, 심연 쪽으로 더욱더 귀를 기울였다. 그러나 오랫동안 그곳은 조용했으므로, 예언자가 시선을 돌려 보니 차라투스트라는 서서 떨고 있었다.

"오, 차라투스트라여." 예언자가 슬픈 목소리로 말하기 시작했다. "그대가 거기 서 있는 모양은 그대의 행복 때문에 현기증을 느끼는 사람 같지는 않구나. 그대는 쓰러지지 않으려면 춤을 취야 할 것이다!

그러나 그대가 내 앞에서 춤을 추며 온갖 재주를 보인다 해도, 나에게 "보라, 여기에 최후의 행복한 인간이 춤을 춘다!"고 말할 사람은 아무도 없을 것이다!

그 최후의 행복한 인간을 찾아 누군가 여기 이 산꼭대기로 올라오는 자가 있다면 헛된 일이리라. 동굴들과 배후의 동굴들, 숨어 사

112. 이 장(章)에서는 여러 종류의 '더 높은 인간'들이 소개된다. 그들은 권태의 예언자, 두 명의 왕(王), 마술사, 신이 죽자 실직한 교황, 가장 추악한 인간, 자진하여 거지가 된 자 등이다.

는 자들의 은신처는 찾겠지만, 행복의 수갱(竪坑), 보고(寶庫), 새로운 행복의 금광맥은 찾아내지 못하리라.

행복. 어떻게 그처럼 묻혀 버린 자들, 홀로 있는 자들에게서 행복을 찾을 수 있겠는가! 나는 최후의 행복을 아직도 행복의 섬에서, 그리고 멀리 떨어져 잊힌 여러 바다들 사이에서 찾아야만 하는가?

그러나 모든 것은 다 똑같고, 보람 있는 것은 아무것도 없으며, 찾는 것은 소용없는 일이다. 행복의 섬이란 것도 더 이상 존재하지 않는다!"

이렇게 예언자는 탄식했다. 그러나 그의 마지막 탄식을 듣자, 차라투스트라는 마치 깊은 나락으로부터 빛 속으로 나온 자처럼 다시 쾌활해지고 자신을 갖게 되었다.

"아니다! 아니다! 세 번째로 말하는데 아니다!" 그는 힘찬 목소리로 외치고 수염을 쓰다듬었다. "그 일은 내가 더 잘 알고 있다! 지금도 행복의 섬들은 존재한다. 거기에 대해서는 입을 다물어라! 그대 탄식하는 고통의 주머니여! 그 일에 대해서는 함부로 지껄이지 말라, 그대 오전의 비구름이여! 나는 이미 그대의 고통에 젖어, 물에 흠씬 젖은 개처럼 여기에 서 있지 않은가?

이제 나는 몸을 털고 그대로부터 달아나리라, 나의 몸이 다시 마르도록. 이것을 그대는 이상하게 여겨서는 안 된다! 내가 그대에게 무례하다고 여겨지는가? 그러나 이곳은 나의 궁전이다.

그러나 그대가 말하는 더 높은 인간에 관해서는, 좋다! 나는 즉시 저기 숲속에서 그를 찾아보겠다. 저기로부터 그의 외침이 들려 왔다.

아마도 거기서 사악한 짐승이 그를 쫓는 것 같다.

그는 나의 영역 안에 있다. 그 안에서 그가 해를 입는 일이 있어서는 안 된다! 그리고 실로, 내 영역에는 사악한 짐승들이 많이 있다." 이 말을 하고서 차라투스트라는 가려고 몸을 돌렸다.

그러자 예언자가 말했다. "오, 차라투스트라여! 그대는 사악한 인간이다! 나는 이미 알고 있다. 그대가 나에게서 떠나고 싶어 하는 것을! 그대는 차라리 숲속으로 달려가 사악한 짐승들을 쫓고 싶어 한다!

그러나 그것이 그대에게 무슨 도움이 되는가? 저녁때 그대는 나를 다시 만나게 될 것이다. 나는 그대 자신의 동굴 안에서 통나무처럼 참을성 있게 앉아서 그대를 기다리고 있으리라!"

"마음대로 하렴!" 차라투스트라는 떠나가면서 뒤에다 대고 외쳤다. "그리고 나의 동굴 속에 있는 나의 것은 그대의 것이기도 한다, 나의 손님이여!

그런데 그 안에서 아직도 꿀을 찾아낸다면, 좋다! 제발 그것을 핥으려무나, 그대 불평투성이의 곰이여, 그래서 그대의 영혼을 감미롭게 만들어라! 저녁에는 우리는 둘 다 즐거운 기분이 되고 싶으니까.

오늘 하루가 끝났기 때문에 유쾌하고 기뻐해야 한다! 그리고 그대 자신은 나의 노래에 맞춰 나의 곰으로서 춤을 추어야 한다.

그대는 그것을 믿지 않는가? 그대는 고개를 가로 젓는가? 좋다! 좋아! 늙은 곰이여! 그러나 나 또한 예언자이다."

차라투스트라는 이렇게 말했다.

◆ 3. 왕들과의 대화

1

차라투스트라가 자신의 산과 숲을 헤치며 한 시간도 채 못 갔을 때, 그는 갑자기 기묘한 행렬을 보았다. 그가 막 내려가려는 길을 따라서, 두 명의 왕이 왕관을 쓰고 진홍색 띠로 마치 홍학처럼 알록달록하게 치장을 한 채 걸어오고 있었다. 그들은 짐을 진 나귀[113]를 한 마리 앞세워 몰면서 걸어왔다. '이 왕들이 나의 영내에서 뭘 하려는 것일까?' 차라투스트라는 깜짝 놀라 마음속으로 말하고 재빨리 덤불 뒤로 몸을 숨겼다. 그러나 왕들이 그가 있는 곳에 이르렀을 때, 그는 혼잣말을 하는 사람처럼 낮은 목소리로 말했다. "이상하군! 이상해! 이게 어찌된 일일까? 보이는 것은 두 왕인데, 나귀는 한 마리뿐이라니!"

그러자 두 왕은 멈춰 서서 미소를 지으며 소리가 나는 쪽을 바라본 다음에 서로의 얼굴을 바라보았다.

"우리나라 사람들도 분명 저런 생각을 하고 있지만." 오른쪽 왕이 말했다. "그러나 크게 입 밖에 내는 사람은 없다."

그러나 왼쪽 왕이 어깨를 으쓱해 보이며 대답했다.

"그런 말을 한 자는 아마 양치기일 거다. 아니면 너무 오랫동안 바위와 나무 사이에서 살아온 홀로 있는 자이겠지. 사람들과 교제가 전

---

113. 나귀에는 '바보'라는 뜻도 내포되어 있다. 나귀는 순종하는 동물로서, 여기서는 스스로 창조하거나 가치를 판단할 능력이 없이 순종하는 데 익숙한 어리석은 민중을 상징한다.

혀 없으면 좋은 풍습도 나빠지는 법이니까."

"좋은 풍습이라니?" 다른 왕이 언짢은 듯 신랄하게 대꾸했다. "도대체 우리는 누구를 피해 달아나고 있지? 바로 그 '좋은 풍습'을 피해서가 아닌가? 우리의 '상류사회'를 피해서가 아닌가?

진실로, 우리의 황금으로 겉치장한 천민들과 함께 사는 것보다는 은둔자들과 양치기들 사이에서 사는 것이 낫지. 비록 천민들이 스스로를 '상류사회'라고 부르더라도.

비록 천민들이 스스로를 '귀족'이라고 부르더라도. 그러나 거기서는 오래된 나쁜 병과 나쁜 의사들 때문에 모든 것이 거짓이고 썩었으며, 특히 그들의 피가 그러하다.

오늘날 나에게 가장 훌륭하고 가장 사랑스런 사람은 거칠고, 교활하고, 고집스럽고, 참을성 있는 건강한 농부다. 농부야말로 오늘날 가장 고귀한 종족이다.

농부가 오늘날 가장 훌륭한 자이다. 그러니 농부의 종족이야말로 지배자가 되어야 한다! 그러나 있는 것은 천민의 왕국뿐이다. 나는 더 이상 속아 넘어가지 않겠다. 천민이란 곧 잡동사니를 의미하는 것이다.

잡동사니인 천민. 그 속에서는 모든 것이 모든 것과 뒤섞여 있다, 성자와 사기꾼이, 귀족과 유대인, 그리고 노아의 방주에서 나온 온갖 가축들이.

좋은 풍습! 우리들에게 있어 모든 것은 거짓되고 썩었다. 아무도 더 이상 존경할 줄을 모른다. 우리는 바로 그들로부터 달아나는 것이다. 그들은 넌더리나게 알랑거리는 뻔뻔스런 개들이며, 종려나무

잎사귀에 금박을 입히는 자들이다.

낡아서 누레진 선조들의 화려한 옷을 걸치고 가장 어리석은 자들, 가장 교활한 자들, 오늘날 권력과 결탁해서 부정한 거래를 하는 자들에게 주는 기념 메달로 치장한 우리 같은 왕 자신들도 가짜가 되었다는 것, 나를 숨 막히게 만드는 것은 이런 구역질이다!

우리는 제1인자가 아니다. 그러나 우리는 그런 척해야 한다. 이런 사기극에 우리는 마침내 지치고 구역질을 하게 되었다.

우리는 천민들을 피해 갔다, 이런 모든 호언장담하는 자들을, 글 쓰는 쇠파리들을, 상인들의 악취를, 야망의 몸부림을. 썩은 숨결, 퉤, 천민들 사이에서 살다니.

퉤, 천민들 사이에서 제1인자인 척하다니! 아, 구역질! 구역질! 구역질! 이제 우리 왕들이 무슨 소용이 있는가!"

"그대의 오래된 병이 그대를 덮치고 있구나." 이때 왼쪽 왕이 말했다. "구역질이 그대를 덮치고 있다, 나의 가엾은 형제여. 그런데 그대도 알고 있겠지, 누군가 우리의 말을 듣고 있다는 것을."

그들의 이야기에 귀와 눈을 열어 두고 있던 차라투스트라는 곧바로 숨어 있던 곳에서 일어나 왕들에게로 걸어가 말하기 시작했다.

"그대 왕들이여, 그대들의 말을 듣는 자, 그대들의 말을 즐겁게 듣고 있는 자는 차라투스트라라고 부른다.

나는 일전에 '이제 왕들이 무슨 소용이 있는가!'라고 말했던 차라투스트라이다. 나를 용서해라. 나는 그대들이 서로 '왕들이 우리에게 무슨 소용이 있는가!'라고 하는 말을 듣고 기뻤다.

그러나 여기는 나의 영내이고 내가 다스리는 곳이다. 그대들은 도대체 나의 영내에서 무엇을 찾고 있는가? 아마도 그대들은 오는 길에 내가 찾고 있던 것을, 다시 말해 더 높은 인간을 찾아냈을지도 모른다."

이 말을 듣자 왕들은 가슴을 치면서 한 목소리로 말했다. "우리가 누구인지 알아차렸구나!

이런 말의 검(劍)으로 그대는 우리 가슴의 가장 짙은 어둠을 베어 내고 있다. 그대는 우리의 고통을 알아챘다. 왜냐하면 보라! 우리는 더 높은 인간을 찾으러 가는 길이기 때문이다.

비록 우리가 왕이기는 하지만, 우리보다 높은 인간을. 그런 인간에게로 우리는 이 나귀를 끌고 가는 중이다. 가장 높은 인간은 또한 지상에서 최고의 지배자가 되어야 한다.

인간의 모든 운명 가운데, 지상의 권력자들이 동시에 제1인자가 아닐 때보다 더 가혹한 불행은 없다. 그때는 모든 것이 거짓되고, 뒤틀리고, 괴물처럼 보이는 것이다.

더구나 이 권력자들이 종말의 인간이고, 인간이라기보다는 오히려 가축인 경우에는, 천민의 값어치는 더욱 오르고, 마침내 천민의 덕(德)은 '보라, 나만이 덕이다!'라고 말하게 된다."

"방금 나는 무슨 말을 들었는가?" 차라투스트라가 대답했다. "왕들에게 이런 지혜가 있다니! 나는 황홀해졌고, 진실로, 나는 벌써 그것으로 한 편의 시를 짓고 싶은 욕망을 느낀다.

그것이 비록 모든 사람의 귀에 맞는 시가 되지는 않더라도. 나는 이미 오래전부터 기다란 귀들[114]을 신경 쓰지 않게 되었다. 좋다! 자!"

(그런데 여기서 나귀도 말을 하는 일이 일어났다. 나귀는 뚜렷하게 그리고 악의에 차서 '이—아'라고 말했다.)

옛날에—아마도 기원(紀元) 일 년의 일이라고 생각되는데,

술도 마시지 않고 취한 무당이 이렇게 말했다.

'슬프다, 이제 세상이 비뚤어져 가는구나!

타락! 타락! 세계가 이토록 깊이 가라앉은 적은 없었다!

로마는 가라앉아 창녀가 되었고 창녀굴이 되었고,

로마의 황제는 가라앉아 가축이 되었고, 신(神) 자신은 유대인[115]이 되었다!'

2

차라투스트라의 이 시를 듣고 왕들은 즐거워하였다. 그러나 오른쪽 왕이 말했다. "오, 차라투스트라여, 우리가 그대를 만나려고 떠나온 것은 얼마나 잘한 일인가!"

그대의 적들이 그들의 거울에 비친 그대의 모습을 우리에게 보여주었다. 그 거울에서 그대는 악마의 찡그린 얼굴로 비웃으면서 바라보았다. 그래서 우리는 그대가 무서웠다.

그러나 그것이 무슨 소용이겠는가! 그대는 매번 되풀이해서 그대의 잠언으로 우리의 귀와 마음을 찔렀다. 그래서 우리는 마침내 말했

---

114. 나귀, 즉 민중을 가리킨다.

115. 예수가 소위 하나님의 아들로서 인간 유대인으로 태어났다는 기독교 사상을 암시하고 있다.

다. 그가 어떤 모습을 하고 있든 무슨 상관이랴! 라고.

우리는 '그대들은 새로운 전쟁을 위한 수단으로서 평화를 사랑해야 한다, 그것도 긴 평화보다는 짧은 평화를!'이라고 가르치는 그의 말을 듣지 않으면 안 된다.

'무엇이 선인가? 용감한 것이 선이다. 선한 전쟁은 모든 것을 신성하게 만든다.' 이처럼 호전적인 말을 한 사람은 아무도 없었다.

오, 차라투스트라여, 그런 말을 듣고 우리의 몸속에서 조상의 피가 들끓었다. 이것은 흡사 봄(春)이 오래 묵은 포도주 통에게 말하는 것과도 같았다.

칼들이 마치 붉은 점박이 뱀들처럼 서로 맞부딪쳤을 때, 우리의 조상들은 삶을 사랑했다. 모든 평화의 태양은 그들에게 나른하고 미지근하게 생각되었으며, 심지어 긴 평화는 그들에게 수치심을 느끼게 했다.

우리의 조상들, 그들은 번쩍거리는 검들이 벽에 걸려 있는 것을 보고 얼마나 탄식했던가! 그 검들처럼 우리 조상들은 전쟁을 갈망했었다. 말하자면 검은 피를 들이마시고 싶어 하며, 그러한 열망으로 번쩍이는 것이다."

왕들이 이와 같이 열심히 자기 조상들의 행복에 대해 이야기하면서 수다를 떨고 있을 때, 차라투스트라는 그들의 열성을 비웃고 싶은 욕망에 사로잡혔다. 왜냐하면 그의 눈앞에 보이는 자들은 몹시 평화를 사랑하는 왕들, 늙고 점잖은 얼굴을 한 왕들이었기 때문이다. 그러나 그는 자제했다. "자!" 그가 말했다. "저쪽으로 이어지는 길이 있고, 거기에는 차라투스트라의 동굴이 있다. 그러니 오늘은 긴 저녁이 될 것이다! 그러나 지금은 구조를 요청하는 외침이 빨리 그대들에게서 떠나라고 나를 부르고 있다.

왕들이 나의 동굴 안에 앉아서 기다린다면 나의 동굴에게 영예가 되리라. 그러나 물론, 그대들은 오래 기다려야 할 것이다!

그러나 이제! 그것이 무슨 상관이랴! 오늘날 기다리는 법을 배우는데 있어 궁전보다 더 좋은 곳이 있는가? 그리고 오늘날 기다릴 수 있다는 것, 그것이 왕들에게 남아 있는 모든 미덕이 아닌가?"

차라투스트라는 이렇게 말했다.

◆ 4. 거머리

그리고 차라투스트라는 깊은 생각에 잠긴 채 숲과 늪지대를 지나 더 멀리, 더 깊은 곳으로 걸어갔다. 그러나 힘든 일에 대해 깊이 생각하는 사람이라면 누구에게나 그런 일이 생기듯, 그는 도중에 무심코 어떤 사람을 발로 밟게 되었다. 그러자 보라, 갑자기 하나의 비명과 두 개의 저주와 스무 개의 욕설이 그의 얼굴에 퍼부어졌다. 그러자 그는 깜짝 놀라 지팡이를 쳐들고 자신에게 밟힌 자를 때렸다. 그러나 그는 곧 냉정을 되찾았고, 그의 마음은 자신이 방금 저지른 어리석은 짓에 웃음이 나왔다.

"용서하라." 그는 밟힌 자에게 말했다. 밟힌 자는 화가 나서 몸을 일으키고 앉아 있었다.

"용서하라, 그리고 무엇보다도 먼저 비유 하나를 들어보라.

먼 것을 꿈꾸며 걸어가던 한 방랑자가 한적한 길에서 잠자고 있던 개 한 마리, 양지에 누워 있던 개 한 마리와 무심코 부딪힌 일이 있었다.

그리하여 소스라치게 놀란 이들 둘이 마치 불구대천의 원수처럼 서로에게 달려드는 것처럼, 그런 일이 우리에게 일어났다.

그렇지만! 그렇더라도, 사정이 조금만 달랐어도 그들은 서로를 애무했을 것이다, 이 개와 이 홀로 있는 자는! 그들 둘 다 실로 고독한 자들이기 때문이다!"

"그대가 누구이건" 밟힌 자는 아직도 화가 나서 말했다. "그대는 단지 그대의 두 발로만 나를 밟은 것이 아니라, 그대의 비유로도 나를 너무나 짓밟고 있다! 보라, 도대체 내가 개란 말인가?"

이렇게 말하면서 앉아 있던 자는 일어나 늪에서 자신의 맨팔을 빼냈다. 그는 처음에는 마치 늪지대의 사냥감을 기다리는 사람처럼 땅바닥에 벌렁 누워 알아보지 못하게 몸을 숨기고 있었던 것이다.

"그러나 도대체 그대는 무엇을 하고 있는가!" 차라투스트라는 깜짝 놀라서 외쳤다. 왜냐하면 그자의 맨 팔에서 많은 피가 흘러나오는 것이 보였기 때문이다. "그대에게 무슨 일이 일어났는가? 그대 불행한 자여, 어떤 사악한 짐승이 그대를 물었는가?"

피를 흘리는 자는 여전히 화를 내며 웃었다. "그것이 그대와 무슨 상관인가!" 그렇게 말하고서 그는 떠나려고 했다. "여기는 내 집이고 나의 영역이다. 묻고 싶은 자는 누구든 나에게 물어보라. 그러나 나는 버릇없는 자에게는 쉽게 대답하지 않을 것이다."

"그대가 틀렸다." 차라투스트라는 동정 어린 소리로 말하고 그를 꽉 붙잡았다. "그대가 잘못 생각하고 있다. 여기서 그대는 그대의 집에 있는 것이 아니라, 나의 영토 안에 있다. 그리고 나로서는 이곳에서 아무도 해를 입지 않게 해야 한다.

그러나 어쨌든, 그대가 부르고 싶은 대로 나를 불러라. 나는 나일 수밖에 없는 그러한 존재이다. 나는 나 자신을 차라투스트라라고 부른다.

자! 저 위로 뻗친 길은 차라투스트라의 동굴에 이른다. 그곳은 멀지 않다. 그대는 나의 집에서 그대의 상처를 돌보지 않겠는가?

그대 불행한 자여, 이 삶 속에서 그대는 고약한 일을 당했다. 처음에는 짐승이 그대를 물었고, 그 다음에는 인간이 그대를 짓밟았다!"

밟혔던 자는 차라투스트라의 이름을 듣자 태도가 달라졌다. "도대체 나에게 무슨 일이 일어났는가!" 그가 외쳤다. "이 삶속에서 아직도 나와 관계있는 자는 차라투스트라라는 이 한 사람과, 피를 먹고 사는 저 거머리뿐이 아닌가?

거머리 때문에 나는 마치 어부처럼 여기 늪가에 누워 있었고, 나의 뻗은 팔은 이미 열 번이나 물렸는데, 이제 그보다 더 근사한 거머리가 내 피를 빨려고 나를 무는구나, 차라투스트라 자신이!

오, 행복이여! 오, 기적이여! 나를 이 늪지로 꾀어낸 이 날이여, 찬양 받을 지어다! 오늘날 살아 있는 가장 활기찬 흡혈 동물이여, 찬양 받을지어다! 커다란 양심의 거머리인 차라투스트라여, 찬양 받을지어다!"

밟힌 자는 이렇게 말했다. 차라투스트라는 그가 한 말과 그의 정중한 말투에 대해 기뻐했다. "그대는 누구인가?" 차라투스트라는 이렇게 묻고 손을 내밀었다. "우리 사이에는 해명하고 해결해야 할 일이 많다. 그러나 내게는 이미 밝고 환한 낮이 오는 것 같다."

"나는 정신의 양심가다." 질문을 받은 자는 대답했다. "정신의 일에 있어 나보다 더 엄격하고, 정밀하고, 냉정한 자는 없으리라, 나를 가르친 사람 차라투스트라 자신을 제외하고는.

많은 것을 어중간하게 아는 것보다는 차라리 아무것도 모르는 것이 낫다! 다른 사람들의 판단에 따라 움직이는 현명한 자보다는, 차라리 자기 힘에 의지하는 바보가 되는 것이 낫다! 나는 근본을 규명한다.

그 근본이 크든 작든 무슨 상관인가? 그것을 늪이라 부르든 하늘이라 부르든? 손바닥 크기만 한 근본이면 나에게 충분하다. 그것이 정말로 근본이고 기반이기만 하다면!—

손바닥 크기만 한 근본이라도, 인간은 그 위에 설 수가 있다. 올바른 지식의 양심 속에는 큰 것이나 작은 것 따위는 존재하지 않는다."

"그렇다면 혹시 그대는 거머리를 잘 아는 자가 아닌가?" 차라투스트라가 물었다. "그래서 그 거머리를 마지막 근본까지 규명하려는 것이구나, 그대 양심가여?"

"오, 차라투스트라여." 밟혔던 자가 대답했다. "그것은 엄청난 일일 것이다, 어찌 내가 감히 그런 일을 시도하겠는가!

그러나 내가 대가로서 거머리의 두뇌에 관해서 잘 알고 있다. 그것은 나의 세계다!

그것 또한 하나의 세계이다! 여기서 나의 긍지가 말하는 것을 용서하라. 여기서는 나와 견줄 자가 없기 때문이다. 그래서 나는 '여기가 나의 집이다'라고 말했던 것이다.

나는 이미 얼마나 오랫동안 이 한 가지 일을, 곧 거머리의 두뇌를 탐구해 왔던가, 여기서 빠져나가기 잘하는 진리가 더 이상 나로부터 빠져나가지 못하도록! 여기야말로 나의 왕국이다!

그것 때문에 나는 다른 모든 것을 던져 버렸고, 그것 때문에 나에게 다른 모든 것은 무관심해졌다. 그리하여 나의 지식 바로 곁에는 나의 깜깜한 무지(無知)가 웅크리고 있다.

내 정신의 양심은 내가 한 가지만을 알고 그밖에 아무것도 알지 못하기를 바란다. 모든 어중간한 정신과 모든 애매모호한 것, 부동(浮動)적인 것, 환영을 쫓는 자들은 나를 구역질나게 한다.

나의 정직함이 끝나는 곳에서, 나는 장님이며 장님이 되기를 원한다. 그러나 내가 알기를 원하는 곳에서, 나는 정직해지기를, 즉 가혹하고, 엄격하고, 편협하고, 잔인하고, 냉혹해지기를 원한다.

오, 차라투스트라여, 일찍이 그대가 '정신이란, 스스로 삶속으로 파고드는 삶이다.'라고 말한 것, 그것이 나를 그대의 가르침으로 인도하고 유혹했다. 그리고 진실로, 나는 나 자신의 피로 나의 인식을 증대시켰다!"

"눈에 보이는 것이 가르쳐주는 군." 차라투스트라가 말을 가로막았다. 왜냐하면 그 양심가의 맨 팔에서 여전히 피가 흘러내리고 있었기 때문이다. 열 마리의 거머리가 그의 팔에 달라붙어 물고 있었다.

"오, 그대 이상한 친구여, 이렇게 눈에 보이는 것이 나에게 얼마나 많은 것을 가르쳐주고 있는가, 바로 그대 자신이! 그런데 나는 아마도 그대의 엄격한 귓속에 모든 것을 부어 넣을 수가 없으리라!

자! 그럼 우리는 여기서 헤어지자! 그러나 나는 기꺼이 그대와 다시 만나고 싶구나. 저 위로 뻗친 길은 나의 동굴로 통한다. 오늘밤 그대는 거기서 나의 반가운 손님이 되리라!

그리고 차라투스트라가 그대의 발을 밟은 것에 대해, 나는 그대의 몸에 보상하고 싶다. 그것에 대해 나는 생각해보겠다. 그러나 지금은 구조를 청하는 외침 소리가 급히 나보고 떠나라고 부르고 있다."

차라투스트라는 이렇게 말했다.

◆ 5. 마술사

1

그러나 차라투스트라가 어느 바위를 돌아섰을 때, 아래쪽 멀지 않은 곳에서 같은 길을 가고 있는 한 사람을 보았다. 그는 미친 사람처럼 손발을 휘두르다가 마침내 땅 위에 배를 깔고 엎어졌다. '잠깐!' 차라투스트라는 마음속으로 말했다. '저기 엎어져 있는 저 사람은 더 높은 인간임이 틀림없다. 저 불길한 외침도 분명 저 사람에게서 나왔을 것이다. 내가 도울 일이 있을지 알아봐야겠다.' 그러나 그 사람이 땅바닥에 누워 있는 곳으로 그가 달려갔을 때, 차라투스트라는 무표정한 눈으로 바라보며 몸을 떨고 있는 한 노인을 발견했다. 그래서 차라투스트라는 이 노인을 일으켜 세워 다시 자기 발로 서게 하려고 애썼지만 소용없었다. 그 불행한 자는 누가 자기 주위에 있다는 것도 알아보지 못하는 것 같았다. 오히려 마치 세상사람 모두에게서 버림받아 고독해진 사람처럼, 애처로운 몸짓으로 끊임없이 주위를 둘러보았다. 그러나 마침내, 많이 떨고 경련으로 몸을 뒤틀고 나서 그는 다음과 같이 탄식하기 시작했다.

아직도 나를 따뜻하게 해주는 자는 누구인가, 아직도 나를

사랑하는 자는, 누구인가?

뜨거운 손을 다오!

마음을 녹일 화로를 다오!

납작 쓰러진 채, 두려워 떨면서,

사람들이 발을 덮어 주는 반쯤 죽은 사람에게—

아! 알지 못할 열병으로 흔들리면서,

날카롭고 얼음 같은 서리의 화살에 맞아 떨면서,

혹독한 사상(思想)이여, 너에게 쫓기면서!

이름 붙일 수 없는 자여! 베일에 싸인 자여! 무시무시한 자여!

너, 구름 뒤에 숨어 있는 사냥꾼이여!

너의 번개에 맞아 쓰러져 있다,

너, 어둠 속에서 나를 응시하는 조소하는 눈이여—

나는 이렇게 누워서,

등을 굽히고 비튼다,

온갖 영원한 고문에 괴로워하면서,

너의 화살에 맞은 채,

가장 잔인한 사냥꾼이여,

너, 미지(未知)의 신이여!

더 깊게 쏘아 맞혀라!

다시 한 번 맞혀라!

쏘아라, 이 가슴을 꿰뚫어 부숴 버려라!

촉이 무딘 화살에 의한

이 고문은 무엇을 의미하는가?

왜 너는 다시 바라보는가,

인간의 고통에 싫증도 나지 않은 채,

심술궂은 신(神)들의 번개 같은 눈으로?

너는 죽이려고 하지는 않고,

그저 고문만 하려는 건가?

왜―나를 고문하는가,

심술궂은 신들의 번개 같은 눈으로?

하하! 너는 살금살금 다가오는가?

이런 한밤중에

너는 뭘 하려는가? 말하라!

너는 나를 억누르고 나를 압박한다.

하! 벌써 너무 가까이 왔다!

가라! 가라!

너는 내가 숨 쉬는 소리를 들으며,

너는 내 심장에 귀를 기울인다,

너, 질투심에 차 있는 자여―

도대체 무엇을 질투하는가?

가라! 가라! 사다리는 무엇에 쓰려는가?

너는 들어오려 하는가,

나의 심장 속으로,

나의 가장 은밀한

사상 속으로

올라오려는 건가?

부끄러움을 모르는 자여! 미지(未知)의 도둑이여!

너는 무엇을 훔쳐 가지려는가,

너는 무엇을 엿들으려 하는가,

너는 고문으로 무엇을 얻어내려는 건가,

너, 고문하는 자여!

너, 사형 집행인인 신이여!

아니면 내가, 개처럼,

네 앞에서 뒹굴어야 하는가?

헌신적으로, 도취되어 넋이 나간 채,

너에게 꼬리를 흔들며 사랑을 보여야 하는가?

부질없는 일이다! 계속 찔러라,

잔인하기 짝이 없는 가시여! 아니,

나는 개가 아니라, 단지 너의 사냥감일 뿐이다,

잔인하기 짝이 없는 사냥꾼이여!

너의 가장 자랑스러운 죄수이다,

너, 구름 뒤에 숨은 강도여!

마지막으로 말하라,

노상강도여, 너는 내게서 무엇을 원하는가?

너, 번개로 몸을 가린 자여! 알지 못하는 자여! 말하라,

너는 무엇을 원하는가, 미지의 신이여?―

뭐라고? 몸값을?

얼마나 되는 몸값을 너는 바라는가?

많이 요구하라. 나의 긍지가 그렇게 권한다!

그리고 짧게 말하라. 나의 다른 긍지가 그렇게 권한다!

하하!

너는 나를 원하는가? 나를?

나를, 전부를?

하하!

그래서 나를 고문하는가, 바보인 네가,

나의 긍지를 깨부수려는가?

나에게 사랑을 다오. 누가 아직도 나를 따뜻하게 해주는가?

누가 아직도 나를 사랑하는가? 나에게 뜨거운 손을 다오,

마음의 화로를 다오,

나에게, 가장 홀로 있는 자에게 다오,

그런 자에게 얼음이, 아! 일곱 겹의 얼음이

적들 자신을,

적들을 애타게 그리워하는 것을 가르치는 법을 가르친다,

나에게 다오, 그래, 내맡겨 다오,

가장 잔인한 적이여,

나에게―너를!

가 버렸다!

그 자신이 달아나 버렸다,

나의 마지막 유일한 친구,

나의 위대한 적,

나의 알지 못하는 자,

나의 사형 집행인인 신이!―

아니! 돌아오라,

고대의 모든 고문과 함께!

모든 홀로 있는 자들 중 가장 마지막 사람에게

오, 돌아오라!

내 눈물의 시냇물은 모두 흐른다,

너를 향해 흐른다!

그리고 나의 마지막 마음의 불꽃―

그것은 너를 향해 불타오른다!

오, 돌아오라!

나의 미지의 신이여! 나의 고통이여! 나의 최후의 행복이여!

2

그러나 여기서 차라투스트라는 더 이상 참을 수 없어서, 지팡이를 들어 그 탄식하는 사내를 온 힘을 다해 쳤다. "멈춰라!" 그는 노기등등한 웃음과 함께 그에게 소리쳤다. "멈춰라, 그대 광대여! 그대 화폐위조자여! 그대 철저한 거짓말쟁이여! 나는 그대를 잘 알고 있다! 나는 그대의 발을 따뜻하게 만들어 주겠다, 그대 못된 마술사여. 나는 그대와 같은 자들을 뜨겁게 만드는 법을 잘 알고 있다!"

"그만 둬라." 그 늙은이는 말하고서 땅에서 벌떡 일어났다. "더 이상 때리지 말라, 오, 차라투스트라여! 나는 그냥 장난으로 그러고 있었을 뿐이다!

이런 것이 내 기술 중의 하나다. 내가 그대에게 그런 연기를 보여주었을 때 그대 자신을 시험해보고 싶었다! 그리고 실로, 그대는 나를 잘 꿰뚫어 보았다!

그러나 그대도 역시 나에게 그대에 관해 상당한 연기를 해 보였다. 그대는 냉정하다, 그대 지혜로운 차라투스트라여! 그대는 그대의 '진리'로 가혹하게 매질을 한다. 그대의 곤봉은 나를 강요하여 이 진실을 털어놓게 하고 있다!"

"아첨하지 말라." 차라투스트라는 아직도 흥분해서 얼굴을 찡그리며 대답했다. "그대 철저한 광대여! 그대는 거짓된 자이다. 그런 그대가 어찌—진실에 대해 말하는가!

그대 공작새 중의 공작새여, 그대 허영의 바다여, 내 앞에서 무슨 연기를 했는가, 그대 못된 마술사여, 그대가 이런 모습으로 탄식했을 때 내가 누구를 믿어야 하는가?"

"정신의 참회자를." 그 늙은이가 말했다. "정신의 참회자를 나는 연기했다. 그대 자신이 일찍이 그 말을 만들어 냈다.

결국 자신의 정신을 자기 자신에 맞서게 하는 시인이자 마술사를, 일변하여 자신의 나쁜 지식과 양심 때문에 얼어붙은 자를 나는 연기했다.

그러니 자백하라. 오, 차라투스트라여, 그대가 나의 기술과 거짓말을 간파하기까지는 오래 걸렸다는 것을! 그대는 두 손으로 내 머리를 받쳐 주었을 때 내가 고통에 처했다고 믿었다.

나는 그대가 '이 사람은 너무나 적게 사랑을 받았구나, 너무 적게 받았구나!'라고 탄식하는 소리를 들었다. 내가 그대를 이만큼 속인 것에 나의 악의는 속으로 기뻐했다."

"그대는 나보다 더 예민한 자들도 속였을 것이다." 차라투스트라는 냉정하게 말했다. "나는 속이는 자들을 경계하지 않는다. 나는 조심하고 있어서는 안 된다. 내 운명이 그러기를 원한다.

그러나 그대는 속일 수밖에 없다. 나는 그 정도로 그대를 잘 알고 있다! 그대는 언제나 두 가지, 세 가지, 네 가지, 다섯 가지 의미를 지니고 있어야 한다! 그리고 그대가 방금 고백한 것도, 내가 보기에는 아직 충분히 진실하지도 충분히 거짓도 아니다!

그대 사악한 화폐 위조자여, 그대가 어찌 달리 될 수 있으랴! 그대는 의사에게 그대의 맨 몸을 보일 때조차도 그대의 병까지도 위장할 것이다.

마찬가지로 그대는 방금 '나는 다만 장난으로 이러고 있었을 뿐이다!'라고 말했을 때도, 내 앞에서 그대의 거짓말을 위장했다. 그 말

속에는 진실도 있었다. 그대는 어느 정도 정신의 참회자인 것이다!

나는 그대를 잘 알아맞혔다. 그대는 모든 사람들의 마술사가 되었지만, 그대 자신을 위해서는 더 이상 할 수 있는 거짓말이나 계책도 남아 있지 않다. 그대 자신은 그대의 마법에서 풀려나 있는 것이다!

그대는 그대의 유일한 진리로서 수확한 것은 구역질이다. 그대에게 어떤 말도 더 이상 진짜가 아니지만, 그대의 입은, 다시 말해 그대의 입에 달라붙어 있는 구역질은 진짜다."

"도대체 그대는 누구인가!" 여기서 늙은 마술사는 반항적인 목소리로 외쳤다. "오늘날 살아 있는 가장 위대한 자인 나에게 감히 이렇게 말하는 자는?" 그리고 그의 눈에서 푸른 번개 같은 것이 차라투스트라를 향해 튀어 나왔다. 그러나 그는 금방 변하여 서글프게 말했다.

"오, 차라투스트라여, 나는 지쳤다. 나의 기술들은 나를 구역질나게 한다. 나는 위대하지 않다. 내가 무엇을 가장하리요! 그러나, 그대는 잘 알고 있다, 내가 위대함을 추구했었다는 것을!

나는 위대한 사람처럼 보이고 싶었으며, 많은 사람들로 하여금 그렇게 믿게 했다. 그러나 이런 거짓말은 내 힘에 겨웠다. 그런 거짓말 때문에 나는 망가져 내리고 있다.

오, 차라투스트라여, 나의 모든 것이 거짓이다. 그러나 내가 무너져 내리고 있다는 것—이것만은 진짜다!"

"그것은 그대의 영예다." 차라투스트라는 침울하게 시선을 옆으로 떨어뜨리면서 말했다. "그대가 위대함을 추구한 것은 그대의 영예다. 그러나 그것은 그대의 정체를 드러내기도 한다. 그대는 위대하지 않다.

그대 사악한 늙은 마술사여, 그대가 자신에게 지쳤다는 것, 그리고 '나는 위대하지 않다'라고 털어놓은 것, 그것이야말로 내가 그대를 존경하는, 그대의 가장 좋은 점이며, 가장 솔직한 점이다.

그런 점에서 나는 그대를 정신의 참회자로서 존경한다. 그리고 비록 한순간에 불과했을지라도, 그대는 진짜였다.

그러나 말하라, 그대는 여기 나의 숲과 바위들 사이에서 무엇을 찾고 있는가? 그리고 내가 가는 길에 그대가 누워 있었을 때, 그대는 나에게 어떤 시험을 해보려 했던 것인가?

어떤 일에 대해 나를 시험해보았는가?"

차라투스트라는 이렇게 말했고, 그의 눈은 불꽃을 튀었다. 늙은 마술사는 잠시 침묵했다가 말했다. "내가 그대를 시험했다고? 나는—다만 찾고 있을 뿐이다.[116]

오, 차라투스트라여, 나는 진짜인 자, 올바른 자, 단순한 자, 하나의 의미를 지닌 자, 전적으로 정직한 인간, 지혜의 그릇, 인식의 성자(聖者), 위대한 인간을 찾고 있다!

그대는 모르는가, 오, 차라투스트라여? 나는 차라투스트라를 찾고 있다."

그러자 여기서 두 사람 사이에 긴 침묵이 생겨났다. 그러나 차라투스트라는 자신 속으로 깊이 침잠한 채 두 눈을 감고 있었다. 그러나 이윽고 자신의 이야기 상대로 되돌아와 마술사의 손을 움켜잡고,

---

116. 독일어로 '시험하다(versuchen)'와 '찾다(suchen)'는 단어의 형태가 비슷하다는 점에서, 여기서도 니체 특유의 언어유희를 엿볼 수 있다.

정중하면서도 교묘하게 말했다.

"자! 저 위로 올라가는 길이 있고, 거기에 차라투스트라의 동굴이 있다. 그 안에서 그대는 그대가 찾고 싶은 것을 찾아봐도 좋다.

나의 동물들, 바로 나의 독수리 그리고 나의 뱀에게 조언을 구하라. 그들은 그대가 찾는 것을 도와주리라. 그러나 나의 동굴은 크다.

나 자신은 물론 아직도 위대한 인간을 보지 못했다. 오늘날 아무리 예민한 자의 눈도 위대한 것을 보기에는 무디다. 지금은 천민들의 왕국이기 때문이다.

우쭐거리며 허풍을 떠는 자들을 나는 많이 보았다. 그러면 군중은 '보라, 위대한 인간을!'이라고 외쳤다. 그러나 그 모든 허풍떠는 풀무가 무슨 소용이랴! 결국 거기서는 바람이 빠져나오기 마련이다.

너무 오랫동안 자신을 부풀린 개구리는 결국 터져 버리고 만다. 거기서는 바람이 빠져나온다. 부풀어 오른 자의 배를 찌르는 것, 그것을 나는 멋진 오락이라고 부른다. 이 말을 들어라, 그대 소년들이여!

오늘날은 천민들의 것이다. 여기서 무엇이 크고 무엇이 작은지를 누가 알겠는가! 그런 곳에서 누가 위대함을 성공적으로 찾겠는가! 오직 바보만이 찾을 것이다. 바보만이 성공한다.

그대는 위대한 인간들을 찾고 있는가, 그대 이상한 바보여? 누가 그대에게 그것을 가르쳤는가? 오늘날이 그런 일을 할 때인가? 오, 그대 못된 탐구자여, 어째서 그대는 나를 시험하는가?"

차라투스트라는 마음이 편안해져 이렇게 말하고, 웃으면서 자기의 길을 걸어갔다.

◆ 6. 실직(失職)[117]

그러나 차라투스트라는 마술사로부터 풀려난 지 얼마 되지 않아, 자신이 가는 길에 다시 누군가 앉아 있는 것을 보았다. 그 사람은 검은 옷을 입은, 키가 크고 얼굴이 초췌하고 창백한 남자였다. 그는 차라투스트라를 무척 불쾌하게 만들었다. "슬프다." 그는 마음속으로 말했다. "저기 위장한 고뇌가 앉아 있구나. 내 생각에 성직자들 같은데, 저런 자들이 나의 영내에서 무엇을 하려는 것일까?

어찌된 거냐! 저 마술사에게서 간신히 벗어나자마자, 또 다시 다른 검은 마술사가 내 길을 막다니.

안수(按手)로 요술을 부리는 자, 신의 은총을 빙자하여 음울한 기적을 일으켜 보이는 자, 기름을 바른 세계의 비방자, 그런 자는 악마가 잡아가기를!

그러나 악마는 있어야 할 곳에 있는 적이 결코 없다. 그는 언제나 너무 늦게 온다, 이 괘씸한 난장이, 절름발이가!"

이렇게 차라투스트라는 마음속으로 초조하게 저주하면서, 어떻게 하면 그 검은 옷을 입은 남자 곁을 살짝 지나쳐 갈 수 있을까 생각했다. 그러나 보라. 일이 그렇게 되지 않았다. 즉, 바로 그 순간, 앉아 있던 사람이 이미 그를 보아 버렸던 것이다. 그는 마치 뜻밖의 행운을 만난 사람처럼 벌떡 일어나 차라투스트라를 향해 다가왔다.

"그대가 누구이든, 방랑자여." 그자가 말했다. "길을 잃고 헤매

---

117. 여기서 실직이란 교황의 실직을 암시하는 것으로, 교황이 실직했다는 것은 그가 섬기던 기독교의 신이 더 이상 존재하지 않는다는 것을 시사한다.

는 사람을, 찾는 사람을 도와 달라, 자칫하면 여기서 해를 입게 될 한 늙은이를!

여기 이 세계는 나에게 낯설고 멀며, 더구나 거친 짐승들이 울부짖는 소리가 들린다. 그리고 나를 보호해 줄 수도 있었을 사람 자신은 죽고 없다.

나는 최후의 신앙심 깊은 사람을 찾고 있다, 홀로 자신의 숲속에 있으면서 오늘날 온 세상이 알고 있는 것에 대해 아직 아무것도 듣지 못한 성자(聖者)이자 홀로 있는 자를."

"오늘날 온 세상이 알고 있다는 것이 무엇인가?" 차라투스트라가 물었다. "그것은 혹시, 온 세상이 한때 믿었던 그 늙은 신이 더 이상 살아 있지 않다는 것인가?"

"그대 말이 맞다." 그 늙은이는 서글프게 대답했다. "나는 그 늙은 신을 임종의 시간까지 섬겼다.

그러나 지금 나는 실직을 해서 주인이 없지만, 그렇다고 자유롭지도 못하고 추억에 잠기는 것 외에는 한 시도 즐겁지 않다.

내가 이 산으로 올라온 것은, 마침내 늙은 교황이자 교부(敎父)인 나에게 어울리는 축제를,―알아두어라, 내가 마지막 교황이라는 것을!―신앙심 깊은 추억과 신에게 드리는 예배를 위한 축제를 베풀기 위해서이다.

그러나 이제 가장 신앙심 깊은 그 사람 자신, 노래와 웅얼거림으로 끊임없이 자신의 신을 사랑하던 저 숲속의 성자는 죽어 버렸다.

내가 그의 오두막집을 찾았을 때, 그 자신은 더 이상 보이지 않았다. 그러나 그 안에서는 두 마리의 늑대가 그의 죽음을 슬퍼하며 울부짖고 있었다. 왜냐하면 모든 짐승이 그를 사랑했던 것이다. 그래서 나는 그곳에서 도망쳐 버렸다.

그렇다면 내가 이 숲과 산속으로 온 것은 헛된 일인가? 그때 내 마음은 다른 사람을 찾기로 결심했다, 신을 믿지 않는 모든 사람들 중에서 가장 신앙심 깊은 사람, 차라투스트라를 찾기로!"

늙은이는 이렇게 말하고 나서 자기 앞에 서 있는 사람을 날카로운 눈으로 바라보았다. 그러나 차라투스트라는 늙은 교황의 손을 붙잡고 경탄하면서 그 손을 오랫동안 바라보았다.

"보라, 그대 존경할 만한 자여." 이윽고 차라투스트라는 말했다. "얼마나 아름답고 긴 손인가! 이것은 언제나 축복을 나누어주던 자의 손이다! 그러나 지금 이 손은 그대가 찾는 자인 나, 차라투스트라를 꽉 붙잡고 있다.

내가 바로 신을 믿지 않는 차라투스트라이다. 나는 말하건대, 나보다 더 신을 믿지 않는 자는 누구인가? 내가 기꺼이 그의 가르침을 받으리라.

차라투스트라는 이렇게 말하고서, 자신의 시선으로 늙은 교황의 사상(思想)과 배후에 숨겨진 사상들을 꿰뚫어 보았다. 마침내 교황은 다음과 같이 말하기 시작했다.

"신을 가장 많이 사랑하고 소유했던 사람, 그 사람이 이제는 그 신을 가장 많이 잃어버렸다.

보라, 지금 우리 둘 중에서 나 자신이 더 신을 믿지 않는 자가 아니겠는가? 그러나 누가 그것을 기뻐할 수 있으랴!"

"그대는 마지막까지 신을 섬겼으니" 차라투스트라는 깊은 침묵

후에 생각에 잠겨 물었다. "그 신이 어떻게 죽었는지 그대는 알고 있겠지? 동정심이 신을 목 졸라 죽였다고 하는데, 그것이 사실인가?

사람이 십자가에 매달리는 것을 그 신[118]이 보고 견디지 못했다는 것이, 인간에 대한 사랑이 그 신의 지옥이 되고 마침내 죽음이 되었다는 것이?"

그러나 늙은 교황은 대답하지 않고, 대신 수줍어하며 고통스럽고 음울한 표정으로 시선을 옆으로 돌려버렸다.

"신을 보내 버려라." 오랫동안 깊은 생각에 잠긴 후에, 차라투스트라는 그 늙은이의 눈을 똑바로 쳐다보며 말했다.

"그를 보내 버려라. 그는 사라졌다. 그리고 그대가 이 고인(故人)에 대해 좋은 말만 하는 것은 그대의 영예가 될지 몰라도, 그러나 그대는 그가 누구였는지를, 그리고 그가 기묘한 길을 걸어갔다는 것을 나만큼 잘 알고 있다."

"세 눈(目) 아래서 은밀히 하는 말이지만,"[119] 쾌활해진 늙은 교황이 말했다. "신(神)의 일에 관해서라면 내가 차라투스트라 자신보다 더 밝다. 그리고 그것은 당연한 일이다.

나의 사랑은 오랜 세월에 걸쳐 그를 섬겼고, 나의 의지는 그의 모든 의지에 따랐다. 그러나 좋은 하인은 모든 것을 알고 있거니와, 또 주인이 자신에게까지 숨기는 여러 가지 일도 알고 있는 법이다.

---

118. 여기서 말하는 신은 기독교의 신이며, 결국 기독교 자체다.

119. 독일어에서 '네 개의 눈 밑에서(unter vier Augen)'라는 표현이 있는데, 이는 '단둘이, 비밀리에'라는 뜻이다. 여기서 '세 개의 눈 밑에서'라고 교황이 말하는 것은 그가 한쪽 눈이 멀어 있으므로 '단둘이'라는 표현을 그렇게 쓴 것이다.

그는 비밀로 가득 찬 숨은 신이었다. 실로 그는 독생자[120](獨生子)를 얻기 위해서도 바로 샛길로 왔던 것이다. 그를 믿는 신앙의 문턱에는 간통이 있었다.[121]

누구든 그를 사랑의 신으로 찬미하는 자는 사랑 자체를 충분히 고귀하게 생각하지 않는다. 이 신은 또한 재판관이 되려 하지 않았던가? 그러나 사랑하는 자는 보상과 보복을 초월하여 사랑한다.

동방으로부터 온 이 신은 젊었을 때는 냉혹하고 복수심이 강했으며, 자신이 좋아하는 자들을 즐겁게 하기 위해서 지옥을 만들었다.

그러나 마침내 그는 늙고, 쇠약해지고, 흐물흐물해지고, 동정심이 많아져서 아버지보다는 할아버지와 비슷하게, 그러나 그보다는 비틀거리는 늙은 할머니와 가장 비슷하게 되었다.

그리하여 그는 쭈그러든 채 자신의 난롯가에 앉아, 자신의 힘없는 두 다리를 한탄하면서, 세상에 지치고 의욕에 지쳐서 어느 날, 그는 자신의 너무나 큰 동정으로 인해 질식해 죽고 말았다."

"그대 늙은 교황이여." 여기서 차라투스트라가 끼어들어 말했다. "그것을 그대는 자신의 눈으로 보았는가? 분명 그렇게 죽었을지도 모른다, 또한 다르게 죽었을지도 모른다. 신들은 죽을 때 항상 여러 종류의 죽음을 맞이한다.

그러나 좋다! 이렇든 저렇든—신은 사라졌다! 신은 나의 귀와 눈

---

120. 예수 그리스도를 가리킨다.

121. 성서에는 예수가 마리아와 그녀의 남편인 요셉 사이에서 태어나지 않고 성령에 의해 수태된 처녀 마리아에게서 태어났다고 씌어 있는데, 니체는 이것은 거짓이며 실제로는 '간통'에 의해 태어난 것이라고 암시하고 있다.

의 취향에 거슬렸지만, 나는 뒤에서 그에 대해 더 이상 험담은 하고 싶지 않다.

나는 밝게 쳐다보고 정직하게 말하는 모든 것을 사랑한다. 그러나 그는, 늙은 성직자여, 그대도 잘 알다시피, 그에게는 뭔가 그대와 비슷한 점, 성직자와 비슷한 점이 있었다. 그는 다의적(多義的)이었다.

그는 또한 분명하지 못했다. 이 분노하는 자는[122] 우리가 자신을 잘 이해하지 못한다고 해서 우리에게 얼마나 화를 냈던가! 그러나 어찌하여 그는 좀 더 분명하게 말하지 않았던가?

그리고 그것이 우리의 귀 탓이라면, 왜 그는 우리에게 그의 말을 잘 이해하지 못하는 귀를 주었는가? 우리의 귓속에 진흙이 들어 있었다면, 좋다! 그 진흙은 누가 집어넣은 것인가?

그는 미숙한 도공(陶工)처럼, 그가 만들어 낸 피조물들은 너무 많이 실패작이었다! 그러나 자신의 항아리들과 피조물들이 잘못 만들어졌다 해서 이들에게 복수한 것은 좋은 취향에 어긋나는 죄였다.

신앙심에도 좋은 취향이 있다. 마침내 이 취향이 말했다. '그따위 신은 가버려라! 오히려 신이 없는 것이 낫고, 오히려 혼자 힘으로 운명을 만드는 것이 낫고, 오히려 바보가 되는 것이 낫고, 스스로 신이 되는 것이 더 낫다!"

"나는 무슨 말을 듣고 있는가!" 여기서 귀를 쫑긋 세우고 있던 늙은 교황이 말했다. "오, 차라투스트라여, 그대는 그런 불신(不信)을 갖고 있으면서도 그대가 생각하는 것보다 더 경건하다! 그대의 내면

---

122. 기독교의 신 여호와. 그는 분노의 신으로 알려져 있다.

의 어떤 신이 그대를 신을 믿지 않는 상태로 개종시킨 것이다.

그대로 하여금 더 이상 신을 믿지 못하게 하는 것, 그것이 바로 그대의 신앙심 자체가 아니겠는가? 그리고 그대의 과대한 정직함은 그대를 또 선악의 저편으로 데려갈 것이다!

자, 보라, 그대를 위해 무엇이 남겨져 있는가? 그대는 영원한 옛날부터 축복을 하도록 예정된 눈과 손과 입을 갖고 있다. 사람은 손만으로 축복을 해주는 것이 아니다.

비록 그대는 무신론자가 되려고 하지만, 그대의 곁에 있으면 나는 오랜 축복으로부터 나오는 비밀스런 거룩하고 성스러운 냄새를 맡는다. 그럴 때 나는 기쁘면서도 슬프다.

나를 그대의 손님이 되게 해다오, 오, 차라투스트라여, 단 하룻밤만! 지금 나에게 지상에서 그대의 곁에 있는 것보다 더 아늑한 곳은 없다!"

"아멘! 그렇게 될 지어다!" 차라투스트라는 매우 의아해하며 말했다. "저 위로 올라가는 길이 있고, 거기에 차라투스트라의 동굴이 있다.

실로 나는 그대를 기꺼이 직접 그곳으로 인도하고 싶다, 그대 존경스러운 자여. 나는 신앙심 깊은 모든 사람들을 사랑하기 때문이다. 그러나 지금은 절박한 외침 소리가 빨리 그대로부터 떠나라고 나를 부른다.

나의 영내에서는 나는 아무도 해를 입지 않게 하리라. 나의 동굴은 좋은 항구다. 그리고 내가 가장 바라는 것은, 누구든 슬퍼하는 자를 다시 단단한 땅 위에 확고한 발로 서게 하는 일이다.

그러나 누가 그대의 어깨에서 그대의 우울함을 덜어 줄 것인가? 그렇게 하기에는 나는 너무나 약하다. 실로, 그대를 위해서 누군가 그대의 신을 다시 깨울 때까지 오랫동안 우리는 기다려야 할지도 모른다.

말하자면, 이 늙은 신은 더 이상 살아 있지 않기 때문이다. 이 신은 완전히 죽은 것이다."

차라투스트라는 이렇게 말했다.

◆ 7. 가장 추악한 인간

그리하여 차라투스트라의 발은 다시 산과 숲속을 달렸고 그의 눈은 찾고 또 찾았다. 그러나 그의 눈이 보고 싶어 하는 사람, 즉 커다란 고통을 겪으면서 구조를 요청하는 외침 소리를 지른 자는 어디에서도 볼 수 없었다. 그러나 줄곧 길을 가면서 그는 마음속으로 기뻐하고 감사하고 있었다. "얼마나 좋은 일들을" 그는 말했다. "오늘이 나에게 선사했는가. 시작이 좋지 않았던 것에 대한 대가로! 얼마나 이상한 이야기 상대들을 나는 만났던가!

나는 그들이 한 말을 이제 좋은 곡식알을 씹듯이 오래도록 씹어 보고 싶다. 나의 이빨은 그것들을 잘게 씹고 또 씹어 부러뜨려야 한다, 그것들이 마치 젖과 마찬가지로 내 영혼 속으로 흘러들어 올 때까지!"

그러나 길이 다시 어떤 바위를 휘어 돌았을 때, 갑자기 풍경이 변하고 차라투스트라는 죽음의 나라로 들어섰다. 여기에는 검붉은 절벽들이 치솟아 있고, 풀도 나무도 없고, 새소리도 들리지 않았다. 그곳은 모든 동물들이, 심지어 맹수들까지도 기피하는 골짜기였던 것이다. 추악하고 굵직한 녹색의 뱀 종류들만이 늙으면 이곳으로 와서 죽었다. 그래서 이 골짜기를 목자(牧者)들은 '뱀의 죽음'이라고 불렀다.

그러나 차라투스트라는 어두운 회상 속으로 잠겨 들어갔다. 언젠가 전에 이 골짜기 안에 서 있었던 것처럼 생각되었기 때문이다. 그리고 수많은 무거운 것들이 그의 마음을 누르고 있었다. 그는 느릿느릿 걸어가다가 더욱더 걸음이 느려지더니 마침내 가만히 멈춰 섰다. 그러나 그때 그가 눈을 뜨자 길 위에 무언가 있는 것이 보였다. 그것은 인간 비슷한 형상을 하고 있었으나 거의 인간처럼 보이지 않았고, 뭔가 말로 표현하기 어려운 것이었다. 그리고 이런 것을 목격했다는 것에 대한 커다란 수치심이 차라투스트라를 엄습했다.

수치심으로 흰 머리까지 붉어질 만큼 얼굴을 붉히며 그는 시선을 돌려, 이 불길한 장소를 떠나려고 발을 옮겼다. 그러나 그때 죽은 황무지가 소리를 냈다. 곧 땅으로부터 가르릉거리고 꼬르륵거리는 소리가 솟아올랐다, 마치 밤중에 막힌 수도관을 물이 지나갈 때 꼬르륵 괄괄 소리를 내는 것처럼. 그리고 마침내 그것은 인간의 목소리가 되고 인간의 말이 되어, 이렇게 울렸다.

"차라투스트라여! 차라투스트라여! 나의 수수께끼를 풀어라! 말하라, 말하라! 목격자에 대한 복수는 어떤 것인가?

나는 그대를 유혹해서 되돌아오게 하겠다. 여기에 미끌미끌한 얼음이 있다! 조심하라, 그대의 긍지가 여기서 다리를 부러뜨리지 않도록 조심하라!

그대는 스스로 지혜롭다고 생각한다, 그대 긍지 높은 차라투스트라여! 그렇다면 이 수수께끼를 풀어라, 그대 단단한 호두까기여![123] 수수께끼를 풀어라. 그건 바로 나다! 그러니 말하라, 내가 누구인가!"

차라투스트라가 이 말을 들었을 때—그의 영혼에 무슨 일이 일어났다고 그대들은 생각하는가? 동정심이 그를 엄습하였다. 그리고 그는 단번에 푹 쓰러졌다. 마치 오랫동안 많은 벌목꾼들에게 저항해 오던 참나무가 무겁게, 갑자기 그 나무를 쓰러뜨리려고 하던 사람들을 놀라게 하며 쓰러지듯이. 그러나 곧 그는 땅바닥에서 다시 일어났고 그의 안색은 굳어져 있었다.

"나는 그대를 잘 알고 있다." 차라투스트라는 무쇠 같은 목소리로 말했다. 그대는 신(神)을 살해한 자다! 나를 보내다오.

그대는 그대를 본 자를 참지 못했다. 속속들이 그대를 본 자를 그대는 언제나 참지 못했다. 그대 가장 추악한 인간이여! 이런 목격자에게 그대는 복수를 했다!

차라투스트라는 이렇게 말하고서 떠나가려 했다. 그러나 형언하기 어려운 모습의 그자는 차라투스트라의 옷 끝을 붙잡고 다시 꼬르륵 소리를 내며 말을 찾기 시작했다. "머물러라!" 마침내 그자가

---

123. 독일어에서 '단단한 호두를 깨다(eine harte Nußknacken)'라는 말은 은유적(隱喩的)으로 어려운 문제나 수수께끼를 푼다는 뜻도 갖고 있다.

말했다.

"그대로 있어라! 지나쳐 가지 말라! 어떤 도끼가 그대를 쳐서 땅에 쓰러뜨렸는지 나는 알아냈다. 오, 차라투스트라여, 그대가 다시 일어서다니, 만세!

그를 죽인 자, 신을 살해한 자의 기분이 어떠하리라는 것을 그대는 알아챘다. 그것을 나는 잘 알고 있다. 그대로 있어라! 이리 와 내 곁에 앉아라. 그것은 무의미한 일이 아니다.

내가 그대한테 가지 않으면 누구한테 가려고 했겠는가? 머물러라, 앉아라! 그러나 나를 쳐다보지는 말라! 이렇게—나의 추악함에 경의를 표하라!

그들은 나를 뒤쫓고 있다. 이제 그대가 나의 마지막 피난처다. 그들은 증오를 갖고 뒤쫓는 것도 아니고, 그들의 추격자들을 시켜 뒤쫓는 것도 아니다. 오, 그런 추격이라면 나는 비웃을 것이고, 의기양양하고, 기뻐하리라!

지금까지 모든 성공은 잘 쫓기는 자들의 것이 아니었던가? 그리고 잘 쫓는 자는 추종하는 것을 쉽게 배운다. 이미 뒤쪽에 쳐져 있기 때문이다! 그러나 그들의 동정심 때문에,

그들의 동정심 때문에, 나는 달아나 그대에게 피신한 것이다. 오, 차라투스트라여, 나를 보호해다오, 그대 나의 마지막 피난처여, 그대, 나를 알아낸 유일한 자여.

그[124]를 죽인 자의 기분이 어떤지, 그대는 알아챘다. 머물러 있어

---

124. 신(神)을 가리킨다.

라! 그리고 만일 가고 싶다면, 그대 성급한 자여, 내가 온 길로 가지는 말라. 그 길은 좋지 않다.

그대는 내게 화를 내는가, 내가 더듬거리면서 너무 오랫동안 말을 해서? 그대에게 충고까지 해서? 그러나 알아두라, 나, 가장 추악한 인간은, 또한 가장 크고 가장 무거운 발도 갖고 있다는 것을. 내가 갔던 곳은 길이 나쁘다. 나는 모든 길을 밟아 엉망으로 파괴하고 죽여 버린다.

그러나 그대가 묵묵히 내 곁을 지나쳐 간 것, 그대가 얼굴을 붉힌 것, 그것을 나는 잘 보았다. 그것으로 나는 그대가 차라투스트라라는 것을 알아본 것이다.

누구든 다른 사람이었다면 먹을 것과 동정의 시선과 말을 내게 던졌을 것이다. 그러나 나는 그것을 받을 만한 거지가 아니니, 그것을 그대는 알아챘던 것이다.

그런 것을 받기엔 나는 너무나 부유하다, 위대한 것, 무서운 것, 가장 추한 것, 말로 표현하기 가장 어려운 것에 있어서 부유하다! 그대의 수치심이, 오 차라투스트라여, 나를 영광스럽게 했다!

나는 동정하는 자들의 무리에서 간신히 빠져 나왔다. '동정이란 주제넘은 짓이다'라고 오늘날 가르치는 유일한 자를, 오, 차라투스트라여, 그대를 찾기 위하여!

신의 동정이건, 인간의 동정이건, 동정은 수치심에 역행하는 것이다. 도와주지 않으려 하는 것이 도와주려고 달려오는 덕보다 더 고귀한 것이다.

그러나 그것, 곧 동정이 오늘날 모든 소인(小人)들에게는 덕(德)

그 자체로 불린다. 그런 자들은 커다란 불행에 대해서도, 커다란 추악함에 대해서도, 커다란 실패에 대해서도 경외심을 갖지 않는다.

나는 몰려 있는 양 떼들 너머로 한 마리의 개가 멀리 바라보듯, 이런 모든 자들 너머로 멀리 바라본다, 그들은 털이 복실거리는, 왜소하고 마음씨 좋은 회색인(灰色人)들이다.

마치 한 마리의 해오라기가 머리를 뒤로 젖힌 채, 경멸하며 얕은 연못 너머 먼 곳을 바라보듯, 나는 회색빛 잔물결과, 의지와 영혼의 무리들 너머 먼 곳을 바라본다.

너무나 오랫동안 사람들은 그들, 즉 이 소인들에게 권리를 인정해 주었고, 그들에게 마침내 힘까지도 주었다. 이제 소인들은 가르친다, '소인들이 선(善)이라고 부르는 것만이 선하다'라고.

그리하여 소인(小人) 출신의 설교자, 스스로 '나는—진리이다'라고 증언한, 소인들의 대변자인 저 이상한 성자[125]가 말한 것이 오늘날 '진리'로 불리고 있다.

이 불손한 자는 이미 오랫동안 소인들을 한껏 부풀려 왔다. 그는 '나는 진리다'라고 가르쳤을 때, 적지 않은 오류를 가르쳤던 것이다.

불손한 자로서 그보다 더 정중한 응답을 받은 자가 있던가? 그러나 오, 차라투스트라여, 그대는 그의 곁을 지나쳐 가면서 말했다. '아니다! 아니다! 세 번 아니다!'라고.

그대는 그의 오류를 조심하라고 경고했고, 그의 동정에 대해 경고를 한 최초의 사람이었다. 누구에게가 아니고 아무에게가 아닌, 바로

---

125. 예수를 가리킨다. 《신약성경》의 '요한복음'에서 예수가 "나는 길이요, 진리요, 생명이다"라고 말하고 있는데, 니체는 이것을 풍자하고 있다.

그대 자신과 그대의 부류들에게.

그대는 위대한 고뇌자의 수치심을 부끄러워한다. 그리고 진실로, 그대가 '동정으로부터 거대한 구름이 몰려온다. 조심하라, 그대 인간들이여!'라고 말할 때.

그대가 '모든 창조하는 자들은 냉혹하다, 모든 위대한 사랑은 동정을 초월한다'고 가르칠 때, 오, 차라투스트라여, 내게는 그대가 뇌우(雷雨)의 징후를 너무나 잘 알고 있는 것으로 생각된다!

그러나 그대 자신은 그대 자신의 동정을 조심하도록 스스로에게 경고하라! 왜냐하면 많은 사람들이 그대에게로 오는 중이기 때문이다. 고뇌하며 절망하고 물에 빠져 죽어 가고 추위에 얼어 가는 많은 사람들이.

나는 그대에게 나 자신도 조심하라고 경고한다. 그대는 나의 최고의 수수께끼와 최악의 수수께끼, 곧 나 자신과 내가 한 일을 알아맞혔다. 나는 그대를 찍어 쓰러뜨릴 도끼를 알고 있다.

그러나 그는 죽을 수밖에 없었다. 그는 모든 것을 보는 눈으로 보았다. 그는 인간의 심연과 밑바닥을, 인간의 숨겨진 모든 치욕과 추악함을 보았다.

그의 동정은 수치심을 알지 못했다. 그는 나의 가장 더러운 구석까지 기어들어 왔다. 아주 호기심이 많고, 지나치게 뻔뻔하고, 지나치게 동정적인 이 신은 죽을 수밖에 없었다.

그는 언제나 나를 보고 있었다. 이런 목격자에게 나는 복수를 하든가, 아니면 나 자신이 더 이상 살지 않고 싶었다.

모든 것을 본 신, 인간마저도 본 신, 이 신이 죽지 않으면 안 되었다! 인간은 그런 목격자가 살아 있다는 것을 견디지 못한다."

가장 추악한 남자는 이렇게 말했다. 그러나 차라투스트라는 몸을 일으켜 떠나가려고 했다. 왜냐하면 그는 내장 속까지 오한을 느꼈기 때문이다.

"그대, 말로 표현할 수 없는 자여." 차라투스트라는 말했다. "그대는 내게 그대가 걸어온 길을 조심하라고 경고했다. 이에 대한 감사로 나는 그대에게 나의 길을 권한다. 보라, 저 위로 올라가면 차라투스트라의 동굴이 있다.

나의 동굴은 크고 깊으며 많은 구석들이 있다. 거기서는 가장 잘 숨어 있는 자도 숨을 곳을 찾을 수 있다. 그리고 그 동굴 바로 근처에는 기어 다니거나 날개를 펄럭거리거나 뛰어다니는 동물들을 위한 백 개의 구석과 샛길들이 있다.

그대 추방된 자여, 자기 자신을 쫓아낸 그대는 인간들과 인간들의 동정 사이에서 살고 싶지 않은가? 자, 그렇다면 나처럼 행동하라! 그러면 그대도 나에게서 배우게 되리라. 오직 행동하는 자만이 배우는 것이다.

우선은 내 동물들과 이야기를 하라! 가장 긍지 높은 동물과 가장 영리한 동물—그들이 우리 두 사람에게 분명 가장 올바른 충고자일 것이다!"

차라투스트라는 이렇게 말하고 나서, 전보다 더 생각에 잠겨 더욱 천천히 자기의 길을 갔다. 왜냐하면 그는 자신에게 많은 것을 물어보았지만 쉽게 대답할 수 없었기 때문이다.

'인간이란 결국 얼마나 가련한가!' 그는 마음속으로 생각했다. '인간은 얼마나 추악하고, 얼마나 투덜거리며, 얼마나 숨겨진 수치로 가득 차 있는가!

사람들은 내게 말한다, 인간은 자기 자신을 사랑한다고. 아, 이 자기애는 얼마나 대단한가! 이 자기애는 자기 스스로에 대해 얼마나 많은 경멸을 갖고 있는가!

저기 있는 저 사람도 자기 자신을 사랑하고 있다, 자기 자신을 경멸하는 만큼이나. 내가 보기에 그는 크게 사랑하는 자이며 크게 경멸하는 자이다.

저 사람보다 더 깊이 자신을 경멸하는 자를 나는 아직껏 발견하지 못했다. 깊이 경멸하는 것 또한 높은 경지이다. 슬프다, 어쩌면 저 자가 내가 외침을 들은, 더 높은 인간이 아닐까?

나는 크게 경멸하는 자들을 사랑한다. 그러나 인간은 극복되어야 할 그 무엇이다."

◆ 8. 자진해서 거지가 된 자

차라투스트라가 그 추악한 인간을 떠났을 때, 그는 몸이 얼어붙는 듯했고 외로움을 느꼈다. 곧 많은 추위와 외로움이 그의 마음속을 뚫고 지나갔기 때문에 그의 사지는 점점 더 차가워졌다. 그러나 올라갔다 내려갔다 하며 앞으로 계속해서 나아가고, 때로는 푸른 목장을 지나치고, 예전에는 분명 성급히 흘러가던 시냇물이 자신의 잠자리로 만들었을 것 같은 거친 돌투성이의 강바닥을 지나가는 동안, 갑자기 그는 마음이 다시 좀 더 따뜻해지고 좀 더 쾌활해졌다.

'도대체 나에게 무슨 일이 일어난 것일까?' 그는 자신에게 물었다. '뭔가 따뜻한 것, 살아 있는 것이 내게 기운을 북돋어 주고 있다. 그것은 내 가까이에 있는 것이 틀림없다.

이제 나는 덜 외롭다. 알지 못하는 길동무들과 형제들이 내 주위에 서성대고 있고, 그들의 따스한 숨결이 나의 영혼에 와 닿고 있다.'

그런데 그가 주위를 살피며 자신의 고독을 달래 줄 자들을 찾고 있을때, 보라, 거기 언덕 위에 나란히 서 있는 암소들이 있었다. 그 암소들이 가까이 있어서 그 냄새가 그의 마음을 따스하게 해주었다. 그러나 이 암소들은 이야기를 하는 어떤 사람에게 열심히 귀를 기울이는 듯이 보였으며, 다가오는 사람에게 주의를 기울이지 않았다. 그러나 차라투스트라가 암소들 곁으로 아주 가까이 다가갔을 때, 그 암소들 가운데서 이야기를 하고 있는 한 인간의 목소리를 분명히 들었다. 보아하니, 그 암소들은 모두가 이야기하는 사람 쪽으로 머리를 돌리고 있었다.

차라투스트라는 급히 그 위로 뛰어 올라가 그 동물들을 헤치면서 달려들었다. 여기서 누군가 암소들이 갖고 있는 동정으로도 치료하기 힘든 사고를 당한 것이 아닌가 염려되었기 때문이다. 그러나 안으로 들어가 보니 그는 자신이 속은 것을 알았다. 왜냐하면 보라, 거기에는 땅바닥에 한 사람이 앉아서 그 동물들에게 자기를 무서워할 필요가 없다고 설득하는 것처럼 보였기 때문이다. 그는 평화를 사랑하는 자, 눈에서는 선(善) 자체가 흘러나와 설교를 하는 산상(山上)의 설교자였다. "그대는 여기서 무엇을 찾고 있는가?" 차라투스트라는 당황하며 외쳤다.

"내가 여기서 무엇을 찾느냐고?" 그가 대답했다. "그대가 찾는 것과 똑같은 것이다, 그대 훼방꾼이여! 다시 말해 지상(地上)의 행복이다.

그러나 그러기 위해서 나는 이 암소들에게서 배우고 싶은 것이다. 왜냐하면, 그대는 잘 알아둬라, 나는 이미 아침 반나절 동안 암소들에게 이야기했고, 이제 막 암소들이 나에게 응답을 주려 했기 때문이다. 그런데 어째서 그대는 그들을 훼방하는가?

우리가 마음을 돌려 암소처럼 되지 않으면, 우리는 천국에 들어가지 못하리라. 다시 말해 우리는 암소들에게서 한 가지를 배워야 하니, 그것은 곧 되새김질을 하는 법이다.

그리고 실로, 비록 인간이 온 세계를 얻었더라도 이 한 가지, 즉 되새김질을 하는 법을 배우지 못했다면, 무슨 도움이 되랴! 그는 자신의 고통으로부터 헤어나지 못하리라, 자신의 커다란 고통으로부터.

그런데 이 고통은 오늘날 역겨움이라고 불린다. 오늘날 마음과 입과 눈에 역겨움이 가득 차 있지 않은 자가 누가 있는가? 그대도 마찬가지다! 그대도 마찬가지다! 그러나 이 암소들을 보라!"

산상의 설교자는 이렇게 말하고 나서 시선을 차라투스트라에게 돌렸다. 왜냐하면 지금까지 그의 시선은 암소들에게 쏠려 있었기 때문이다. 그러나 이때 그는 태도가 달라졌다. "내가 누구와 이야기하는 것인가?" 그는 깜짝 놀라서 외치고는 땅에서 펄쩍 뛰어 일어났다.

"이것은 역겨움이 없는 사람, 바로 차라투스트라, 커다란 역겨움을 극복한 자다. 이것은 차라투스트라 자신의 눈이고, 이것은 입이고, 이것은 가슴이다."

이렇게 말하면서 그는 눈물이 넘쳐흐르는 눈으로, 자기가 이야기하고 있는 사람의 손에 입을 맞추고, 마치 뜻밖에 하늘에서 떨어지는 값진 선물과 보석을 받은 사람처럼 행동했다. 그러나 암소들은 이 모든 것을 물끄러미 바라보면서 이상히 여기고 있었다.

"나에 대해 말하지 말라, 그대 이상한 자여! 사랑스러운 자여!" 차라투스트라는 이렇게 말하면서 상대방의 우호적인 몸짓을 제지했다. "먼저 그대에 대해서 이야기해 달라! 그대는 일찍이 스스로 막대한 재산을 내던지고 자진해서 거지가 된 자[126]가 아닌가?

자신의 막대한 재산과 부자들을 부끄럽게 여기고, 가장 가난한 자들에게 자신의 풍요함과 마음을 나눠주려고 그들에게로 달아났던 자가 아닌가?

그러나 그들은 그를 받아들이지 않았다."

"그러나 그들은 나를 받아들이지 않았다." 자진해서 거지가 된 자가 말했다. "그대는 그 일을 이미 알고 있다. 그래서 나는 마침내 동물들에게로, 이 암소들에게로 온 것이다."

"그때 그대는 배웠겠구나." 차라투스트라는 상대방의 말을 가로막았다. "올바르게 주는 것이 올바르게 받는 것보다 얼마나 더 어려운 지를, 그리고 제대로 나누어주는 것은 하나의 기술이며, 호의(好意)라는 가장 교묘한 최후의 대가(大家)적 기술이라는 것을."

---

126. 이 인물은 기독교의 성자로 알려진 성 프란시스코를 모델로 하고 있는 것으로 보인다.

"오늘날에는 특히 그러하다." 자진해서 거지가 된 자가 대답했다. "다시 말해, 모든 미천한 것들이 폭동을 일으키고, 소심하면서도 자기들 식으로, 즉 천민의 방식으로 오만해진 오늘날에는.

왜냐하면 그대도 잘 알다시피, 천민과 노예들이 거대하고 불길하며 장기적으로 서서히 진행된 반란을 일으킬 때가 왔기 때문이다. 이 반란은 점점 더 커지고 있다!

이제 모든 자선(慈善)과 시시한 자비는 비천한 자들을 분개시킨다. 그러므로 지나치게 부유한 자들은 조심해야 한다!

오늘날 배가 불룩한 병처럼 지나치게 가느다란 목에서 물방울을 떨어뜨리는 자들이 있는데, 오늘날 사람들은 그러한 병들의 목을 부러뜨리기를 좋아한다.

탐욕적인 욕망, 노기를 띤 질투, 원망 어린 복수심, 천민의 자부심. 이런 모든 것들이 내 눈앞으로 뛰어들었다. 가난한 자가 복이 있다는 것은 더 이상 진리가 아니다. 오히려 천국은 암소들 옆에 있다."

"그렇다면 왜 부자들에게는 천국이 없는 것인가?" 차라투스트라는 그 평화를 사랑하는 자에게 친밀하게 입김을 내뿜는 암소들을 저지하면서 시험하듯 물었다.

"어째서 그대는 나를 시험하는가?" 평화를 사랑하는 자가 대답했다. "그대는 그것에 대해서 나보다 더 잘 알고 있으면서. 무엇이 나를 가장 가난한 자들에게로 몰아 왔던가, 오, 차라투스트라여? 그것은 우리들 가장 부유한 자들에 대한 역겨움이 아니었던가?

차가운 눈과 음탕한 생각들을 갖고 온갖 쓰레기로부터 자신들의 이익을 끌어 모으는, 부(富)의 형벌을 받은 자들에 대한 역겨움, 하

늘을 향해 악취를 풍기는 이들 천민에 대한 역겨움이 아니었던가,

이 금박으로 위장된 천민들에 대한 역겨움이 아니겠는가. 그들의 조상들은 소매치기였거나 송장을 먹은 새였거나, 아니면 쓰레기 줍던 자들로서, 창녀와 별 다름 없는 여자들에게 고분고분하고, 음란하고, 쉽게 잊어버리는 자들이었다.

위에도 천민, 아래에도 천민! 오늘날 '가난하다'는 것과 '부유하다'라는 것이 무엇이란 말인가! 나는 그 차이를 잊어버렸다. 그래서 나는 달아났다, 더 멀리, 점점 더 멀리, 마침내 이 암소들이 있는 곳에 이를 때까지."

평화를 사랑하는 자는 이렇게 말했다. 그는 말을 하면서 숨을 거칠게 내뿜고 땀을 흘렸다. 그러자 암소들은 다시 이상하게 여겼다. 그러나 차라투스트라는 평화를 사랑하는 자가 이토록 격하게 이야기하는 동안, 줄곧 미소를 띠고 그자의 얼굴을 바라보다가 말없이 머리를 저었다.

"그대가 그런 격한 말을 사용할 때, 그대 산상의 설교자여, 그대는 자신을 해치는 것이다. 그대의 입이나 눈은 그런 격한 말에 어울리지 않는다.

또 내 생각에는 그대의 위장도 마찬가지다. 그런 모든 분노와 증오와 격앙은 그대의 위장에 맞지 않는다. 그대의 위장은 보다 부드러운 것을 원한다. 그대는 육식을 하는 자가 아니다.

오히려 내 생각에 그대는 풀과 뿌리를 먹는 자이다. 아마도 그대는 곡식 낱알들을 잘게 깨물어 부수리라. 분명 그대는 육식의 즐거움을 싫어하고 꿀을 좋아하리라."

"그대는 나를 잘 알아맞혔다." 자진하여 거지가 된 자는 마음이 가벼워져서 대답했다. "나는 꿀을 좋아하고, 곡식 낱알도 깨물어 먹는다. 왜냐하면 나는 좋은 맛을 내고 숨을 맑게 해주는 것을 찾고 있었기 때문이다.

또한 나는 시간이 오래 걸리는 것, 유순한 게으름뱅이들과 빈둥거리는 자들에게 어울리는 하루의 일, 하루 종일 씹는 이를 찾고 있었기 때문이다.

물론 그런 일에 가장 잘 익숙해진 것은 이 암소들이다. 암소들은 되새김질과 햇빛 아래에 눕는 일을 생각해 냈다. 또한 암소들은 마음을 부풀게 하는 모든 무거운 사상들을 멀리한다."

"좋다!" 차라투스트라가 말했다. "그대는 나의 동물들도 만나 보아야 하리라, 나의 독수리와 나의 뱀을. 오늘날 지상에는 그들과 견줄 만한 것이 없다.

보라, 저 길은 나의 동굴로 통한다. 오늘밤에는 그 동굴의 손님이 되라. 그리고 나의 동물들과 더불어 동물들의 행복에 대해 이야기하라,

나 자신이 집으로 돌아갈 때까지. 왜냐하면 지금 절박한 외침소리가 그대에게서 떠나도록 급히 나를 부르고 있기 때문이다. 그대는 나의 동굴에서 얼음처럼 차가운 황금빛의 꿀을 발견하리라. 그것을 먹어라!

그러나 이제 어서 그대의 암소들과 작별을 하라, 그대 이상한 자여! 사랑스러운 자여! 비록 그 이별이 힘든 것이 될지라도. 그들은 그대의 가장 따뜻한 친구이며 스승들이니까!"

"내가 좀 더 사랑하는 한 사람을 제외하고는." 자진해서 거지가된 자가 대답했다. "바로 그대가 좋은 사람이며, 암소보다도 더 좋다, 오, 차라투스트라여!"

"가라, 떠나가라! 그대 사악한 아첨꾼이여!" 차라투스트라는 화가 나서 외쳤다. "어째서 그대는 칭찬과 아첨의 꿀로 나를 망쳐놓는가?

가라, 떠나가라!" 차라투스트라는 한 번 더 외치고는 그 호의적인 거지를 향해 그의 지팡이를 휘둘렀다. 그러자 거지는 재빨리 달아나 버렸다.

◆ 9. 그림자

자진해서 거지가 된 자가 달아나고 차라투스트라가 다시 혼자 있게되자마자, 그는 뒤에서 어떤 새로운 목소리가 외치는 것을 들었다. 그 소리는 이렇게 외쳤다. "멈춰라! 차라투스트라여! 기다려라! 바로 나다, 오, 차라투스트라여, 나다, 그대의 그림자다!"

그러나 차라투스트라는 기다리지 않았다. 그의 산속으로 많은 사람들이 밀어닥치는 것 때문에 갑작스러운 불쾌감이 그를 엄습했기 때문이다. "나의 고독은 어디로 갔는가?" 그는 말했다.

"진실로 이것은 견디기에 나에게 너무 심하다. 이 산은 사람들로 우글거리니, 나의 왕국은 더 이상 이 세계에는 있을 수 없다. 나는 새로운 산이 필요하다.

나의 그림자가 나를 부르는가? 나의 그림자가 무슨 소용인가! 내 뒤를 쫓아오고 싶으면 그리 하라! 나는 그림자로부터 달아나리라."

차라투스트라는 마음속으로 이렇게 말하고 달아났다. 그러나 그의 등 뒤에 있는 자가 그의 뒤를 쫓아갔다. 그리하여 곧 앞뒤로 달리는 자가 세 명이 되었으니, 맨 앞에는 자진해서 거지가 된 자, 그 다음에는 차라투스트라, 그리고 세 번째로 가장 맨 뒤를 달리는 자는 그의 그림자였다. 그들이 이렇게 달린 지 얼마 되지 않아, 차라투스트라는 자신의 어리석음을 깨닫고 모든 불쾌감과 권태를 모두 털어 버렸다.

"뭐냐!" 그는 말했다. "예로부터 우리 홀로 있는 늙은이들과 성자들에게 가장 우스꽝스런 일들이 일어나지 않았던가?

실로, 나의 어리석음이 산속에서 커져 버렸구나! 이제 늙은 바보들의 다리 여섯 개가 앞뒤로 달리면서 시끄러운 소리를 내는 것이 들리는구나!

그런데 차라투스트라가 그림자 따위를 두려워해도 되는 것일까? 어쨌거나, 내 생각에, 결국 그림자가 나보다 더 긴 다리를 갖고 있는 것 같다."

차라투스트라는 눈으로 웃고 속으로 웃으며 이렇게 말하고서 걸음을 멈추고 재빨리 뒤돌아보았다. 그러자 보라, 그때 그는 하마터면 자기 뒤를 쫓아오는 그림자를 땅에 쓰러뜨릴 뻔했다. 그처럼 그림자는 그의 발뒤꿈치를 바싹 뒤쫓아 왔고 그만큼 허약했던 것이다. 차라투스트라는 그 그림자를 눈으로 살펴보다가, 마치 갑자기 나타난 유령이라도 본 듯 깜짝 놀랐다. 그의 뒤를 쫓아온 자는 이토록 가

날프고, 어둡고, 공허하고, 지쳐 있는 것처럼 보였다.

"그대는 누구인가?" 차라투스트라는 사납게 물었다. "그대는 여기서 무엇을 하고 있는가? 그리고 어째서 그대는 나의 그림자라고 불리는가? 나는 그대가 마음에 들지 않는다."

"용서하라." 그림자가 대답했다. "그것이 나라는 것을. 그리고 내가 그대 마음에 들지 않는다면, 좋다, 오, 차라투스트라여! 그 점에서 나는 그대와 그대의 좋은 취향을 찬양한다.

나는 이미 오랫동안 그대의 발뒤꿈치를 따라다녔던 방랑자다. 언제나 길 위에 있었지만, 목적도 없고 고향도 없었다. 그러니 실로, 나에게는 영원한 유대인이 되기에 모자라는 게 별로 없다. 내가 영원하지 않으며 유대인이 아니라는 것만 빼고는.

뭐라고? 나는 항상 길 위에 있을 수밖에 없다고? 온갖 바람에 시달리며 정처 없이 계속 떠돌아야 한다고? 오, 대지여, 내게는 네가 너무나 둥글구나!

나는 모든 표면에 앉아 있었고, 지친 먼지처럼 거울과 창틀 위에서 잠을 잤다. 모든 것이 나에게서 빼앗아 가기만 하지 주는 것은 아무것도 없다. 나는 야위어 가고 있다. 나는 거의 그림자나 마찬가지다.

그러나 오, 차라투스트라여, 나는 가장 오랫동안 그대의 뒤를 뒤쫓아 다녔으면서도, 나 자신을 그대에게 숨겼다. 그러므로 나는 그대의 가장 훌륭한 그림자였다. 그대가 앉아 있는 곳이면, 어디든 나도 가서 앉아 있었다.

그대와 함께 나는 가장 멀고 가장 추운 세계를 돌아다녔다, 자진해서 겨울의 지붕들과 눈 위를 달려가는 유령처럼.

그대와 함께 나는 모든 금지된 것, 가장 사악한 것, 가장 먼 것 속으로까지 파고들어 갔다. 그리고 나에게 뭔가 미덕이 있다면, 그것은 내가 어떠한 금지도 두려워하지 않는다는 것이다.

그대와 함께 나는 일찍이 내 마음이 존경했던 모든 것들을 부숴 버리고, 모든 경계석들과 우상들을 뒤엎어 버렸으며, 가장 위험한 소망들의 뒤를 쫓아갔다. 진실로 나는 어떤 범죄도 겪어 보았다.

그대와 함께 나는 말(言), 가치, 그리고 위대한 이름들에 대한 믿음을 잊어버렸다. 악마가 가죽을 벗을 때는 그의 이름까지도 벗겨지는 것이 아닌가? 다시 말해 그 이름도 껍질이다. 악마 자신도 어쩌면 껍질일 것이다.[127]

'참된 것은 아무것도 없으며, 모든 것은 허용된다.' 나는 나 자신에게 이렇게 말했다. 가장 차가운 물속으로 나는 머리와 마음과 더불어 뛰어 들었다. 아, 그 때문에 나는 얼마나 자주 벌건 게처럼 헐벗은 채로 거기 서 있었던가!

아, 나의 모든 선(善)과 수치, 그리고 선한 자들에 대한 모든 믿음은 어디로 갔는가! 아, 일찍이 내가 소유했던 저 거짓 순진함은 어디로 가 버렸는가. 선한 자들과 그들의 고귀한 거짓말의 순진함은 어디로 가 버렸는가!

---

127. 세상의 가치관과 평가가 달라지면 신도 악마가 되고 거꾸로 악마가 신으로 되기도 한다. 이런 상황은 역사 속에서 여러 민족과 국가들이 생멸(生滅)하고 전복 (顚覆)되는 과정에서 실제로 자주 벌어졌다. 한 민족이 섬겼던 신이 다른 민족에게 서는 악마로 바뀌곤 하였다. 인간은 처음에는 신이라든가 악마라는 이름을 정말로 존재하는 것으로 생각하지만, 결국 그것은 껍질과 같이 표피적인 것, 가치관의 변화에 따라 얼마든지 뒤집어질 수 있는 것이 되곤 하였다.

진실로 나는 너무나 자주 진리의 발뒤꿈치를 바짝 뒤쫓았고, 그럴 때 진리는 내 머리를 걷어찼다. 가끔씩 나는 거짓말을 하려고 했다. 그런데 보라! 그때 비로소 나는 진리를 명중시켰던 것이다.

너무 많은 것들이 내게는 분명해졌다. 이제는 더 이상 아무것도 나의 관심을 끌지 못한다. 내가 사랑하는 것은 더 이상 아무것도 살아 있지 않다. 어떻게 내가 아직도 나 자신을 사랑할 수 있겠는가?

'내가 좋아하는 대로 사는 것, 그렇지 않으면 전혀 살지 않는 것', 그것을 나는 원하며, 최고의 성자도 그러기를 원한다. 그러나 슬프다! 어찌 나는 아직도 욕망을 갖고 있단 말인가?

나는 아직도 목표가 있단 말인가? 나의 돛단배가 달려갈 항구가? 좋은 항구가? 아, 자신이 어디로 항해하는지 아는 자만이 어떤 바람이 좋고 어떤 바람이 자신의 순풍인지도 알고 있다.

아직도 나에게 남아 있는 것은 무엇인가? 지치고 뻔뻔스러운 심장, 불안정한 의지(意志), 파닥거리는 날개, 부서진 척추뿐이다.

나의 고향을 향한 이러한 열망, 오, 차라투스트라여, 그대는 잘 알고 있다, 이러한 열망은 나의 재앙이었고, 그것은 나를 소멸시키고 있다는 것을.

'나의 고향은 어디 있는가?' 나는 그렇게 묻고, 찾고 또 찾았지만 찾아내지 못했다. 오, 어디에나 영원히 있으며, 어디에도 영원히 없는, 오 영원한 공허함이여!"

이렇게 그림자는 말했다. 그림자의 말을 듣는 차라투스트라의 얼굴이 길어졌다. "그대는 나의 그림자다!" 마침내 그는 서글프게 말했다.

"그대가 처한 위험은 작은 것이 아니다, 그대 자유로운 정신이여, 방랑자여! 그대에게 오늘은 불길한 하루였다. 그대에게 그보다 더 불길한 저녁이 찾아오지 않도록 조심하라!

그대와 같은 정처 없는 자들에게는 결국 감옥까지도 행복하게 여겨진다. 그대는 갇힌 죄수들이 잠자는 모습을 본 적이 있는가? 그들은 편안히 잠들고, 그들이 처한 새로운 안전을 즐긴다.

결국에 가서 편협한 신앙, 딱딱하고 엄격한 망상이 그대를 사로잡지 않도록 조심하라! 이제부터는 편협하고 확고한 것은 무엇이든, 그대를 유혹하고 시험하려 들 것이기 때문이다.

그대는 목적지를 잃어버렸다. 슬프다, 어떻게 그대는 이런 상실을 웃어넘기고 이겨내겠는가? 목적지를 잃음으로 해서 그대는 갈 길도 잃어버린 것이다!

그대 가련한 방랑자여, 떠도는 자여, 그대 지쳐 버린 나비여! 그대는 오늘 저녁 휴식과 거처를 갖고 싶은가? 그렇다면 나의 동굴로 올라가라!

저기 저 길은 나의 동굴로 통한다. 그리고 지금 나는 다시 빨리 그대로부터 달아나고 싶다. 이미 그림자 같은 것이 내 몸 위에 누워 있다.

나는 혼자서 달리고 싶다, 내 주위가 다시 환해지도록. 그러기 위해서 나는 나의 다리로 아직도 오랫동안 걸어 다녀야 된다. 그러나 저녁에는 내 집에서 춤을 추게 되리라!"

차라투스트라는 이렇게 말했다.

◆ 10. 정오에

그리하여 차라투스트라는 달리고 달려갔으나, 더 이상 아무도 만나지 않고 혼자였다. 그는 매번 다시 자신을 발견하였고, 자신의 고독을 즐기고 맛보면서 좋은 일들을 생각했다. 몇 시간 동안이나 그러했다. 그러나 정오가 되어 태양이 바로 차라투스트라의 머리 위로 솟아올랐을 때, 그는 늙어 휘어진 울퉁불퉁한 나무를 하나 지나치게 되었는데, 그 나무는 한 그루 포도나무의 풍요로운 사랑에 휘감긴 채 스스로를 숨기고 있었다. 그 나무에는 포도송이들이 무성하게 노랗게 매달려 방랑자를 향하고 있었다. 그래서 그는 약간의 갈증을 풀기 위해 포도송이를 하나 따고 싶은 욕구가 생겼다. 그러나 그가 그 포도송이를 따려고 이미 팔을 뻗쳤을 때, 그는 훨씬 더 큰 다른 욕구를 느꼈다. 때는 완연한 정오였으므로, 그는 그 나무 곁에 누워서 자고 싶었던 것이다.

차라투스트라는 그렇게 했다. 그리고 그는 땅 위에, 알록달록한 풀밭의 고요함과 은밀함 속에 눕자마자 이미 작은 갈증도 잊고 잠이 들었다. 왜냐하면 차라투스트라의 잠언대로, '한 가지 일이 다른 일보다 더 필요했기' 때문이었다. 그의 눈만은 여전히 뜬 채로였다. 그의 눈은 그 나무와 포도 넝쿨의 사랑을 바라보고 찬미하는 데 싫증이 나지 않았던 것이다. 그러나 잠이 들면서 차라투스트라는 마음속에서 이렇게 말했다.

"조용히! 조용히! 세계는 이제 막 완성된 것이 아닌가? 도대체 나에게 무슨 일이 일어나고 있는가?

마치 부드러운 바람이 보이지 않게 평탄한 바다 위에서 가볍게, 깃털처럼 가볍게 춤을 추듯이 그렇게 잠이 내 머리 위에서 춤을 추고 있다.

잠은 나의 눈을 짓누르지 않고, 잠은 내 영혼을 깨어 있게 한다. 잠은 가볍다, 진실로! 깃털처럼 가볍다.

잠은 나를 설득한다. 나는 어찌할 줄 모른다. 잠은 내 안에서 어루만지는 듯한 손으로 나를 가볍게 건드린다. 잠은 나에게 강요한다. 그렇다, 잠은 나의 영혼이 스스로 쭉 뻗기를 강요한다.

내 영혼은 얼마나 길게 늘어지고 지쳤는가, 나의 이상한 영혼은! 제7일의 저녁이 바로 정오에 나의 영혼을 찾아온 것일까? 나의 영혼은 이미 너무나 오랫동안 좋고 성숙한 사물들 사이를 행복에 넘쳐 방황했던 것일까?

내 영혼이 펼쳐진다. 길게, 더 길게! 나의 영혼이 조용히 누워 있다, 나의 이상한 영혼이. 나의 영혼은 이미 좋은 것들을 너무 많이 맛보았으니, 이 황금빛 비애가 내 영혼을 짓누르고 있으며, 영혼은 쓴 웃음을 짓는다.

자신의 가장 고요한 포구에 들어선 배처럼, 이제 나의 영혼은 오랜 항해와 변덕스러운 바다에 지쳐 대지에 기대어 있다. 대지가 더 충실하지 않은가?

이렇게 지친 배가 육지에 기대어 정박하듯이, 한 마리의 거미가 육지에서 그 배를 향해 거미줄을 치는 것만으로도 족하다. 그보다 더 튼튼한 밧줄은 필요하지 않다.

이런 지친 배가 자신의 가장 고요한 포구에서 쉬고 있듯이, 나 또한 이제 대지 곁에서 쉬고 있다. 충실하게, 믿고 기다리면서, 그리고 가장 가느다란 실로 대지에 묶여진 채.

오, 행복이여! 오 행복이여! 오 나의 영혼이여, 그대는 노래하고 싶은가? 그대는 풀 속에 누워 있다. 그러나 지금은 어떤 목자도 피리를 불지 않는, 은밀하고 엄숙한 시간이다.

조심하라! 뜨거운 정오가 들판 위에서 잠들어 있다. 노래하지 말라! 조용히! 세계는 완전해졌다.

노래하지 말라, 그대 풀새들이여, 오 나의 영혼이여! 속삭이지도 말라! 자 보라. 조용히! 늙은 정오가 잠들어 있다, 입을 움직이고 있다. 늙은 정오는 방금 한 방울의 행복을 마시고 있지 않은가.

황금빛 행복의, 황금빛 포도주의 오래된 갈색 한 방울을? 그의 얼굴 위로 스쳐 가는 것이 있으니, 그의 행복이 웃고 있다. 이렇게 한 신(神)이 웃고 있다. 조용히!

'행복해지기 위해서는 얼마나 적은 것으로도 충분한가, 행복해지기 위해서는!' 일찍이 나는 그렇게 말했고, 나 자신이 현명하게 생각되었다. 그러나 그것은 모독이었다. 그것을 나는 지금 배웠다. 현명한 바보들이 말을 더 잘한다.

정녕 가장 적은 것, 가장 여린 것, 가장 가벼운 것, 도마뱀의 바스락거림, 숨 한 번 쉬는 것, 한 번의 움직임, 눈 한 번 깜박임—이런 사소한 것들이 최고의 행복을 만드는 것이다. 조용히 하라!

나에게 무슨 일이 일어났는가, 귀를 기울여라! 시간이 달아나 버린 것인가? 나는 떨어지는 것이 아닌가? 귀 기울여라! 영원의 샘물 속으로 떨어진 것이 아닌가?

나에게 무슨 일이 일어나고 있는가? 조용히! 나를 찌르는 것이 있다.[128] 아프다. 심장이? 심장이! 오, 부숴 버려라, 부숴 버려라, 심장이여, 이렇게 행복해진 뒤에는, 이렇게 찔린 다음에는!

뭐라고? 세계는 지금 막 완전해진 것이 아닌가? 둥글고 완숙해지지 않았는가? 오, 황금빛 둥근 고리(Reif)여,[129] 그것은 어디로 날아가고 있는가? 나는 그 뒤를 쫓아 달려간다! 재빨리!

가만히." (그리고 여기서 차라투스트라는 기지개를 켜고, 자신이 잠들어 있었다는 것을 느꼈다.)

'일어나라!' 그는 자기 자신에게 말했다. "그대, 잠자는 자여! 그대 낮잠을 자는 자여! 자, 자, 늙은 다리여! 일어날 시간이 되었다. 시간이 지났다. 너희들에게는 아직도 한참이나 가야 할 길이 남았다.

이제 너희는 실컷 잤겠지, 대체 얼마나 오랫동안? 영원의 절반 동안! 자, 자, 이제, 나의 늙은 심장이여! 이만큼 잤으니 이제 너는 얼마나 오랫동안 깨어 있을 수 있는가?

(그러나 그때 그는 다시 잠이 들었고, 그의 영혼은 그에게 맞서고

---

128. 영원회귀 사상을 일깨워 주는 자가 있다는 뜻이다.

129. 이것은 '영원회귀'를 형상화한 말이다. 독일어에서 'reif'라는 단어는 '완성된', '완숙한', '고리', '바퀴'라는 뜻을 다 갖고 있다. 따라서 여기서도 니체는 바로 앞의 문장과 아주 절묘한 언어 일치의 유희를 하고 있다. 독자는 이미 앞의 본문에서도 니체가 자주 그런 언어유희를 하고 있는 것을 보았을 것이다.

저항하다가 다시 누웠다.) "나를 내버려 두라! 조용히! 세계는 지금 막 완전해지지 않았는가? 오, 황금빛 둥근 공의 세계가!"—

"일어나라." 차라투스트라는 말했다. "그대 좀도둑이여! 그대 게으름뱅이여! 뭐라고? 여전히 늘어져서 하품을 하고, 탄식하고, 깊은 샘물 속으로 떨어지는가?

그대는 대체 누구인가! 오, 나의 영혼이여!" (그리고 이때 그는 깜짝 놀랐다. 왜냐하면 하늘로부터 한 줄기 햇살이 그의 얼굴에 내리비치고 있었기 때문이었다.)

"오, 내 머리 위의 하늘이여." 그는 한숨을 쉬며 일어나 앉았다. "그대는 나를 바라보고 있는가? 그대는 나의 이상한 영혼에 귀를 기울이고 있는가?

지상의 만물 위에 떨어져 내린 이 이슬방울을 그대는 언제 마시는가, 이 이상한 영혼을 그대는 언제 마시려는가,

언제, 영원의 샘물이여! 그대, 맑고 두려운 정오의 심연이여! 그대는 언제 나의 영혼을 그대 자신 속으로 다시 들이키려는가?"

차라투스트라는 이렇게 말하고, 이상한 취기에서 깨어나듯 그 나무 곁의 잠자리로부터 몸을 일으켰다. 그런데 보라, 태양은 여전히 바로 그의 머리 위에서 비치고 있었다. 그러나 그것으로 보아 차라투스트라가 오래 잠들어 있지는 않았다고 추측하는 것이 옳을 것이다.

◆ 11. 인사

오랫동안 헛되이 찾아 돌아다닌 끝에, 차라투스트라가 다시 그의 동굴로 돌아온 것은 오후 늦게나 되어서였다. 그러나 그가 동굴에서 스무 걸음도 떨어지지 않은 곳에서 그것을 마주하고 서 있을 때, 그가 조금도 예상하지 않았던 일이 일어났다. 새삼스럽게 그는 절박한 커다란 외침 소리를 들은 것이다. 그리고 놀랍게도! 이번에는 그 외침이 그 자신의 동굴에서 들려오는 것이었다. 그러나 그것은 여러 겹으로 길게 끄는 이상한 외침이었다. 멀리서 들으면 마치 하나의 입에서 나오는 외침처럼 들릴 수도 있지만, 차라투스트라는 그것이 여러 소리가 하나로 합쳐진 것임을 분명히 구별했다.

차라투스트라는 그의 동굴로 달려갔다. 그러자, 보라! 이 전주곡이 끝나자마자, 그를 기다리고 있는 것은 얼마나 볼 만한 장관이었던가! 거기에는 그가 낮에 지나쳐 갔던 자들이 모두 모여 나란히 앉아 있었던 것이다. 오른쪽 왕과 왼쪽 왕, 늙은 마술사, 교황, 자진해서 거지가 된 자, 그림자, 정신의 양심가, 우수에 잠긴 예언자, 그리고 나귀가 있었다. 그런데 가장 추악한 인간은 머리에 한 개의 왕관을 쓰고 두 개의 진홍색 띠를 두르고 있었다. 왜냐하면 모든 추악한 인간들이 그러하듯, 그는 분장하고 아름답게 꾸미는 것을 좋아했기 때문이다. 그런데 이 음울한 모임의 한가운데에, 차라투스트라의 독수리가 털을 곤두세운 채 불안하게 서 있었다. 독수리는 자기의 긍지로는 차마 대답할 수 없는 너무 많은 것들에 대답을 해야만 했기 때문이다. 그리고 영리한 뱀은 독수리의 몸에 감겨져 있었다.

차라투스트라는 이 모든 것을 바라보면서 크게 놀랐다. 그러나 곧 그는 부드러운 호기심으로 그의 손님들 하나하나를 살펴보고, 그들의 영혼을 간파하면서 새삼 놀랐다. 그러는 동안에 모여 있던 자들은 그들의 자리에서 일어나, 경외심을 갖고서 차라투스트라가 말을 하기를 기다리고 있었다. 차라투스트라는 이렇게 말했다.

"그대 절망에 빠져 있는 자들이여! 그대 불가사의한 자들이여! 그러니까 내가 들은 것은 그대들의 절박한 외침 소리였는가? 이제 나는 알게 되었다, 오늘 내가 헛되어 찾아다닌 자, 더 높은 인간을 어디서 찾아야 하는지를.

바로 나의 동굴 안에 그자가 앉아 있다, 더 높은 인간이! 그러나 어찌 내가 놀라겠는가! 나 자신이 꿀과 행복의 교활한 유혹으로 그를 나에게 오도록 한 것이 아닌가?

그러나 내 생각에, 그대들이 모임을 갖는 것은 어울리지 않는 것 같다. 그대 절박하게 외치는 자들이여, 그대들은 여기 함께 앉아서 서로의 마음을 언짢게 하고 있지 않은가? 무엇보다도 먼저 다른 한 사람이 와야만 한다.

그대들을 다시 웃게 만드는 자, 선량하고 유쾌한 익살꾼, 춤추는 자로서 허풍쟁이이고 난폭한 자, 늙은 바보와 같은 자가. 그대들은 어떻게 생각하는가?

그대 절망하는 자들이여, 내가 그대들 앞에서 실로, 이런 손님들에게 어울리지 않는 이런 시시한 말을 하는 것을 용서하라! 그러나 무엇이 내 마음을 용기 있게 만드는지를 그대들은 알아차리지 못한다.

바로 그대들 자신과 그대들의 모습이 그렇게 만들고 있는 것이다. 나를 용서하라! 절망하는 자를 보면 누구든 용감해지기 때문이다. 절망에 빠진 자를 위로하는 것, 누구나 스스로 그런 일을 하기에 충분한 힘을 갖고 있다고 생각한다.

나 자신에게 그대들은 이런 힘을 주었다. 좋은 선물이다, 그대 귀한 손님들이여! 훌륭한 선물이었다! 자, 그러니 나도 그대들에게 내가 가진 어떤 것을 주더라도 화내지 말라.

여기 이곳은 나의 영내이고 내가 지배하는 곳이다. 그러나 오늘 저녁과 오늘 밤에는 나의 것은 그대들의 것이 될 것이다. 나의 동물들이 그대들의 시중을 들 것이다. 나의 동굴이 그대들의 휴식처가 되기를!

나의 집, 나의 거처에서는 아무도 절망하지 않으리라. 나는 내 영역 안에서 누구든 그의 맹수로부터 보호해 준다. 그리고 이 안전이 내가 그대들에게 주는 첫 번째 선물이다!

그러나 두 번째로 선물은 나의 새끼손가락이다. 그대들은 일단 나의 새끼손가락을 가졌으니, 자, 손 전체도 가져라! 그리고 거기에다 마음까지도! 여기에 온 것을 환영한다, 환영한다, 나의 손님들이여!"

차라투스트라는 이렇게 말하고, 사랑과 악의의 웃음을 지었다. 이렇게 인사를 하고 나자, 그의 손님들은 다시 한 번 머리를 숙이고 공손하게 침묵했다. 그러나 오른쪽 왕이 그들을 대표해서 차라투스트라에게 대답했다.

"오, 차라투스트라여, 그대가 우리에게 손을 내주며 인사하는 것을 보고 우리는 그대가 차라투스트라임을 알았다. 그대는 우리들 앞에서 스스로를 낮췄다. 그대는 하마터면 우리의 경외심을 해칠 뻔했다.

그러나 그 누가 그대처럼 그런 긍지를 갖고서 자신의 몸을 낮출 수 있겠는가? 그것은 우리들 자신의 기분을 북돋아 준다. 우리의 눈과 마음에 위안이 된다.

오직 이것 하나를 보는 것만으로도 우리는 이 산보다 더 높은 산이라도 기꺼이 올라가리라. 즉 우리는 새로운 것을 보기 좋아하는 자들로서 왔다. 우리는 흐린 눈을 밝게 해주는 것을 보고 싶었다.

그리고 보라, 우리의 절박한 외침 소리는 모두 이미 사라져 버렸다. 이미 우리의 정신과 마음은 활짝 열렸고 기쁨에 넘쳐 있다. 조금만 있으면, 우리의 정신은 자유분방해질 것이다.

오, 차라투스트라여, 지상에 자라나는 것 중에서 높고 굳센 의지(意志)보다 더 기쁜 것은 없다. 의지야말로 대지의 가장 아름다운 식물이다. 그러한 나무 하나로 해서 풍경 전체가 생기가 돋는 것이다.

그대처럼 자라나는 자를, 오 차라투스트라여, 나는 소나무에 비유한다, 크고 묵묵하며, 단단하고, 홀로이고, 가장 좋고 가장 유연한 목재이고, 당당한 자를.

그러나 마침내 자신의 지배권을 확보하기 위해 튼튼한 푸른 가지로 뻗어 나가며, 바람과 폭풍 그리고 무엇이든 높은 곳에 사는 것에 대하여 힘차게 질문을 하며,

그보다 더 힘차게 대답을 하는 명령하는 자, 승승장구하는 자를. 오, 그 누가 이런 성장을 보러 높은 산에 오르려 하지 않겠는가?

여기 있는 그대의 나무로 말미암아, 오 차라투스트라여, 음울한 자, 절망에 빠진 자도 스스로 원기를 회복하며, 그대의 모습을 보면 정처 없는 자도 안정을 얻고 마음이 치유된다.

그리고 진실로, 그대의 산과 나무를 향해 오늘날 수많은 눈들이 쏠려 있다. 하나의 커다란 동경(憧憬)이 일어났으며, 많은 사람들이 차라투스트라는 누구인가? 라고 물을 줄 알게 되었다.

그리고 일찍이 그대가 그대의 노래와 꿀을 귓속에 넣어 주었던 자들, 곧 숨어 있던 자들, 혼자서 은둔하는 자들, 둘이서 은둔하는 자들 모두가 갑자기 자신들의 마음을 향해 이렇게 말했다.

'차라투스트라가 아직도 살아 있는가? 산다는 것은 더 이상 보람 없는 일이고, 모든 것이 똑같고, 모든 것이 헛되다. 아니면, 우리는 차라투스트라와 함께 살아야 한다!

그렇게 오랫동안 예고해 놓고서 왜 그는 오지 않는가?' 이렇게 많은 사람들은 묻는다. '고독이 그를 삼켜 버렸는가? 아니면 우리가 그에게 가야 하는가?' 라고.

이제는 고독 자체가 흐물흐물해지고 부서져 버린다, 마치 부서져서 더 이상 죽은 자들을 담을 수 없는 무덤처럼. 도처에 부활한 자들이 보인다.

이제 그대의 산 주위로 물결들이 올라오고 또 올라온다, 오, 차라투스트라여. 그리고 그대가 아무리 높다 하더라도, 많은 물결들이 분명 그대에게로 올라 올 것이다. 그대의 작은 배는 그다지 오랫동안 마른 땅에 머물러 있지 못하리라.

그리고 우리 절망하는 자들이 이제 그대의 동굴에 와서 더 이상 절망하지 않고 있다는 것, 그것은 보다 더 나은 자들이 그대를 향해서 오고 있다는 표시이며 징후일 뿐이다.

왜냐하면 바로 인간들 사이에서 신(神)의 마지막 잔재인 자가 그대를 향해 오고 있기 때문이다. 커다란 동경, 커다란 역겨움, 커다란 권태를 가진 모든 인간들이.

다시 희망을 배우지 않고서는, 오 차라투스트라여, 그대로부터 그것을 배우지 않고서는 살고 싶어 하지 않는 모든 이들이!"

오른쪽 왕은 이렇게 말하고서, 차라투스트라의 손을 잡고 입을 맞추려 했다. 그러나 차라투스트라는 깜짝 놀라서 그의 경의를 표하는 행동을 물리치고는, 먼 곳으로 달아나는 것처럼 말없이 황급히 뒤로 물러섰다. 그러나 잠시 후에 그는 다시 손님들에게로 와서 맑고 살피는 듯한 눈으로 그들을 쳐다보면서 말했다.

"나의 손님들이여, 그대 더 높은 인간들이여, 나는 그대들에게 독일식으로 분명하게[130] 이야기하고 싶다. 내가 여기 이 산속에서 기다리고 있었던 것은 그대들이 아니다."

("'독일식으로 분명하게'라고? 맙소사!" 왼쪽 왕이 속으로 중얼거렸다. "보아하니, 그는 독일인을 모르는 것 같구나, 동방 출신의 이 현자는!

그러나 그의 말뜻은 '독일식으로 투박하게'라는 의미로 말한 것

---

130. '독일식으로 분명하게'라는 말은 독일어에서, '독일식(deutsch)'과 '분명하게(deutlich)'로 나뉘는데, 아마도 니체는 여기서 두운(頭韻)이 같은 단어들을 연결해서 그 특유의 반어적(反語的)인 언어유희를 하고 있는 것 같다. 일반적으로 '독일식'이라고 하면 불명확하고 명상적이라는 것을 말하기 때문이다.

이겠지. 좋다! 그것은 오늘날 가장 나쁜 취향은 아니니까!")

"진실로 그대들은 모두 더 높은 인간들일지도 모른다." 차라투스트라는 말을 계속했다. "그러나 나에게 그대들은 그다지 높지도 않고 강하지도 않다.

내가 보기에는, 말하자면 내 안에서 침묵하고 있지만 언제까지나 침묵하고만 있지는 않을 나의 단호한 것이 보기에는, 그대들이 나에게 속해 있다 하더라도 그것은 나의 오른팔로서가 아니다.

다시 말해 그대들처럼 병든 연약한 다리로 서 있는 자들은 스스로 알고 있든, 스스로 숨기고 있든, 무엇보다도 온정을 바라고 있기 때문이다.

그러나 나는 나의 팔다리를 아끼지 않는다. 나는 나의 전사(戰士)들을 아끼지 않는다. 어찌 그대들이 나의 전쟁에 도움이 되겠는가?

그대들과 함께 있으면 나는 모든 승리까지도 망치게 될 것이다. 그리고 그대들 중 많은 자들은 나의 커다란 북소리만 들어도 나자빠지고 말리라.

그리고 나에겐 그대들은 그다지 아름답지도 않고 고귀한 태생도 아니다. 나는 나의 가르침을 위해 맑고 매끄러운 거울이 필요하다. 그대들의 표면 위에서는 나 자신의 영상마저도 일그러지고 만다.

숱한 짐, 숱한 기억들이 그대들의 어깨를 짓누르고 있다. 그대들의 몸 구석에는 수많은 사악한 난쟁이들이 웅크리고 있다. 그대들의 몸속에도 숨겨진 천민들이 존재한다.

그리고 비록 그대들이 고귀하고 더 높은 종족에 속하더라도, 그대들은 많은 점에 있어서 구부러져 있고 기형적이다. 그대들을 두드려서 곧고 반듯하게 펴 줄 대장장이는 세상에 없다.

그대들은 오직 다리일 뿐이다. 더 높은 인간들이 그대들을 밟고 건너가기를! 그대들은 계단을 뜻한다. 그러므로 그대들을 밟고 넘어서서 자신의 높이로 올라가는 자에게 화내지 말라!

언젠가는 그대들의 씨앗으로부터 나의 적자(嫡子)이자 완전한 상속인이 자라나더라도, 그것은 먼 훗날의 일이다. 그대들 자신은 나의 유산과 이름을 물려받을 자들이 아니다.

내가 여기 이 산속에서 기다리고 있었던 것은 그대들이 아니다. 내가 마지막으로 함께 이 산을 내려갈 수 있는 것은 그대들이 아니다. 그대들은 다만, 그대들보다 훨씬 더 높은 자들이 이미 나를 향해 오고 있다는 징후로서 나에게 왔을 뿐이다.

내가 기다리는 것은 커다란 동경, 커다란 역겨움, 커다란 권태를 가진 인간들이 아니며, 그대들이 신의 잔재라고 불렀던 것들도 아니다.

아니다! 아니다! 세 번 아니다! 내가 여기 이 산속에서 기다리고 있는 것은 다른 이들이며, 그들이 오지 않는 한 나는 여기서 나의 발을 떼지 않으리라.

훨씬 더 높은 자들, 더 강한 자들, 더 많은 승리를 거두는 자들, 더 유쾌한 자들, 육체와 영혼이 당당한 자들을 기다리는 것이다. 웃는 사자(獅子)들이 와야 하는 것이다!

오, 나의 손님들이여, 그대 이상한 자들이여, 그대들은 나의 어린 아이들에 대해 아직 아무것도 듣지 못했는가? 그리고 그들이 내게로 오는 중이라는 것을?

나의 정원들, 나의 행복한 섬들, 나의 아름다운 새로운 혈통에 대해 이야기해다오. 어째서 그대들은 그것에 대해 나에게 이야기하지 않는가?

나는 그대들에게, 나의 아이들에 대해 내게 이야기해 주는 것과 같은 선물을 달라고 그대들의 사랑에 호소한다. 그 아이들 때문에 나는 부유하고, 그 아이들 때문에 나는 가난해졌다. 내가 나누어주지 않은 것이 무엇이 있던가.

나는 한 가지를 얻기 위해서라면, 무엇인들 주지 못할 것인가. 이 어린아이들, 이 살아 있는 식물, 내 의지와 내 최고의 희망의 이 생명나무를 얻기 위해서라면!

차라투스트라는 이렇게 말하고서, 이야기 도중에 갑자기 말을 멈췄다. 그의 동경(憧憬)이 그를 엄습했기 때문이다. 그래서 그는 마음이 동요한 나머지 눈을 감고 입을 다물었다. 그리고 그의 손님들도 모두 당황한 채 입을 다물고 가만히 서 있었다. 다만 늙은 예언자만은 손과 몸짓으로 신호를 하고 있었다.

◆ 12. 만찬[131]

이때 예언자는 차라투스트라와 그의 손님들이 인사를 나누는 것을

---

131. 예수가 그의 제자들을 모아 놓고 열었다는 기독교적인 '최후의 만찬'과 대조되는 장면이다.

중단시켰다. 그는 잠시도 지체할 시간이 없다는 듯 앞으로 밀치고 나와 차라투스트라의 손을 잡고 외쳤다.

"그러나 차라투스트라여!

한 가지 일이 다른 일보다 더 필요하다고 그대 자신이 말하고 있다. 자, 지금 내게는 다른 것보다 더 필요한 한 가지가 있다.

이 기회에 한마디 하자면, 그대는 나를 식사에 초대하지 않았는가? 그리고 여기에는 먼 길을 온 자들이 많이 있다. 설마 그대는 우리를 말로만 대접하고 떠나보내려는 것은 아니겠지?

그대들은 모두 얼어 죽는 것, 빠져 죽은 것, 질식해 죽는 것, 그리고 그밖에 신체의 고통에 대해서도 이미 너무 많이 생각해 왔지만, 나의 궁핍, 곧 굶어 죽는 것에 대해서 생각한 사람은 아무도 없다."

(예언자는 이렇게 말했다. 그리고 차라투스트라의 동물들은 이 말을 듣자 놀라서 달아났다. 그들이 낮에 집에 갖다 놓은 것으로는 예언자 한 사람의 배를 채우기에도 부족하다는 것을 알았기 때문이었다.)

"목말라 죽는 것도 포함된다." 예언자는 말을 계속했다. "그리고 여기서는 물이 지혜의 말씀처럼 풍요롭게 끊임없이 졸졸대는 소리가 들리기는 하지만, 나는 포도주를 원한다!

누구나 다 차라투스트라처럼 태어나면서부터 물만 마시는 사람은 아니다. 또한 물은 지쳐 늘어진 자들에게는 맞지 않다. 우리에게는 포도주가 제격이다. 포도주야말로 신속한 회복과 건강을 즉시 가져다준다!"

예언자가 포도주를 간절히 원하는 이 기회를 타서, 침묵을 지키고 있던 왼쪽 왕도 한마디 하였다. "포도주라면," 그가 말했다. "우리가 마련해 두었다. 나와 나의 형제인 오른쪽 왕이. 우리는 포도주는 충분히 갖고 있다. 나귀 한 마리에 가득 실어 놓았다. 그러니 모자라는 것은 빵뿐이다."

"빵이라고?" 차라투스트라가 대답하면서 웃었다. "홀로 있는 자들은 빵을 갖고 있지 않다. 그러나 인간은 빵만으로 사는 것이 아니라, 좋은 새끼 양의 고기로도 산다. 나에게는 어린 양이 두 마리 있다.

이 양들을 서둘러 잡아 샐비어 향료로 맛있게 요리하자. 나는 그렇게 해먹기를 좋아한다. 그리고 근채류와 과일도 미식가나 식도락가들을 만족시킬 만큼 충분히 있으며, 깨뜨려 먹는 호두와 다른 수수께끼들도 많이 있다.

그러니 우리 어서 훌륭한 만찬을 벌이기로 하자. 그러나 우리와 함께 먹고 싶은 자는 일을 거들어 줘야 한다. 왕들도 마찬가지다. 다시 말해 차라투스트라의 곁에서는 왕도 요리사가 될 수 있는 것이다."

이 제안은 모든 사람들의 마음에 들었다. 오직 자진해서 거지가 된 자만 이 고기와 포도주와 향료에 반대했을 뿐이다.

"자, 이제 이 미식가 차라투스트라의 말을 들어보라!" 자진해서 거지가 된 자가 익살맞게 말했다. "높은 산에 올라오고 동굴이 들어온 것이 이런 향연을 벌이기 위해서인가?

그가 일찍이 '작은 가난을 찬양하라!'고 가르친 까닭을 나는 이제야 확실히 이해하겠구나. 그리고 왜 그가 거지들을 쫓아 버리려하는지를."

"좋은 마음을 내어라." 차라투스트라가 그에게 대꾸했다. "나처럼. 그대의 습관을 그대로 지켜라, 그대 뛰어난 자여, 그대의 곡식 낱알을 씹고, 그대의 물을 마시고, 그대 자신이 만든 음식을 찬양하라, 그것이 그대를 기쁘게 해준다면!

나는 나에게 속한 자들에게만 율법일 뿐, 모든 사람들에게 율법은 아니다. 그러나 나에게 속하는 자라면, 강한 골격을 갖고 있어야 하고, 또 가벼운 발을 갖고 있어야 한다.

전쟁과 축제를 즐기고, 우울한 자나 몽상가가 되어서는 안 되며, 자신의 축제에 대해서 그러하듯 가장 어려운 일에 대처하고, 건강하고 꿋꿋해야 한다.

가장 좋은 것은 나와 내게 속하는 사람들의 차지이다. 그러니 사람들이 그것을 우리에게 주지 않으면, 우리는 그것을 빼앗는다. 가장 좋은 음식, 가장 맑은 하늘, 가장 강한 생각, 가장 아름다운 여인들을!"

차라투스트라는 이렇게 말했다. 그러나 오른쪽 왕이 대답했다. "기이한 일이다! 일찍이 현자의 입에서 이렇게 영리한 말이 흘러나오는 것을 들은 적이 있는가?

그리고 진실로, 모든 일에 지혜로우면서도 나귀가 아닌 현자는 지극히 드물다."

오른쪽 왕은 이렇게 말하고는 의아해 했다. 그러나 그의 말을 듣자 나귀가 악의에 찬 목소리로 '이—아' 하고 말했다. 이것이 역사책들에서 소위 '최후의 만찬'이라고 말하는 저 긴 향연의 시작이었다. 그러나 이 향연이 베풀어지는 동안은 오직 '더 높은 인간'에 대해서 이야기했을 뿐이었다.

◆ 13. 더 높은 인간에 대하여

1

내가 맨 처음에 인간들에게로 갔을 때, 나는 홀로 있는 자의 어리석음, 커다란 어리석음을 저질렀다. 나는 나 자신을 시장(市場)에 내세웠던 것이다.

그리고 내가 모든 사람들에게 이야기했을 때, 나는 누구에게도 이야기하지 않았던 것이다. 그날 저녁에는 줄타기 광대들과 시체들이 나의 길동무가 되었다. 그리고 나 자신도 거의 시체나 다름없었다.

그러나 새로운 아침과 함께 나에게 새로운 진리가 찾아왔다. 그때 나는 '시장과 천민, 천민의 소음, 그리고 천민의 기다란 귀가 나와 무슨 상관이랴!'라고 말할 줄 알게 되었다.

그대 더 높은 인간들이여, 이것을 나에게서 배워라, 시장에서는 아무도 더 높은 인간 존재를 믿지 않는다는 것을. 그리고 그대들이 거기에서 이야기하고 싶다면, 좋다! 그러나 천민들은 눈을 깜박거리며 말한다. '우리는 평등하다.'라고.

'그대 더 높은 인간들이여.' 이렇게 천민들은 눈을 깜박거리며 말한다. '더 높은 인간이란 존재하지 않는다. 우리는 모두가 평등하다. 인간은 인간이다. 신 앞에서 우리는 모두가 평등하다.'

신 앞에서!—그러나 이제 이 신은 죽었다. 천민들 앞에서 우리는 평등하고 싶지 않다. 그대 더 높은 인간들이여, 시장으로부터 떠나가라!

2

신 앞에서!―그러나 이제 이 신은 죽었다. 그대 더 높은 인간들이여, 이 신이야말로 그대들의 가장 큰 위험이었다.

그가 무덤 속에 누운 뒤부터, 그대들은 비로소 다시 부활했다. 이제 비로소 위대한 정오(正午)가 오고, 이제 비로소 더 높은 인간이 주인이, 지배자가 된다!

그대들은 이 말을 이해했는가, 오, 형제들이여? 그대들은 놀랐구나. 그대들의 마음이 어지러워졌는가? 여기서 심연이 그대들에게 아가리를 벌렸는가? 여기서 지옥의 개가 그대들에게 짖고 있는가?

좋다! 자! 그대 더 높은 인간들이여! 이제 비로소 인간의 미래라는 산이 진통을 겪는 것이다. 신은 죽었다. 이제 우리는 초인(超人)이 살게 되기를 바라고 있다.

3

오늘날 가장 조심하는 자들은 묻는다, "어떻게 하면 인간은 계속 살아남을까?"라고. 그러나 차라투스트라는 유일한 인간, 최초의 인간으로서 묻는다, "인간은 어떻게 극복되는가?"라고.

초인은 나의 마음을 사로잡는다. 초인이야말로 나의 최초이자 유일한 관심사이지―인간은 아니다. 이웃도 아니고, 가장 가난한 자도 아니고, 가장 고뇌하는 자도 아니고, 가장 선한 자도 아니다.

오, 형제들이여, 내가 인간에게서 사랑할 수 있는 점은, 인간은 하나의 과정(過程)이며 몰락이라는 것이다. 그리고 그대들에게도 나로 하여금 사랑하고 희망을 갖게 하는 많은 것들이 있다.

그대들이 경멸하고 있었다는 것, 그대 더 높은 인간들이여, 그것이 나로하여금 희망을 갖게 만든다. 다시 말해, 크게 경멸하는 자들은 크게 존경하는 자들이다.

그대들이 존경했다는 것, 거기에는 존경할 만한 점이 많다. 왜냐하면 그대들은 복종하는 법을 배운 적이 없고, 왜소한 현명함을 배운 적이 없기 때문이다.

다시 말해, 오늘날에는 소인들이 주인이, 지배자가 되었다. 그들은 모두가 순종과 겸손, 영리함, 근면, 조심, 그리고 기타의 작은 덕들을 설교한다.

여자 근성을 가진 자, 노예근성을 가진 자, 그리고 특히 천민이라는 잡탕들, 이런 자들이 이제 모든 인간의 운명의 주인이 되고 싶어한다. 오, 구역질! 구역질! 구역질!

이런 자들은 묻고 또 물어도 지치지 않는다. "어떻게 하면 인간은 가장 잘, 가장 오래, 가장 즐겁게 살아남을까?" 이렇게 물음으로써 그들은 오늘의 주인이 된 것이다.

오늘날의 이런 주인들을 극복하라, 오, 형제들이여—이런 소인들을. 그들은 초인의 가장 큰 위험이다!

극복하라, 그대 더 높은 인간들이여, 작은 덕들을, 왜소한 영리함을, 모래알 같은 신중함을, 개미처럼 부지런히 기어 다니는 것을, 가엾은 안일함을, '최대다수의 행복'을!

그리고 복종하느니 차라리 절망하라. 그리고 진실로, 나는 그대들이 오늘을 사는 법을 모르는 까닭에 그대들을 사랑한다, 그대 더 높은 인간들이여! 다시 말해 그렇게 그대들은—가장 잘 살고 있는 것이다!

4

그대들은 용기를 갖고 있는가, 오, 형제들이여? 그대들은 용감한가? 목격자 앞에서의 용기가 아니라, 어떤 신도 더 이상 보지 못하는 홀로 있는 자의 용기를, 독수리의 용기를 갖고 있는가?

내가 용감하다고 부르는 것은 차가운 영혼, 노새들, 장님들, 취한 자들이 아니다. 무서움을 알지만 무서움을 누르는 자, 심연을 보지만 긍지를 갖고 보는 자가 대단한 것이다.

심연을 보지만 독수리의 눈으로 보는 자, 독수리의 발톱으로 심연을 붙잡는 자, 그런 자가 용기를 갖고 있는 자다.―

5

"인간은 사악하다." 최고의 현자들이 모두 나를 위로하기 위해 이렇게 말했다. 아, 이 말이 오늘날 사실이기만 하다면! 왜냐하면 악은 인간의 최상의 힘이기 때문이다.

"인간은 더 선해지고 더 악해져야 한다."―이렇게 나는 가르친다. 초인의 최선을 위해서는 최악이 필요하다.

인간의 죄 때문에 괴로워하고 인간의 죄를 짊어지는 것은, 저 소인들의 설교자에게 어울리는 일이었을 것이다. 그러나 나는 커다란 죄를 나의 커다란 위안으로서 즐긴다.

그러나 이런 말은 기다란 귀가 들으라고 한 말이 아니다. 모든 말이 누구의 입에나 어울리는 것은 아니다. 이런 말들은 미묘하고 심원한 것들이다. 양의 굽으로 그것들을 붙잡아서는 안 되리라!

6

그대 더 높은 인간들이여, 그대들은 그대들이 망쳐 놓은 일을 바로 잡기 위해 내가 여기 있다고 생각하는가?

아니면 이제부터 내가 그대 괴로워하는 자들에게 더 편안한 잠 자리를 주려 한다고? 아니면 그대 정처 없는 자들, 길 잃은 자들, 잘 못 올라온 자들에게 새로운, 보다 편한 길을 보여주려 한다고 생각 하는가?

아니다! 아니다! 세 번 아니다! 그대들과 같은 부류의 인간들 중 에서 더욱더 많은 자들이, 더욱더 선한 자들이 멸망하지 않으면 안 된다. 그대들은 더욱더 험악하고 더욱더 가혹한 상태에 놓여야 하기 때문이다. 그렇게 됨으로써만—

그럼으로써만 인간은 번개가 그를 맞혀 파괴시킬 수 있을 만한 높 이로 자라는 것이다, 번개를 맞기에 충분한 높이로!

나의 마음과 동경은 적은 것, 긴 것, 심원한 것으로 향하고 있다. 그대들의 사소하고 많은 짧은 불행이 나와 무슨 상관인가!

내 보기에 그대들은 아직 충분히 괴로워하지 않고 있다! 그대들 은 그대 자신 때문에 괴로워하지, 아직 인간 때문에 괴로워하지는 않았기 때문이다. 그대들이 그렇지 않다고 말한다면, 그대들은 거 짓말을 하는 것이다! 그대들은 모두 내가 괴로워 해온 것 때문에 괴 로워하지는 않는다.

7

번개가 더 이상 해를 입히지 않는 것만으로는 나에게 충분하지 않다. 나는 번개를 빗나가게 하고 싶지는 않다. 나를 번개로 하여금 나를 위해 일하도록 가르치고자 한다.

나의 지혜는 이미 오랫동안 구름처럼 모여들고 있으며, 나의 지혜는 더욱 고요해지고 더욱 어두워진다. 언젠가 번개를 낳게 될 모든 지혜는 이렇게 되는 것이다.

나는 오늘날의 이런 인간들에게 빛이 되고 싶지 않고, 빛이라 불리고 싶지도 않다. 나는 그들을 눈이 멀게 만들고 싶다. 내 지혜의 번개여! 그들의 눈을 뽑아내라!

8

그대들의 능력을 넘어서는 것을 바라지 말라. 자기들의 능력 이상으로 바라는 자들의 주위에는 사악한 속임수가 있다.

특히 그들이 위대한 일을 하려고 할 때는 더욱 그렇다! 왜냐하면 그들은 위대한 일들에 대한 불신을 야기하기 때문이다, 이 교묘한 화폐 위조자들, 배우들이.

그리하여 마침내 그들은 자기 자신들까지도 속이며, 사팔뜨기가 되어 격한 말과 가장된 미덕과 번쩍거리는 거짓 작품으로 장식한, 겉은 회칠을 했으나 속은, 벌레에 먹힌 자가 되는 것이다.

그렇게 되지 않도록 조심하라, 그대 더 높은 인간들이여! 내가 보기에 오늘 정직함보다 더 값지고 진귀한 것은 없기 때문이다.

이 오늘은 천민들의 것이 아닌가? 그러나 천민들은 무엇이 크고 무엇이 작고, 무엇이 곧고 정직한지를 알지 못한다. 천민은 순진하게 구부러지고 언제나 거짓말을 한다.

9

오늘날 건전한 불신(不信)을 갖도록 하라, 그대 더 높은 인간들이여, 그대 용감한 자들이여! 그대 솔직한 자들이여! 그리고 그대들의 근거를 비밀로 해 두어라! 이 오늘은 곧 천민들의 것이기 때문이다.

일찍이 천민들이 근거 없이 믿게 된 것을, 누가 근거를 제시하여 그것을 뒤집어엎을 수 있겠는가?

시장에서는 사람들은 몸짓으로 설득시킨다. 그러나 근거를 대면 천민들은 불신하게 된다.

그리고 언젠가 진리가 승리했다면, 그대들은 건전한 불신감을 갖고 스스로에게 물어본다, "얼마나 강력한 오류가 그 진리를 위해 싸웠는가?"라고.

또한 학자들을 조심하라! 그들은 그대들을 미워한다. 그들은 열매를 맺지 못하기 때문이다! 그들은 싸늘하고 메마른 눈을 가졌으며, 그들의 눈앞에서는 모든 새들이 깃털이 뜯긴 채 누워 있다.

이런 자들은 자기들이 거짓말을 하지 않는다고 뽐낸다. 그러나 거짓말을 할 능력이 없다는 것은, 진실을 사랑하는 것과는 전혀 거리가 멀다. 그러니 조심하라!

열병으로부터 자유롭다는 것은 아직은 인식하는 것과는 거리가 멀다! 나는 얼어붙은 영혼의 소유자들을 믿지 않는다. 거짓말을 할 줄 모르는 자는 무엇이 진리인지를 알지 못한다.

10

그대들은 높이 올라가고 싶다면, 자신의 다리를 이용하라! 그대들은 실려 올라가지 말라. 낯선 자들의 등이나 머리에 올라타지 말라!

그런데 그대는 말을 타고 올라왔는가? 그대는 이제 말을 타고 서둘러 그대의 목적지로 올라가는가? 좋다, 나의 친구여! 그런데 그대의 절름거리는 발도 함께 말을 타고 있구나!

그대가 그대의 목적지에 닿아 말에서 뛰어 내릴 때, 바로 그대의 높이에서, 더 높은 인간이여, 그대는 비틀거릴 것이다!

11

그대 창조하는 자들이여, 그대 더 높은 인간들이여! 사람은 오직 자기 자신의 아이만을 임신할 뿐이다.

아무것도 곧이듣지 말고 설득 당하지 말라! 누가 그대들의 이웃이란 말인가? 그리고 그대들이 '이웃을 위해' 행동하더라도, 여전히 이웃을 위해 창조하지는 말라!

제발 이 '위하여'라는 것을 잊어다오, 그대 창조하는 자들이여. 바로 그대들의 덕이 바라는 것은, 그대들이 '위하여'와 '목적으로'와 '때문에' 어떤 일을 하지 않는 것이다. 이런 거짓된 하찮은 말들에 대해 그대들은 귀를 막아야 한다.

'이웃을 위해'라는 것은 오직 소인들의 덕일 뿐이다. 그들은 '유유상종(類類相從)'이라든가 '가는 정 오는 정'이라는 말을 한다. 그들에게는 그대들의 이기심을 요구할 권리도 힘도 없다!

그대 창조하는 자들이여, 그대들의 이기심 속에는 잉태한 자의 신중함과 선견지명이 들어 있다! 아직 누구도 눈으로 본 적이 없는 것, 그 열매를 그대들의 온 사랑은 보호하고 돌보고 기른다.

그대들의 온 사랑이 있는 곳, 곧 그대의 아이 곁에 그대들의 온 덕(德)도 있다! 그대들의 작품, 그대들의 의지야말로 그대들의 '이웃'이다. 거짓된 가치에 설득 당하지 말라!

12

그대 창조하는 자들이여, 그대 더 높은 인간들이여! 출산해야 하는 자는 병들어 있으며, 출산한 자는 불결하다.[132]

여인들에게 물어보라. 출산하는 것이 즐거워서 출산하는 것은 아니다. 그 고통이 암탉들과 시인들로 하여금 울음소리를 내게 한다.

그대 창조하는 자들이여, 그대들에게는 불결한 것이 많다. 그것은 그대들이 어머니가 되어야 했기 때문이다.

새로운 어린아이. 오, 그와 더불어 얼마나 많은 새로운 더러움이 이 세상에 생겨났는가! 옆으로 비껴라! 그리고 아이를 낳은 자는 자신의 영혼을 깨끗이 씻어야 하리라!

13

그대들의 능력 이상으로 덕스럽게 되지 말라! 그리고 있을 법하지 않은 일을 그대 자신에게서 바라지 말라!

---

132. 창조의 어려움을 말한다.

이미 그대들의 선조들의 덕(德)이 걸어갔던 발자취를 따라 걸어가라! 그대 선조들의 의지가 그대들과 함께 올라가지 않는다면, 어찌 그대들이 높이 올라가겠는가?

그러나 첫 아들이 되려 하는 자는 또한 맨 꼴찌가 되지 않도록 조심하라! 그리고 그대들의 선조의 악덕이 있는 곳에서 그대들은 성자인 체해서는 안 된다!

여자와 독한 포도주와 멧돼지 고기를 좋아하던 조상(祖上)을 가진 자가 자기 자신에게 순결을 요구한다면 어찌 되겠는가?

그것은 바보 같은 짓이리라! 진실로 내 생각에, 이런 자가 한 여자, 또는 두 여자, 또는 세 여자의 남편이라면 실로 큰일일 것이다.

그리고 그런 자가 수도원을 세우고 그 문 위에다 '성자(聖者)에의 길'이라고 써 놓는다면, 그때 나는 말하리라, "무엇 때문에! 이것은 또 다른 어리석은 짓이다!"라고.

그가 스스로를 위해 감옥과 피난처를 세운 것이라면, 잘 되기를! 그러나 나는 그렇게 되리라고 믿지 않는다.

고독 속에서는 사람이 그 고독 속으로 끌고 오는 것, 곧 내면의 가축도 성장한다. 그리하여 많은 사람들이 고독을 단념하게 된다.

지금까지 이 땅 위에 사막의 성자(聖者)들보다 더 불결한 것이 있었던가? 이런 자들 주위에는 악마뿐만이 아니라, 돼지도 날뛰었던 것이다.

14

그대 더 높은 인간들이여, 나는 그대들이 도약에 실패한 호랑이처럼 소심하게, 부끄러워하고, 어색하게 옆길로 달아나는 것을 자주 보았다. 그대들은 주사위를 잘못 던진 것이다.

그러나 그대 주사위 놀이를 하는 자들이여! 그것이 무슨 상관인가! 그대들은 사람들이 도박하고 조롱해야 하는 방식으로 도박하고 조롱하는 법을 배우지 못했던 것이다! 우리는 언제나 도박과 조롱을 위한 커다란 탁자 앞에 앉아 있지 않은가?

그리고 비록 그대들이 커다란 일에 실패했다 하더라도, 그 때문에 그대들 자신도 실패했는가? 그리고 비록 그대들 자신이 실패했다 하더라도, 그 때문에 인간도 실패했는가? 그러나 비록 인간이 실패했다 하더라도, 좋다! 상관없다!

15

더 높은 부류에 속하는 것일수록 성공하는 것은 더욱 드물다. 그대더 높은 인간들이여, 그대들은 모두가 실패자들이 아닌가?

용기를 내라, 그것이 무슨 상관인가! 아직도 가능한 것들이 얼마나 많은가! 사람들이 마땅히 비웃어야 하듯이, 그대들 자신을 비웃는 법을 배워라!

그대들이 실패하거나 반쯤밖에 성공하지 못했다 하더라도, 무엇이 이상한가, 그대 반쯤 파괴된 자들이여! 그대들 내부에서 치열하게 몸부림치고 있지 않은가, 인간의 미래가?

인간의 가장 먼 것, 가장 깊은 것, 별처럼 가장 높은 것, 인간의 엄청난 힘, 그 모든 것이 그대들의 항아리 안에서 서로 부딪히며 거품을 내고 있지 않은가?

많은 항아리가 부서진다 하더라도 무엇이 이상한가! 사람들이 마땅히 비웃어야 하듯이, 그대들 자신을 비웃는 법을 배워라! 그대 더 높은 인간들이여, 오 얼마나 많은 것들이 아직도 가능한가!

그리고 진실로, 얼마나 많은 것들이 이미 성공했는가! 이 대지에는 작고, 훌륭하고, 완전한 것들, 잘 조화된 것들이 얼마나 풍부한가!

그대 주위에 작고 훌륭하고 완전한 것들을 두어라, 그대 더 높은 인간들이여! 그것들의 황금빛 성숙함이 마음을 치유해 준다. 완전한 것은 희망을 가르친다.

16

이 지상에서 지금까지 가장 큰 죄는 무엇이었던가? 그것은, "화 있으리라, 여기 웃는 자들이여!"라고 했던 자[133]의 말이 아니었던가?

그 자신은 이 지상에서 웃어야 할 근거를 찾아내지 못했던 것일까? 그렇다면, 그가 잘못 찾았기 때문이다. 여기서는 어린아이도 웃을 이유를 찾아낸다.

그자는 충분히 사랑하지 않았던 것이다. 그렇지 않았다면 그는 우리들, 웃는 자들까지도 사랑했을 것이다! 그러나 그는 우리를 미워했고, 멸시했으며, 우리에게 비통해하고 분해 이를 갈게 해주겠다고 약속했다.

대체 사람은 사랑하지 않으면 곧 저주해야 하는가? 이것은 내가

---

133. 예수를 가리킨다. 《신약성경》의 '누가복음' 6장 25절에서 예수는, "화 있으리라! (……) 지금 웃는 너희에게 화 있으리라!"고 말하고 있다.

생각하기에 고약한 취향이다. 그러나 그자, 이 무조건적인 자는 그렇게 했다. 그는 천민 출신이었던 것이다.

그리고 그 자신이 충분히 사랑하지 않았던 것일 뿐이다. 그렇지 않다면, 그는 사람들이 그를 사랑하지 않는다고 해서 그렇게 화를 내지는 않았으리라. 모든 커다란 사랑은 사랑을 바라지 않는다. 커다란 사랑은 그 이상의 것을 바라는 것이다.

이런 모든 무조건적인 자들을 피하라! 그들은 빈약하고 병든 종족, 천민의 종족이다. 그들은 이 삶을 좋지 않게 바라보며, 이 대지에 사악한 시선을 던진다.

이런 모든 무조건적인 자들을 피하라! 그들은 무거운 발과 후덥지근한 가슴을 갖고 있다. 그들은 춤추는 법을 알지 못한다. 이런 자들에게 어찌 대지가 가벼울 수 있겠는가!

17

모든 훌륭한 것들은 구부러진 채 자신의 목표에 다가간다. 그것들은 고양이처럼 등을 둥글게 웅크리고, 가까이 다가오는 자신의 행복에 대해 속으로 끙끙거린다. 모든 훌륭한 것들은 웃는다.

어떤 사람이 이미 자신의 길을 걷고 있는지는 그의 걸음걸이에서 드러난다. 그러므로 내가 걷는 것을 보라! 자신의 목표에 가까이 다가가고 있는 자는 춤을 추기 마련이다.

진실로, 나는 동상(銅像)이었던 적이 없다. 지금도 나는 이곳에서 뻣뻣하게, 무디게, 돌처럼, 기둥처럼 서 있지는 않다. 나는 빨리 달리기를 좋아한다.

그리고 비록 지상에는 늪과 짙은 비애가 있지만, 발이 가벼운 자는 진흙탕 위도 건너뛰어 달리며, 깨끗이 쓸어놓은 얼음 위에서처럼 춤을 춘다.

그대들의 가슴을 들어 올려라, 형제들이여, 높이! 더 높이! 그리고 다리도 잊지 말아라! 그대들의 다리도 들어 올려라, 그대 멋지게 춤을 추는 자들이여, 그리고 그보다 더 좋은 것은, 그대들이 물구나무를 서는 것이다!

18

웃는 자가 쓰는 이 관(冠), 이 장미 화환의 관. 나 자신이 이 관을 내 머리 위에 썼다. 나 자신이 나의 웃음을 신성하다고 선언했다. 오늘날 나는 이렇게 할 수 있을 만큼 강한 자를 보지 못했다.

춤추는 자인 차라투스트라, 날개로 신호를 하는 경쾌한 자인 차라투스트라, 모든 새들에게 눈짓을 보내며 날아갈 준비가 되어 있는 자, 각오와 준비가 되어 있는, 행복하고 마음이 경쾌한 자.

예언자 차라투스트라, 참되게 웃는 자인 차라투스트라, 성급하지 않은 자, 무조건적이지 않은 자, 도약과 탈선을 사랑하는 자. 나 자신이 이 관을 머리 위에 얹어 놓았다!

19

그대들의 가슴을 들어 올려라, 형제들이여, 높이! 더 높이! 그리고 다리도 잊지 말아라! 그대들의 다리도 들어 올려라, 그대 멋지게 춤을 추는 자들이여, 그리고 그보다 더 좋은 것은, 그대들이 물구나무를 서는 것이다!

행복할 때도 둔한 동물들이 있다. 처음부터 발이 무딘 자들이 있다. 물구나무를 서려고 애쓰는 코끼리처럼 이상하게도 그들은 애를 쓴다.

그러나 불행한 나머지 바보스러워지기보다는 행복한 나머지 바보스러워지는 것이 더 낫고, 절름거리며 걷는 것보다는 서투르게 춤을 추는 것이 더 낫다. 그러니 내게서 나의 지혜를 배워 가라, 가장 나쁜 일도 두 가지 좋은 이면(裏面)을 갖고 있다는 것을.

가장 나쁜 것이라 하더라도 춤추기 좋은 다리를 갖고 있다. 그러니 내게서 그대 자신을 배워라, 그대 더 높은 인간들이여, 그대들의 곧은 다리로 서는 법을!

그러므로 비애의 나팔 부는 것을, 천민의 슬픔을 잊어라! 오, 오늘날 천민의 익살꾼들까지도 내게는 얼마나 슬퍼보이는가! 그러나 오늘날은 천민들의 것이다.

20

산 위의 동굴에서 불어 닥치는 바람처럼 행동하라. 바람은 자기 자신의 피리 소리에 맞춰 춤추려 하고, 그 바람의 발자국 아래서 바다가 떨면서 뛰어오른다.

나귀들에게 날개를 달아 주고 암사자들의 젖을 짜는 것, 모든 현재와 모든 천민들에게 마치 폭풍처럼 불어오는 이 좋은, 거칠 것 없는 정신을 찬미하라.

엉경퀴 같은 머리, 사소한 일에 매달리는 머리, 그리고 모든 시든

잎들과 잡초에 적의를 품는 것, 초원에서 춤추듯 늪과 비애 위에서 춤추는 이 사납고 좋고 자유로운 폭풍의 정신을 찬미하라!

천민이라는 말라빠진 개들과 잘못되어 먹은 모든 음울한 도당들을 증오하는 것, 모든 비관론자들과 궤양 환자들의 눈에 먼지를 불어 넣는, 모든 자유로운 정신들 중에서 이 정신이 이 웃는 폭풍은 찬양 받으라!

그대 더 높은 인간들이여! 그대들의 가장 나쁜 점은, 사람들이 춤춰야 하는 방식으로 춤추는 것을—그대 자신을 초월하여 춤추는 것을 그대들은 모두 배우지 않았다는 것이다! 그대들이 실패하더라도 무슨 상관이랴!

얼마나 많은 것들이 아직도 가능한가! 그러므로 그대 자신을 초월하여 웃는 법을 배워라! 그대들의 가슴을 들어 올려라, 그대 춤을 잘 추는 자들이여, 높이! 더 높이! 그리고 잘 웃는 것도 잊지 말아라!

웃는 자의 이 관(冠)을, 이 장미 화관을, 형제들이여, 나는 그대들에게 던져 준다! 나는 웃음을 신성하다고 말했다. 그대 더 높은 인간들이여! 나에게서 웃는 법을 배워라!

◆ 14. 우울의 노래

1

차라투스트라가 이 말을 했을 때, 그는 그의 동굴 입구 가까이에 서 있었다. 그러나 그 마지막 말을 하고서, 차라투스트라는 그의 손님들에게서 빠져 나와 잠시 동안 바깥 공기 속으로 피했다.

"오, 내 주위의 맑은 향기여." 그는 외쳤다. "오, 나를 둘러싼 행복한 고요함이여! 그런데 나의 동물들은 어디에 있는가? 이리로, 이리로 오라, 나의 독수리와 나의 뱀이여!

내게 말해다오, 나의 동물들이여. 이들, 더 높은 인간들이 모두 혹시 좋지 않은 냄새를 풍기는 것이 아닐까? 오, 내 주위의 맑은 향기여! 이제야 비로소 나는 내가 그대들을 얼마나 사랑하는지 알고 느끼겠구나, 나의 동물들이여."

그리고 차라투스트라는 다시 말했다. "나는 그대들을 사랑한다, 나의 동물들이여!" 그런데 그가 이 말을 했을 때, 독수리와 뱀이 그에게 달려들어 그를 우러러 보았다. 이처럼 그들은 셋이 조용히 함께 모여서 서로 좋은 공기를 냄새 맡으며 들이마셨다. 더 높은 인간들과 함께 있을 때보다 여기, 밖에서의 공기가 더 좋았기 때문이다.

2

그러나 차라투스트라가 그의 동굴에서 떠나자마자, 늙은 마술사가 교활하게 주위를 둘러보더니 말했다. "그가 나가 버렸다!

그리고 그대 더 높은 인간들이여—나도 찬양과 아첨의 이름으로 그대들을 간지럽게 할 수 있기를—이미 차라투스트라 자신이 그랬듯이, 이미 나의 사악한 기만과 마법의 영이, 나의 우울의 악마가 나를 엄습하고 있다.

그는 차라투스트라의 철저한 적대자이다. 그러나 그 악마를 용서하라! 그는 그대들 앞에서 마법을 부리려 한다. 이제 그는 자신의 때를 만났으니, 내가 이 사악한 영과 다투어 봤자 소용없다.

그대들이 어떠한 말로 자신에게 영예를 주더라도, 그대들이 자신을 '자유정신'이라 부르든, '성실한 자'나 '정신의 참회자', '사슬에서 풀린 자', 또는 '커다란 동경을 가진 자'라고 부르든.

그대들 모두를, 나처럼 커다란 역겨움에 시달리고 자신들의 오래된 신은 죽었으되 포대기에 싸여 요람 속에 누워 있는 새로운 신은 아직 갖지 못한 그대들 모두를 나의 사악한 영(靈)과 마법의 악마는 좋아한다.

나는 그대들을 알고 있다, 그대 더 높은 인간들이여, 나는 그를 알고 있다. 나는 또 내가 본의 아니게 사랑하는 이 괴물, 차라투스트라도 알고 있다. 그 자신이 내게는 때때로 아름다운 성자(聖者)의 가면처럼 생각된다.

나의 사악한 영, 곧 우울의 악마가 좋아하는 새로운 이상한 가장 무도회처럼. 나는 나의 사악한 영 때문에 차라투스트라를 사랑한다고, 때때로 그렇게 생각했다.

그러나 이미 그가, 이 우울의 영(靈)이, 이 저녁 어스름의 악마가 나를 덮치면서 짓누르고 있다. 그리고 진실로, 그대 더 높은 인간들이여, 그는 갈망하고 있다.

자, 눈을 떠라! 이 영은 발가벗고 오기를 갈망하고 있다. 남자로서인지 여자로서인지, 나는 아직 알지 못한다. 그러나 그는 온다. 그는 나를 짓누르고 있다. 아아! 그대들의 오관(五官)을 열어라!

날은 저물어 가고, 모든 사물들에게 이제 저녁이 찾아온다, 가장 훌륭한 것들에게도. 이제 듣고 보라, 그대 더 높은 인간들이여, 이 저녁의 우울의 영이 남자든 여자든, 어떤 악마인가를!"

늙은 마술사는 이렇게 말하고 나서, 교활하게 주위를 둘러보고는 그의 하프를 집어 들었다.

3

대기가 투명해져

이슬이 주는 위안이

보이지도 않고 들리지도 않게

대지에 쏟아져 내릴 때,

—왜냐하면 위안을 주는 이슬은

모든 온화한 위안자들처럼 부드러운 신발을 신었기에—

그때 그대는 기억하는가, 기억하는가, 뜨거운 가슴이여,

일찍이 그대가 얼마나 목말라 했던가를,

하늘의 눈물, 이슬방울을

햇볕에 타고 지친 채 얼마나 목말라 했는가를.

그러는 동안에 노란 풀밭의 오솔길에는,

짓궂게도 저녁의 태양의 시선이

눈부신 태양의 작열하는 시선이 심술궂게

검은 나무들을 헤치며 그대의 주위를 달렸다.

"진리의 구혼자라고? 그대가? 태양의 시선은 이렇게 비웃었다.

"아니다! 한낱 시인일 뿐!

교활하고 약탈하며 살금살금 돌아다니는 한 마리의 동물,

거짓말을 하지 않을 수 없고,

알면서도 일부러 거짓말을 해야 하는 동물,

먹이를 탐내고,

알록달록한 가면을 쓰고,

자기 자신에게 가면이 되고,

자기 자신에게 먹이가 되는,

이런 자가─진리를 구하는 자인가?

아니다! 다만 바보일 뿐! 다만 시인일 뿐!

오직 알록달록한 것만을 이야기하면서,

바보의 가면 속에서 알록달록하게 외쳐대고,

거짓된 말의 다리 위로 이리저리 오가고,

알록달록한 무지개 위로,

거짓 하늘과

거짓 대지 사이를

이리저리 헤매고, 이리저리 떠도는

오직 바보일 뿐! 오직 바보일 뿐! 오직 시인일 뿐!

이런 자가─진리를 구하는 자인가?

가만히, 뻣뻣하고, 매끄럽고, 차갑게

동상이나

신의 입상(立像)이 된 것도 아니고,

신의 문지기로서

신전 앞에 세워지지도 않았다.

아니! 그런 진리의 입상들에 적대적이었으며,

아무리 거친 곳이라도 신전 앞에 있는 것보다는 아늑했으니,

고양이의 자유분방함으로 가득 차,

모든 창문을 뚫고서

재빨리! 모든 우연 속으로 뛰어 들어

모든 원시림의 냄새를 맡으면서,

병적인 동경으로 냄새를 맡으며 돌아다니는 것은,

그대가 원시림 속

알록달록한 반점이 있는 맹수들 사이에서

죄스럽게도 건강하고 알록달록하게

그리고 멋지게 달리기 위해서다.

탐욕스런 입술을 내밀고,

복에 겨워 조롱하고, 복에 겨워 지옥처럼, 복에 겨워 피에 굶주린 채,

약탈하며, 살금살금 돌아다니고, 거짓말을 하며 달리기 위해서다.

혹은 독수리처럼 오랫동안,

오랫동안 심연을 들여다보면서,

자신의 심연을—

오, 그 심연들은 얼마나 아래로,

밑으로, 속으로,

훨씬 더 깊은 나락 속으로 맴돌며 떨어지는가!

이윽고,

갑자기, 일직선으로,

날개를 쭉 뻗어

어린 양들을 덮치며,

갑자기 아래로, 심하게 굶주린 채

어린 양들을 탐낸다.

어린 양의 영혼을 지닌 모든 것들을 미워하고,

양처럼, 어린 양의 눈으로, 곱슬곱슬한 털을 갖고,

회색이고 어린 양과 양의 다정함을 지니고서

바라보는 모든 것들을

몹시 미워하면서!

그렇게

독수리 같고 표범 같다,

시인의 동경은,

천 개의 가면 뒤에 숨겨진 그대의 동경은.

그대 바보여! 그대 시인이여!

이런 자로서 그대는 인간을

신으로, 양으로 보았다.

인간 내면의 양을 찢어 버리듯

인간 내면의 신을 찢어 버리는 것,

그리고 찢어 버리면서 웃는 것—

그것이, 바로 그것이 그대의 행복이다!

표범이요 독수리인 자의 행복이다!

시인이자 바보인 자의 행복이다!

대기는 투명해져서,

이미 초승달이

진홍색 저녁놀 사이로 푸르스름하게,

그리고—낮에 적의를 품고

시기하며 슬그머니 나아갈 때,

한 걸음 한 걸음 비밀스럽게 나아가면서

매달려 있는 장미들을 낫질해 베어 낸다,

마침내 그것이 가라앉을 때까지,

창백하게 밤을 향하여 가라앉을 때까지—

이처럼 일찍이 나 자신도 가라앉았다,

나의 진리의 광기로부터,

나의 정오의 동경으로부터,

정오에 지치고, 빛 때문에 병이 들어,

아래로, 저녁을 향해 아래로, 그림자를 향해 가라앉았다.

하나의 진리 때문에

불태워지고 목말라 하면서.

—그대는 아직도 기억하는가, 기억하는가, 뜨거운 가슴이여,

그때 그대가 얼마나 목말라 했었는가를,

내가 모든 진리로부터

추방되었다는 것에?

오직 바보일 뿐이다!

오직 시인일 뿐이다!

◆ 15. 학문에 대하여

마술사가 이렇게 말했다. 그러자 함께 있던 자들은 모두, 알지 못하는 사이에 마치 새들처럼 그의 교화하고 우울한 관능적 쾌락의 그물 속으로 걸려들었다. 다만 정신의 양심가만이 걸려들지 않았다. 그는 재빨리 마술사에게서 하프를 빼앗으며 외쳤다. "공기를! 좋은 공기를 들여보내라! 차라투스트라를 들여보내라! 그대는 이 동굴을 후덥지근하고 유독하게 만들고 있다, 그대 사악한 늙은 마술사여!

그대 사기꾼, 교묘한 자여, 그대는 미지의 욕망과 황폐함으로 유혹하고 있다. 화 있으리라, 그대 같은 자들이 진리에 대해 이야기하며 소란을 떨다니!

화 있으리라, 이런 마술사들을 경계하지 않는 모든 자유로운 정신들에게는! 그들의 자유는 사라져 버린다. 그대가 가르치고 꾀어 감옥으로 되돌려 보내는 것이다.

그대 우울한 늙은 악마여, 그대의 비탄으로부터 유혹하는 피리 소리가 들려온다. 그대는 순결을 찬양하면서 은밀하게 육욕(肉慾)으로 끌어들이는 그런 자들과 똑같다!"

양심가는 이렇게 말했다. 그러나 늙은 마술사는 자기 주위를 돌아보면서 승리를 만끽했으며, 이것으로 양심가가 그에게 야기한 불쾌감을 삼켜 버렸다. "조용히 하라!" 그는 삼가는 듯한 목소리로 말했다. "좋은 노래는 좋은 메아리를 원한다. 좋은 노래를 들은 다음에는 오랫동안 침묵해야 한다.

여기 있는 자들, 더 높은 인간들은 모두 그렇게 하고 있다. 그러나 그대는 분명 나의 노래를 조금밖에 이해하지 못한 모양이군? 그대에게 마법의 영(靈)이 조금밖에 깃들어 있지 않다."

"그대는 나를 찬양하고 있다." 양심가가 대답했다. "그대가 나를 그대와 다른 사람으로 구분해 주고 있으니 말이다! 좋다! 그러나 그대 다른 자들이여, 내가 보는 것이 무엇인가? 그대들은 모두가 탐욕스러운 눈으로 거기에 앉아 있구나.

그대 자유로운 영혼들이여, 그대들의 자유는 어디로 갔는가! 내가 보기에 그대들은 발가벗고 춤을 추는 못된 처녀들을 오랫동안 바라보는 자들과 같다. 바로 그대들의 영혼 자체가 춤을 추고 있는데!

그대 더 높은 인간들이여, 그대들 속에는, 저 마술사가 마법과 속임수의 사악한 영이라고 불렀던 것이 분명히 더 많이 들어 있다. 우리는 분명 서로 다를 수밖에 없다.

진실로, 차라투스트라가 자신의 동굴로 돌아오기 전에 우리는 충분히 함께 이야기하고 생각했으니, 나는 우리가 서로 다르다는 것을 잘 알고 있다.

우리들, 그대들과 나는 여기 산 위에서도 서로 다른 것을 찾고 있다. 나로 말하면, 더 많은 안전을 찾으려고 차라투스트라에게 온 것이다. 그는 아직도 가장 굳건한 탑이며 의지이다.

모든 것이 흔들리고 온 대지가 진동하는 오늘날에. 그러나 그대들의 눈빛을 보면, 그대들은 더 많은 불안을 찾고 있는 것처럼 보인다.

내가 보기에 그대들은 더 많은 전율, 더 많은 위험, 더 많은 지진을 갈망하고 있다. 내 추측을 용서하라, 그대 더 높은 인간들이여.

그대들은 갈망하고 있다, 나에게 가장 두려운 것인 가장 사악하고 가장 위험한 삶을, 야수의 삶을, 숲과 동굴과 가파른 산과 헤매는 깊은 골짜기들을.

그리고 그대들이 가장 좋아하는 자는, 위험에서 벗어나게 하는 안내자가 아니라, 그대들을 모든 길에서 빗나가게 잘못 인도하는 유혹자이다. 그러나 실제로 그대들에게 그런 욕망이 있다 하더라도, 내게는 그것이 불가능하게 생각된다.

다시 말해, 두려움—그것은 인간의 타고난 기본 감정이다. 모든 것은 두려움으로부터 설명된다—원죄(原罪)와 원덕(原德)도. 학문이라 불리는 나의 덕도 두려움으로부터 자라난 것이다.

곧 맹수에 대한 두려움, 거기에는 인간 내부에서 가장 오랫동안 배양되어온 것으로, 인간이 자신 속에 숨겨 두고서 두려워하는 동물—차라투스트라는 이것을 '내면의 동물'이라고 부른다—에 대한 두려움도 포함된다. 오랫동안 간직되어 온 이러한 두려움은, 마침내 세련되고, 종교적이고 정신적인 것이 되어, 내 생각에 오늘날 학문이라 불리고 있다."

양심가는 이렇게 말했다. 그러나 막 자신의 동굴로 되돌아와 그마지막 이야기를 듣고 그 의미를 알아챈 차라투스트라는 그 양심가에게 한 줌의 장미꽃을 던져 주며 양심가가 말한 '진리'를 비웃었다. "뭐라고?" 차라투스트라가 외쳤다. "내가 방금 들은 것이 무슨 소리인가? 진실로, 그대가 바보이거나 아니면 나 자신이 바보인 것 같은 생각이 드는구나. 그대의 '진리'를 나는 당장 물구나무서게 하리라.

두려움은 우리에게 예외적인 것이다. 그러나 불확실한 것, 아직 시도되지 않은 것에 대한 용기와 모험과 흥미. 나는 용기야말로 인간의 모든 선사(先史)의 역사를 이루는 것으로 생각된다.

인간은 가장 사납고 가장 용감한 동물들을 시기하여, 동물들에게서 모든 덕을 강탈했다. 오직 이렇게 해서 비로소 인간은 인간이 되었다.

이런 용기는, 마침내 세련되고 종교적, 정신적으로 되었다. 독수리의 날개와 뱀의 지혜를 가진 이런 인간의 용기, 내 생각에 그것은 오늘날 불리기를—"

"차라투스트라라고 한다!" 함께 있던 자들이 모두 이구동성으로 외쳤고, 게다가 폭소를 터뜨렸다. 그러자 그들에게서 무거운 구름 같은 것이 뭉게뭉게 피어올랐다. 마술사도 웃으면서 영리하게 말했다.

"자, 그는 떠나갔다, 나의 사악한 정신은!

그리고 그는 사기꾼이며 거짓말과 속임수의 영이라고 내가 말했을 때, 그것은 그대들에게 그를 조심하라고 경고한 것이 아니었던가?

특히 그가 자신을 벌거벗은 몸으로 보여줬을 때. 그러나 그의 간계에 대해 내가 어찌 할 수 있겠는가! 내가 그를, 그리고 이 세계를 창조했는가?

자! 우리 다시 친해지고 잘 지내자! 그리고 차라투스트라가 노한 눈으로 바라보더라도, 그를 보라! 그는 나에게 화가 나 있다.

밤이 오기 전에 그는 다시 나를 사랑하고 칭찬하게 될 것이다. 그는 그런 어리석음을 행하지 않고는 오래 살 수 없는 것이다.

그는 그의 적들을 사랑한다. 그는 이 기술을 내가 보아 온 사람들 중에서 가장 잘 이해하고 있다. 그러나 그 대신 그는 자신의 친구들에게 복수를 한다!"

늙은 마술사가 이렇게 말하자, 더 높은 인간들은 그에게 갈채를 보냈다. 차라투스트라는 주위를 돌아가면서 악의와 사랑을 갖고 그의 친구들과 악수를 했다, 마치 모든 사람들에게 뭔가 보상을 하고 사죄해야 하는 사람처럼. 그러나 그렇게 하다가 그가 동굴 입구에 왔을 때, 보라, 그는 다시 저 바깥의 좋은 공기와 자신의 동물들을 갈망하게 되었고, 그리하여 그는 밖으로 몰래 빠져 나가려 했다.

◆ 16. 사막의 딸들 사이에서

1

"가지 말라!" 이때, 스스로를 차라투스트라의 그림자라고 불렀던 방랑자가 말했다. "우리 곁에 머물러라. 그렇지 않으면 저 해묵은 고뇌가 다시 우리를 덮칠지 모른다.

이미 저 늙은 마술사가 자신의 최악의 것으로 우리에게 가장 잘 대접해 주었다. 그리고 보라, 저 착하고 신앙심 깊은 교황은 눈에 눈물이 고인 채 다시 우울의 바다에 배를 띄웠다.

이 왕들은 우리들 앞에서 아직도 즐거운 얼굴을 하고 있는 것 같다.

그들은 오늘날 우리들 가운데 누구보다도 그렇게 하는 것을 가장 잘 배웠기 때문이다! 그러나 내가 장담하건데, 보는 사람이 없다면 그들에게도 다시 사악한 유희가 시작될 것이다.

떠도는 구름, 눅눅한 우울, 가려진 하늘, 도둑맞은 태양, 울부짖는

가을바람의 사악한 유희가!

우리들의 울부짖음과 곤궁의 외침의 사악한 유희가. 우리 곁에 머물러 다오, 오, 차라투스트라여! 이곳에는 말을 하고 싶어 하는 숨겨진 고통이 많이 있다. 저녁과 구름과 습한 공기가 많이 있다!

그대는 우리에게 강한 자의 음식과 영양이 풍부한 잠언을 대접했다. 그러므로 후식(後食)으로서 우리에게 유약하고 여성적인 영(靈)이 다시 엄습하는 것을 허용하지 말라!

오직 그대만이 그대 주위의 공기를 힘차고 맑게 만든다! 일찍이 지상에서 내가 그대의 동굴 안에서 그대의 곁에 있을 때처럼 좋은 공기를 발견한 적이 있던가?

나는 수많은 나라들을 보았고, 나의 코는 여러 종류의 공기를 음미하고 평가하는 법을 배웠다. 그러나 그대의 곁에 있을 때 나의 콧구멍은 가장 큰 기쁨을 맛본다!

다만 한 가지 예외로—예외로, 오, 오래된 추억을 용서해 달라! 내가 일찍이 사막의 딸들 사이에서 지었던, 나의 오래된 후식(後食)의 노래에 대해 말하는 것을 용서하라.

사막의 딸들이 있는 곳에도 똑같이 좋은, 맑은 동방(東邦)의 공기가 있었다.[134] 나는 구름 끼고, 축축하고, 우울한 늙은 유럽[135]으로부터 가장 멀리 떨어져 그곳에 있었다!

---

134. 니체는 여기서 유럽인의 합리정신에 비하여 용기와 직관적인 감성이 뛰어난 동방(東邦)민족을 예찬하고 있다.

135. 독일어로 '동방'은 'Morgenland(아침의 땅)'이라고 하며, '유럽'은 'Abendland(저녁의 땅)'이라고 한다. 니체는 여기서 그 단어들의 이미지를 충분히 살리고 있다.

그때 나는 그런 동방의 소녀들을 사랑했고, 어떠한 구름도 어떠한 사상도 드리워져 있지 않은 다른 푸른 하늘나라를 사랑했었다.

그대들은 믿지 않으리라, 그녀들이 춤추지 않고 앉아 있을 때는 얼마나 얌전한 모습인지를. 아무 생각도 없이, 작은 비밀처럼, 리본으로 장식된 수수께끼처럼, 후식용 호두같이 앉아 있는 그 모습이.

실로 알록달록하고 이국적이었다! 한 점의 구름도 없이, 스스로 풀려지는 수수께끼처럼 앉아 있던 그 모습은. 그런 소녀들을 기쁘게 해주려고 나는 그때 후식용 찬가를 지어냈다."

방랑자이며 그림자인 자가 이렇게 말했다. 그리고 누가 그의 말에 대답을 하기도 전에, 그는 이미 늙은 마술사의 하프를 집어 들고, 다리를 꼬고 앉아 침착하고 슬기롭게 자신의 주위를 둘러보았다. 그러나 콧구멍으로는 천천히 음미하듯 공기를 들이마셨다, 마치 새로운 나라에서 새롭고 낯선 공기를 맛보는 자처럼. 그러고 나서 그는 마치 포효하듯이 노래를 하기 시작했다.

2

사막은 자란다. 사막을 숨기는 자에게 화 있으리라!

하! 장엄하구나!
참으로 장엄하구나!
품위 있는 시작이여!
아프리카답게 장엄하구나!
사자에게 어울리는,

혹은 도덕적으로 울부짖는 원숭이에게 어울리는—

그러나 그대들에게 아무것도 아니니,

그대 가장 사랑스러운 여자 친구들이여,

그대들의 발밑에 내가

처음으로,

유럽인으로서, 야자나무 밑에

앉도록 허락을 받았다. 셸라.[136]

실로 놀랍구나!

나는 지금 여기 앉아 있다,

사막 가까이에, 그리고 이미

다시 사막으로부터 이렇게 멀리 떨어져서,

또한 아직 조금도 황폐해지지 않은 채.

다시 말하면 삼켜져 버린 것이다,

여기 이 가장 작은 오아시스 속에.

이 오아시스는 방금 기지개를 켜면서,

그 사랑스러운 입을 열었다.

모든 작은 입 가운데서 가장 좋은 냄새를 풍기는 입을.

그 입속으로 나는 떨어졌다,

아래로, 한가운데로, 그대 사이로,

그대 가장 사랑스러운 여자 친구들이여! 셸라. 만세, 만세, 저 고래여,

---

136. '셸라(Sela)'는 《구약성경》의 '시편'에서 한 소절의 끝에 붙어 있는 말인데, 그 의미는 불확실하다.

그가 이렇게 자신의 손님[137]을

즐겁게 해준다면! 그대들은 이해하는가,

나의 해박한 암시를?

저 고래의 배에 축복 있기를,

그것이 이것처럼

아주 사랑스러운 오아시스의 배〔腹〕라면.

그러나 나는 그것을 의심한다,

─왜냐하면 나는 모든 초로의 부인들보다

더 의심이 많은

유럽 출신이니까.

신이여, 제발 그것을 고쳐 주소서!

아멘!

지금 나는 여기에 앉아 있다,

이 가장 작은 오아시스에,

갈색의, 달콤한, 황금빛 즙이 나오는

대추야자의 열매처럼,

소녀의 둥근 입술을 갈망하면서

그러나 그보다는 소녀답고

얼음처럼 차고 눈처럼 희고 칼날 같은

앞니를 갈망하면서, 곧 이런 앞니를

모든 뜨거운 대추야자 열매의 마음은 갈망하고 있다. 셀라.

137.《구약성경》에서 고래에게 먹힌 요나의 이야기를 상기할 수 있다.

이에 이야기한 남국의 열매와

흡사하게, 너무나 흡사하게

나는 여기에 누워 있고, 조그마한

날벌레들은

주위를 날아다니며 유희를 하고 있다.

그리고 그와 같이, 더욱 작고

더욱 어리석고 더욱 사악한

여러 소망들과 착상들도.—

그대들에게 둘러싸인 채,

그대들, 말이 없고, 그대 예감에 찬

소녀 고양이들이여,

두두와 술레이카여,[138]

한마디에 내가

많은 감정을 담아서 말한다면

---

138. 동양식의 매혹적인 여자 이름으로 쓴 것이다. '두두(Dudu)'는 고대 로마 시인 베르길리우스(Vergilius)가 쓴《아이네이스(Aeneis)》에 등장하는 카르타고의 여왕의 이름이며, 술레이카(Suleika)는 독일 문호 괴테(Goethe)의《서동시집(西東詩集,)》에 등장하는 여인의 이름이다. 이 책은 괴테가 말년(1819년)에 특히 동양에 대해 관심을 가지면서 아라비아, 페르시아, 인도, 중국 등지의 문화와 예술을 동경하다가, 14세기 페르시아의 서정시인 하피스(Hafis)의 시집《디반(Divan)》을 접하고, 거기에서 이국적인 정서와 시대, 지역을 초월한 인간미에 대해 매력과 공감을 느껴 자신이 쓴 시집에 그와 비슷한 제목을 붙인 것이다. 니체는 이러한 동양적인 분위기를 괴테의 작품에서 빌려 여기에서 묘사하고 있다.

스핑크스에 둘러싸여서[139]

(신이여, 용서하시라,

이렇게 말하는 죄를!)

여기에 앉아 있는 것이다, 가장 좋은 공기의 냄새를 맡으면서,

정녕 낙원의 공기를,

밝고 가벼운, 금빛 줄무늬 진 공기를,

이렇게 좋은 공기는 일찍이 오직

달로부터 내려왔으리라—

그것은 우연히 일어난 일일까,

아니면 옛 시인들이 이야기한 것처럼

자유분방함이 일어난 일일까?

그러나 나, 의심하는 자는 이 이야기에

의심을 품는다, —왜냐하면

나는 모든 초로의 부인들보다 더 의심이 많은

유럽 출신이니까.

신이여, 제발 그것을 고쳐 주소서!

아멘!

콧구멍을 술잔처럼 부풀려

이 가장 아름다운 공기를 마시면서,

미래도 없이, 추억도 없이,

---

139. 사막의 딸들을 "말이 없고 예감을 느끼는 소녀 고양이"로 표현함으로써, 동양적인 신비를 간직한 수수께끼와 같은 존재인 스핑크스에 비유하고 있다.

이렇게 나는 여기에 앉아서, 그대들

가장 사랑스러운 여자 친구들이여,

야자나무를 바라보고 있다,

그 나무가 무희처럼

몸을 굽히고 비틀고 엉덩이를 흔드는 모습을.

—오랫동안 바라보고 있으면 따라 하게 된다!

저 야자나무는 무희처럼, 내게 보이는 대로

이미 너무나 오랫동안, 위험하리만큼 오랫동안

언제나, 언제나 한쪽 다리로만 서 있었던 것일까?

—그 때문에 야자나무는, 내게 보이는 대로

다른 한쪽 다리는 잊어버린 것일까?

헛된 일일지라도 최소한

나는 그 잊혀진

쌍둥이 보석을 찾고 있었다.

—다시 말하면 다른 한쪽 다리를.

야자나무의 가장 사랑스럽고 가장 우아한

부채 모양의, 팔락거리는, 반짝이는 작은 스커트의

성스러운 근처에서.

그렇다, 그대 가장 아름다운 여자 친구들이여,

그대들이 내 말을 전적으로 믿으려 한다면,

야자나무는 그것을 잃어버린 것이다!

그것은 사라졌다!

영원히 사라졌다!

다른 한쪽 다리는!

오, 안타깝구나, 이 사랑스러운 하나의 다리여!

어디에―그것은 머무르면서 버림받은 것을 슬퍼하고 있을까?

그 외로운 다리는?

어쩌면, 화가 난 금빛 갈기의

사자 괴물 앞에서

무서워하고 있을까? 아니면 이미

물어뜯기고 야금야금 먹혀 버렸을까―

가엾게도, 아! 아! 다 먹혀 버렸구나! 셀라.

오, 울지 마라,

연약한 마음들이여!

울지 마라, 그대들

대추야자 열매 가슴이여! 젖이 든 가슴들이여!

그대 감초가 든

작은 가슴 주머니여!

더 이상 울지 말라,

창백한 두두여!

사내다워져라, 술레이카여! 용기를! 용기를!

―아니면 어쩌면

뭔가 강하게 만드는 것, 마음을 강하게 만드는 것이

여기에 제격이라고?

성유(聖油)를 바른 잠언이?

장엄한 격려가?

하! 나타나라, 위엄이여!
덕의 위엄이여! 유럽인의 위엄이여!
풀무질하라, 다시 풀무질하라,
덕의 풀무여!
하!
다시 한 번 울부짖어라,
도덕적으로 울부짖어라!
도덕적인 사자로서
사막의 딸들 앞에서 울부짖어라!
왜냐하면 덕의 울부짖음은,
그대 가장 아름다운 소녀들이여,
모든 유럽인의 열정, 유럽인의 뜨거운 갈망
이상(以上)의 것이기 때문이다!
이미 나는 여기에 서 있다,
유럽인으로서,
나는 달라질 수가 없다, 신이여, 나를 도와주시라!
아멘!

사막은 커져 가고 있다. 사막을 숨기는 자에게 화 있으리라!

◆ 17. 깨어남

1

방랑자인 그림자의 노래가 끝나자, 동굴은 갑자기 떠드는 소리와 웃음소리로 가득 찼다. 그리고 모여 있는 손님들이 모두 한꺼번에 말을 하고, 더구나 나귀조차 이런 분위기에 들떠서 더 이상 가만히 있지를 않자, 차라투스트라는 자신을 찾아온 손님들에 대한 작은 혐오감과 조소에 사로잡혔다. 비록 그들이 즐거워하는 것이 기쁘기는 했지만. 그들이 즐거워하는 것이 그들이 회복해 가는 징후로 보였기 때문이다. 그래서 그는 밖으로 빠져나와 그의 동물들에게 말했다.

"그들의 곤궁함은 이제 어디로 갔는가?" 그는 말했다. 그리고 스스로 자신의 작은 혐오감을 털어 버리면서 이미 숨을 들이쉬었다. "내 생각으로 그들은 나의 집에서 절박한 외침을 잊어버린 것 같다!

유감스럽게도 아직 외치는 것까지 잊어버리지는 않았지만." 그리고서 차라투스트라는 귀를 막았다. 바로 그때 나귀의 '이—아!' 하는 소리가 더 높은 인간들의 떠들썩한 환호성과 기묘하게 섞여서 들려왔기 때문이다.

"그들은 유쾌하구나." 그는 다시 말하기 시작했다. "그러니 아마 주인에게 폐가 될지 모른다는 것을 누가 알까? 그들은 내게서 웃는 것을 배웠지만, 그들이 배운 것은 나의 웃음이 아니다.

그러나 그것이 무슨 상관인가! 그들은 늙은이들이다. 그들은 그들 방식으로 회복하고, 그들 방식으로 웃는 것이다. 나의 귀는 이미 더 나쁜 일도 참아 왔고, 화를 내지도 않았다.

오늘은 승리의 날이다. 그는, 나의 최대의 숙적인 무거운 정신은 이미 물러나고 있고, 달아나고 있다! 아주 불길하고 힘들게 시작되었던 이 하루가 이제 얼마나 잘 끝나가려 하고 있는가!

오늘이 끝나가려 하고 있다. 이미 저녁이 찾아오고 있다. 말을 타고 바다를 건너 이리로 오고 있다, 그 능숙한 기사(騎士)가! 이 행복한 자, 집으로 돌아오는 자는 자신의 진홍빛 말안장 위에서 얼마나 흔들거리고 있는가!

하늘은 맑게 그것을 바라보고, 세계는 깊이 누워 있다. 오, 나를 찾아온 그대들, 모든 이상한 자들이여, 나와 함께 산다는 것만으로도 보람 있는 일이다!"

차라투스트라는 이렇게 말했다. 그러자, 그때 더 높은 인간들이 동굴에서 외치는 소리와 웃는 소리가 다시 들려왔다. 그는 다시 말하기 시작했다.

"그들은 물어뜯고 있다. 나의 미끼가 효과를 내고 있다. 그들에게서도 그들의 적이, 무거운 정신이 물러나고 있는 것이다. 이미 그들은 자기 자신을 초월하여 웃는 것을 배우고 있다. 내가 제대로 듣는 것일까?

나의 남성적인 음식이, 나의 활력 있는 강인한 말(言)이 효과를 나타내고 있다. 진실로, 나는 그들에게 헛배를 부르게 하는 야채는 먹이지 않았다! 오히려 투사의 음식, 정복자의 음식을 먹였다. 나는 새로운 욕망들을 일깨워 놓은 것이다.

그들의 팔과 다리에는 새로운 희망이 들어 있고, 그들의 심장은 기지개를 켠다. 그들은 새로운 말을 찾아내고 있으며, 이제 곧 그들의 정신은 자유분방함을 호흡하게 되리라.

이런 음식은 물론 어린아이들을 위한 것이 아니고, 늙은 여자들이나 젊은 여자들을 위한 것도 아니리라. 그들의 내장(內臟)은 다르게 설득해야 한다. 나는 그들의 의사도 아니고, 교사도 아니다.

이 더 높은 인간들로부터 역겨움이 물러나고 있다. 자! 이것이 나의 승리다. 나의 영내 안에서 그들은 안전해지고, 모든 어리석은 수치심은 떠나가고, 그들은 마음을 털어 놓는다.

그들은 그들의 마음속을 털어 놓는다. 좋은 때가 그들에게 되돌아온다. 그들은 축제를 열고 다시 되새김질을 한다. 그들은 감사하게 되는 것이다.

그들이 감사하게 되는 것, 그것을 나는 가장 좋은 징후로 여긴다. 머지않아 그들은 축제를 생각해 내고, 자신들의 옛 기쁨을 기리는 기념비를 세울 것이다.

그들은 회복되어 가는 자들이다!" 차라투스트라는 마음속으로 기쁘게 말하고 먼 곳을 바라보았다. 그의 동물들은 그에게 몰려들어 그의 행복과 침묵을 존중해 주었다.

2

그러나 갑자기 차라투스트라의 귀는 깜짝 놀랐다. 지금까지 떠드는 소리와 웃음소리로 가득 찼던 동굴이 갑자기 죽은 듯이 조용해졌기 때문이다. 그러나 그의 코는, 타는 솔방울에서 나는 것 같은 좋은 냄새와 향기로운 연기를 맡았다.

"무슨 일이 일어나고 있을까? 그들은 무엇을 하는 것일까?" 그는 자신에게 물으면서, 들키지 않고 손님들을 볼 수 있도록 살금살금 입구로 다가갔다. 놀랍고도 놀라웠다! 거기서 그는 자신의 두 눈으로 무엇을 보았던가!

"그들에게 모두 다시 신앙심이 생겼다. 그들은 기도를 하고 있다. 그들은 미쳤다!" 그는 몹시 놀라서 이렇게 말했다. 그리고 실로! 이 더 높은 인간들 모두가, 즉 두 왕, 실직한 교황, 사악한 마술사, 자진해서 거지가 된 자, 방랑자인 그림자, 늙은 예언자, 정신의 양심가, 그리고 가장 추악한 자, 그들 모두가 마치 어린아이들처럼, 마치 신앙심 깊은 늙은 여자들처럼 무릎을 꿇고서 나귀에게 예배를 드리고 있었다. 그리고 이때 가장 추악한 인간은 마치 형언할 수 없는 뭔가가 그의 내면에서 바깥으로 튀어 나오려는 듯이, 그르렁거리고 헐떡거리기 시작했다. 그러나 그가 그것을 실제로 말로 표현했을 때, 보라, 그것은 나귀에게 예배드리고 향을 피워놓고서 찬양하는 기이한, 경건하게 번갈아 올리는 기도였다. 이 기도는 이렇게 울렸다.

아멘! 그리고 찬양과, 영예와, 지혜와, 감사와, 영광과, 힘이 영원무궁토록 우리 신에게 있기를!

그러나 이 말에 대해 나귀는 "이―아" 하고 외쳤다.

우리의 신(神)은 우리의 짐을 짊어지시고, 종(從)의 모습을 취하시고, 진심으로 인내하시며, 결코 '아니다'라고 말하지 않으신다.

그런데 자기의 신을 사랑하는 자는 그의 신을 징벌한다.[140]

그러나 이에 대해 나귀는 "이―아" 하고 외쳤다.

그분은 말씀을 하지 않으신다. 그분이 창조한 세계에 대하여 언제나 '그렇다'라고 말씀하시는 것을 제외하고는. 우리의 신은 이렇게 자신의 세계를 찬양하신다. 그분의 교묘하심은, 이야기를 하지 않으신다는 것이다. 그러므로 그분이 오류를 저지르는 적은 거의 없다.

그러나 이에 대해 나귀는 "이―아" 하고 외쳤다.

우리의 신은 드러나지 않게 세계를 돌아다니신다. 그분의 몸 색깔은 회색이고, 그 색으로 자신의 덕을 감싸고 계신다. 그분은 정신을 갖고 있더라도 그것을 숨기고 있다. 그러나 누구든 그분의 기다란 귀를 믿고 있다.

그러나 이에 대해 나귀는 "이―아" 하고 외쳤다.

우리의 신이 기다란 귀를 갖고 있으면서 오직 '그렇다'라고만 말씀하시고, '아니다'라는 말씀은 결코 하지 않으시는 것은 어떤 숨은 지혜인가! 우리의 신은 세계를 자신의 모습에 따라서, 다시 말해 가능한 한 어리석게 창조하신 것이 아닌가?

그러나 이에 대해 나귀는 "이―아" 하고 외쳤다.

그대는 곧은길도, 구불구불한 길도 가십니다. 우리 인간들이 무엇을 곧다고 생각하고 무엇을 구부러졌다고 생각하든, 그대는 별로 상관하지 않습니다. 선악의 저편에 그대의 왕국이 있습니다. 순진함이

140.《구약성경》의 '히브리서' 12장 6절에 나오는 "주께서 그 사랑하시는 자를 징계하신다."라는 구절을 거꾸로 말하고 있다. 물론 여기서의 '신'은 인간에 의해 십자가에 못 박힌 예수 그리스도의 모습으로 그려지고 있다.

무엇인지를 모르는 것이 바로 그대의 순진함입니다.

그러나 이에 대해 나귀는 "이—아" 하고 외쳤다.

보십시오, 그대는 아무도 그대에게서 밀어내지 않으십니다, 거지도, 왕들도. 어린아이들도 그대에게로 오게 하시며, 악동들이 그대를 유혹할 때도 그대는 우직하게 '이—아'라고 말씀하십니다.

그러나 이에 대해 나귀는 "이—아" 하고 외쳤다.

그대는 암나귀와 신선한 무화과 열매를 좋아하시고, 그대는 식성이 까다롭지 않으십니다. 그대가 한창 배가 고플 때는 엉겅퀴에게도 마음이 당깁니다. 거기에 신의 지혜가 있습니다.

그러나 이에 대해 나귀는 "이—아" 하고 외쳤다.

◆ 18. 나귀 축제

1

이처럼 기도가 계속 이어지고 있을 때, 차라투스트라는 더 이상 자신을 억제할 수 없어서 나귀보다도 더 큰 목소리로 '이—아'하고 외치면서 미쳐버린 손님들의 한가운데로 뛰어들었다. "그대들은 거기서 무엇을 하고 있는가, 그대들, 인간의 자식들이여?" 그는 기도하는 자들을 땅에서 잡아 일으키면서 외쳤다. "아, 그대들의 모습을 본 것이 차라투스트라가 아닌 다른 사람이었다면.

누구든 그대들의 새로운 신앙을 본다면, 그대들을 가장 사악한 신성 모독자이거나, 아니면 모든 작고 늙은 여인들 중에서 가장 어리석은 늙은 여인이라고 판단할 것이다!

그리고 여러 사람들 중에서 그대 늙은 교황이여, 그대가 여기서 이런 식으로 나귀를 신으로 경배하는 것이 어떻게 그대와 조화를 이루겠는가?

"오 차라투스트라여." 교황이 대답했다. "용서하라, 그러나 신에 관한 일에 있어서는 나는 그대보다 더 밝다. 그리고 그것은 당연한 일이다.

신을 이런 형상으로 경배하는 것이 전혀 형상이 없이 경배하는 것보다 낫다! 이 말을 잘 생각해 보라, 나의 고귀한 친구여. 그대는 이 말 속에 들어 있는 지혜를 금방 알아차리리라.

'하나님은 영(靈)이시다.'[141]라고 말한 자는, 지금까지 지상에서 불신앙(不信仰)을 향해 가장 큰 걸음과 도약으로 다가간 자이다. 이런 말은 지상에서는 다시 쉽게 바로 잡을 수 있는 것이 아니다!

지상에 아직도 뭔가 예배드릴 것이 남아 있다는 것에 나의 늙은 가슴은 마구 뛴다. 오 차라투스트라여, 용서해 달라, 늙고 신앙심 깊은 교황의 가슴을!"

"그리고 그대." 차라투스트라는 방랑자인 그림자에게 말했다. "그대는 자신을 자유로운 정신이라고 부르고, 그렇게 망상하고 있는가? 그러면서도 그대는 여기서 이런 우상 숭배와 성직자 숭배를 하고 있는가?

진실로, 그대는 못된 갈색빛의 소녀들 곁에서 저질렀던 것보다

---

141. 《신약성경》의 '요한복음' 4장 24절에 "하나님은 영이시니, 그분께 경배 드리는 자들은 영과 진리로 경배 드려야만 하리라."라는 구절에서 따온 말이다.

더 나쁜 짓을 여기에서 저지르고 있다, 그대 사악한 새로운 신자(信者)여!"

"아주 나쁘다." 방랑자인 그림자가 대답했다. "그대의 말이 옳다. 그러나 내가 이에 대해 어찌 할 수 있겠는가! 그 낡은 신이 다시 살아난 것이다, 오 차라투스트라여, 하고 싶은 말이 있으면 해보라.

저 가장 추악한 인간에게 모든 책임이 있다. 그자가 옛 신을 다시 깨운 것이다. 그는 자기가 일찍이 신을 죽였다고 말하지만, 죽음이란 신들에게 있어서는 언제나 편견에 지나지 않는다."

"그리고 그대." 차라투스트라가 말했다. "그대 사악한 늙은 마술사여, 그대는 무슨 짓을 한 것인가! 그대가 그런 나귀 신을 믿는다면, 이 자유로운 시대에 앞으로 누가 그대를 믿겠는가?

그대가 한 일은 어리석은 짓이었다. 그대 영리한 자여, 어떻게 그대는 이런 어리석은 짓을 할 수 있었단 말인가!"

"오, 차라투스트라여." 영리한 마술사가 대답했다. "그대 말이 옳다. 그것은 어리석은 짓이었다. 그것은 나에게도 무척 힘든 일이 되어 버렸다."

"그리고 그대까지도." 차라투스트라는 정신의 양심가에게 말했다. "그대의 코에 손가락을 얹고 잘 생각해 보라! 도대체 여기서 그대의 양심에 벗어나는 것이 없는가? 그대의 양심은 이런 예배나 이런 광신자들의 악취에 취하기에는 너무나 순수하지 않은가?"

"여기에는 뭔가가 있다." 양심가는 대답하며 코에 손가락을 놓았다. "이런 연극에는, 내 양심까지도 편안하게 해주는 뭔가가 있다.

아마도, 내가 신을 믿어서는 안 된다는 것일 수도 있다. 그러나 나에게 이런 형상을 한 신이 아직 가장 믿을 만 하다고 생각되는 것만은 확실하다.

가장 신앙심 깊은 자들의 증언에 따르면, 신은 영원하다고 한다. 그만큼 시간을 많이 가진 자라면 서두르지 않는다. 될 수 있는 한 천천히, 그리고 어리석게 한다. 그러나 이와 같이 해도 그런 자는 훨씬 많은 성공을 거둘 수 있는 것이다.

그리고 정신을 지나치게 많이 가진 자는 스스로 어리석음과 바보짓에 빠져 버리고 싶어 한다. 그대 자신에 대해 잘 생각해 보라, 오, 차라투스트라여!

그대 자신은, 진실로! 그대마저 충만함과 지혜 때문에 한 마리의 나귀가 될 수 있는 것이다.

완전한 현자는 가장 구부러진 길을 즐겨 가지 않는가? 겉모습이 그것을 가르쳐 준다, 오, 차라투스트라여, 그대의 겉모습이!"

"그리고 마지막으로 그대 자신은." 이렇게 차라투스트라는 말하고 나서, 아직도 땅바닥에 누워서 나귀를 향해 팔을 쳐들고 있는 (그는 나귀에게 포도주를 주고 마시게 하고 있었다) 가장 추악한 인간 쪽으로 돌아섰다.

"말하라, 그대 말로 표현할 수 없는 자여, 도대체 그대는 무슨 짓을 저질렀는가!

내 생각에 그대는 변한 것 같구나. 그대의 눈은 불타오르고, 숭고함이라는 외투가 그대의 추악함을 덮고 있다. 그대는 무슨 짓을 했는가?

저들이 하는 말이 도대체 사실인가? 그대가 신을 다시 깨웠다는 것이? 그러나 무엇을 위해서? 신이 이유가 있어서 살해되고 사라져 버린 것이 아니었던가?

내 생각에, 깨어난 것은 그대 자신인 것 같다. 그대는 무슨 짓을 한 것인가? 왜 그대는 개심했는가? 왜 그대는 개종했는가? 말하라, 그대 말로 표현할 수 없는 자여!"

"오, 차라투스트라여." 가장 추악한 인간이 대답했다. "그대는 악한이다!

신이 아직 살아 있는 것인지, 아니면 다시 살아난 것인지, 아니면 근본적으로 죽어 버린 것인지, 우리 둘 중에서 누가 그것을 가장 잘 알고 있는가? 나는 그대에게 묻는다.

그러나 한 가지를 나는 알고 있으니, 그것을 나는 일찍이 그대 자신에게서 배웠다. 오, 차라투스트라여, 가장 철저히 죽이고자 하는 자는 웃는다는 것을.

'사람은 분노로 죽이는 것이 아니라 웃음으로 죽인다'라고 일찍이 그대는 말했다. 오, 차라투스트라여, 그대 숨어 있는 자여, 그대, 화를 내지 않고 파괴하는 자여, 그대 위험한 성자여, 그대는 악한이다!"

2

그런데, 그때 다음과 같은 일이 일어났다. 차라투스트라는 이런 무례한 대답에 놀라서, 자신의 동굴 입구까지 펄쩍 뛰어 물러나 모든 손님들에게 몸을 돌려 거친 목소리로 외쳤다.

"오 그대 모두 한결같은 익살꾼들, 그대 어릿광대들이여! 어째서 그대들은 내 앞에서 자신을 위장하고 숨기는가!

그대들 각자의 마음은 기쁨과 악의로 얼마나 꿈틀거리는가, 그대들이 마침내 다시 어린아이처럼 되었기 때문에, 신앙심이 깊어졌기 때문에,

마침내 그대들은 다시 어린아이들과 같은 짓을 했기 때문에, 다시 말해 기도를 드리고 두 손을 모아 '사랑하는 하나님'이라고 말했기 때문에!

그러나 이제는, 온갖 어린아이 같은 짓이 벌어졌던 이 어린아이의 방에서, 나 자신의 동굴에서 나가라. 여기 밖으로 나와, 그대들의 열에 들뜬 어린아이 같은 방종과 마음의 소란을 식혀라!

물론, 그대들은 어린아이처럼 되지 않으면 하늘나라에 가지 못하리라. (그러면서 차라투스트라는 손으로 위를 가리켰다.)

그러나 우리는 하늘나라에 가는 것을 전혀 원하지 않는다. 우리는 어른이 되었다. 그러므로 우리는 지상의 나라를 원한다."

3

그러고 나서 차라투스트라는 다시 말을 하기 시작했다. "오, 나의 새로운 친구들이여." 그가 말했다. "그대 이상한 자들이여. 그대 더 높은 인간들이여, 이제 그대들은 참으로 내 마음에 드는구나,

그대들이 다시 유쾌하게 된 뒤부터! 실로 그대들은 모두가 활짝 꽃피었구나. 내 생각에 그대 같은 꽃들에게는 새로운 축제가 필요하다.

실없는 작은 용감한 짓이, 예배 의식과 나귀 축제가, 노련하고 유쾌한 차라투스트라 같은 바보가, 그대들에게 불어와 영혼을 맑게 해

줄 사나운 바람이.

오늘 밤과 이 나귀 축제를 잊지 마라, 그대 더 높은 인간들이여! 그것은 그대들이 나의 집에서 만들어 낸 것이고, 그것을 나는 좋은 징조라고 생각한다. 이런 일은 오직 회복되어 가는 자들만이 꾸며낼 수 있는 것이다!

그리고 그대들이 이 나귀 축제를 다시 벌인다면 그대들을 위해서, 그리고 나를 위해서 그것을 행하라! 그리고 나를 기억하면서!

차라투스트라는 이렇게 말했다.

◆ 19. 밤에 취한 노래[142]

1

그러는 동안에, 그들은 한 사람씩 차례로 바깥으로 나가 차갑고 명상적인 밤 속으로 걸어갔다. 그러나 차라투스트라 자신은 자신의 밤 세계와 커다랗고 둥근 달과, 그의 동굴 옆에 있는 은빛 폭포를 보여주려고 가장 추악한 인간의 손을 잡고 이끌었다. 그리하여 마침내 그들은 모두 노인들뿐이었지만 자신에 찬 씩씩한 마음으로 조용히 서로 나란히 서 있었으며, 자신들이 지상에서 이렇게 즐거워하고 있다는 것에 스스로 놀랐다. 그러나 밤의 비밀스러움이 그들의 가슴에 점점

---

142. 여기서는 삶을 긍정하는 니체의 영원회귀 사상이 마지막으로 다시 강조된다.

더 가까이 다가오고 있었다. 그래서 다시 차라투스트라는 마음속으로 생각했다. '오, 이제 그들은 얼마나 내 마음에 드는가, 더 높은 인간들은!' 그러나 그는 이 말을 입 밖에 내지는 않았다. 왜냐하면 그는 그들의 행복과 그들의 침묵을 존중했기 때문이다.

그러나 그때, 그 놀랍고도 길었던 하루 중에서 가장 놀라운 일이 일어났다. 즉, 가장 추악한 인간이 다시 한 번, 그리고 마지막으로 가르릉거리며 헐떡거리기 시작하다가 말로 드러냈는데, 보라, 그때 그의 말을 듣고 있던 모든 사람들을 감동시킨 훌륭하고, 깊고, 명료한 하나의 물음이 그의 입에서 둥글고 맑게 튀어나온 것이다.

"나의 모든 친구들이여." 가장 추악한 인간이 말했다. "그대들은 어떻게 생각하는가? 오늘 하루 때문에, 처음으로 나는 나의 전 생애를 살아온 것에 만족하게 되었다.

그리고 내가 이 정도로 증언하는 것만으로는 아직 충분하지 못하다. 이 지상에서 산다는 것은 보람 있는 일이다. 차라투스트라와 함께 보낸 하루, 한 번의 축제가 나에게 대지를 사랑하도록 가르쳐 주었다.

'그것이 정녕 삶이었던가?'라고 나는 죽음을 향해 말하리라. '좋다! 다시 한 번!'이라고.

친구들이여, 그대들은 어찌 생각하는가? 그대들도 나처럼 죽음을 향해 말하지 않겠는가, '그것이 삶이었던가? 차라투스트라를 위하여, 좋다! 다시 한 번!'이라고."

가장 추악한 인간은 이렇게 말했다. 그리고 때는 한밤이 멀지 않은 때였다. 그런데 그대들은 이때 무슨 일이 일어났다고 생각되는가? 가장 추악한 인간의 물음을 듣고 나자마자, 더 높은 인간들은 갑자기 자신들이 변화하고 회복된 것을, 그리고 누가 그들에게 이런 변화와 회복을 가져다주었는지를 의식하게 되었다. 그러자 그들은 차라투스트라에게로 달려들어 감사하고, 경의를 표하고, 애무하고, 그의 손에 입을 맞추었다. 그 방식은 제각각이어서 웃는 자들도 있고, 우는 자들도 있었다. 그러나 늙은 예언자는 흡족한 나머지 춤을 추었다. 그리고 많은 이야기꾼들이 생각하는 것처럼 그가 그때 달콤한 포도주에 흠뻑 취했다 하더라도, 그는 분명 달콤한 삶에 더 흠뻑 취했고 모든 권태를 없애 버렸던 것이다. 이때 심지어 나귀도 춤을 추었다고 이야기하는 사람들도 있다. 즉, 앞서 가장 추악한 인간이 나귀에게 포도주를 먹인 것이 헛된 일은 아니었다. 이것은 사실이었을 수도 있고, 그렇지 않았을 수도 있다. 그리고 실제로 그날 저녁에 나귀가 춤을 추지 않았다 하더라도, 그 당시 나귀의 춤보다도 더 엄청나고 더 기이한 기적들이 일어났던 것이다. 요컨대, 차라투스트라의 말투를 빌어서 말한다면, "그것이 무슨 상관이 있으랴!"

2

그러나 이런 일이 가장 추악한 인간으로 말미암아 일어났을 때, 차라투스트라는 마치 취한 사람처럼 거기에 서 있었다. 그의 눈빛은 흐려지고, 그의 혀는 더듬거리고, 그의 발은 비틀거렸다. 그러니 이때 어떤 사상들이 차라투스트라의 영혼을 스쳐 갔는지 그 누가 알 수 있었으랴? 그러나 분명히 그의 정신은 뒤로 물러나고 앞으로 달아나 훨씬 먼 곳에 있어서, 다시 말해 씌어 있는 그대로, "두 바다 사이의 높은 산등성이 위에, 과거와 미래 사이를 무거운 구름처럼 떠돌고" 있었다.

그러나 더 높은 인간들이 그를 팔로 부축하는 동안, 그는 점차 조금씩 제 정신으로 돌아와 그를 존경하면서 걱정하는 무리들을 손으로 제지했다. 그러면서 그는 말은 하지 않았다. 그러나 그는 갑자기 재빨리 머리를 돌렸다. 무슨 소리를 들은 것 같았기 때문이었다. 그리고 그는 손가락을 입에 대고서 말했다. "오라!"

그러자 금방 주위가 고요해지고 은밀해졌다. 그러나 깊은 곳으로부터 천천히 종소리가 들려왔다. 더 높은 인간들과 마찬가지로 차라투스트라도 그 소리에 귀를 기울였다. 이윽고 그는 두 번째로 손가락을 입에 대고서 다시 말했다. "오라! 오라! 한밤중이 되어 가고 있다!" 그의 목소리는 변해 있었다. 그러나 여전히 그는 그 자리에서 움직이지 않았다. 그때 주위는 더 고요해지고, 더 은밀해졌으며, 모든 것이 귀를 기울이고 있었다. 나귀도, 차라투스트라의 영예로운 동물들, 곧 독수리와 뱀도, 그리고 또 차라투스트라의 동굴과, 차가운 큰 달, 그리고 밤조차도. 그러나 차라투스트라는 세 번째로 손가락을 입에 대고서 말했다.

"오라! 오라! 오라! 이제 우리는 산책을 하자구나! 때가 되었다. 우리 밤에 산책을 하자!"

3

그대 더 높은 인간들이여, 한밤중이 되어 가고 있다. 따라서 나는 저 오래된 종이 나의 귓속에 알려준 대로, 그대들의 귓속에 말해 주리라.

한 인간보다도 더 많은 체험을 가진 저 한밤중의 종이 나에게 말해 주는 것처럼, 그렇게 은밀하게, 그처럼 무시무시하게, 그처럼 진심으로.

저 종은 이미 그대들의 선조들의 심장의 고통스런 고동 소리를 일일이 헤아렸었다. 아! 아! 얼마나 탄식하는가! 꿈속에서 얼마나 웃는가! 태곳적부터 있어 온 깊고 깊은 한밤중은!

조용히! 조용히! 그러자 낮에는 소리를 낼 수 없던 많은 것들의 소리가 들린다. 그러나 차가운 대기 속에서, 그대 가슴 속의 모든 소란도 조용해진 지금,

지금 그것이 이야기한다. 지금 그것이 들리고, 지금 그것이 밤의 깨어 있는 영혼들 속으로 살며시 들어온다. 아! 아! 한밤중은 얼마나 탄식하는가! 꿈속에서 한밤중은 얼마나 웃는가!

그대는 듣지 못하는가, 한밤중이 그대에게 은밀하게, 무시무시하게, 진심으로 이야기하는 것을?

오, 인간이여, 주의해서 들어라!

4

슬프구나! 시간은 어디로 갔는가? 나는 깊은 샘물 속으로 가라앉지 않았는가? 세계는 잠자고 있다.

아! 아! 개가 짖는다, 달이 빛난다. 나의 한밤중의 마음이 이 순간 생각하는 것을 그대들에게 말하느니, 차라리 나는 죽고 싶다. 죽고 싶다.

이제 나는 이미 죽었다. 끝이 났다. 거미여, 그대는 무엇 때문에 내

주위에다 거미줄을 치느냐? 그대는 피를 원하느냐? 아! 아! 이슬이 내리고 있다. 때가 오고 있다.

내가 추위에 얼고 떨면서 다음과 같이 묻고, 묻고, 묻는 때가. "이를 견뎌 낼 마음을 가진 자가 누구냐?

누가 대지의 주인이 되어야 하는가? 그대 크고 작은 냇물들이여, 그대들은 그대로 흘러가야 한다고 말할 자가 누구인가!"

때가 가까워 오고 있다. 오, 인간이여, 그대 더 높은 인간이여, 주의해서 들어라! 이 이야기는 섬세한 귀, 그대의 귀를 위한 것이다. 깊은 한밤중은 무엇을 말하고 있는가?

5

나는 실려가 버리고, 나의 영혼은 춤을 춘다. 낮의 일이여! 낮의 일이여! 누가 대지의 주인이 되어야 하는가?

달은 차갑고, 바람은 침묵한다. 아! 아! 그대들은 이미 충분히 높이 날아올랐는가? 그대들은 춤추고 있다. 그러나 다리는 결코 날개가 아니다.

그대 멋지게 춤추는 자들이여, 이제 모든 기쁨은 지나갔다. 포도주는 찌꺼기만 남았고, 모든 술잔은 부스러지려 하고, 무덤들은 더듬거리며 말한다.

그대들은 충분히 높이 날아오르지 못했다. 이제 무덤들은 더듬거리며 말한다. "죽은 자들을 구원하라! 왜 밤이 이다지도 긴가? 달이 우리를 취하게 하는 것이 아닌가?"

그대 더 높은 인간들이여, 무덤들을 구원하고 시체들을 깨워라!

아, 벌레는 아직도 무엇을 파헤치고 있는가? 가까워지고 있다, 그때가 가까워지고 있다,

종이 덩그렁, 덩그렁 울리고, 가슴은 아직도 윙윙거리고, 나무 벌레, 가슴 벌레는 아직도 파헤치고 있다. 아! 아! 세계는 깊다!

6

달콤한 하프여! 달콤한 하프여! 나는 너의 가락을 사랑한다, 너의 취한 듯한 불길한 가락을! 얼마나 오래전부터, 얼마나 멀리서부터 그대의 가락은 들려오는가, 먼 곳으로부터, 사랑의 연못으로부터!

그대 오래된 종(鐘)이여, 그대 달콤한 하프여! 온갖 고통이 그대의 가슴을 찢는다, 아버지의 고통이, 선조들의 고통이, 원조(原祖)들의 고통이. 그대의 말은 무르익었다.

황금의 가을과 오후처럼, 홀로 있는 자의 나의 마음처럼 무르익었다. 이제 그대는 다음과 같이 말한다. 세계 자체는 무르익었고, 포도송이는 갈색이 되었고,

이제 그것은 죽기를 바란다, 행복한 나머지 죽기를 바란다. 그대 더 높은 인간들이여, 그대들은 그것의 냄새를 맡지 못하는가? 은밀하게 어떤 냄새가 솟아오르고 있다,

영원의 향기와 내음이, 장밋빛의 행복한, 오래된 행복의 갈색 황금 포도주 내음이,

'세계는 깊고 낮이 생각하는 것보다 더 깊다!'라고 노래하는, 취한 한밤중의 죽어 가는 행복의 내음이!

7

나를 내버려 두어라! 내버려 두어라! 나는 그대가 손대기에는 너무나 순결하다. 나를 건드리지 말라! 나의 세계는 방금 완성되지 않았더냐?

나의 살결은 그대가 손대기에는 너무나 순결하다. 나를 내버려 두라, 그대 어리석고 거칠고 둔탁한 낮이여! 한밤중이 더 밝지 않은가?

가장 순결한 자가 대지의 주인이 되어야 한다. 가장 알려지지 않은 자들, 가장 강한 자들, 모든 낮보다도 더 밝고 더 깊은 한밤중의 영혼들이.

오, 낮이여, 그대는 손으로 더듬어 나를 찾는가? 그대는 손으로 더듬어 나의 행복을 찾는가? 그대에게 나는 풍요롭고 외로운 하나의 보물 구덩이, 황금 저장고인가?

오, 세계여, 그대는 나를 원하는가? 그대에게 나는 세속적인가? 그대에게 나는 종교적인가? 그대에게 나는 신적(神的)인가? 그러나 낮과 세계여, 그대들은 너무나 서투르다.

좀 더 솜씨 있는 손을 가져라, 좀 더 깊은 행복에, 좀 더 깊은 불행에 손을 뻗쳐라. 그 어떤 신(神)에게 손을 뻗쳐라. 나에게 손을 뻗치지 말라.

나의 불행, 나의 행복은 깊다, 그대 이상한 낮이여, 그러나 나는 신도 아니고, 신의 지옥도 아니다. 신의 지옥의 고통은 깊다.

8

신의 고통은 더 깊다, 그대 이상한 세계여! 신의 고통에 손을 뻗쳐

라, 나에게 뻗치지 말고! 나는 무엇인가! 하나의 취한 달콤한 하프,

아무도 이해해 주지 않지만 귀머거리들 앞에서 이야기하지 않으면 안 되는 한밤중의 하프, 불길한 예언을 울리는 종(鐘)이다, 그대 더 높은 인간들이여! 왜냐하면 그대들은 나를 이해하지 못하기 때문이다!

가버렸구나! 가버렸구나! 오 젊음이여! 오 정오여! 오 오후여! 이제 저녁이, 밤이, 한밤중이 왔다. 개가 짖는다, 바람이 짖는다.

바람은 한 마리의 개가 아닌가? 바람이 킹킹거리고, 멍멍거리고, 짖는다. 아! 아! 얼마나 탄식하는가! 얼마나 웃고, 얼마나 그르렁거리고 헐떡이는가, 한밤중은!

지금 막 얼마나 냉정하게 이야기하고 있는가, 이 술 취한 여류 시인은! 아마도 자신의 취기에 지나치게 취한 것일까? 지나치게 긴장했던 것일까? 반추하는 것일까?

꿈속에서 자신의 고통을 되새김질하고, 더 나아가 자신의 쾌락을 되새김질하는 것이다, 이 오래된 깊은 한밤중은. 다시 말해 쾌락은, 이미 고통이 깊다 하더라도 쾌락은 마음의 고통보다 더 깊은 것이다.

9

그대 포도나무여! 그대는 왜 나를 찬양하는가? 나는 그대를 베어 냈는데! 나는 잔인하고, 그대는 피 흘리고 있다. 어째서 그대는 나의 취한 잔인성을 찬양하는가?

"완전해진 것, 무르익은 모든 것은 죽기를 바란다!" 그대는 이렇게 말한다. 축복, 축복이 있을 지어다, 포도나무를 자르는 칼에! 그러

나 무르익지 않는 모든 것은 살기를 바란다. 슬프구나!

고통은 말한다. "사라져 버려라! 가라, 너 고통이여!" 그러나 괴로 워하는 모든 것들은 살고 싶어 한다, 무르익기 위해서, 그리고 쾌락 을 갖고 동경을 갖기 위해서,

보다 먼 것, 보다 높은 것, 보다 밝은 것에 대한 동경을 갖기 위해 서. "나는 상속자를 원한다." 괴로워하는 모든 것들은 이렇게 말한 다. "나는 자식을 원하지, 나를 원하는 것이 아니다."

그러나 쾌락은 상속자를, 자식을 원하지 않는다. 쾌락은 자기 자 신을 원하고, 영원을 원하고, 회귀(回歸)를 원한다. 모든 것들은 자기 자신과 영원히 동일하기를 원한다.

고통은 말한다. "부서져라, 피를 흘려라, 마음이여! 방황하라, 다 리여! 날개여, 날아라! 위로, 위쪽으로! 고통이여!" 좋다! 자! 오 나의 늙은 마음이여. 고통은 말한다, "사라져 버려라!"라고.

10

그대 더 높은 인간들이여, 그대들은 어떻게 생각하는가? 나는 예언 가인가? 꿈꾸는 자인가? 취한 자인가? 해몽가인가? 한밤중에 울리 는 종인가?

하나의 이슬방울인가? 영원의 냄새이고 향기인가? 그대들은 그 것을 듣지 못하는가? 그대들은 그 냄새를 맡지 못하는가? 방금 나의 세계는 완성되었으니, 한밤중은 또한 정오이며,

고통은 또한 쾌락이며, 저주는 또한 축복이며, 밤은 또한 태양이 다. 가 버려라, 그렇지 않으면 그대들은 알게 되리라, 현자는 또한 바

보라는 것을.

그대들은 쾌락에 대해 긍정으로 말한 적이 있는가? 오, 친구들
이여, 그렇다면 그대들은 또한 모든 고통에 대하여 긍정으로 말한
것이다. 모든 사물들은 서로 사슬로 매여 있고, 실로 묶여 있고, 사
랑에 빠져 있다.

그대들이 일찍이 한 번이 두 번이 되기를 원한 적이 있다면, 그
대들이 일찍이 "그대는 내 마음에 든다, 행복이여! 찰나여! 순간이
여!"라고 말한 적이 있다면, 그대들은 모든 것이 되돌아오기를 바랐
던 것이다!

모든 것이 새로 시작되고, 모든 것이 영원하고, 모든 것이 서로 사
슬에 매이고, 실에 묶이고, 사랑에 빠져 있는, 오, 이런 세계를 그대
들은 사랑한 것이다. 그리하여 그대들은 고통에게도 말하라, "사라
져 버려라, 그러나 돌아오라! 모든 쾌락은 영원을 원하니까!"라고.

그대 영원한 자들이여, 그대들은 이런 세계를 영원히, 그리고 언
제까지나 사랑하라.

11

모든 쾌락은 모든 것들이 영원하기를 원하고, 단맛을 원하고, 쓴맛
을 원하고, 취한 한밤중을 원하고, 무덤을 원하고, 무덤의 눈물의 위
안을 원하고, 황금빛으로 칠해진 저녁놀을 원한다.

쾌락은 무엇인들 원하지 않으랴! 쾌락은 어떤 고통보다도 더 목
말라 하며, 더 간절하고, 더 굶주리고, 더 무섭고, 더 은밀하다. 쾌락
은 자기 자신을 원하고, 자기 자신을 깨물며, 쾌락 속에서는 원환(圓

環)의 의지가 몸부림치고 있다.

쾌락은 사랑을 원하고, 증오를 원하고, 풍요로움에 넘쳐 선사하고, 내던져 버리고, 누군가 자기를 받아들이기를 애원하며, 받아 주는 자에게 감사한다. 쾌락은 미움 받기를 좋아한다.

쾌락은 고통을, 지옥을, 증오를, 치욕을, 불구자와 세계를 목말라한다. 왜냐하면 이 세계는, 오, 그대들은 이 세계를 잘 알고 있지 않은가!

그대 더 높은 인간들이여, 그대들을 동경하고 있다, 제어하기 어려운, 행복한 쾌락은 그대들의 고통을 동경하고 있다, 그대 실패자들이여! 모든 영원한 쾌락은 실패한 자들을 동경하고 있다.

왜냐하면 모든 쾌락은 자기 자신을 원하고, 그래서 마음의 고통까지도 원하기 때문이다! 오 행복이여, 오 고통이여! 오 부서져라, 마음이여! 그대 더 높은 인간들이여, 배워라, 쾌락은 영원을 원한다는 것을.

— 쾌락은 모든 것들이 영원하기를 원하며, 깊은, 깊은 영원을 원한다!

12

그대들은 이제 나의 노래를 배웠는가? 그대들은 이 노래가 무엇을 뜻하는지 알아냈는가? 좋다! 자! 그대 더 높은 인간들이여, 그렇다면 이제 나의 윤창곡(輪唱曲)을 불러다오!

이제 그대 자신이 이 노래를 불러다오, 이 노래의 이름은 "다시 한번"이며, 이 노래의 의미는 "모든 영원에게!"이다. 노래를 불러라, 그대 더 높은 인간들이여, 차라투스트라의 윤창곡을!

오 인간이여! 주의해서 들어라!

깊은 한밤중은 무엇을 말하고 있는가?

"나는 자고 있었다, 나는 자고 있었다.

깊은 꿈에서 이제 나는 깨어났다.

세계는 깊다,

그리고 낮이 생각하는 것보다 더 깊다.

세계의 고통은 깊다.

쾌락은 마음의 고통보다 더 깊다.

고통은 말한다. 사라져 버려라! 라고.

그러나 모든 쾌락은 영원을 원한다.

깊은, 깊은 영원을 원한다!"

◆ 20. 징후(兆朕)

그러나 밤이 지나고 다음 날 아침이 되자, 차라투스트라는 그의 잠자
리에서 벌떡 일어나 허리띠를 졸라매고, 어두운 산에서 솟아오르는
아침의 태양처럼 타오르는 듯 힘차게 그의 동굴에서 밖으로 나왔다.

"그대 거대한 천체여." 그는 일찍이 말했던 것처럼 말했다.[143] "그

---

143. 이 책의 맨 앞장 〈차라투스트라의 서설(序說)〉을 상기할 것.

대 그윽한 행복의 눈이여, 만일 그대가 비춰 줄 것들이 없다면, 그대의 행복이 다 무엇이겠는가!

그리고 그대가 이미 잠에서 깨어나 솟아오르면서 나누어주고 있을 때도 그것들이 아직도 방 안에 머물러 있다면, 그 때문에 긍지 높은 그대의 수치심은 얼마나 화가 나겠는가!

좋다! 내가 깨어났는데도 그들은 아직도 자고 있다, 이 더 높은 인간들은. 그들은 나의 진정한 길동무가 아니다! 내가 여기 나의 산에서 기다리는 것은 그들이 아니다.

나는 나의 과업을 위해,[144] 나의 정오를 향해서 가려고 한다. 그러나 그들은 나의 아침이 보여주는 징후가 무엇인지를 이해하지 못한다. 나의 발걸음 소리는 그들에게 기상(起床)을 알리는 소리가 아니다.

그들은 나의 동굴에서 아직도 자고 있으며, 그들의 꿈은 아직도 나의 한밤중을 갉아먹고 있다. 나의 말을 경청하는 귀, 말 잘 듣는 귀가 그들의 몸에는 없는 것이다.'

태양이 떠오르고 있을 때, 차라투스트라는 마음속으로 이렇게 말했다. 그때 그는 질문하는 듯이 높은 곳을 바라보았다. 그의 머리 위로 그의 독수리의 날카로운 울음소리를 들었기 때문이다. "좋다! 그는 위를 향해 외쳤다. "이것이 내 마음에 들고 나에게 어울린다. 내가 깨어났으니, 나의 동물들도 깨어난 것이다.

나의 독수리는 깨어나 나처럼 태양에 경의를 표하고 있다. 그 새

---

144. 영원회귀 사상을 알리는 것.

는 독수리의 발톱으로 새로운 빛을 움켜잡으려 한다. 그대들이야말로 나의 진정한 동물들이다. 나는 그대들을 사랑한다.

그러나 아직도 내게는 나의 진정한 인간들이 없구나!"

차라투스트라는 이렇게 말했다. 그런데 그때 갑자기, 그는 무수한 새들이 자신을 둘러싸고 날개를 퍼덕이는 것 같은 소리를 들었다. 너무나 많은 새들의 날개가 퍼덕이며 그의 머리 주위로 몰려드는 기세가 엄청나서, 그는 눈을 감아 버렸다. 그리고 실로, 그것은 구름처럼 그의 머리 위로 덮쳐 왔다, 마치 새로운 적의 머리 위로 쏟아지는 구름 같은 화살처럼. 그러나 보라, 이번의 경우 그것은 사랑의 구름으로서 새로운 친구의 머리 위로 몰려드는 것이었다.

'나에게 무슨 일이 일어나고 있는가?' 차라투스트라는 마음속으로 깜짝 놀라면서 이렇게 생각하고, 그의 동굴의 입구 옆에 놓여 있는 커다란 돌 위에 천천히 앉았다. 그러나 그가 두 손을 주위로, 위아래로 뻗치며 사랑스러운 새들을 막고 있을 때, 보라, 그때 그에게 뭔가 더 기이한 일이 일어났다. 다시 말해 그는 새들을 막으면서 알지 못하는 사이에 뭔가 수북하고 따스한 털 뭉치 속으로 손을 집어넣었는데, 그때 동시에 그 앞에서 으르렁거리는 소리가 울려 퍼지는 것이었다.—부드럽고 긴 사자의 포효 소리가.

"징후가 왔다." 차라투스트라는 말했고, 그리고 그의 마음은 변화했다. 그리고 그의 눈앞이 밝아졌을 때, 정말로 그의 발치에는 노랗고 힘센 동물 한 마리가 앉아서 머리를 그의 무릎에 바짝 기댄 채, 너무나 좋아하는 나머지 그를 떠나지 않으려 했다. 마치 옛 주인을 되찾은 개처럼 굴었다.

그러나 비둘기들도 좋아하는 데 있어서는 사자 못지않게 열렬했다. 비둘기가 사자의 코끝을 스쳐 지나갈 때마다, 사자는 머리를 흔들고 의아해 하면서 웃었다.

이런 모든 일에 대해 차라투스트라는 오직 한마디를 말했을 뿐이었다. "나의 어린아이들이 가까이 있다, 나의 어린아이들이."

그러고서 그는 완전히 침묵을 지켰다. 그러나 그의 마음은 풀리고, 눈에서는 눈물이 흘러내려 그의 손에 떨어졌다. 그는 더 이상 아무것에도 주의를 기울이지 않은 채, 꼼짝도 하지 않고 동물들을 막지도 않으면서 거기에 앉아 있었다. 그러자 비둘기들은 이따금 날아다니며 그의 어깨 위에 앉아, 그의 백발을 애무하기도 하면서 부드러움과 기쁨을 나타내는 데 싫증을 내지 않았다. 그러나 힘센 사자는 차라투스트라의 손위로 떨어지는 눈물을 끊임없이 핥으면서 수줍게 포효하고 으르렁거렸다. 이 동물들은 이렇게 행동했다.

이 모든 일들은 오랫동안 계속되었다. 혹은 잠시 동안이었을지도 모른다. 왜냐하면, 이런 일들을 위해서 지상에는 어떠한 시간도 존재하지 않는다고 말하는 것이 적절하기 때문이다.—그런데 그 사이에 차라투스트라의 동굴 안에 있던 더 높은 인간들은 잠에서 깨어나 서로 가지런히 정렬하고 있었다. 차라투스트라에게로 나아가 아침 인사를 올리기 위해서였다. 그들은 잠에서 깨어났을 때 그가 더 이상 그들 곁에 머물러 있지 않다는 것을 알았기 때문이다. 그러나 그들이 동굴의 입구에 도달하고 그들의 요란한 발소리가 그들보다 앞서 달려 나갔을 때, 사자는 깜짝 놀라서 갑자기 차라투스트라에게 등을 돌리고는, 사납게 울부짖으면서 동굴로 달려갔다. 더 높은 인간들은 사자의 울부짖는 소리가 들리자, 모두가 이구동성으로 외쳐 대면서 뒤로 달아나 순식간에 사라져 버렸다.

그러나 차라투스트라 자신은 멍한 상태로 낯설게, 앉은 자리에서 몸을 일으켜 주위를 둘러보고 놀라 거기에 선 채, 마음속으로 자기 자신에게 물어보고 생각하려고 애쓰면서 혼자 있었다.

"도대체 나는 무슨 소리를 들은 것일까?" 마침내 그는 천천히 말했다. "방금 나에게 무슨 일이 일어난 것일까?"

그러자 곧 그의 기억이 되살아났고, 그는 어제와 오늘 사이에 일어난 모든 일을 단숨에 파악했다. "그래 여기에 바위가 있구나." 그는 말하면서 수염을 쓰다듬었다. "나는 어제 아침, 이 바위 위에 앉아 있었다. 그리고 여기서 그 예언자는 나에게로 걸어왔고, 여기서 나는 그 외침 소리를 들었다, 방금 들었던 절박한 커다란 외침 소리를.

오, 그대 더 높은 인간들이여, 어제 아침 그 늙은 예언자가 나에게 예언했던 것은 그대들이 처한 고통에 대해서였다.

그는 나를 그대들의 고통으로 꾀어내 시험해 보려고 했다. 오, 차라투스트라여, 라고 그는 나에게 말했었다, 나는 그대를 그대의 최후의 죄(罪)로 유혹하려고 왔다, 라고.

나의 최후의 죄라니? 차라투스트라는 외치고, 화가 나서 자신의 말을 비웃었다. 도대체 나의 최후의 죄로서 나에게 남겨져 있는 것이 무엇인가?"

그러고 나서 다시 한 번 차라투스트라는 자신 속에 파묻힌 채, 다시 그 커다란 바위 위에 앉아서 곰곰이 생각했다. 갑자기 그는 벌떡 뛰어 일어났다.

"동정(同情)이다! 더 높은 인간들에 대한 동정이다!" 그는 소리쳤고, 그의 얼굴은 청동으로 변했다. 좋다! 그것도─끝이 났다!

나의 고뇌와 나의 동정─그것이 무슨 상관이 있는가! 도대체 나는 행복에 뜻을 두고 있는가? 나는 나의 과업에 뜻을 두고 있다!

자! 사자(獅子)가 왔고, 나의 어린아이들은 가까이에 있다. 차라투스트라는 성숙해졌고, 나의 때가 온 것이다.

이것이 나의 아침이다. 나의 하루가 시작된다. 이제 솟아올라라, 솟아올라라, 그대 위대한 정오여!"

차라투스트라는 이렇게 말하고, 자신의 동굴을 떠났다, 어두운 산에서 솟아오르는 아침 태양처럼 타오르는 듯, 씩씩하게.

〈끝〉

읽는 이를 위하여

◇ 철학자 니체의 삶과 작품

독일 철학자이자 시인으로서 19세기 말과 20세기 전반에 걸쳐 철학은 물론, 다른 정신사의 영역에서도 서양의 어느 사상가보다 지대한 영향을 끼친 프리드리히 니체(Friedrich Nietzsche)는 1844년 10월 15일 프로이센(독일) 왕국의 작센 지방 소읍인 뢰켄(Röcken)에서 목사의 아들로 태어났다. 니체의 아버지 카를 빌헬름 루드비히 니체(Carl Ludwig Nietzsche, 1813 ~ 1849)는 경건주의를 신봉하는 루터교회 목사이자 전직 교사였다. 그는 프란치스카 욀러(Franziska, Oehler, 1826 ~ 1897)와 1843년에 결혼했다. 니체의 집안은 사실 친가와 외가가 모두 교회 목사 집안이어서 그는 매우 '기독교적'인 가정에서 자랐으므로 당연히 기독교의 영향도 깊게 받았다. 그가 나중에 대학에 입학할 때 처음에는 신학을 선택했을 정도로 깊은 영향이었던 것이다. 당시 독일에서 목사는 의사나 변호사를 능가하는 선망의 대상이어서 신학을 공부하면 지위와 수입은 거의 보장받을 수 있었으므로, 머리 좋은 젊은이들은 이쪽으로 지원하는 사람이 많았다. 니체의 친할아버지도 교구(敎區)의 감독목사였으며, 니체의 친할머니의 친정 오빠도 목사였고, 니체의 외할아버지도 목사였다. 그는 상당히 유복한 생활을 하고 있었으므로 니체는 어렸을 때 어머니를 따라 때때로 외가에 가서 지냈다. 외할아버지 집에는 훌륭한 서재가 있었는데, 여기에는 기독교에 관한 책들뿐 아니라 세속적인 책들도 있어서 니체는 이런 것들을 읽으면서 많은 영향을 받았다. 이러한 친정집의 분위기에서 자랐던 니체의 어머니는 신앙심이 매우 깊었고, 순종과 검소함도 몸에 배어 있었다. 이처럼 기독교 전통이 매우 깊은 집안에서 출생하여 어려서부터 깊은 신앙을 배웠고 귀족적인 형식과 도덕적인 엄격성을 중시하는 환경에서 자라 대학도 처음에는 신학을 공부하려고 들어갔던 니체였으므로, 만약 그가 이 길을 계속 갔더라면 분명 당시 장래가 촉망되고 경제적으로도 여유 있는 신학자로서 출세했을 수도 있었을 것이다. 그러나 그는 이것을 포기하였다. 그의 삶에서 자신의 길을 가기 위한 첫 번째 '극복'이었던 것이다. 이처럼 철저히 기독교적인 환경에서 자랐던 니체가 훗날 기독교의 신앙으로부터 벗어나고, 그것도 가장 반(反)기독교적인 입장으로 돌아선 뒤에 그의 거의 모든 저서들에서 이런 그의 사상을 설파하고 있는 것은 매우 흥미롭고도 의미심장한 일이라 할 수 있다.

　니체가 죽을 때까지 평생 그의 가까이 있으면서 버팀목이 되어 준 여동생 엘리자베스는 1846년에 태어났고, 1848년에는 남동생 루드비히 요제프가 태어났다. 이해 2월에 마르크스와 엥겔스가《공산당 선언》을 발표했고, 같은 달에 프랑스의 파리에서는 '2월혁명'이 일어났다. 그리고 뒤이어 독일에서도 시민혁명이 일어났다. 그러나 절대왕권을 옹호하는 보수적 입장이던 니체의 아버지는 이 사건으로 큰 충격을 받았고, 그해 8월 말부터 갑자기 뇌질환을 앓기 시작하여 이듬해인 1849년 7월에 세상을 떠났다. 그 이듬해에는 니체의 어린 남동생마저 죽었다. 이때부터 니체의 가정에는 시련이 닥쳤다. 니체의 아버지가 사망했으므로 그의 가족은 지금까지 지내던 목사의 사택을 후임목사에게 넘겨주고 떠나야 했고, 과부가 된 니체의 어머니는 이제부터 스스로의 힘으로 대가족을 책임져야 했다. 그들 가족은 니체 할머니의 의사에 따라 이웃 도시, 즉 동부 독일의 잘레(Saale) 강변에 있는 나움부르크(Naumburg)의 셋집으로 이사했다. 이곳에서 니체는 할머니와 어머니, 아버지의 결혼하지 않은 두 자매, 누이동생, 하녀와 함께 살며 어린 시절을 보냈다. 니체의 어머니는 자신의 청춘을 자식들을 위해 헌신하기로 각오하고 살았으며 자신의 기독교적인 가치관을 철저하게 유지했다. 그러나 니체는 성장하면서 점차 이런 정신세계를 너무 협소하게 느끼고 여기에서 벗어나고 싶어 했다. 그는 1850년에 나움부르크의 공민학교에 입학했고, 그 후 1854년에는 같은 도시의 인문학교인 돔 김나지움(Domgymnasium)에 다녔다. 니체는 늘 독서를 즐겼고, 이즈음부터 음악과 언어에서 재능을 나타내기 시작했다. 1858년에는 나움부르크에서 가까운 시골에 있는 기숙사학교 슐포르타(Schulpforta)에 입학해서 1864년까지 학업을 계속했다. 이곳은 엄격한 수도사 생활과 인문주의적 교육으로 유명한 명문학교였다. 이 학교에서 니체는 학업 성적도 좋았고 얌전한 소년, 예의 바르고 종교적 열성을 보이는 소년으로 사람들에게 인식되었다. 그러나 여기서 그는 서서히 그에게 사상과 세계관에 변화를 가져다 주게 될 과목들, 특히 고대 그리스 · 로마의 문학과 철학을 좋아했다. 그리고 독일문학에서는 당시 독일에서 널리 읽히던 괴테와 실러, 그리고 기인(奇人)으로 취급되던 시인 횔덜린(Hölderlin)을 즐겨 읽었다. 특히 고대 그리스적 삶을 이상화(理想化)

한 횔덜린의 작품《히페리온(Hyperion)》을 읽고 큰 감동을 받았다. 말년에 광기에 휩싸여 어느 구두제조공 집의 다락방에서 30년 넘게 외롭게 살다 죽은 이 불행한 시인의 운명은 훗날 니체의 운명과도 너무나 비슷한데, 어쩌면 소년시절의 니체는 이미 자신의 훗날의 모습을 이 시인에게서 예감했던 것은 아닐까? 이 학교에서 니체는 파울 도이쎈(Paul Deussen)과 친구가 되었다. 도이쎈은 훗날 인도학 연구가로서, 니체가 인도 및 동양에 대한 지식을 얻는 데 도움이 되어준 인물이다. 이 시절에 이미 니체는 기독교에는 별로 관심이 없어졌고 오히려 비판적인 입장으로 돌아섰다. 1863년(19세)에 가서 그는 역사 쪽에 더 깊은 관심을 가졌는데, 특히 동고트족(Ostgoten)의 전설적인 왕 에르마나리히(Ermanarich)와 독일민족의 전설인《니벨룽겐(Nibelungen)》이 그의 마음을 사로잡았다. 여기에 등장하는 인물들의 특징은 죽음과 파멸을 예감하면서도 이를 각오하고 용감하게 자신의 주장을 관철하기 위해 투쟁하는 강인한 모습이었다. 이런 독일의 역사와 전설 속의 인물들에 공감하면서 니체의 마음속에는 훗날 그가 전개하려는 운명과 자유의지(自由意志)에 관한 사상이 이미 태동하고 있었다.

1864년(20세)에 슐포르타 학교를 졸업한 후, 니체는 독일 서부 라인강변의 도시 본(Bonn)의 대학으로 가서 신학(Theologie)과 고전문헌학(古典文獻學, klassische Philologie)을 공부하기 시작했다. 문헌학은 언어를 역사적으로 비교하면서 연구하는 학문이었다. 특히 고대 그리스의 문학과 철학의 문헌에 관심이 깊었던 니체는 먼저 그리스의 비극에 대한 문헌학적 연구를 하면서 그리스 문화 전반에 대해 미학적, 철학적인 통찰을 키워나갔다.

그러던 중 그가 결정적으로 신학 공부를 중단하고 자신의 신앙도 상실하도록 만드는 계기가 찾아왔다. 바로 1865년에 청년헤겔학파에 속해 있던 다비드 F. 슈트라우스가 쓴 《예수의 생애》(1835 ~ 1836)라는 책을 읽고 깊은 영향을 받은 것이었다. 이 책은 예수의 생애에 대해, 종래의 기독교에서 말하는 것은 역사적 진실이 아니라 전설에 불과하다고 주장하고 있었다. 이 주장은 젊은 니체에게는 신선한 충격이었고 드디어 그는 기독교적 사상에서 벗어나게 되었다.

본 대학에서 니체는 프리드리히 빌헬름 리츨(F. W. Ritschl) 교수 밑에서 학업에 집중했고, 이듬해인 1865년에는 리츨 교수를 좋아하여 그를 따라 라이프치히 대학으로 옮겼다. 그러나 리츨 교수가 순수 문헌학을 고집하여 문헌학이 철학과 섞이는 것을 반대하는 것을 보고, 순수문헌학의 연구에만 만족할 수 없었던 니체는 한계를 느꼈다. 또한 1865년 10월 말경에 그는 우연히 책방에 들려 헌책들을 뒤적이다가, 쇼펜하우어의 《의지와 표상으로서의 세계(Die Welt als Wille und Vorstellung)》라는 책을 발견하고 큰 충격을 받았다. 그는 이 책을 통해 서구적인 이성(理性)으로 이해되거나 역사적 의미에 의해, 그리고 도덕적으로 이해되는 세계는 진정한 세계가 아니라는 것을 깨닫는다. 그 후 약 2년 가까이 쇼펜하우어 철학에 몰두해 있던 니체는 그러나 서서히 그의 염세주의적인 철학이 자신과 맞지 않는다는 것을 깨닫고, 이때부터 자신의 독자적인 사상과 표현방식을 스스로 연구해나가기 시작했다. 1866년 6월에 프로이센과 오스트리아 간의 전쟁이 발발하자 니체는 군에 소집되었으나, 고도 근시(近視)

로 징집이 연기되었다. 그러나 그는 나움부르크에 주둔하던 프로이센의 야전 포병부대에 지원하여 1867년 10월부터 1년 동안 포병부대 기마병으로 복무했다. 그러나 1868년 3월에 말을 타다 사고를 당해서 가슴을 심하게 다쳤고, 후송되었으나 더 이상 군복무를 지속할 수 없었다. 이후 니체는 평생 병에 시달리게 된다. 그는 1868년 10월 라이프치히대학으로 돌아와 학업을 계속했고, 11월에는 리츨 교수 부인의 소개로 라이프치히에서 당시 독일의 최고 음악가인 리하르트 바그너(Richard Wagner)와 처음으로 만났다. 바젤에 있을 당시 바그너는 니체와 매우 친밀한 관계를 유지했으며, 독일 남부의 바이로이트(Beyreuth)에 있는 자신의 축제 극장(Bayreuth Festspielhaus)에 초대하기도 했다.

25세 때인 1869년 3월에 니체는 라이프치히 대학에서 시험과 논문 검사를 거치지 않고 그 동안 출판된 저술들만으로 박사학위를 받았다. 그런 다음에 리츨 교수의 도움으로 스위스 바젤 대학교의 고전문헌학 교수에 취임했다. 그리고 5월에 '호메로스와 고전 문헌학(Homer und die klassische Philologie)'이라는 제목으로 바젤대학에서 취임 강연을 했고, 같은 달에 스위스 루체른 근교의 작은 마을에 있는 바그너의 별장을 방문했다. 여기서 그는 바그너에게 완전히 매혹당해 그를 극찬했다. 1870년에 니체는 바젤 대학에서 능력을 인정받아 정교수로 승진했다. 이 해에 프랑스 세력을 몰아내고 독일의 통일을 실현하려는 비스마르크 수상의 의도에 따라, 7월 19일에 프랑스와 프로이센 간의 전쟁(보불전쟁)이 발발했다. 니체는 1870년에서 1871년까지 다시 이 전쟁에 지원하여 간호 부대에서 활동했으나,

결국 여기서 이질과 디프테리아에 감염되어 병상에 눕고 말았다. 다시 바젤 대학교로 돌아왔지만, 이때 얻은 병 때문에 이전과 같은 건강은 되찾지 못하고 제대한 뒤 평생 병고에 시달리는 몸이 되었다.

27세이던 1871년 2월, 병으로 휴가를 얻은 니체는 나움부르크에서 온 여동생과 함께 이탈리아의 루가노에 가서 체류하면서, 그동안 바그너의 음악 가운데 비극〈트리스탄과 이졸데〉를 듣고 매혹된 것의 영향을 받아, 처녀작《비극(悲劇)의 탄생(Die Geburt der Tragödie)》을 저술하여 출판했다. 이 저작에서 니체는 바그너의 음악과 쇼펜하우어의 형이상학의 영향을 받아 그리스비극의 정신이 진실한 문화 창조의 원천이라고 밝히고 있다. 즉 종래에 인식되었던 고대 그리스적 조화로움과 청명함은 아폴론적 가상(假象)에 지나지 않으며, 그 배후에는 더 근원적인 음악 정신, 즉 충동적이고 파괴적인 디오니소스적 도취가 존재하고 있으며 이것이 진정한 삶의 근원이라는 것이었다. 이것은 지금까지와는 전혀 다른 새로운 그리스관(觀)이었다. 그러나 이러한 니체의 새로운 발상은 리츨 교수와 같이 문헌학계에서 전통적인 그리스관에 젖어 있던 동료들에게는 경악스러운 일이었다. 이 책에 때문에 리츨 교수를 비롯해 문헌학계에서는 니체를 완전히 이단자 취급하면서 냉담하게 대했고, 니체는 바젤 대학 강의에서 수강생이 급격히 줄어드는 등 학계에서 소외를 당했다.

그러나 니체의 새로운 사고방식은 단지 그리스 문화에만 국한되지 않고 독일 국민과 기존의 유럽문화에 대한 회의(懷疑)로까지 확대되어, 1873년에《반시대적(反時代的) 고찰》의 제1부〈신앙고백자 및 저술가 다비드 슈트라우스)가 출간되었다. 이 책은 1873~1876년까지 그의 건강이 악화되어 강의를 중단하던 시기에도 계속 쓰여져 총 4편에 이르렀다. 결국 니체는 그의 사상이 변화함에 따라 그가 초기에 그토록 매료되었던 '그리스적'인 것에서 벗어나게 된다. 따라서 이 그리스적 세계의 극복은 그가 자신의 길을 가기 위한 두 번째의 극복 과정이었다고 볼 수 있을 것이다.

1876년(32세)에 니체는 자신이 존경하던 음악가인 바그너가 독일 바이로이트 극장의 낙성을 기념하는 축제극에 참석하였다. 바이로이트 제전은 1876년부터 시작되었는데, 그때까지만 해도 바그너를 매우 존경하고 있던 니체는 바이로이트 제전의 창립을 돕기 위해서 많은 노력을 바쳤었다. 그러나 거기서 그는 음악가로 성공한 바그너가 보이는 오만함과 공연의 진부함, 그리고 바그너가 지나치게 기독교의 구원 사상에 몰입하여 그것을 주제로 한 악극(樂劇)《파르치발》을 계획하는 것을 알고서 실망했다. 바그너에게서 진정한 '독일적인 것'을 발견하고 독일 예술의 새로운 가능성을 보았다고 믿었던 자신의 생각이 잘못되었다는 것을 깨닫고 결국 이 음악가와 멀어지게 되었다.

그 사이 그의 병세는 더욱 악화되어 결국 1879년 6월, 35세에 바젤대학교를 사직하고 이후 대학이 지급하는 연금으로 생활하게 되었다. 그는 알프스산과 이탈리아와 프랑스의 해변을 전전하는 투병 생활을 하면서 사색을 계속하여 1878년에, 그 특유의 경구(警句)로 가득 찬 《인간적인 것, 너무나 인간적인 것(Menschliches, Allzumenschliches)》을 출판했다. 이 책에서 그는 헛된 이상에 들떠 있는 이상

주의자들이나 예술에 빠져 있는 천재들을 '너무나 인간적인 것'으로 비판하였으며, 여기에는 바그너도 포함되었다. 바그너와 그의 아내 코지마는 곧 이 책에 대해 곧바로 비난을 퍼부었다. 당시 니체 스스로 "내 생애에서 가장 암담한 겨울"이라고 할 만큼 병세가 악화되자, 1880년 초에 그는 바젤을 영구적으로 떠나 남쪽으로 갈 결심을 하고, 누이동생 엘리자베트와 함께 짐을 정리하다가 그때까지 써놓은 원고들 가운데 일부를 소각하라고 그녀에게 말했다. 그러나 누이동생은 이 원고를 하나도 소각하지 않고 나움부르크로 가져가, 훗날 그 내용을 정리하여 출간했다. 니체는 병든 몸으로 유럽 각지를 돌아다니며 숙박소에서 지내면서 집필생활에 몰두했다.

그러다가 1881년(37세) 7월에서 9월까지 스위스의 실스-마리아 (Sils-Maria)로 가서 체류했는데, 8월에 실바플라라 호반에서 문득 강렬한 영감에 사로잡혀 인생은 있는 그대로의 모습으로 의미나 목표도 없이 필연적으로 회귀한다는 '영원 회귀'의 사상이 머리에 떠올랐다. 그러자 이어서 그는 뒤에 집필하게 될 《차라투스트라는 이렇게 말했다(Also sprach Zarathustra)》의 제1부를 구상하기 시작했으며, 또 다른 저작인 《즐거운 학문(Die fröhliche Wissenschaft)》도 쓰기 시작했다. 여기에서 니체는 그 동안 기독교적인 신(神)의 권위 및 존재에 의미와 가치를 부여해온 것을 처음으로 의식적(意識的)으로 부정했다. 이듬해인 1882년 4월에는 친구 파울 레와 함께 로마에 갔다가 러시아 여성인 루 안드레아스 살로메(Lou Andreas-Salomé)를 알게 되었다. 인습에 구애되지 않는 자유분방한 생활을 사랑하던 이 여성에게 반한 니체는 곧 그녀에게 구혼했으나 거절당하고 말았다. 이로 인해 니체는 더욱 고독감을 느꼈지만, 이를 마음속으로 극복하면서 이해 가을에 《즐거운 학문》을 완성하여 출판했다. 이때부터 정신이 상으로 쓰러지기 전인 1889년 초까지는 그의 철학이 완성되는 후기 (後期)에 속한다. 1883년, 이탈리아의 제노바 가까이에 있는 작은 마을 라팔로(Rapallo)로 도피한 그는 2월 3일부터 13일까지 열흘에 걸쳐 전에 알프스 산중에서 깨달은 '영원회귀' 사상을 기반으로 《차라투스트라는 이렇게 말했다》 제1부를 완성했다. 이 해에 출간된 초판본에는 "모두를 위한, 그러면서도 그 어느 누구를 위한 것도 아닌 책"이라는 부제가 붙어 있는데, 이미 당시 거의 모든 사람들과 접촉을 끊고 고독하게 지내던 그는 모든 사람에게 해당되는 이 책을 곧바로 완전히 이해해줄 사람이 아무도 없을 것이라는 것을 이미 스스로 예감했던 것 같다. 2월 중순, 《차라투스트라》를 집필하고 있을 무렵에 바그너가 사망했다. 아이러니컬하게도, 그가 과거에 숭배하던 스승의 천재성을 부정하면서 자신의 '초인(超人, Übermensch)'의 탄생을 예고하고 있을 때 바그너가 죽은 것이다. 니체 스스로 천재를 숭배하던 시기와 이를 다시 부정(否定)하던 시기를 거쳐, 만년의 가장 창조적인 시기는 이렇게 시작되었다. 7월에는 실스-마리아에서 《차라투스트라는 이렇게 말했다》 제2부를 완성했다. 이어 1884년(40세) 1월에 니스에서 《차라투스트라는 이렇게 말했다》 제3부를, 1885년에는 제4부를 완성하여 비공개 출판했다. 즉 자비로 나우만(Naumann) 출판사에서 40부를 인쇄하여 7명의 친구에게 증정했다. 비록 세상에는 거의 알려지지 않았지만, 니체는 이 작품에 대해서 대단한 자부심을 갖고 후에 《이 사람을 보라(Ecce Homo)》(1888

년) 등에서 "이 책은 독일어로 쓰인 가장 심오하고 가장 완전한 작품이다", "이 책은 읽어서는 안 된다. 함께 체험해야 한다", "차라투스트라는 나 이외의 어떤 살아있는 인간도 만들 수 없는 모습이다."라고 말했다.

1886년(42세)에는 니스에서 《선악의 저편 – 미래철학》의 서곡(序曲)》을 완성하여 8월에 자비로 출판했다. 이 책에서 니체는 당시 유럽의 종교학자들이나 철학자들이 선악이나 도덕에 대해 기존의 기독교적인, 또는 자신들이 내세운 '진리'를 아무런 의심도 하지 않고 당연한 것으로 받아들여 온 것에 반발하여, 잠언과 경구들을 적절히 사용하여 기독교적인 선과 악에 대한 기존의 사상을 뒤집었다. 그러나 이 책이 세간의 혹평을 받자, 그는 그 속편으로 1887년에 《도덕의 계보학(系譜)(Zur Genealogie der Moral)》을 써서 출판했다. 이것은 유럽 윤리사상의 비판서로서 《선악의 저편》에서 주장했던 사상을 요약해 하나의 이론 체계로 정리한 책으로, 여기서 니체는 사람들이 이제까지 신봉해 온 도덕적 가치 판단이란, 고대의 전사(戰士)나 귀족의 고귀한 도덕에 대한 기도교적 노예들의 원한 감정이 쌓여 일으킨 반란, 즉 '노예도덕'에 지나지 않는다고 설명한다. 또한 '양심(良心)'을 선한 것이 아니라 인간의 내부로 향하는 잔인한 본능으로 보았으며, '금욕주의적 이상(理想)'을 갈구하는 것은 데카당스의 현상이라고 단정했다. 그리고 자신이 《차라투스트라는 이렇게 말했다》에서 전개했던 '힘에의 의지(Wille zur Macht)'의 철학 체계를 완성하고 있다. 그 이듬해인 1888년(44세)은 니체의 창조적 생산력이 최고조에 달하던 시기였다. 그는 건강 악화 속에서도 그야말로 자유롭게 가치 창조를 하면서 《바그너의 경우(Der Fall Wagner)》, 《우상(偶像)의 황혼(Götzen-Dämmerung)》, 《이 사람을 보라(Ecce Homo)》, 《안티크리스트(Der Antichrist: 반(反)그리스도)》 등을 잇달아 저술했다.

그리고 이해 4월, 코펜하겐에서 덴마크의 독문학 교수이자 유대인인 브란데스(G. Brandes)가 〈독일의 철학자 프리드리히 니체에 대해서〉라는 제목으로 《차라투스트라》에 대한 강의를 하기 시작했는데, 그것으로 인하여 비로소 이 책이 세상에 알려지기 시작했다. 니체는 자신의 생일날인 10월 15일에 자서전 《이 사람을 보라》의 집필을 시작해서 11월 4일에 완성했고, 이 저서는 그의 사후인 1908년에 출판되었다. 그는 1888년 4월에 이탈리아의 토리노로 가서 지내기 시작했는데, 이곳은 많은 광장과 궁정이 있는 대도시로서 그의 취향에 맞는 곳이었다. 이 도시에는 매우 긴 회랑(回廊)이 있어서 산책하기에 좋았다. 그러나 1888년 말부터 매독 감염의 증상으로 보이는 정신착란의 징후가 니체에게 나타나기 시작했고, 결국 그는 자신의 마지막 작품인 《디오니소스 송가》를 완성시킨 직후, 1889년 1월 3일, 토리노의 카를로 알베르토 광장으로 산책을 나갔다가 졸도하고 말았다. 산책 중에 길에서 마부가 말에게 매질하는 모습을 목격하자 놀라 몸을 던져 말의 목을 감쌌고, 곧 바닥에 쓰러져 정신을 잃고 만 것이다. 그 후 그는 이틀 밤낮을 혼수상태로 있다가 다시 깨어났는데, 이때부터 정신착란 증세를 보이기 시작했다. 그는 친구들이나 알지 못하는 저명인사에게 편지를 쓰고, 거기에 "디오니소스, 십자가에 매달린 자, 안티크리스트"라고 서명해서 보내기도 했다. 니체의 이상한 편지를 받고 달려온 친구 오버베크가 그를 바젤의 정신병원에 입원시켰는데, 진행성 마비증이라는 진단이 나왔다. 급히 독일에서 온 어머니가 그를 독일 예나로 데려가 대학 부속병원에 입원시켰고, 이후 그는 완전히 정신을 상실한 채 생애의 마지막 10년을 보냈다. 그는 어머니가 살았던 나움부르크에서 8년을, 어머니의 사후에는 바이마르의 누이동생 엘리자베트 곁에서 2년을 지내다가 결국 사망한다. 과거에 그와 사이가 틀어진 후 자신의 길을 가기로 결심한 누이동생 엘리자베트는 남편 베른하르트 푀르스터(Bernhard Förster)를 따라 파라과이에서 식민지 개척에 참여하려고 그곳으로 떠났었는데, 1889년에 남편이 자살하자 다시 독일로 돌아와 병든 오빠를 보살피게 된 것이다. 그러나 그녀는 니체의 작품들에 마음대로 손을 댔고, 개인적인 욕심과 공명심에 사로 잡혀 니체가 예전에 소각하라고 주었던 원고들을 버리지 않고 모아서 오빠의 사후인 1901년에 《권력에의 의지(Der Wille zur Mahct)》라는 제목의 책으로 출판했다. 비록 니체는 병상에 있었지만, 1891년에 그의 제자인 페터 가스트(Peter Gast)가 니체 어머니의 부탁으로 나우만(Naumann) 출판사와 상의하여 전집 발행을 계획했다. 이를 계기로 《차라투스트라는 이렇게 말했다》 제4부가 햇빛을 보게 되었다. 니체가 50세가 되던 1894년에는 그의 병세가 악화되어 외출을 못하게 되었지만, 가족과 제자의 도움으로 2월에 최초의 《니체 문고(Nietzsche-Archiv)》가 나움부르크의 집에 설치되었다. 아들 때문에 오랜 세월 가슴앓이를 했던 어머니가 1897년에 세상을 떠났다. 그러나 이 당시 니체의 책들이 팔리기 시작했고 인세도 상당히 들어왔으므로, 누이동생 엘리자베트는 독일 동부의 바이마르(Weimar) 시에 정원이 있는 넓은 주택을 구입하여 니체를 그곳으로 데려갔다. 바이마르는 니체가 유일하게 존경하던 문호 괴테(Goethe)가 일찍이 오랫동안 바이마르 공국(公國)의 재상(宰相)으로 지내면서 독일문화의 최고 전성기를 이루었던 곳이기도 하다. 니체의 집은 도시를 내려다볼 수 있는 언덕에 위치해 있었으므로, 그는 가정부의 간호를 받으며 베란다의 소파에 앉아 말없이 도시와 숲을 바라보며 지내다가 결국 1900년 8월 25일 새벽 2시에 이곳에서 파란만장한 삶을 마감했다. 임종 시에 누이동생이 다가오자 그는 눈을 떠서 말없이 그녀를 바라본 후 곧 눈을 감았다. 그의 나이 56세였다. 니체가 사망하자 누이동생은 28일, 고향 뢰켄에 있는 아버지의 묘 옆에 오빠를 안장했다. 이로써 가장 기독교적인 가정에서 태어나 자랐으면서도 당대의 그 누구보다도 더 기독교에 반대하고 주위의 냉대와 고독을 감수하면서도 포기하지 않고, 기존의 도덕과 가치관을 뒤엎고 진정한 새로운 삶의 가치를 세우려고 몸부림치며 살았던 니체는 19세기를 마감하며 세상을 떴고, 그에 대한 세인(世人)의 평가는 20세기로 넘어가게 되었다.

◇ 《차라투스트라는 이렇게 말했다》에 대하여

이 작품은 명실공히 니체의 대표작으로, 그의 모든 사상이 집약된 진수를 보여주고 있다.

니체는 1882년 이탈리아 여러 곳을 전전하던 중에 이 책의 첫 부분을 구상하기 시작하여, 이듬해 1883년부터 1885년에 걸쳐 제1부에서 제4부까지 썼다. 1883년에 출간된 초판본에는 "모두를 위한, 그러면서도 그 어느 누구를 위한 것도 아닌 책"이라는 부제가 붙어 있다. 이 책은 그 구성은 '서설(序說)'과 제4부를 제외하고는 일견 아무 전후 관련이 없는 듯 독립된 장으로 구성되어 있다. 제1부는 서설과 22개의 장에 걸쳐서 정신의 세 가지 변화, 도덕, 육체, 전쟁, 순결 등 다양한 주제들을 다루고 있다. 차라투스트라는 10년 동안 산 속에서의 고독한 성찰을, 자신의 깨달음을 사람들에게 전파하기 위해 하산한다. 이 책은 논증적이고 통일적인 구성 속에서 진행되는 일반적인 철학 서적과는 달리, 각각의 제목이 붙여진 이야기들이 독립적 성격을 갖는다. 이러한 구성은 체계를 강조하기보다는 니체의 취향에 따라 적당히 결합된 구성이다. 차라투스트라가 산에서 내려와 떠도는 여정에도 미리 정해진 행로는 없으며, 그가 부딪히는 환경과 만나서 대화를 나누는 상대방도 제각각이다. 그러나 일견 이렇게 제각각으로 구성된 듯이 보이는 차라투스트라의 가르침도 자세히 살펴보면 그 속에는 하나의 공통된 주장이 흐르고 있음을 알 수 있다. 그러나 이는 니체 철학 전반에 대한 깊이 있는 이해가 있어야 이해할 수 있다.

먼저 '차라투스트라'라는 인물에 대해 살펴보면, 차라투스트라는 원래 페르시아의 고대 종교인 '조로아스터교'의 창시자로 알려진 차라투스트라(Zarathustra), 즉 영어 발음으로 '조로아스터(Zoroaster)'를 본뜬 이름이다. 그의 탄생과 활동시기에 대해서는 학자들 간에 논란이 분분하지만 대개 기원전 6세기경으로 추측되고 있다. 그는 선과 악의 이원론적인 세계, 죽은 후의 심판과 부활에 관한 내세, 천국과 지옥, 심판의 날 등에 대해서 설교했다. 그가 숭배하는 신은 '선(善)'을 상징하는 신 '아후라 마즈다'였고, 이 신의 상징물은 선, 즉 밝음을 상징하는 태양 또는 불이었다. 이 종교를 조로아스터교라고 부르며, 신에게 예배를 드릴 때는 항상 불을 피워놓았으므로 불을 숭배한다는 의미로 배화교(拜火敎)라고도 불렀다. 조로아스터교는 페르시아 제국이 강대국이 되었을 무렵 페르시아 제국에 널리 퍼져 있었다. 이때는 유대인들의 《구약성경》이 쓰여지기 이전이었고, 그들이 포로로 이 지역에 잡혀와 수십 년 동안 고초를 겪고 있던 때였다. 페르시아 왕의 선처 덕택에 포로 상태에서 풀려나 고향으로 돌아갈 수 있었던 유대인들은 이 조로아스터교의 사상을 적극적으로 그들의 종교에 도입하였으니, 한 마디로 후세에 동방과 서방에 퍼진 '유일신' 사상의 초석을 닦은 인물이라고 볼 수 있다.

그러나 니체의 책에 등장하는 차라투스트라는 그 종교 창시자와 이름만 같을 뿐, 그와는 전혀 다른 '영원회귀' 사상을 설파하고 있다. 한때 그리스 정신에 감동하였고 종교를, 그것도 특히 기독교를 싫어했던 니체가 왜 기독교와 유사한 사상을 설파했던 동방의 종교 창시자의 이름을 빌려왔는가에 대한 추측이 분분하지만 정확한 결론은 없다. 다만 외형상으로 차라투스트라와 조로아스터 사이에는 유사한 점이 몇 가지 있는데, 예컨대 종교 창시자인 차라투스트라가 당시 페르시아의 권력을 쥐고 있던 마술사들과 싸워 이긴 것처럼, 니체의 차라투스트라도 마술사들을 적대시하며, 둘 다 고독한 방랑자이고 동물들이 친구가 되어 준다. 그러나 니체 자신은 차라투스트라라는 이름에 대해 나중에 쓴 그의 저서 《이 사람을 보라 (Ecce Homo)》에서 "다른 사람 아닌 내 입에서, 최초의 비(非)도덕가인 내 입에서 차라투스트라라는 이름이 무엇을 의미하는지 사람들은 묻지 않았는데, 당연히 물었어야 했을 것이다. 역사적으로 보면 저 페르시아의 거대한 독자성은 정녕 비도덕가와는 반대되는 것이기 때문이다. 차라투스트라는 선과 악의 싸움 속에서, 여러 사물의 운행에 있어 본래의 톱니바퀴를 본 최초의 인물이었다. 도덕을 힘, 원인, 목적 자체로서 형이상학적으로 번역하는 것이 그의 과제였다. 그러나 (......) 차라투스트라는 가장 치명적인 오류, 곧 도덕을 창조했다"라고 설명하고 있다. 그런데도 니체가 자신이 알리고 싶은 사상과는 반대의 사상을 설파했던 그 종교 창시자의 이름을 채택한 것은 그가 "이런 오류를 인식한 점에 있어서 분명 최초의 인물이었을 것"이고, "가장 중요한 점은 그가 다른 사상가들보다도 성실"하고 "모든 사상가들을 모아 놓은 것보다 더 많은 용기"를 갖고 있기 때문에, "성실함으로 인한 도덕의 자기(自己) 극복, 즉 도덕가를 그 반대쪽으로 - 나에게로 - 극복시키는 것, 이것이 내 입으로 말하는 차라투스트라라는 이름의 의미이다"라고 밝히고 있다. 이 말의 의미는 분명하지 않지만, 아마도 니체가 주목한 것은 페르시아의 차라투스트라가 창시한 그의 종교적 사상이나 도덕 자체가 아니라, 그가 종래의 페르시아를 지배하고 있던 전통적인 세계관에 용감하게 도전한 사실이었던 것으로 보인다. 이미 자신의 세계관이 확고했던 니체로서는 고대 그리스 정신이나 기독교 정신, 또는 고대 페르시아 정신 속에서도 자기의 이상을 발견할 수 없었다. 그것은 너무 복고적인 데다가 이미 그러한 정신들은 그가 추구하는 정신과는 달랐기 때문이다. 예를 들면 니체의 차라투스트라는 조로아스터교에서 차라투스트라가 가르치는 선악의 구분, 구원, 내세(來世) 사상을 경멸하고 있다. 다만 니체는 기독교 세계와 상반되는, 특히 유럽 문화에 대한 자신의 반감을 가장 잘 형상화할 수 있는 세계의 혁명적인 예언자를 동방에서 찾다가 차라투스트라라는 이름에 끌린 것으로 보인다. 이는 한편으로는 동방에 대한 니체 자신의 지식이 넓지 않고 페르시아나 인도 정도에서 그치고 있었던 것과도 무관하지는 않을 것이다. 어쨌거나 니체가 찾아낸 '차라투스트라'라는 이름은 어원적으로 '황금의 별'이라는 뜻을 갖고 있는 것으로 보아, 이는 그의 작품 속에서 '힘'의 원천적인 상징으로 등장하는 '태양'의 이미지와 잘 부합되는 것 같다. 결국 니체가 생각해낸 차라투스트라는 조로아스터교의 창시자 차라투스트라와는 실제적으로나 이념적으로 상관이 없어 보인다. 오히려 니체의 차라투스트라는 니체 자신의 모습으로서 형상화되고 있다.

이 책의 제1부의 핵심사상은 '초인(超人)' 사상이다. 차라투스트라는 기독교 신자들의 거짓 이론과 위선과 가식에 갇혀있는 이 세계를 '배후세계론자'들의 세계로 보고, 그런 형이상학자들의 허황된 논리에 대하여 비판하면서 이 모든 가치들을 떠나 대지에 삶의 기반을 두고 그것들과 싸우라고 말한다. 차라투스트라는 신의 죽음을 배경으로 하는 '초인'의 도래를 예고한다. 초인은 신의 절대성을 부정하고 창조적인 의지를 갖는 인간의 궁극적인 목표 존재이다. 제2부에서는 성직자, 천민, 도덕주의자 등 다양한 주제에 대해 설교를 하는데, 여기에서 나타난 가르침의 핵심은 바로 '힘에의 의지'이다. 이것은 니체에게 있어 자기를 초월하여 보다 높은 상태로 올라가려는 주체적이고 창조적인 자기 변혁의 의지이며, 초인은 이와 같은 의지를 가장 왕성하게 갖고 있는 존재이다. 제3부와 제4부에서는 그의 초인 사상을 완성단계로 이끌어가는 '영원회귀' 사상을 제시한다. 니체 자신이 주장하듯이, 기독교적인 신이 없으면 신국(神國)을 향해 과거로부터 미래로 나아가는 직선적인 시간관념은 성립되지 않는다. 최후의 심판이라는 시간의 종착점이 없으면 시간은 무한히 맴도는 원환(圓環)인 것이다. 따라서 이러한 시간 속에서는 목표도, 목적도 없는 추악하고 우연한 것들이 지상에서 영원히 시간의 순환을 따라 동일한 형태로 반복될 수밖에 없다. 그러나 서구인들이 두려워하는 이러한 허무주의(Nihilismus), 바로 영원회귀 사상, 즉 참을 수 없는 삶의 무의미와 허무를 긍정에 의해서 돌파하려는 것이 그의 태도다. 즉 이 삶의 영원회귀를 인정하면서 충실하게 긍정적으로 받아들이자는 것이다. 여기서 니체는 젊은 시절 그가 쇼펜하우어에게 받았던 비관적 시각을 벗어나 인생을 긍정적이고 성스러운 것으로 받아들이는 태도를 보여주고 있다. 이런 점에서 이 책에서 니체는 신이라는 절대적인 존재를 부정하고 자유로운 정신을 추구하는 차라투스트라를 통해, 우리로 하여금 기존의 특정한 가치 및 제도에 갇혀버려 그것을 맹신하는 수동적이고 비관적인 삶의 태도에서 벗어나도록 촉구하고 있다. 그리고 특히 유럽의 기독교적인 어두운 정신사관에 갇혀 있는 많은 사람들에게 삶 그 본래의 모습을 바라보고, 참된 삶을 어떻게 살아가야 할지 생각해보도록 한다.

이 책에서 우리는 또한 니체 특유의 매우 독특한 힘 있는 문체를 만날 수 있다. 그것은 일반적인 철학 저서에서 나오는 논증적이고 직접적으로 주장하는 방식이 아니라 다양한 형태로 이루어지는 비유적 표현들이다. 그는 성자, 광대, 마술사 등과 같은 다양한 인간상뿐만 아니라 낙타, 비둘기, 사과나무 등 동물과 식물, 그리고 태양, 달과 같은 천체들, 해뜨기 전, 오전, 정오와 같은 시간적인 것들도 비유법의 도구로 사용하고 있다. 또한 책 전체에 걸쳐 기독교적인 것에 대한 반대 상황들을 설명할 때도 대조적인 비유법을 자주 쓰고 있다. 예를 들어 성서에 등장하는 인물들이나 장면들을 사용하여 실제로는 그와 반대되는 자신의 사상을 설파하는 풍자법, 또는 성서의 장면들을 패러디하는 언어유희적인 표현을 많이 쓰고 있다. 예를 들어 차라투스트라가 나이 서른에 고향을 떠나 명상의 길을 가는 것은 예수가 나이 서른에 나사렛과 갈릴리 호수를 떠나 구도자의 길로 나선 것에 대한 패러디이며, 차라투스트라가 산으로 가서 10년간의 명상을 한 것은 황야로 간 예수가 40일간의 명상을 한 것에 대한 패러디이다. 또 '최후의 만찬'이나 '올리브 동산'의 이야기, 차라투스트라의 질책인 "귀 있는 자는 들어라"라는 말도 성서 속에서 예수가 한 말의 패러디이거나 패러디 장면들이다. 이러한 패러디들은 냉소적인 분위기를 형성하면서도 독자들의 흥미를 자극하여, 그 패러디 속에 숨겨진 니체의 사상을 진지한 철학사상을 알기 위해 좀 더 깊이 있는 접근하도록 이끈다. 이렇게 니체의 글을 읽어가다 보면, 그것은 그의 생각의 단편들, 어떤 문장을 쓰던 순간의 그의 뇌의 움직임, 손떨림, 감정의 기폭까지도 느낄 수 있을 정도로 매우 섬세하다. 니체 특유의 반어법, 비유, 야유, 풍자 등 그의 독창적이고 독특한 문체들은 독일의 다른 어느 철학자들에게서 느낄 수 없는 참신하고 직접적인 것으로, 우리는 오히려 딱딱한 설교자나 철학자가 아니라 부드러운 리듬이 있는 시인이자 예언가의 모습을 보게 된다. 실로 자신의 시대를 깊은 고뇌와 절망 속에서 살면서, 그것을 극복하기 위해 그토록 혹독한 사색의 창구를 통해 잠언과 경구들을 쏟아내고 결국 그 절망을 극복해가는 한 인간의 모습을 다른 어디서보다 여기에서 가장 절실하게 볼 수 있을 것이다.

오늘날, 니체에 대한 해석과 평가는 다양하며 때로는 서로 모순적이기도 하다. 니체 자신은 민주주의, 이성, 자유주의, 반유대주의, 파시즘과 공산주의, 사회주의 등의 전체주의를 혐오했다. 그런데도 그는 사후에 철학자 헤겔과 더불어 독일 나치 시대의 국가사회주의와 파시즘의 상징적 존재로 오해되기도 하였다. 이는 히틀러의 열렬한

지지자이기도 했던 누이동생 때문에 일반 대중도 니체의 이미지를 히틀러와 연결 지은 데서 비롯된 것이었다. 그러나 독일의 실존주의 철학자 하이데거가 1960년대에 니체의 철학을 진실한 "가치(價値)"의 문제를 다룬 형이상학이라고 다르게 평가를 내린 후부터 니체에 대한 오해는 많이 사라지고, 오히려 카뮈, 야스퍼스 등에 의해 현대 '실존주의'의 선구자로 평가받게 되었다. 그리고 이후로 또 다른 사상가들은 그를 심리학적, 정신분석학적으로, 또는 포스트모더니즘적 관점에서 재해석하기도 하였다. 어쨌거나 니체는 서양철학에서 20세기 이후 가장 많은 영향을 미친 철학자 가운데 한 사람으로 꼽히며, 그의 대표작인 이《차라투스트라는 이렇게 말했다》는 불멸의 고전이 되어 오늘날에도 그의 저작들 가운데 가장 많이 읽히면서, 니체 사후 100년 이상이 지난 지금까지도 그의 이름 역시 대중들에게 잊히지 않게 해주고 있다.

◇ 니체 연보

1844년 10월 15일,
프로이센(Preussen: 독일) 작센 주(州)의 소읍인 뢰켄(Röcken)에서 루터교회 목사이자 전직 교사였던 카를 빌헬름 루트비히 니체(Carl Ludwig Nietzsche, 1813-1849)와 어머니 프란치스카 욀러(1826 ~ 1897)의 장남으로 태어나다. 그의 정식 이름은 프리드리히 빌헬름 니체(Friedrich Wilhelm Nietzsche)이다.

1846년(2세),
그의 여동생 엘리자베스 니체(~ 1935)가 태어나다.

1848년(4세),
2월, 남동생 루드비히 요제프가 태어나다. 2월에 마르크스와 엥겔스가 《공산당 선언》을 발표하다. 같은 달에 프랑스에서 '2월혁명'이 일어나다.

1849년(5세),
7월 30일, 니체의 아버지가 뇌질환으로 사망하다.

1850년(6세),
2월, 그의 어린 남동생 루드비히 요제프가 죽다.
4월, 니체의 가족은 뢰켄에서 멀지 않은 잘레(Saale) 강변의 나움부르크(Naumburg) 시로 이사를 하다. 니체는 그곳에서 할머니와 어머니 프란치스카, 아버지의 결혼하지 않은 두 자매, 두 하녀들과 함께 살며, 초등학교에 입학하다.

1854년(10세),

그는 나움부르크에 있는 돔 김나지움((Domgymnasium)에 다니기 시작하다.
특히 음악과 언어에서 재능을 발휘하기 시작하다.

1856년(12세),

니체의 할머니가 세상을 뜨자, 니체의 어머니는 두 자녀를 데리고 따로 집을
구해 이사하다.

1858년(14세),

나움부르크 근교의 유명한 기숙사 학교인 슐포르타(Schulpforta)에 입학하여
그곳에서 우수한 학생으로 학업을 이어가다.

1860년(16세),

문학과 음악을 위한 서클 '게르마니아(Germania)'(1860 ~ 1863)를 만들다. 이
해에 독일 철학자 쇼펜하우어(Schopenhauer)가 사망하다.

1862년(18세),

열두 살 때부터 자주 일어나는 두통으로 고생하다. 논문 〈운명과 역사〉를 게르
마니아 회합에서 발표하다.

1860년대 초반에 니체는 미국 작가 에머슨(Ralph Waldo Emerson, 1803 ~
1882)이 쓴 수필집을 읽고 그 영향 아래 역사와 운명에 관한 첫 번째 철학적
에세이를 쓴다.

니체는 학업을 계속하면서, 파울 도이쎈(Paul Deussen), 칼 폰 게르도르프(Carl
von Gersdorff)와 친구가 되다. 도이쎈은 훗날 인도학 연구가로서 추밀고문관
이 된 인물이다. 이 학교에서 니체는 특히 고대 그리스와 로마의 문학에 대해서
중요한 입문 과정을 이수하다. 그동안에 그는 기독교적인 환경에서 이루어지
는 가족의 삶과 처음으로 거리를 두게 되다.

1864년(20세),

슐포르타 학교를 졸업하다. 졸업직후에 니체는 〈미지(未知)의 신(神)에게 (Dem unbekannten Gott)〉라는 시를 쓰다.

10월, 독일 서부의 라인강변에 있는 본(Bonn) 대학으로 가서 신학(神學)과 고전문헌학(古典文獻學, klassische Philologie)을 공부하기 시작하다. 그러나 한 학기 후에 어머니의 분노에도 불구하고 신학 공부를 중단하고, 자신의 기독교 신앙도 상실하다. 그 후 니체는 프리드리히 빌헬름 리츨(W. Ritschl) 교수 밑에서 학업에 집중하다.

1865년(21세)

11월, 리츨 교수의 권유로 '고전문헌학회'를 결성하다.

12월, 리츨 교수를 좋아하여 그를 따라 라이프치히 대학으로 옮기다. 이 해에 니체는 쇼펜하우어(Schopenhauer, 1788 ~ 1860)의 저서 《의지와 표상으로서의 세계(Die Welt als Wille und Vorstellung)》를 읽고 그가 자신의 우울한 취향에 잘 부합한다는 사실을 발견하고 감명을 받다.

1866년(22세)

1월, '고전문헌학회'에서 〈테오그니스의 최종(最終)판에 대해서〉를 발표하다. 리츨 교수의 격찬을 받고, 문헌학자가 되려고 결심하다.

6월 6일, 프로이센과 오스트리아 사이에 전쟁이 발발하여 두 번 소집되었으나, 고도 근시(近視)로 징집이 연기되다.

니체는 이 해에 출간된 랑게(Friedrich Lange)의 《유물론의 역사》를 읽고 이로부터 큰 영향을 받으며, 이 책이 많은 철학적 문제들을 이해하는 데 큰 도움을 준다는 사실을 발견하다. 또한 자연에 대한 괴테(Goethe, 1749 ~ 1832)의 글들을 읽고, 칸트(Kant, 1724 ~ 1804)의 《판단력 비판》(1790)을 통해 자연철학과 예술철학을 다루는 그의 새로운 이론에 접하게 되며, 자연과학 분야에 관한 책들도 많이 읽다.

1867년(23세),

서기 3세기의 로마 작가 디오게네스 라에르티오스(Diogenes Laertius)에 관한 연구 논문을 1867년 7월 31일에 완성하여, 라이프치히 대학 당국이 수여하는 상을 받고 명성이 알려지기 시작하다.

10월, 군에 자원입대하다. 나움부르크에서 프로이센 포병 연대에 입영하여 한 해 동안 복무하다.

1868년(24세)

3월, 군복무 중 말을 타다가 떨어지는 사고를 당해 가슴을 심하게 다치다. 병원으로 후송되었으나 군복무를 지속할 수 없이 오랫동안 병석에 눕다. 그 결과 장기간의 병가를 받고 다시 학업에 관심을 둘 수 있었고, 10월에 제대하여 라이프치히 대학에 복학하다.

11월, 리츨 부인의 소개로 라이프치히에서 독일 작곡가 리하르트 바그너(Richard Wagner)와 처음으로 만나다.

1869년(25세)

3월, 라이프치히 대학에서 시험과 논문 없이 그 동안 출판된 저술들만으로 박사학위를 받다. 리츨 교수의 추천으로, 스위스로 가서 바젤(Basel) 대학교의 고전문헌학 담당 원외(員外) 교수에 취임하다. 같은 달에, '호메로스와 고전 문헌학(Homer und die klassische Philologie)'이라는 제목으로 바젤대학에서 교수 취임 강연을 하다. 그러나 니체는 몇 년 후에는 철학과로 자리를 옮기려고 시도하기도 했으나 성공하지는 못하다.

4월, 동 대학의 임명 규정에 따라 프로이센 국적을 포기하다.

5월, 스위스 루체른 근교에 있는 바그너(Richard Wagner)와 그의 아내 코지마(Cosima)의 집을 처음으로 방문하다.

1870년(26세)

4월, 정교수로 승진하다.

7월, 프랑스와 프로이센 간의 전쟁이 시작되다. 〈디오니소스적 세계관〉을 쓰다.

8월, 프랑스–프러시아 전쟁(보불전쟁) 동안 프로이센을 위해 위생병으로 복무했던 니체는 이질과 디프테리아에 걸려 제대하고, 다시 바젤 대학교로 돌아오다. 그러나 이후 불면증과 심한 편두통 등 건강상의 문제들에 평생 주기적으로 시달리게 되다.

프로이센이 독일을 통일하여 독일제국(Deutsches Reich)을 창설하다.

1870년과 1871년에 걸쳐 니체는 자신 안에 예술과 철학, 학문이 동시에 성장하고 있음을 느끼면서 소크라테스와 비극, 디오니소스적 세계 등을 주제로 한 강의를 계속하다.

1871년(27세),

2월에 병으로 휴가를 얻어 루가노에 6주간 체류를 하면서 《음악의 정신으로부터의 비극의 탄생(Die Geburt der Tragödie aus dem Geiste der Musik)》을 집필하다. 그리고 이를 바그너에게 헌정하다.

1872년(28세),

《비극의 탄생(Die Geburt der Tragdie)》을 출판하다. 비록 스승인 리츨 교수 등은 이 책에 대해 별로 관심을 보이지 않았으나, 이 책은 그가 앞으로 단지 학계의 평범한 학자로 머물지 않을 것임을 예고해 주었다. 본격적으로 그리스 비극들을 다루는 이 책에서 니체는 그리스 비극을 디오니소스와 아폴론이라는 두 신이 속성인 어둠과 밝음의 양면성을 통해 새로운 미학적 해석을 제시하려고 시도하다. 특히 이 책에서 그는 일반적으로 알려져 있던 소크라테스식의 낙관주의와 도덕주의에 대해서도 비판적인 입장을 보이다.

1873년(29세),

《반시대적(反時代的) 고찰(Unzeitgemäße Betrachtungen)》의 제1부 〈신앙고백자 및 저술가 다비드 슈트라우스〉를 출판하다. 극심한 편두통이 시작되다.

1875년(31세),
눈병과 위병을 앓다.

1876년(32세),
건강이 악화되어 2월 중순에 대학 강의를 중단하다.
4월, 제네바에서 네덜란드의 여류 음악가 마티르데 트란페다드에게 구혼했으나 거절당하다.
7월, 《반시대적 고찰》의 제4부 〈바이로이트에 있어서의 리하르트 바그너〉를 출판하다.
병 때문에 휴직하고 이탈리아로 건너가서 쏘렌토에 체류 중이던 바그너 일가와 마지막 교제를 하다.

1878년(34세),
니체 특유의 경구가 가득한 《인간적인 것, 너무나 인간적인 것(Menschliches, Allzumenschliches)》(부제: 자유의 정신을 위한 책) 제1권을 출판하다. 이 책은 관점이나 표현법에서 그의 첫 저작과 큰 차이를 보이며, 프랑스 계몽주의의 아버지 볼테르(Voltaire)에게 헌정되었다. 바그너는 여기서 보이는 니체의 새로운 관점에 크게 반발하면서 그를 비난하고 그와의 사이가 멀어지다.

1879년(35세),
건강이 더욱 악화되면서 니체는 결국 바젤 대학교의 교수직을 사임하다. 이때부터 1880년까지 《인간적인 것, 너무나 인간적인 것》의 제2부 상권 〈갖가지 의견과 잠언(箴言)〉 및 제2부 하권 〈방랑자와 그 그림자〉를 출판하다.
바젤 대학교에서 퇴직한 이후 그는 강연도 그만두고, 대학에서 나오는 작은 규모의 연금을 받고 살아가다. 이후 10년 동안 병든 몸이 적응할 수 있는 곳을 찾아 베니스, 제노바, 생모리츠, 로마, 소렌토, 니스, 토리노 등 유럽 각지를 돌아다니면서 집필생활에 몰두하다.

1881년(37세),

전년부터 집필 중이던《아침놀(Morgenröte)》을 출판하다.

7월에서 9월까지 스위스 엥가딘 지역의 실스-마리아(Sils-Maria)에 체류하는데, 8월에 실바플라라 호반에서 '영원회귀(永遠回歸)'의 사상이 떠오르다. 그리고 이후 해마다 여름을 그곳에서 보내게 된다.

《즐거운 학문》을 쓰기 시작하다. 그 시절 제자이자 친구인 페터 가스트(Peter Gast)에게 보낸 편지에서 그는 자신이 정신적으로 매우 위험스러운 삶을 영위하고 있으며 마치 "폭발 가능한 기계"가 되어가고 있는 것 같다고 고백하다.

1882년(38세),

4월, 마이젠부크와 친구 레의 초청으로 로마에 가서 러시아 여성 루 폰 살로메(Lou Salomé, 1861 ~ 1937)를 알게 되다. 상트페테르부르크에서 태어난 살로메(위그노의 후손인 그녀의 아버지는 발트해 연안의 독일인으로서 러시아의 장교였다)는 1880년 9월 학업을 위해 러시아를 떠나 취리히 대학교로 온다. 이후 그녀는 릴케의 친구이자 연인이 되며, 프로이트와도 돈독한 우정을 나누게 된다.

5월, 니체는 친구 레와 동시에 살로메에게 구혼하였으나 거절당하다.

8월,《즐거운 학문(Die fröhliche Wissenschaft)》을 완성하다.《차라투스트라는 이렇게 말했다 (Also sprach Zarathustra)》의 제1부의 구상이 이루어지다.

10월, 살로메와의 관계가 끝나다.

1883년(39세),

이탈리아의 제노바 인근의 마을 라팔로, 스위스의 실스-마리아, 니스 등지에서 머물면서 계속해서《차라투스트라는 이렇게 말했다》제1부를 완성하여 자비로 출판하다.

1883년 2월 13일, 바그너가 사망하다.

6월에《차라투스트라는 이렇게 말했다》를 출판하다.

7월, 실스-마리아에서《차라투스트라는 이렇게 말했다》제2부를 완성하다.

이 해부터 발광하기 한 해 전인 1888년까지 대체로 여름은 실스-마리아에서, 겨울은 니스에서 보내다.

1884년(40세),
1월, 니스에서《차라투스트라는 이렇게 말했다》제3부를 완성하다.
4월에《차라투스트라는 이렇게 말했다》제2부와 제3부를 묶어서 출판하다.

1885년(41세),
니스에서《차라투스트라는 이렇게 말했다》제4부를 자비로 비공개 출판하다.
40부를 인쇄하여 7명의 친구들에게 증정하다.

1886년(42세),
봄에 니스에서《선악의 저편(Jenseits von Gut und Böse)》(부제: 미래철학에의 서곡(序曲))을 완성하여, 8월에 자비로 출판하다.
가을,《즐거운 학문》의 제5권 〈우리들 무서움을 모르는 자들〉을 탈고하다.
《인간적인 너무나 인간적인》의 제1권과 제2권에 각각 새로운 서문을 붙여서 출판하다.

1887년(43세),
《차라투스트라는 이렇게 말했다》제1부, 제2부, 제3부를 묶어서 신판을 출판하다.
7월,《도덕의 계보학(系譜學)(Zur Genealogie der Moral)》을 완성하고 11월에 자비로 출판하다.

1888년(44세),
4월, 코펜하겐에서 덴마크의 독문학 교수 브란데스(G. Brandes)가 〈독일의 철학자 프리드리히 니체에 대해서〉라는 제목으로《차라투스트라》에 대하여 강의를 시작하다. 이로써 이 책이 세상에 알려진다.

7월, 《바그너의 경우 - 음악가의 한 가지 과제 (Der Fall Wagner)》를 탈고하고 9월에 출판하다.

8월, 《우상의 황혼(Götzen-Dämmerung oder Wie man mit dem Hammer philosophiert》을 탈고하다.

9월, 《안티크리스트(Der Antichrist: 반(反)그리스도)》를 완성하다.

10월 15일에 자서전 《이 사람을 보라(Ecce Homo)》(부제: 이 사람은 어떻게 본연의 자신으로 돌아가는가)의 집필을 시작해서 11월 4일에 완성하다.

12월, 니체는 《이 사람을 보라》를 출판사에 보내다.

12월, 《니체 대 바그너(Nietzsche contra Wagner)》가 완성되다.

시(詩) 〈디오니소스 송가(Dionysos-Dithyramben)〉가 완성되다.

1889년(45세),

1월 3일 아침, 이탈리아 토리노(Torino)의 카를르 알베르트 광장에서 졸도하다.

27일, 어머니가 독일 예나로 데려가 예나 대학 부속병원에 입원시키다. 니체는 정신병 발작을 일으킨 후 완전히 정신 상실자가 되었고, 이때부터 어머니와 함께 예나에서 거주하다. 그리고 이후 생애의 마지막 10년을 정신병자의 상태로서 보내다.

1월 말, 《우상의 황혼(Götzendämmerung)》을 출판하다.

《니체 대 바그너》가 한정판으로 출간되다.

1890년(46세)

5월 13일, 어머니의 간호 아래 나움부르크로 돌아가다.

1891년(47세),

제자 페터 가스트가 니체의 어머니의 부탁으로 나우만 서점과 상의하여 전집 발행을 계획하다.

1894년(50세),

니체의 병세가 악화되어 외출을 못하게 되다.

2월, 최초의《니체 문고》를 나움부르크의 집에 설치하다.

1895년(51세),

프리츠 쾨겔(Fritz Koegel) 편의《니체 저작집(Nietzsche's Werke)》에서《안티
크리스트》와《니체 대 바그너》를 처음으로 공개하다.

1897년(53세),

어머니가 사망하다. 누이동생 엘리자베트가 니체를 바이마르의 집으로 옮겨
가정부의 간호를 받게 하다.

1899년(55세),

누이동생이 니체의 세 번째 전집 간행을 추진하다.

1900년(56세),

니체는 8월 25일 정오경에 바이마르에서 사망하다. 니체가 사망하자, 누이동생
엘리자베트가 그를 28일, 고향 뢰켄에 있는 아버지의 묘 옆에 안장하다.